第三帝國興亡史

卷三：戰爭初期的勝利與轉折點

The Rise and Fall of the Third Reich

Book 4. War: Early Victories and the Turning Point

威廉・夏伊勒（William L. Shirer） 著

董樂山等 譯

第三帝國興亡史

卷三：戰爭：初期的勝利與轉折點

The Rise and Fall of the Third Reich

Book 3 War: Early Victories and the Turning Point

目次

第四篇　戰爭：初期的勝利和轉折點

第四篇

戰爭：初期的勝利與轉折點

第十八章　波蘭的覆亡

一九三九年九月五日上午十點，哈爾德（Franz Halder）將軍同德國陸軍總司令布勞希契（Walther von Brauchitsch）將軍和北方集團軍司令波克（Fedor von Bock）將軍談了一次話。他們對德國進攻波蘭後第五天早晨的形勢做了一番估計之後，一致認爲，「敵人實際上已經被打垮了」（哈爾德日記語）。

克魯格（Günther von Kluge）將軍所率領的第四軍團從波美拉尼亞向東推進，庫希勒（Georg von Küchler）將軍所率領的第三軍團從東普魯士向西推進，兩軍會師後，奪取走廊的戰鬥在前一天晚上就宣告結束了。在這次戰役中，古德里安（Heinz Guderian）將軍用他的坦克初次顯露頭角。他的坦克在穿過走廊向東馳進的時候，遭到波莫爾斯卡（Pomorska）騎兵旅的抗擊。筆者在幾天以後來到現場，目睹了這場屠殺所留下的怵目驚心慘相。它象徵著整個短促的波蘭戰役。

戰馬與坦克搏鬥！騎兵的長槍與坦克的大炮對抗！儘管波蘭人英勇頑強，但在德軍的進攻下卻歸於土崩瓦解。這是他們，也是全世界第一次領教閃電戰（Blitzkrieg）的滋味：突然的奇襲；成群的戰鬥機和轟炸機在頭頂上吼叫著，進行偵察和襲擊，散布著烈火，製造成恐怖；斯圖卡式（Stukas）

戰鬥轟炸機俯衝時發出淒厲刺耳的聲音；整師整師的坦克橫衝直撞，如入無人之境，一天推進三、四十英里；能夠迅速開炮的摩托化重炮甚至在坎坷不平的波蘭道路上也能以每小時四十英里的速度滾滾挺進；連步兵也行動神速，一百五十萬乘坐機動車輛的大軍，透過錯綜複雜的無線電、電話和電報網所組成的電訊系統統一指揮，協調行動。這眞是人世間前所未見的機械化大屠殺。

不到四十八小時，波蘭空軍就被摧毀了。五百架第一線的飛機大部分沒有來得及起飛就在自己的機場上被德國的轟炸機炸毀了。地面設施全部被毀，大多數地勤人員死的死，傷的傷。波蘭第二大城市克拉科夫（Cracow）於九月六日陷落。當天夜晚，波蘭政府從華沙逃到盧布令（Lublin）。第二天，哈爾德就忙著擬制計畫，準備把軍隊調往西線，雖然他並沒有看到西線有任何動靜。九月八日下午，第四裝甲師到達波蘭首都外圍；同時在這座城市的正南方，從西里西亞和斯洛伐克北上的賴歇瑙（Walter von Reichenau）將軍的第十軍團佔領了基埃爾策（Kielce），李斯特（Siegmund Wilhelm List）的第十四軍團開到維斯杜拉河（Vistula）同桑河（San）匯流處的桑多梅日（Sandomierz）。

不到一星期，波蘭的陸軍就被擊潰了。波蘭所來得及動員的三十五個師，絕大部分不是被擊潰就是在包抄華沙的鉗形攻勢下陷入重圍。現在留待德國人完成的「第二階段」工作是：對那些在包圍中張皇失措、潰不成軍的波蘭部隊縮小包圍圈並消滅他們；同時還要在東面一百英里處完成另一個更大的鉗形攻勢，以包圍布列斯特—立托夫斯克（Brest Litovsk）和布格河（Bug）以西地區的波蘭殘部。

這一階段從九月九日開始，到九月十七日結束。波克北方集團軍的左翼向布列斯特—立托夫斯克進逼，古德里安的第十四軍於十四日到達那裡，兩天後攻佔該城。九月十七日，這個軍在布列斯特—

立托夫斯克南五十英里處的符沃達瓦（Wlodawa）同李斯特第十四軍團的斥候部隊會師，第二個巨大的鉗形包抄攻勢就在這裡合圍。這場「反攻」，正如古德里安後來所說的，在九月十七日就「完全見分曉了」。全部波蘭軍隊，除了俄國邊境上的一小撮以外，都已陷入包圍之中。華沙三角地帶和西邊波森附近還有被包圍的波軍在頑強抵抗，但是他們失敗的命運已經注定。波蘭政府，或者說波蘭政府的殘餘，在飽嘗德國空軍的轟炸與掃射之後，於十五日逃到羅馬尼亞邊境上的一個村莊。對於這個政府和這個自尊的民族來說，一切都完了，只有那些仍舊堅持不屈的部隊士兵還在以令人難以置信的剛強精神繼續犧牲。

現在輪到俄國人侵入這個備受蹂躪的國家，攫取他們的那一份贓物了。

俄國人侵入波蘭

在莫斯科，克里姆林宮像所有其他國家的政府一樣，對德軍在波蘭的軍事入侵進展得如此神速，感到大吃一驚。納粹曾經要求俄國從東方進攻波蘭。九月五日，莫洛托夫（Vyacheslav Molotov）以書面形式正式答覆，說蘇聯將在「適當的時機」出兵，但「這一時機現在尚未到來」。他認爲「操之過急」會有損蘇聯的「事業」，不過他鄭重提出，即使德國人先到了那裡，他們也必須嚴守德蘇條約祕密條款中一致同意的瓜分波蘭「分界線」[1]。由此可見，俄國對德國人感到不放心。同樣也可以看出，克里姆林宮以爲德國還需要經過一段相當長的時間才能征服波蘭。

但是在九月八日午夜十二點敲過不久，德國的一個裝甲師到達了華沙外圍之後，里賓特洛甫

(Joachim von Ribbentrip)給駐在莫斯科的舒倫堡(Friedrich von der Schulenburg)發了一個極機密的急電,聲稱波蘭戰事「進展之神速甚至也出乎我們的預料」,因此德國希望知道「蘇聯政府的軍事意圖」[2]。次日下午四點十分,莫洛托夫做了回答,他說,俄國將「在最近幾天之內」採取軍事行動。同一天,這位蘇聯外交人民委員在做出上述答覆之前就已經「爲德軍進入華沙」正式向德國人致賀了[3]。

九月十日,莫洛托夫和舒倫堡大使碰到了一個大難題。這位外交人民委員首先告訴德國大使,蘇聯政府「完全沒有料到德國會如此迅速地取得軍事勝利」,因此蘇聯現在處於「爲難的境地」。然後他就提出了克里姆林宮用什麼藉口侵入波蘭的問題。據舒倫堡打給柏林的特急極機密電來看,蘇聯準備用的藉口是:

> 波蘭正在瓦解,因此,蘇聯有責任援救受到德國「威脅」的烏克蘭人和白俄羅斯人。莫洛托夫說,爲了使蘇聯在群眾面前師出有名,同時避免使蘇聯看來像個侵略者,這樣解釋一下是必要的。

同時,莫洛托夫還抱怨說,據德意志通訊社最近的報導,布勞希契(Walther von Brauchitsch)將軍已宣布「德國東部邊境上的軍事行動已經沒有必要」。莫洛托夫說,如果眞是這樣,如果戰爭眞已結束,那麼俄國「就不能再發動一場新的戰爭」。他對整個局勢感到非常不痛快[4]。讓事情更加複雜的是,九月十四日,莫洛托夫把舒倫堡找到克里姆林宮來,通知他紅軍將在他們原先預計的時間之前出動,然後問他德國什麼時候可以攻陷華沙。爲了師出有名,俄國人必須等到波蘭首都陷落之後才能出兵[5]。

這位人民委員提出了一些令人難以答覆的問題。華沙將在什麼時候攻破？如果俄國出兵要把罪名歸在德國身上，德國人願意不願意？九月十五日晚，里賓特洛甫透過德國大使轉給莫洛托夫一份特急極機密電報，回答了這些問題。他說，德軍在「最近幾天之內」就可以佔領華沙。德國「歡迎蘇聯現在就採取軍事行動」。至於俄國打算找個藉口把罪名推在德國身上，那是「絕對不行的……這種做法違反德國的本意……不合當初在莫斯科締結的協定……而且會使兩國以互相敵對的面目出現在全世界面前」。最後，他要求蘇聯政府確定他們進攻波蘭的「日期和時間」[6]。

第二天晚間蘇聯政府就確定了出兵日期。在繳獲的德國文件中發現有舒倫堡的兩份電報，敘述做出決定的經過，淋漓盡致地說明了克里姆林宮的奸詐。舒倫堡在九月一六日的電報中說：

我在下午六點會見了莫洛托夫。莫洛托夫宣布，蘇聯即將進行軍事干涉——也許就在明後天。史達林正在同軍隊領導人開會。

莫洛托夫還說，蘇聯政府將提出以下的理由作爲藉口：由於波蘭國家已經歸於瓦解而不復存在，因此，同波蘭締結的一切協定也歸於無效。第三國可能會利用目前出現的混亂局面。蘇聯政府認爲，自己有責任進行干預以保護烏克蘭和白俄羅斯族同胞，使這些不幸的人民能在和平的環境中安居樂業。

由於唯有德國可能是這裡提到的「第三國」，因此舒倫堡對這種說法表示反對：

莫洛托夫承認，蘇聯政府提出的理由在德國人聽起來確實有點不入耳，但他要求我們體諒蘇聯政府的苦衷，不要在這點小事上斤斤計較。蘇聯政府實在找不到其他的理由，因為蘇聯以前從來沒有過問住在波蘭的少數民族同胞的情況，目前的干涉行為對外說來總得要找一個理由[7]。

九月十七日下午五點二十分，舒倫堡又給柏林發了一個特急極機密電。

史達林於兩點接見了我。他告訴我說，紅軍將於六點鐘越過蘇聯邊界。蘇聯飛機將自今天起轟炸利沃夫（Lwów）以東地區。

當舒倫堡對蘇聯公報中的三點提出異議之後，那位俄國獨裁者「立即欣然」做了修改[8]。於是在九月十七日早晨，蘇聯就開始蹂躪這個已經被打倒的國家了，理由就是上面那個站不住腳的藉口——由於波蘭已經不復存在，因而波蘇互不侵犯條約也就不再有效，蘇聯必須保護它自己的利益以及在波蘭境內烏克蘭和白俄羅斯少數民族同胞的利益。這還不算，蘇聯政府還通知莫斯科的波蘭大使，俄國將在波蘭衝突中嚴守中立！第二天，九月十八日，蘇聯軍隊和德國人在布列斯特—立托夫斯克會師了。正好是二十一年以前，誕生不久的布爾什維克政府曾在這裡背棄了俄國和西方協約國的同盟關係，屈辱地接受了德軍極為苛刻的單獨媾和條件。

現在他們雖然和納粹德國狼狽為奸，從地圖上抹掉了波蘭這個古老的國家，但是俄國人馬上就對他們的新夥伴產生了懷疑。史達林在蘇聯發動侵略的前夕接見德國大使時就已經表示，他懷疑德國最高統帥部是否會恪守莫斯科協定而退回到雙方一致同意的分界線上去。舒倫堡將這件事如實地報告了柏林。這位大使極力向他保證，要他放心，但是顯然沒有多大效果。「有鑒於史達林的多疑是人盡皆知的，」舒倫堡在給柏林的電報中說：「最好能授權給我再發表一個足以消除他最後疑慮的聲明。」[9]第二天，九月十九日，里賓特洛甫電告那位大使，讓他「告訴史達林，德國一定遵守我在莫斯科簽訂的協議，我們把這個協定看作是德蘇兩國新友好關係的基石」[10]。

雖然如此，這兩位同床異夢的夥伴之間的摩擦並未停止。九月十七日，這兩個夥伴在擬定一份聯合公報「解釋」德蘇共同消滅波蘭的行爲時，在措辭上又發生了分歧。史達林反對德國人的底稿，因爲「它把事情說得過於坦率了」。於是他提出了自己的一份不愧是詭辯傑作的草稿，硬要德國人接受。這份公報聲稱，德國和俄國的共同目標是「恢復由於波蘭國家的崩潰而受到破壞的和平與秩序，協助波蘭人民重建他們的政治生活」。在寡廉鮮恥方面，希特勒碰著史達林可以說是棋逢對手了。

這兩個獨裁者似乎一度打算以拿破崙的華沙大公國爲藍本，保留一個殘存的波蘭國家，以緩和世界輿論。但是九月十九日莫洛托夫透露，布爾什維克對於這個問題正在重新考慮。他先對舒倫堡提出憤怒的抗議，指責德軍將領無視莫斯科協定，企圖攫取應歸俄國所有的土地，接著就言歸正傳。舒倫堡在給柏林的電報中說：

> 莫洛托夫暗示，蘇聯政府和史達林本人已經不打算保留殘存的波蘭，現在想以皮薩河（Pissa）、納雷夫河（Narew）、維斯杜拉河、桑河爲界分割波蘭。蘇聯政府希望立刻就這一問題進

行談判[11]。

由此可見，首先提出完全瓜分波蘭，不許波蘭人成爲一個獨立民族存在的，是俄國人。德國人當然求之不得。九月二十三日，里賓特洛甫電告舒倫堡，叫他通知莫洛托夫，「俄國方面關於以著名的四河爲界的主張同德國政府的看法完全一致」。他表示願意再度飛往莫斯科討論與此有關的細節問題，並確定「波蘭地區的最後結構」[12]。

這一次史達林親自主持談判。他的德國盟友總算領教了他在這次討價還價的談判中是多麼不講情誼、寡廉鮮恥、不擇手段，這一點，他的英、美盟友以後也會領教到。這位蘇聯獨裁者於九月二十五日晚間八點在克里姆林宮召見了舒倫堡，這位大使回去以後，當夜就打電報給柏林，就某些嚴酷的現實問題提出警告，並且指出德國可能偷雞不著蝕把米。

史達林聲稱，他認爲留下一個獨立的殘存波蘭國家是錯誤的。他建議，從分界線以東的領土上，把一直延伸到布格河爲止的整個華沙省劃歸我們所有。作爲交換，我們應該放棄對立陶宛的要求[13]。

史達林還說，如果我們同意，蘇聯將立刻依據八月二十三日的（祕密）議定書著手解決波羅的海各國的問題，並且表示希望德國政府在這一方面給予慷慨的支持。史達林特別指明了愛沙尼亞、拉脫維亞和立陶宛，不過沒有提到芬蘭。

這是一樁狡猾而又狠毒的買賣。史達林準備用已經被德國攻佔的兩個波蘭省份交換波羅的海各國。他已經幫了希特勒一個大忙，使後者有了進攻波蘭的條件，現在他要利用這一點鑽漏洞，盡可能多撈一把。此外，他這樣建議也是要求德國人把所有的波蘭人全接過手去。他作爲一個俄國人，從幾百年的歷史教訓中深深知道：波蘭人喪失了獨立之後是絕不會善罷甘休的。讓德國人爲他們傷腦筋去吧！俄國人才不管呢。而另一方面，他卻可以取得第一次世界大戰以後從俄國割走的波羅的海國家，它們的地理位置爲蘇聯提供了絕妙的屏障，可以防禦德國這個盟友的突然襲擊。

里賓特洛甫於九月二十八日下午六點乘飛機第二次到達莫斯科，在前往克里姆林宮之前接到柏林打來的兩份電報，知道了俄國人正在搞什麼鬼。這是德國駐塔林（Tallinn）的公使發來的電報，其中說，愛沙尼亞政府剛才通知他，蘇聯已經以「立刻發動進攻作爲嚴重威脅手段」，要求在愛沙尼亞境內建立軍事和航空基地[14]。當天深夜，里賓特洛甫同史達林和莫洛托夫做了長時間的商談之後，打電報報告希特勒，「就在今夜」將締結一項條約，根據這項條約，兩師紅軍和一旅空軍將駐紮在「愛沙尼亞領土上；但在目前這段時間內暫不廢除愛沙尼亞的政權」。但是，元首原是精於此道的老手，他清楚地知道愛沙尼亞的日子已是屈指可數了。第二天，里賓特洛甫就得到通知，希特勒已經下令撤退居住在愛沙尼亞以及拉脫維亞境內的八萬六千名日耳曼族人[15]。

史達林提出了他的帳單，希特勒不得不如數照付，至少暫時如此。他立刻就放棄了愛沙尼亞和拉脫維亞，他在德蘇條約中已經同意讓這兩個地方屬於蘇聯的利益範圍之內。這一天還沒有過完，他又放棄了德國東北邊境上的立陶宛，而根據莫斯科條約祕密條款的規定，這個國家是屬於德國的利益範圍。

這次會談從九月二十七日晚上十點一直進行到深夜一點，史達林向里賓特洛甫提出了兩個方案，內容就像他在二十五日對舒倫堡提過的那樣：第一個方案是接受原先沿皮薩河、納雷夫河、維斯杜拉河和桑河這四條河劃定的波蘭分界線，立陶宛歸德國所有；第二個方案是把立陶宛讓給俄國，交換條件是讓德國取得更多的波蘭領土（盧布令省以及華沙以東的土地），這樣，全部的波蘭人就幾乎會全都歸於德國。史達林竭力建議德國選擇第二種方案。里賓特洛甫於九月二十八日淩晨四點給希特勒發了一份很長的電報，提出這個問題，希特勒表示同意。

分割東歐需要進行相當複雜的繪製地圖工作，九月二十八日下午進行了三個半小時的談判，緊接著克里姆林宮就舉行國宴招待里賓特洛甫，史達林和莫洛托夫提早退席去同應召來到莫斯科的拉脫維亞代表團舉行會談。里賓特洛甫趁這個時間趕到歌劇院去看了一幕《天鵝湖》，半夜又回到克里姆林宮爲地圖以及其他問題做進一步的商談。第二天清晨五點，莫洛托夫和里賓特洛甫就在正式稱爲《德蘇邊界友好條約》的新協定上簽了字。這時，史達林再一次滿面春風地在旁觀看著，正像一個德國官員事後所報告的那樣，「流露出顯而易見的滿意神情」。這位官員是外交部的副國務祕書安多爾·漢克（Andor Hencke），他曾在駐莫斯科大使館工作多年，就這次會談寫了一篇相當詳細而且有趣的報告。這是德國方面關於第二天的會議唯一記錄[16]。他是有理由高興的[17]。

公布的條約正文，宣布了兩國在「前波蘭國家」境內的「各自民族利益」的範圍，並且聲明，它們將在各自取得的領土上重建「和平與秩序」，並「確保當地居民享有適合本民族特徵的和平生活」。

但是和上次德蘇之間的交易一樣，這一回也有「祕密議定書」，一共有三個議定書，其中兩個包含著這次協議的主要內容：一個是把立陶宛劃歸蘇聯的「勢力範圍」，同時把盧布令和東華沙兩省劃歸德國，第二個議定書說得簡短扼要，內容如下：

雙方在各自領土內不得容許波蘭人從事影響對方領土的活動。雙方將在自己的領土內撲滅此種活動的一切萌芽，並且將爲此目的而採取的適當措施通知對方。

於是波蘭就像奧地利和捷克斯洛伐克一樣，從歐洲地圖上消失了。不過，這一次幫助和慫恿希特勒併吞一個國家的，卻是那個長期以來一直以被壓迫民族的維護者自居的蘇維埃社會主義共和國聯邦。這是波蘭第四次受到德國和俄國（奧地利參與了其餘幾次）的瓜分（史學家湯恩比在他多本著作中稱這一次瓜分爲第五次瓜分）。而在瓜分過程中，情形以這一次爲最殘酷無情。在九月二十八日的祕密議定書中（條約雖然是九月二十九日清晨五點簽字的，官方宣布的簽定日期卻是九月二十八日），希特勒和史達林一致同意，要在波蘭實行恐怖統治，企圖殘酷地扼殺波蘭的自由、文化和民族生活。

希特勒進行了波蘭戰爭，並取得了勝利，但是更大的勝利者卻是不費一槍一彈而坐享其成的史達林（德國在波蘭的傷亡數字，正式宣布的是，一萬零五百七十二人死亡，三萬零三百二十二人受傷，三千四百人失蹤）。蘇聯得到了將近半個波蘭以及對波羅的海三國的控制權。它更加牢固地阻礙了德國，使德國不能達到它所垂涎的兩個主要長遠目標——烏克蘭的小麥和羅馬尼亞的石油，而德國要戰勝英國的封鎖所最急需的正是這兩種東西。甚至希特勒渴望在波蘭獲得的波里斯拉夫－德羅戈貝奇油區（Borislav-Drogobycz）也被史達林要去了，史達林仁慈地答應以相當於這一油區年產量的石油售給德國。

為什麼希特勒付給俄國人這樣高的代價？不錯，為了使蘇聯不參加西方陣營，置身戰爭之外，他曾經在八月間做過這種承諾。但他從來不是一個言而有信的人，況且波蘭現在已經被德國以舉世震驚的武功征服了，他本來可以像軍方所竭力主張的那樣對八月二十三日的條約來一個不認帳。如果史達林不答應，元首可以用剛為波蘭戰役所證明的全世界最強大的軍隊來威脅史達林。但是他能夠這樣辦嗎？當英國人和法國人正在西方嚴陣以待的時候，他是不能這樣辦的。要對付英法，他就不能有後顧之憂。他此後的言論證明，這就是他讓史達林狠狠地敲了這樣一筆竹槓的原因。但是，當他把注意力轉向西線的時候，他並沒有忘記這位蘇聯獨裁者做交易這麼心毒手辣。

第十九章　西線的靜坐戰

西線那裡沒有發生什麼戰事。幾乎沒有放過一槍。德國的老百姓開始把這種戰爭叫做「靜坐戰」（Sitzkrieg）。在西方，人們也很快就給它起了一個名字：「假戰爭」（Phony war）。在這裡，正如英國將軍富勒（J. F. C. Fuller）所說的：「世界上最強大的法國陸軍，對峙的不過是二十六個德國師，卻躲在鋼骨水泥的工事背後靜靜地坐著，眼看著一個唐吉訶德式的英勇盟國被人消滅了。」[1]對這種情況，德國人是不是感到意外呢？一點也不。陸軍參謀總長哈爾德在八月十四日的日記中就詳盡地估計了一旦德國進攻波蘭時西線時可能出現的情況。他認爲法國「多半不會」採取攻勢。他相信法國絕不會「不顧比利時人的意願」假道比利時出兵。他的結論是，法國方面會繼續採取守勢。前面已經談到，當九月七日波蘭軍隊的失敗已成定局的時候，哈爾德就已經忙於制定把德軍西調的計畫了。那天晚上，他記下了布勞希契那天下午同希特勒商談的結果。

西方的動向尚不清楚。從某些跡象來看，沒有眞想打仗的意圖……法國內閣缺乏果敢的氣魄，英國方面看來也在進行審愼考慮。

過了兩天，希特勒發出了第三號作戰指令，命令做好準備，讓陸空軍部隊從波蘭調往西線。但是不一定就打。指令規定「即使在英國和法國遲疑地啓釁之後，我軍地面部隊或我方飛機每次越過西部國境，以及對於英國的每一次空襲，都必須有我的明確命令」[2]。

法國和英國對波蘭做過什麼保證？在它一旦受到攻擊時，它們將怎樣做？英國的保證是泛泛一般性的。但法國的保證是明確的。一九三九年五月十九日的法波軍事協定對此曾有明文規定。該條約載明，法國方面將「在總動員令下達後不出三天的時間內逐步對有限目標發動攻勢」。如今總動員令已在九月一日宣布。條約還進一步規定：「一旦德國以主力進攻波蘭，法國將從法國總動員開始後第十五天起，以其主力部隊對德國發動攻勢。」當波蘭副參謀總長雅克林茲（Jaklincz）上校問到法國能夠派出多少部隊參加這一大規模的進攻時，甘末林（Maurice Gamelin）將軍曾經告訴他，法國屆時大約可以派出三十五個到三十八個師[3]。

但是我們在前面已經看到。八月二十三日，當德國對波蘭的進攻眼看就要爆發的時候，那位膽怯的法國統帥卻告訴他的政府說，「要到將近兩年以後，即一九四一至一九四二年之間」他才可能發動一場眞正的攻勢，他還說，這是假定到那個時候法國能得到「英國部隊和美國裝備的幫助」。

的確，在戰爭一開始的幾個星期內，英國能派到法國去的部隊是少得可憐的。到了十月十一日，波蘭戰事結束了三個星期以後，英國才派了四個師十五萬八千人到法國去。邱吉爾稱之爲「象徵性的幫助」。富勒指出，直到十二月九日英國方面才第一次有了傷亡——有一個外出巡邏的班長被擊斃。富勒說：「自從莫利內拉（Molinella）和札戈那拉（Zagonara）之戰以來還未見過這樣不流血的戰爭。」（筆者於十月九日乘火車沿著法德兩國一百英里的共同邊界，從萊茵河東岸溯游而上做了一次旅行，當時在日記裡寫道：「沒有戰爭的跡象，列車乘務人員告訴我說，自從開戰以來，這條火線上一直沒有打過一槍……我們可以看到法國的戰壕，並且在不少地方還看到法國人躲在大張的席子後面修築工事。德國這一邊的情景也是一樣。雙方的軍隊……在彼此的射程範圍內毫無遮掩地走來走去，各幹各的事……德國人在鐵路線上起卸槍炮和輜重，法國人並不去打擾他們。眞是奇怪的戰爭。」。見《柏林日記》〔*Berlin Diary*〕，頁二三四）

那些德國將領們在紐倫堡法庭上追溯往事的時候，一致認爲波蘭戰役期間西方國家沒有在西線發動進攻，是錯過了千載難逢的良機。哈爾德將軍說：

只有完全不顧我們的西部邊境，我們才有可能在對波蘭的進攻中取得勝利。如果法國人當時看出了局勢的必然性，利用德軍在波蘭交戰無暇分身的這個機會，他們本來是有可能在我們無法防禦的情況下跨過萊茵河，威脅魯爾區的，而魯爾區對德國作戰具有莫大的決定性意義[4]。

約德爾將軍也說：

我們沒有在一九三九年崩潰，那僅僅是由於在波蘭戰役期間，英法兩國將近一百一十個師在西方對德國的二十三個師完全按兵未動[5]。

對此，最高統帥部長官凱特爾（Wilhelm Bodewin Gustav Keitel）將軍補充道：

我們軍人一直擔心法國會在波蘭戰役期間發動進攻，結果感到非常驚訝，因爲什麼事情也沒有發生……假使法國進攻，他們所遇到的將會只是德國的一道軍事紙屏，而不是眞正的防禦[6]。

那麼，在西線對德軍具有壓倒優勢的法軍（最初的兩個英國師直到十月初才部署好），爲什麼沒有像甘末林將軍和法國政府以書面保證的那樣發動進攻呢？

說來原因很多：首先是法國最高統帥部、政府和人民當中的失敗主義情緒；其次是法國人對於在第一次世界大戰期間傷亡慘重、元氣大傷記憶猶新，他們決心只要能夠避免就一定要避免再遭受這樣一場殺戮；第三，到九月中旬，波蘭軍隊的慘敗使他們感到德國人不久就能把優勢兵力調往西線，從而把法國最初取得的一點進展一掃而空；還有就是對於德國武器和空中優勢的恐懼心理。眞的，法國政府從一開始就堅決要求英國空軍不去轟炸德國境內的目標，生怕法國工廠會遭受報復性的打擊，殊不知對德國的工業中心魯爾如果進行全力轟炸，很可能使德國遭到致命打擊。許多德國將領後來承認，這是他們在九月間最擔心的一件事。

從根本上來說，對於法國爲什麼沒有在九月間對德國發動進攻這個問題，邱吉爾的話可能是最好的解答。他寫道：「這場戰爭實際上早在幾年以前就已經輸掉了。」[6] 一九三八年在慕尼黑的時候，一九三六年在德國重新佔領萊茵地區的時候，以及一九三五年在希特勒悍然不顧凡爾賽條約宣布實行徵兵制的時候，就輸掉了。由於盟國方面幾次可悲地畏縮，如今就不得不付出代價，可是巴黎和倫敦卻彷彿以為靜坐不動就可能把那筆債躲過去似的。

但是在海上卻有戰鬥。

德國的海軍不像西線的陸軍那樣受到禁令的限制，在宣戰的第一個星期內就擊沉了十一艘英國船艦，總噸位為六萬四千五百九十五噸，幾乎等於一九一七年四月德國潛艇戰最猖獗時英國在一週中所損失的半數，當時英國的處境岌岌可危。但英國的損失往後逐漸減少，第二個星期損失了五萬三千五百六十一噸，第三個星期為一萬二千七百五十噸，而第四個星期只損失了四千六百四十六噸——九月份總計被潛艇擊沉的船隻為二十六艘共十三萬五千五百五十二噸，被水雷炸沉的為三艘共一萬六千四百八十八噸（當時的英國海軍大臣邱吉爾於九月二十六日在下院宣布了損失的總數字。後來他在回憶錄中提出了經過校正的正式數字。他同時還報告下院說，有六、七艘德國潛艇被擊沉。但正如他在他那本書所說的，實際上後來弄清楚只擊沉了兩艘。邱吉爾在那篇演說中還提到了一則有趣的軼事。他談到有一個德國潛艇艦長打電報給他本人，把剛擊沉的一艘英國船的所在位置通知他，叫他派人去援救。「當時我很為躊躇，不知道應該回電到哪裡」，邱吉爾說：「不過，這樣我們就能掌握他的行蹤了。」但是這位艦長並沒有落到英國人手裡。過了兩天，筆者在柏林訪問這艘潛艇艦長舒爾策〔Herbert Schultze〕海軍上校，並將訪談廣播到美國。他還從自己的航海日記中拿出他發給邱吉爾的那份電報的底稿給我看。見《第二次世界大戰回憶錄：風雲緊急》（*The Second World War: The Gathering Storm*）頁四三六至四三七；拙著：《柏林日記》頁二二五至二二七）。

這種損失的突然減少，有一個原因是英國人所不知道的。九月七日，雷德爾（Erich Räder）海軍元帥同希特勒進行了一次長時間的商談。由於在波蘭旗開得勝以及法國並未在西線發動進攻而大喜過望的希特勒，叫海軍把步子放慢一些。法國表現了「政治上和軍事上的克制」，英國人也在「舉棋不定」。鑒於這種情況，德國人決定大西洋上的潛水艇毫無例外地放過一切客船，完全禁止對法國船進行攻擊，並命令在北大西洋的德意志號和在南大西洋的斯比伯爵號（Graf Spee）兩艘袖珍戰艦暫時撤到待命的基地。雷德爾在日記中寫道：「總體政策是實行克制，等待西方政局進一步明朗化，這大約需時一星期。」[8]

雅典娜號的沉沒

希特勒同雷德爾在九月七日的會上還做出了另一項決定。那位海軍元帥在日記裡寫道：「等到所有潛艇返航後再著手解決雅典娜號（Athenia）事件。」

我們在前面已經說過，海上的戰爭是在英國宣戰十小時以後開始的，當時，九月三日晚上九點，滿載一千四百名乘客的英國郵船雅典娜號在赫布里底群島（Hebrides）以西約兩百英里處未獲警告就被魚雷擊沉了，當時造成一百一十二人死亡，其中有二十八名美國人。德國宣傳部接到倫敦發出的第一批消息之後就到海軍總司令部去查對，海軍總司令部的回答說，出事地點附近並沒有德國潛艇，於是宣傳部當即否認那艘船是德國人擊沉的。這一不幸事件弄得希特勒和海軍司令部非常尷尬。起初他們還不相信英國方面的報導，因爲他們曾經下令所有潛艇艦長遵守海牙公約，不得不予警告就攻擊船隻。但是由於所有潛艇的無線電全都保持靜音，無法立刻查明事情眞相（第二天，九月四日，所有的潛艇全都接到通知：「元首命令，不得對任何客船，即使有軍艦護航的客船進行襲擊。」）雖然如此，不到兩天，納粹的御用報紙就叫嚷說，這艘客船是英國人為了激怒美國使其參戰而自行炸沉的。

對這次造成二十八名美國公民死亡的慘禍，威廉街非常關心美國方面的反應。炸沉船隻後的第二天，國務祕書威茲薩克（Ernst von Weizsäcker）約見了美國代辦亞歷山大・寇克（Alexander Kirk），向他否認這是德國潛艇幹的事。他強調說，在出事地點附近沒有一艘德國艦艇。據他後來在紐倫堡供認，當天晚上他找到了雷德爾，提醒他在第一次世界大戰中就是因為德國擊沉了盧西塔尼亞號（Lusitania）後美國才參戰的，勸他「盡一切努力」避免激怒美國。那位海軍元帥向他保證，「不可能有任何一艘德國潛艇牽涉在內」[9]。

雷德爾海軍元帥在里賓特洛甫的催促下，於九月十六日把美國大使館海軍武官請到他那裡，告訴他說他現在已經收到了所有潛艇的報告，「結果肯定證實雅典娜號絕不是德國潛艇擊沉的」。他要求這位武官將這一情況轉告他的政府，這位武官即刻就照辦了（這位武官打給華盛頓的電報顯然不是用密碼。因為在紐倫堡法庭上出示的德國海軍文件中有這份電報的副本[10]）。

這位海軍元帥說的並不完全是實話。九月三日出海活動的潛艇還沒有全部返航回港。沒有返航的潛艇裡就包括蘭普少校指揮的U-30號在內，這艘潛艇直到九月二十七日才進入本國領海停泊。潛艇司令卡爾・鄧尼茨（Karl Dönitz）海軍上將親自在碼頭上等著這艘潛艇入港。幾年以後他在紐倫堡法庭上敘述了這件事情，這才使擊沉雅典娜號的眞相大白於天下。

當那艘潛艇入港時，我在威廉港的水閘邊上見到了艦長蘭普少校，他要求和我個別談話。我立刻注意到他那副鬱鬱不樂的神情，他馬上告訴我說，在北部海峽海面擊沉了雅典娜號的大概是他。按照我原先的指示，他當時在對不列顛群島的航線入口上可能出現的武裝商船進行嚴密警戒，他用魚雷擊沉了一條船，事後從無線電廣播中才知道這條船就是雅典娜號，當時他還當它是一條正在巡邏的武裝商船……。

我立刻派蘭普坐飛機到柏林去向海軍作戰參謀部面陳一切。同時，我採取臨時措施，命令嚴守祕密。當天深夜，也就是第二天清早，我接到海軍上校弗里克（Kurt Fricke）轉來的一個命令：

一、這一事件應予徹底保密

二、海軍總司令部認爲並無召開軍事法庭的必要，因爲司令部已經查明，該艦長的這一行動並非有意。

三、政治上的解釋將由海總處理。

至於元首否認德國潛艇擊沉雅典娜號的政治宣傳活動，我完全沒有參與[11]。

鄧尼茨必定打一開始就猜到了事情眞相，否則他不會到碼頭上去迎候返航的U-30號。他說沒有參與，實際上卻參與了消滅一切可能洩露祕密證據的活動，篡改了該潛艇的航海日誌和他自己的日記。正如他在紐倫堡供認的，他本人曾命令把U-30號的航海日誌上任何提到雅典娜號的話都塗掉，同時也把自己日記裡與此有關的話刪去。他還要艇上全體人員立誓絕對保密（該潛艇上的軍官，包括蘭普在內和一部分水兵，被調到U-110號潛艇上以後，在一九四一年五月九日隨同潛艇一道沉沒了。但U-130號潛艇上有一名水兵，在擊沉雅典娜號後不幾天被飛機射傷了。在他保證嚴守機密的條件下，他們在冰島雷克雅維克把他送上了岸，後來又被送到了加拿大的一個戰俘營裡。戰後他提供一份署名的供詞說明了事情的眞相。看來德國人一直擔心他會「說出去」，但他守口如瓶直到戰爭結束[12]）。

毫無疑問，所有國家的最高統帥部在戰爭進行期間都有不可告人的事。所以，如果希特勒像雷德爾海軍元帥在紐倫堡所供認的那樣，命令對雅典娜號事件嚴守祕密，也是可以理解的。尤其是海軍司令部開始時由於確實相信這事不是德國潛水艇幹出的，已經正式否認了，如果後來又迫不得已而加以承認，就會處於非常難堪的境地。但是希特勒卻不以此爲滿足。十月二十二日星期日晚上，宣傳部長戈培爾親自在電臺上指控邱吉爾自己炸沉了雅典娜號。戈培爾當時那篇廣播演說，筆者至今還記得很清楚。第二天，納粹官方報紙《人民觀察家報》，在第一版上以〈邱吉爾自己炸沉了雅典娜號〉爲標題發表了一篇報導，聲稱英國海軍大臣在那艘船的船艙裡安放了一顆定時炸彈。在紐倫堡的審訊中證實，這篇廣播和文章是直接出自希特勒的命令；同時也證實了，儘管雷德爾、鄧尼茨和威茲薩克對於這種厚顏無恥的彌天大謊感到非常不滿，卻不敢表示什麼意見[13]。

外交部裡這位自命反納粹的領導人和這兩位海軍將領，只要那位惡魔般的納粹統帥一聲令下就會立刻俯首帖耳、唯命是從，其他將領們也完全一樣。這種態度注定要在德國的歷史上造成最黑暗的一頁。

希特勒的和平建議

「今晚的報紙公開地大談和平」，我在九月二十日的日記裡寫道：「今天我和一些德國人交談，他們全都滿懷信心，不出一個月我們就會得到和平。他們個個興高采烈。」

頭一天下午，我在富麗堂皇的但澤市政廳裡聽了希特勒的演說。這還是他自從九月一日在國會宣告戰爭開始以來的第一次公開講演。儘管他感到惱火，因爲保衛華沙的波軍還在英勇抵抗，使他不能在華沙發表這篇演說，儘管他每次在演說中提到大不列顛時都恨得咬牙切齒，但是他仍然做出了一點點和平姿態。「我無意同英國和法國作戰。」他說：「我同情那些在前線上的法國士兵，他們不知道自己爲什麼而戰。」最後他禱求：「保佑我們取得勝利的萬能上帝讓別國人民認清這場戰爭將是多麼的無謂……讓他們想一想和平的幸福。」

九月二十六日，華沙陷落的前一天，德國的報紙和電臺發動了一次大規模的和平攻勢。根據我當時的日記，其要點是：「爲什麼英、法現在要打仗呢？沒有理由要打仗。德國對西方並無野心。」

兩天以後，俄國一邊狼吞虎嚥地併吞劃歸它名下的那一塊波蘭土地，一邊也加入了這場和平攻勢。隨同德蘇邊界友好條約及其瓜分東歐祕密條款的簽定，莫洛托夫和里賓特洛甫於九月二十八日又在莫斯科合夥擬制並簽定了一個冠冕堂皇的和平宣言。宣言說：

德蘇兩國政府在最終解決了由於波蘭國家瓦解而產生的各種問題，爲東歐的持久和平奠定了堅實的基礎之後，共同表示確信，德國與英、法兩國之間終止戰爭狀態將有助於增進世界各國人民的眞正利益。兩國政府將爲此目的共同努力……務求於最短期間促其實現。

但是，如果兩國政府的努力竟然歸於無效，這就表明英、法兩國應對戰爭的延續負責……。

希特勒是眞要和平呢，還是想繼續打下去，藉蘇聯的幫助把延續戰爭的責任推到西方同盟國家身上呢？他嘴上雖然說得很肯定，但是大概連他自己也不十分清楚。

九月二十六日他同仍然沒有放棄和平努力的達勒魯斯（Birger Dahlerus）做了一次長談。兩天以前，這位不知疲倦的瑞典人在奧斯陸會見了老朋友奧吉爾維．福比斯（George Ogilvie Forbes）。福比斯是前英國駐柏林大使館的參事，現任挪威首都英國公使館參事。據施密特（Paul Schmidt）博士的一份祕密備忘錄說，達勒魯斯報告希特勒，福比斯曾經對他說，英國政府在尋求和平[14]。唯一的問題只是：怎樣才能保全英國人的面子？

「假使英國人果眞希望和平」，希特勒回答道：「他們能在兩星期內得到和平而又不會喪失面子。」

元首說，他們必須承認一個事實：「波蘭已經不可能重新站起來了。」他說除了這一點必須承認之外，他準備保證「歐洲其餘部分」的現狀，包括保證英國、法國以及低地國的「安全」。接著就討論到如何提出和談。希特勒主張由墨索里尼出面。達勒魯斯以爲荷蘭女王可能更爲「中立」一些。當時也在場的戈林建議，英、德兩國代表先在荷蘭祕密會見，如果他們取得了進展，然後再由女王正式邀請兩國參加停戰談判。希特勒曾經好幾次表示他懷疑「英國是否有意於和平」，但最後還是同意了那位瑞典人的辦法，由後者「在第二天就到英國去按指定的方向進行試探」。

「英國人可以得到和平，如果他們想要的話，」希特勒在達勒魯斯臨走的時候對他說：「不過，他們得要趕快。」

這只是元首的一種想法。他還對他的將領們談出來了另外一種想法。前一天，九月二十五日，哈爾德在日記裡提到，他得到「元首計畫在西線發動進攻的消息」。九月二十七日，也就是希特勒剛向達勒魯斯保證他準備同英國講和的第二天，他就在總理府召集國防軍的司令官們開會，告訴他們說他已經決定「盡快地在西線發動進攻，因爲法、英聯軍現在還沒有做好準備」。據布勞希契說，他甚至至規定了進攻的日期——十一月十二日[15]。毫無疑問，那一天希特勒被華沙終於投降的消息沖昏了頭腦。他大概以爲，至少法國會和波蘭一樣容易屈服，雖然兩天以後，哈爾德在日記中提到要向元首解釋：「波蘭戰役的戰術不能依樣畫葫蘆地適用於西線。對一支組織嚴密的軍隊不能這樣打」。

十月一日齊亞諾（Galeazzo Ciano）在柏林同希特勒做過一次長談，對這位總理的心理瞭解得最透徹的，也許就要算他了。這位年輕的義大利外交大臣現在雖然已經對德國人厭惡透頂，但是還是不得不維持著表面關係，他發現這位元首充滿了自信。齊亞諾說，他講述自己的計畫時，「只要提到他作戰的手段和方法，兩眼就閃射著兇狠的光芒」。這位義大利貴賓在總結他對希特勒的印象時寫道：

……今天，在取得重大勝利之後，使他的人民得到鞏固的和平，也許仍然是希特勒所嚮往的一個目的。但是如果爲了達到這個目的就要他犧牲自己認爲理所應得的勝利果實，哪怕是犧牲一點點，他也會毫不猶豫地寧願再打一仗的[16]（當齊亞諾告訴墨索里尼說，希特勒對勝利滿懷信心時，墨索里尼很不以爲然。他認爲英國人和法國人「會堅決抵抗……爲什麼要隱諱這一點呢？」齊亞諾在十月三日的日記裡寫道：「他〔墨索里尼〕對於希特勒的名噪一時多少是有些嫉妒的。」《齊亞諾日記》頁一五五頁）。

當我坐在十月六日中午開幕的國會中聆聽希特勒發表他那和平的呼籲時，心裡感到好像是在聽一張已經放了五、六遍的老唱片。我已經三番四次地聽到他每逢凱旋歸來以後就在這同一個講臺上，用同一種表面上聽來非常誠懇眞摯的調子提出和平建議；如果你沒有想到當時那些受害者，這些話聽起來的確是合情合理的。在這個天高氣爽、陽光燦爛的秋日，他又像往常那樣鼓起如簧之舌，擺出僞善的面孔，重彈老調。那是一篇冗長的演說，是他生平最爲冗長的公開演說之一。他先用了一個多小時對歷史做了典型的歪曲，並且把德國在波蘭（「這個不成體統的國家」）的赫赫武功大大吹噓了一番，然後在快要結束的時候，提出了他的和平建議及其理由：

我的努力主要是使我們同法國的關係擺脫一切惡意的痕跡，使這種關係能爲兩國所接受……德國對於法國不再有進一步的要求……我甚至已經不願再提阿爾薩斯－洛林問題……我一直向法國表示願意永遠埋葬彼此之間的舊仇宿怨，並使這兩個具有光榮歷史的國家互相接近……。

對英國呢？

我也做了同樣多的努力來爭取英德之間的諒解以至友誼。我從來沒有在任何時候任何地點做過任何違反英國利益的事情……我在今天仍然相信，只有德國同英國達成諒解，歐洲和全世界才可能有眞正的和平。

關於和平呢？

爲什麼要在西方打這場戰爭呢？是爲了恢復波蘭這個國家嗎？凡爾賽和約的波蘭是不會再出現了……重建波蘭國家的問題不能透過西方的戰爭來解決，而只能由俄國和德國來解決……波蘭在剛剛誕生的時候就被一切非波蘭血統的人稱爲先天不足的流產兒，爲了重建這樣一個國家而犧牲千百萬人的生命和破壞價值億萬的財富，是一種愚蠢的行爲。

還有什麼別的理由要打仗嗎？

……如果這一場戰爭的眞正目的僅僅是爲了更換德國的政權的話……那麼，這將不過是白白地犧牲千百萬人的生命罷了……的確，西線的這一場戰爭是什麼問題也解絕不了的……。

需要解決的問題是有的，希特勒開了一大張清單：「建立一個波蘭國家」（事實上他已經和俄國人商量好不許這樣一個國家存在了）；「解決和了結猶太人問題」；德國的殖民地問題；恢復國際貿易的問題；「無條件地保證和平」；裁減軍備；「對於空戰、毒氣、潛艇等等的限制」；解決歐洲少數民族的問題。

他建議歐洲幾個大國舉行一次「最充分準備的」會議來「解決這些重大問題」。他說道：

這樣一個會議行將決定本大陸今後許多年的命運，在大炮轟鳴下，在軍隊被動員起來對它施加壓力時，是絕不可能深思熟慮地審議問題。

可是，如果這些問題遲早一定要解決，那麼，在千百萬人被送去做無謂的犧牲和數以億計的財富化爲灰燼之前來解決這些問題，是比較明智的。讓西方目前的事態發展下去，其後果是難以設想的。不久，每天的犧牲將不斷增長……歐洲的國民財富將爲炮彈浪費殆盡，各國的元氣將在戰場上耗竭……。

有一點可以肯定。人類歷史上從來沒有同時出現過兩個勝利者，而兩敗俱傷的例子倒是屢見不鮮。但願那些持有相同見解的人民及其領袖現在就做出他們的回答。讓那些認爲戰爭是更好的解決辦法的人拒絕我伸出的手吧！

這裡，他指的是邱吉爾。

但是，如果邱吉爾先生及其追隨者的意見佔了上風，這番話將是我最後的一次聲明。這樣一來，我們就將打下去……在德國的歷史上永遠不會有第二個一九一八年十一月。

我從國會回來以後就在日記上寫道，英國人和法國人會不會「花五分鐘的時間」來考慮這個籠統而含糊的建議，是很值得懷疑的。但是德國人卻很樂觀。那天晚上我去做廣播時，在路上買了一份早出版的《人民觀察家報》。花體字的標題是：

德國希望和平——德國對英法沒有戰爭意圖——除殖民地以外，德國再無其他修正凡爾賽和約的要求——裁減軍備——同歐洲所有國家合作——建議舉行談判。

現在我們從德國的祕密檔案中知道，當時威廉街陸續透過西班牙和義大利駐巴黎的大使得到那方面傳來的報告，因而滿心相信法國人沒有胃口把這場戰爭打下去。早在九月八日，西班牙大使就暗中通知德國人說，龐納（George Bonnet）「鑒於法國人普遍厭戰，打算一俟波蘭戰事結束就設法達成一項諒解。有可信的跡象表明，他正在爲此目的同墨索里尼保持接觸」[17]。十月二日，阿托利科（Bernardo Attolico）把義大利駐巴黎大使最近打來的一份電報抄件交給了威茲薩克，文中說，法國內閣大多數閣員贊成和談，目前主要的問題是如何「使法國和英國能夠保全面子」。不過，達拉第總理顯然不在這個大多數之列[18]（過了不久，義大利人在十一月十六日通知德國人說，根據他們從巴黎得到的情報，「貝當〔Philippe Pétain〕元帥在法國被認爲是主和派……如果和平問題在法國變得更爲緊迫的話，他就一定能扮演某種角色」[19]。這似乎是德國人第一次得知貝當日後對他們可能有些用處）。

這是個很可靠的情報。十月七日，達拉第答覆了希特勒。他宣布，法國在沒有得到關於「眞正的和平與普遍的安全」的確實保證以前，將不放下武器。不過，希特勒更關心的並不是這位法國總理的答覆，而是張伯倫的反應。十月十日，在體育館主持冬賑活動開幕典禮的簡短演說中，他再一次強調聲明，他「隨時準備接受和平」。他補充道，德國方面「沒有理由要同西方國家打仗」。

張伯倫於十月十二日做出了回答。這個回答對德國人民——如果不是對希特勒——來說，不啻迎頭一盆涼水（前一天，十月十一日，柏林出現了一場和平騷動。那天清早，在柏林電臺的頻道上廣播了一則新聞，說英國政府已經倒臺，停戰立刻就會實現。這個謠言傳開以後，全城歡欣若狂。菜市上的老太婆心裡樂開花了，把包心菜向空中亂拋，砸壞了自己的貨攤，她們還跑到附近的酒館去爲和平而乾杯）。那位首相在下院發表了一篇演說，說希特勒的建議是「含糊而不可靠的」，並且指出，「這些建議沒有提到如何糾正對捷克斯洛伐克和波蘭所犯下的錯誤」。他說，「德國政府」的諾言不能信賴。如他們果眞要求和平，「就應該有行動上的表現，而不僅是在口頭上說說」。他要希特勒拿出「令人信服的證據」來表明自己對和平的誠意。

希特勒的諾言再也不能欺騙這位慕尼黑妥協者了。第二天，十月十三日，德國發表了一份正式聲明，宣布張伯倫拒絕了希特勒的和平建議，執意選擇了戰爭的道路。這位納粹獨裁者現在算是有了進行戰爭的藉口了。

實際上，我們現在從繳獲的德國文件中知道，希特勒不等那位首相做出答覆就發布命令準備立刻在西線發動進攻。十月十日，他召見了軍事將領們，對他們宣讀了一份相當長的備忘錄。說明了戰爭的局面和世界的形勢，並把第六號作戰指令扔給了他們[20]。

這位元首原來在九月底固執地提出要在西線盡早發動進攻的要求，曾使陸軍司令部陷入一片慌亂。布勞希契和哈爾德在其他幾位將領的支持下，曾經共同去向希特勒解釋，立刻發動攻勢是辦不到的。他們說，整修在波蘭用過的坦克就需要幾個月的時間。托馬斯（Georg Thomas）將軍以具體數字說明德國每月缺鋼六十萬噸。後勤官史圖爾普納格（Heinrich von Stülpnagel）將軍報告說，手頭的軍火「只夠我們三分之一的部隊打十四天之用」——要在十四天內打敗法國人顯然是不可能的。但是當那位陸軍總司令和那位參謀總長於十月七日就陸軍方面的弱點提出正式報告時，元首卻不予理睬。約德爾（Alfred Jodl）將軍是最高統帥部裡僅次於凱特爾的第二名唯命是從的應聲蟲，他警告哈爾德說，由於陸軍反對在西線立即發動進攻，「一場嚴重的危機可能正在醞釀中」，元首「由於軍人不服從他的命令而非常惱火」。

正是在這種情況下，希特勒於十月十日上午十一點召集將領們舉行會議，會上根本沒有徵詢他們的意見。注明爲前一天簽發的第六號指令告訴了他們應當怎樣行動：

極機密

如果最近的未來事態表明，英國以及跟在它後面的法國無意於結束這場戰爭，我決心不做多大耽擱就採取有力的進攻性行動……。

因此，我命令：

一、爲穿越盧森堡、比利時和荷蘭地區的攻擊戰做好準備。必須盡早實現這一攻擊。

二、其目標在於盡量殲滅法國作戰部隊以及與其並肩作戰的同盟國部隊；同時，在荷蘭、比利時以及法國北部盡可能多佔領土地，以便作爲對英國進行空戰和海戰的基地……。

我要求三軍總司令盡快根據本指令制定計畫，向我提出詳細報告，並把各種情況隨時報告我……。

希特勒在把指令交給他的軍事將領們之前，曾向他們宣讀了簽署日期同爲十月九日的祕密備忘錄，這份備忘錄是這位前奧地利下士所寫的令人印象最深的文件之一。這份備忘錄不僅表明希特勒從德國人的觀點出發對於歷史的理解，還表明他有傑出的軍事戰略和戰術思想，同時也表明他對於西線戰事的發展與結果具有預見，這一點不久就將得到證實。他說，自從一六四八年西伐利亞和約結束了德意志第一帝國以來，德國同西方國家之間就一直在進行著鬥爭，這是「一場無論如何都要打個明白的鬥爭」。但是，自從在波蘭取得了重大勝利之後，只要不「危及」德國在波蘭的既得利益，「我們並不反對立刻結束戰爭」。

但是研究這一方面的可能性，哪怕是對這種可能性加以考慮，都不是本備忘錄的目的。我只準備談另一個問題：繼續戰鬥的必要性……德國的戰鬥目標，是從軍事上一勞永逸地迅速解決西方問題；也就是說，摧毀西方國家的力量和能力，使之永世不能再反對德國人民在歐洲的鞏固和進一步發展。這一長遠目標對外講來在宣傳上將不得不做種種適應……這並不改變我們的戰爭目標。這個目標現在是而且永遠是摧毀我們的西方仇敵。

將領們對這樣倉促地在西線發動進攻曾經表示反對。可是他告訴他們，時間是站在敵人那一邊的。他提醒他們，波蘭的勝利之所以可能，是因爲德國實際上只有一條戰線。這種形勢仍未改變——但是又能維持多久呢？

沒有任何條約或協定能夠有把握地保證蘇俄永遠保持中立。目前，一切情況都不利於俄國放棄中立。但過了八個月、一年，乃至於幾年，這種局面就可能會改變。近年來，各方面的情形都說明條約的不足憑信。防禦俄國進攻的最好的辦法……就是及時地顯示德國的力量。

至於義大利，「義大利支持德國是否有希望」在很大程度上取決於墨索里尼是否活著，以及德國是否能有更大的新勝利去吸引那位領袖。在這裡，時間也是個因素。比利時和荷蘭的情況也是如此，這兩個國家有可能在英、法的壓力下放棄中立，這是德國不能坐待其發生的事情。甚至對美國來說，「也應當認爲時間是不利於德國的」。

希特勒承認，持久戰對德國有很大的危險，他列舉好幾個危險的因素。友好的和不友好的中立國家（他好像主要考慮的是俄國、義大利和美國）有可能像在第一次世界大戰中那樣被拉到敵對的一邊去。而德國「有限的糧食和原料基地」，也會使德國難於取得「物資進行戰爭」。他說，最大的危險是魯爾的地理位置易受攻擊。一旦德國這個工業生產的心臟遭到破壞，就會「導致德國戰爭經濟的崩潰，從而喪失抵抗能力」。

必須承認，在這篇備忘錄裡，那位前奧地利下士一方面顯示了他對於戰略戰術的驚人理解力，可是同時也顯示了他爲人絲毫不講道德。有好幾頁論述了坦克和飛機在波蘭戰役中所發展的新戰術，並且詳細地分析了這種戰術如何在西線戰場上運用以及具體地在什麼地方運用。他說，最主要的是避免一九一四年至一九一八年的那種陣地戰。裝甲部隊必須用來進行決定性的突破。

不得使裝甲部隊陷身於比利時城鎮迷魂陣般的大街小巷中。根本不必用它們去攻城，而是……用來保持大軍通暢無阻地前進，並在找出敵方防守薄弱的陣地後以密集的兵力進行大規模的突破，以打破戰線僵持不下的局面。

這對未來西線戰局是驚人精確的預測，今天讀到它的時候，人們不禁要問，在當時的盟國方面爲什麼就沒有一個人能有這樣的見地？

希特勒在戰略方面的見地也是卓越的。他說，「唯一可能進攻的地區」是通過盧森堡、比利時和荷蘭。首先應該記住兩個主要的軍事目標：摧毀荷、比、法、英的軍隊，從而在海峽沿岸和北海之濱取得立足之地，這樣德國空軍就可以從這裡起飛對英國進行「無情的轟炸」。

他回過頭來又談戰術問題時說，最重要的是隨機應變！

這一戰役的特殊性質，使我們有必要高度運用隨機應變的策略，在某些地點需要集中超過一般比例的進攻或防禦的兵力（比如坦克或反坦克部隊），而在另外一些地方又需做低於一般比例的集中。

至於進攻的時間，希特勒告訴他那些滿心不情願的將領們說，「不能開始得太早。但是只要有可能，無論如何必須在今秋發動」。

德國的海軍將領們與陸軍將領們不同，儘管英國艦隊佔有壓倒優勢，但是他們在採取攻勢方面卻無須希特勒的任何催促。事實上，從九月末到十月初的那些日子裡，雷德爾一直不斷地在要求元首解除對海軍活動的限制。這一點是慢慢實現的。九月十七日，一艘德國潛艇在愛爾蘭西南擊沉了英國航空母艦勇敢號（Courageous）。九月二十七日，雷德爾命令袖珍戰艦德意志號和斯比伯爵號離開待命地區，對英國船運開始進攻。到十月中旬，它們就已經擊沉了七艘英國商船，擄獲了一艘美國船弗林特市號（City of Flint）。

十月十四日，德國潛艇U-47號在古恩特．皮里恩（Günther Prien）少校指揮下，突破了英國重要的海軍基地斯卡帕灣港（Scapa Flow）重重的防禦，用魚雷擊沉了停泊在港內的皇家橡樹號（Royal Oak），這艘戰艦上有官兵七百八十六人殉難。這一了不起的成就，提高了海軍在希特勒心目中的地位，戈培爾博士利用這件事大吹大擂了一番。

但是陸軍將領方面的情況仍然是一個問題。儘管希特勒給他們寫了一長篇考慮周密的備忘錄，儘管發下了第六號指令要他們做好準備以便立即在西線發動攻勢，他們仍然想方設法地規避。這倒不是因爲他們對於侵犯比利時和荷蘭有什麼道德上的顧忌，而只是因爲他們對在這個時候進攻是否能取得勝利深爲懷疑。但是也有一個例外。

在萊茵河上和沿著馬奇諾防線與法軍對峙的C集團軍司令李布（Wilhelm Ritter von Leeb）將軍，不僅對於西線的勝利表示懷疑，而且，就現有的材料來看，當時唯有他從道義立場出發反對進攻中立的比利時和荷蘭。在希特勒召見陸軍將領們的第二天，即十月十一日，李布自己寫了一份長長的備忘錄，把它分送給布勞希契和其他將領。他寫道：

> 全世界都會反對德國，因爲它在二十五年之內第二次進犯中立的比利時！德國政府僅僅在幾星期以前還信誓旦旦地保證維護並尊重這種中立！

當他從軍事上詳細申述了不能在西線發動攻擊的理由之後，最後他發出了和平的呼籲。他說：「全國都渴望和平。」21

但是，這時候希特勒卻渴望戰爭和廝殺，他認爲將領們的那種怯懦是不可原諒的，使他感到膩煩。十月十四日，布勞希契同哈爾德聚首長談了一次。那位陸軍總司令覺得目前有「三種可能：進攻、觀望、根本性的變化」。哈爾德在他那天的日記裡這麼記著，後來在戰後他解釋說，所謂「根本性的變化」指的是「除掉希特勒」。但是生性怯懦的布勞希契認爲這種激烈的辦法「本質上是消極的，並且會使我們處於挨打的地位」。他們最後認爲，這三種選擇都不能提供「決定性勝利的前景」。唯一可做的是繼續在希特勒身上下功夫。

布勞希契於十月十七日再次謁見了元首，但是他告訴哈爾德說，他的爭辯毫不起作用。事情已「毫無希望」。哈爾德在那天的日記裡寫道，希特勒直截了當地告訴他說：「英國人只有在挨了打以後才會坐下來談判。我們應該盡快地給他們幾下子。進攻日期最遲不得超過十一月十五日到二十日。」

此後又同這位納粹統帥談了幾次，他終於在十月二十七日對將領們宣布了不可更改的決定。在一次授勳儀式上，希特勒將鐵十字騎士勳章授給十四名將領之後，就開始布置西線進攻事宜。當布勞希契試圖說明陸軍需要一個月也就是要到十一月二十六日才能準備就緒時，希特勒的回答是「那太晚了」。他命令進攻必須在十一月十二日發動。那天散會回來，布勞希契和哈爾德垂頭喪氣。那天晚上，他們互相安慰了一番。「布勞希契顯得疲憊而又沮喪，」哈爾德在日記裡寫道。

推翻希特勒的「措森密謀」（The Zossen Conspiracy）

密謀分子們再一次立即開始行動的時刻到來了，或者說，他們自以爲是到來了。發愁的布勞希契和哈爾德，面臨著嚴酷的抉擇：或者是採取他們在十月十四日所想到的第三種「可能」（即除掉希特勒），或者是在西線發動他們認爲會給德國帶來災難性後果的進攻。軍隊和文職機關中所有突然活躍起來的「密謀者」都力主走第一條道路。

戰爭爆發以來，他們已經遭到過一次挫折。在進攻波蘭前夕，早已退休的漢默斯汀（Kurt von Hammerstein）將軍又暫時被起用，在西線擔任一個司令官的職務。戰爭開始的第一個星期，他曾經竭力邀請希特勒到他的司令部去視察一下，以表示在進攻波蘭的時候他並沒忽視那條戰線。實際上，漢默斯汀將軍，這個希特勒的死對頭，是想要把他抓起來。施拉布倫道夫（Fabian von Schlabrendorff）早在九月三日英國政府宣戰的那一天，在柏林阿德隆（Adlon）飯店匆忙會見福比斯的時候，把這個陰謀悄悄地告訴了他。但是那位元首已經嗅出氣味不對，謝絕了那位前陸軍總司令的邀請，並且過了不久就把他撤掉了[22]。

但密謀分子們仍然同英國人保持著聯繫。他們沒有能夠採取行動阻止希特勒消滅波蘭，他們現在集中力量於避免戰事向西蔓延。文職密謀分子比以前更清楚地認識到，在德意志帝國中，唯有軍隊有辦法制止希特勒。隨著總動員和在波蘭取得的閃電勝利，軍隊的力量和地位有了極大的增長。但是正如哈爾德對那些文職密謀分子所解釋的，由於編制擴大，軍隊也有它不方便的一面。軍官隊伍中增添了大量的預備軍官，而他們當中很多是狂熱的納粹分子。同時部隊的士兵又全都被灌了一腦袋的納粹思想。哈爾德指出，要找到一支可以信賴的並且肯於反抗元首的部隊是不容易的。無論是對敵人還是對朋友，哈爾德都是一個善於強調困難的人。

將領們還提出了另外一個問題，文職密謀分子認爲也應當考慮。就是如果他們發動一次反對希特勒的政變，英法是不是會利用政變在軍隊和國家中所造成的混亂，從西線大舉入侵，佔領德國？並且，雖然他們已經推翻了那個罪魁禍首，英法是否仍然會向德國人民提出苛刻的媾和條件？因此，有必要同英國人保持聯繫，以便取得明確的諒解，使西方盟國不利用德國反納粹的政變趁火打劫。

他們透過好幾條途徑同英國人接觸。其中有一條途徑是由約瑟夫．繆勒（Josef Müller）博士通過梵蒂岡發展出來的。這位博士是個虔誠的天主教徒，慕尼黑的第一流律師，體格魁偉，精力旺盛，而且有股蠻勁兒，所以在年輕時得到過「蠻牛約瑟夫」的綽號。他在情報局奧斯特（Hans Oster）上校的默許下，於十月初曾經到羅馬旅行，在梵蒂岡同英國駐教廷公使建立了聯繫。據德國人說，他不僅取得了英國的保證，並且還得到了教皇的諾言，同意在新的反納粹德國政權和英國之間充當調停人[23]。

另一個接觸點在瑞士的伯爾尼。威茲薩克派了不久以前曾任德國駐倫敦代辦的西奧多．科爾特（Theodor Kordt）當德國駐瑞士公使館的參事。他在瑞士的首都不時和一個英國人康維爾－伊凡斯（Philip Conwell-Evans）博士碰頭。後者曾經在德國柯尼斯堡大學擔任教授，不僅成了研究納粹主義的專家，而且在某種程度上也成了納粹的同情者。十月的下半月，康維爾－伊凡斯給科爾特帶來了一個訊息，後來被科爾特說成是張伯倫以諒解和公正的態度對待未來的反納粹德國政權的嚴正保證。

實際上這個英國人帶來的只是張伯倫對下院演說中的一段話。在這篇演說裡，這位首相一方面拒絕希特勒的和平建議，一方面宣布英國無意「使一個願意同其他國家和睦相處、互相信賴的德國在歐洲無法獲得應有地位」。在這篇對德國人民表示友好的講演中，這一段話和其他的段落都曾由倫敦方面廣播過，那些密謀分子想必也在無線電中聽到過，但是他們仍然對那位非正式的英國代表帶到伯爾尼來的「保證」大表歡迎，認爲是具有頭等重要意義的東西。這些密謀分子得到了這個聲明後，認爲自己已經透過梵蒂岡取得了英國的保證，於是就滿懷希望地轉向那些德國將領。說他們是滿懷希望固然不錯，但是也可以說是絕望中的孤注一擲；「我們唯一能得救的希望，」威茲薩克在十月十七日對哈塞爾（Ulrich von Hassell）說：「就在於舉行軍事政變。但怎樣舉行政變呢？」

時間已經很緊迫了。德國已經決定在十一月十二日侵入比利時和荷蘭。必須在這個日子以前舉行政變。哈塞爾警告其他的人說，在德國侵犯了比利時以後，就不可能得到「公道的和平」了。

對於後來發生的事，其實應當說是對於後來竟然什麼事也沒有發生，參加這個密謀的人各持一說，互相矛盾、莫衷一是。像在慕尼黑時期的那次一樣，這次的中心人物仍然是陸軍參謀總長哈爾德將軍。但是他忽冷忽熱，猶豫不定。在紐倫堡提審時，他解釋說，「野戰部隊」由於「全副武裝的大敵當前」，不可能舉行叛變。他說他曾呼籲不直接與敵人交鋒的國內後備軍採取行動，但是他從國內後備軍司令弗洛姆（Friedrich Fromm）將軍那裡所能得到的，最多只是一種共識，那就是「作爲一個軍人」，只要布勞希契下命令，他馬上就執行[24]。

但是布勞希契甚至比他的參謀總長還要膽小怕事。「如果布勞希契沒有足夠的魄力做出決定的話，」貝克將軍對哈爾德說：「你就應當做出決定，給他來一個既成事實。」但是哈爾德堅持認爲，布勞希契是陸軍總司令，最後責任應當由他負。大家就這樣推來推去，誰也不願負責。哈塞爾在十月末的日記中悲歎道：「哈爾德的膽略和威信都不足以勝任此事。」至於布勞希契，就像貝克所說的，只是一個「六年級小學生」。這時密謀分子由陸軍方面的經濟專家托馬斯將軍和情報局的奧斯特上校爲首，繼續在哈爾德身上下工夫。哈爾德終於同意，至少他們認爲如此，只要希特勒進攻西方的最後命令一下，就發動政變。但哈爾德本人後來卻說，這仍然要靠布勞希契做最後決定。不管怎樣，十一月三日，據哈爾德和奧斯特在最高統帥部裡的一個心腹格羅斯庫特（Hans Groscurth）上校說，哈爾德通知貝克將軍和戈德勒（Carl Goerdeler）這兩個主要密謀分子，要他們從十一月五日起隨時準備行動。陸軍總司令部和參謀總部所在的措森成了醞釀陰謀活動的溫床。

十一月五日是關鍵性的一天。部隊將在這一天開往與荷、比、盧交界的出擊點，同時布勞希契也約定在這一天向希特勒攤牌。他同哈爾德曾經在十一月二日和三日視察了西線的各高級指揮部，戰地指揮官們反對進攻的意見增強了他們的決心。哈爾德在自己的日記裡暗自寫道，「沒有一個指揮部認爲進攻……有任何可能取得勝利」。於是陸軍總司令帶著從前線將領們那裡得到了的大批論據，再加上他自己和哈爾德、托馬斯等人的論據彙集成的一份備忘錄，而且，用哈爾德的話來說，另外還帶了一份「反備忘錄」，那是對希特勒十月九日那份備忘錄的答覆，在十一月五日這一天，驅車前往柏林總理府，決心說服希特勒放棄在西線立即發動進攻的計畫。如果勸說無效，布勞希契就將參加推翻希特勒的密謀——至少密謀分子是這樣瞭解的。他們興高采烈，非常樂觀。據吉斯維烏斯（Hans Gisevius）說，戈德勒甚至已經著手爲未來的反納粹臨時政府草擬內閣名單了，後來還是頭腦較比冷靜的貝克制止了他才沒有這樣做。那時只有沙赫特（Hjalmar Schacht）一個人對這問題極感懷疑。

「你們瞧著吧，」他警告道：「希特勒準會聞出氣味不對，明天不會做出任何決定。」跟以前一樣，他們全都錯了。

布勞希契一無所獲，他的備忘錄也好，前線指揮官的報告也好，他自己的論據也好，都沒有發生作用，這本來也是意料中的事。當布勞希契提出當時是西方一年之中天氣最惡劣的季節時，希特勒反駁道，對德國人來說是惡劣的氣候，對敵人也同樣惡劣，何況來年春天天氣也未見得就好。最後，這位沒有脊梁骨的陸軍統帥計無可施，便告訴元首說，西線部隊的士氣同一九一七年至一九一八年的情況類似，當時軍隊裡充滿了失敗主義情緒，發生不服從命令的情況，甚至有兵變。

據哈爾德說（他的日記是這次極機密會談的主要來源），希特勒一聽這話，頓時勃然大怒。他要布勞希契說出來：「哪個部隊出現了這種沒有紀律的情況？發生了什麼事情？在什麼地方？」他要在第二天親自坐飛機到那裡去調查。據哈爾德的日記說，可憐的布勞希契本來想故意誇大一下事實，以便「嚇退希特勒的」，現在卻惹得元首大發雷霆地訓了一頓。「陸軍總司令部採取什麼行動？」元首吼叫道：「槍斃了多少人？」希特勒咆哮道，事實上「是你們陸軍不想打」。

「已經沒有辦法再談下去了，」布勞希契在紐倫堡追憶那次不愉快的會見時在法庭上說：「於是我只好退了出來。」據別人回憶說，他踉踉蹌蹌地回到十八英里外措森的司令部時還驚魂未定，甚至在敘述會見經過時都有點語無倫次。

「措森密謀」就這樣完事大吉。它同慕尼黑時期的「哈爾德密謀」一樣，遭到了可恥的失敗。在這兩次密謀中，密謀分子們爲自己的行動所提出的條件都實現了。這次希特勒堅持自己的決定，要在十一月十二日發動進攻。事實上當碰了一鼻子灰的布勞希契走了之後，希特勒還用電話向措森司令部重申了他的命令。當哈爾德要求書面的命令時，書面的命令立刻就送來了。密謀分子們曾經說，要推翻希特勒必須有一個書面證據，也就是要由希特勒下令發動一場他們認爲行將使德國遭到慘禍的戰爭；現在證據有了，但是他們除了驚惶失措之外，毫無所爲。他們亂成一團，急急忙忙地焚毀了可能惹禍的文件，掩蓋了他們密謀活動的痕跡。只有奧斯特上校好像還保持了鎮靜。他向比利時和荷蘭駐柏林公使館發出了警告，要這兩國提防十一月十二日早晨的進攻[25]。然後他就動身到西線去，想試探一下，看看他還能不能再次說動維茨萊本（Erwin von Witzleben）將軍來幹掉希特勒，結果毫無所獲。包括維茨萊本在內，所有的將領都知道他們已失敗了。那位前下士又一次不費吹灰之力就戰勝了他們。幾天以後，指揮A集團軍的倫德施泰特（Gerd von Rundstedt）召集他所屬的軍級和師級司令官開會，詳細討論了進攻的計畫。雖然他本人對這次進攻的成功仍有疑問，他卻勸他的將領們撇開懷疑。他說：「陸軍已經分配了這個任務，不論怎樣都得執行！」

希特勒衝著布勞希契發了那一通雷霆，把他嚇得要死之後，第二天就著手草擬一個宣言，打算對荷蘭和比利時人民辯解自己的侵略行爲。哈爾德日記中提到的藉口是「法國軍隊必將開進比利時」。但是第二天，十一月七日，希特勒卻推遲了進攻的日期，使得將領們如釋重負地舒了一口氣。

極機密

……元首兼國防軍最高統帥聽取了氣象和鐵路運輸方面的報告以後，發布命令如下：進攻日推遲三天。下一決定將於一九三九年十一月九日下午六點做出。

一九三九年十一月七日於柏林　凱特爾

整個秋天和冬天希特勒發布了十四道推遲進攻的命令，這是其中的第一道。歐戰結束時，從最高統帥部的檔案中發現了這些命令的副本[26]。這些命令表明希特勒在任何時候都從沒有放棄在西線發動進攻的決定，只不過是一星期一星期地往後推而已。他在十一月九日把進攻推遲到十一月十九日；而臨到十一月十三日又把它推遲到十一月二十二日，像這樣一直推下去，每次都是在五六天以前通知改期，往往是以天氣作爲理由。這也許是希特勒在某種程度上對將領們的遷就，也許是他意識到陸軍尚未準備就緒。但有一點是肯定的，戰略計畫和戰術計畫沒有充分擬好，因爲他還在不斷地進行修改。

希特勒第一次推遲進攻可能還有其他的原因。十一月七日做出這個決定的那一天，比利時國王同荷蘭女王發表了一個聯合聲明，表示願意「在西歐戰爭開始激烈進行以前」斡旋和平，這一來使德國人大大地陷入了窘境。希特勒在他所草擬的宣言中本來打算說，德軍開入這兩個低地國家是因爲獲悉法國軍隊即將開進比利時，但是在比荷發表了這個聯合聲明之後，這個藉口就很難取信於人了。

同時，希特勒也可能得到了風聲，知道他進攻比利時這個中立小國已經起不到奇襲的作用，而他原來正是倚仗這一點的。十月底，戈德勒曾經到布魯塞爾去了一趟，帶去了威茲薩克的祕密委託，要德國駐比利時大使貝勞－許汪特（Vico von Bülow-Schwante）私下警告比利時國王「局勢極爲嚴重」。那位大使遵命照辦，利奧波德國王馬上就趕到海牙，同荷蘭女王商量，於是便擬定了上述的聯合宣言。但比利時人還得到了比這更爲明確的情報。我們在前面已經提到，這個情報一部分是從奧斯特那裡來的。另外，十一月八日，貝勞－許汪特還用電報通知柏林，利奧波德國王曾告訴荷蘭女王，說他獲得「準確的情報」，得知沿比利時國境線已有德軍集結，說明德軍將「在兩三天」內穿越比利時國土發動進攻[27]。

接著在十一月八日晚間和十一月九日那天下午一連發生了兩樁怪事：一樁是險些使希特勒送命的炸彈爆炸事件，另一樁是德國黨衛隊人員在靠近德國邊境處綁架了荷蘭境內的兩名英國間諜。這兩起事件雖然最初分散了那位納粹統帥的注意，使他無暇考慮在西線發動進攻的計畫，但最後卻增加了他在德國的威信，同時嚇壞了那些實際上同這兩起事件全然無關的措森密謀分子。

納粹綁架案和啤酒館炸彈事件

十一月八日晚間，希特勒在慕尼黑的貝格勃勞凱勒酒館（Buergerbäu Keller）爲紀念一九二三年啤酒館政變而對黨內「老衛隊」戰友發表每年一度的演說，這篇演說比他往常的演說都短，在他講完之後十二分鐘，預先安置在講臺後面柱子內的一枚炸彈爆炸了，死七人，傷六十三人。這時候所有的納粹要人都已經跟在希特勒的後面匆匆離開了會場。在往年，他們照例都要留下來，一面慢慢地喝著啤酒，一面同黨內的老戰友們回憶話舊，談著當年的政變。

第二天早晨，希特勒自己的報紙——《人民觀察家報》獨家刊登了謀刺元首的新聞。這家報紙說這樁骯髒的勾當是「英國特務機關」、甚至說是張伯倫幹的。那天晚間我在日記裡寫道：「這件未遂的謀刺案無疑將激起輿論支持希特勒，並將煽起對英國的仇恨……我們多數人覺得，這一事件很像是一次新的國會縱火案。」

除開戈培爾的狂熱腦袋中所想像的以外，英國特務機關同這件事情又有什麼關係呢？於是納粹立即設法製造這樣一種關係。慕尼黑的炸彈爆炸後一、兩個小時，黨衛隊和祕密警察的頭子希姆萊打電話給杜塞道夫（Düsseldorf）的一個正在走紅運的年輕下屬瓦爾特·施倫堡（Walter Schellenberg），根據元首的指示，命令他第二天越過荷蘭邊境，把兩個同施倫堡保持聯繫的英國特工人員綁架過來。

希姆萊的這道命令引起了戰爭中一樁最離奇古怪的事件。施倫堡同諾約克斯（Alfred Helmut Naujocks）一樣，也是一個受過大學教育的流氓知識分子。一個多月以來，他同荷蘭境內的兩名英國情報官貝斯特（S. Payne Best）上尉和史蒂芬斯（R. H. Stevens）少校建立了聯繫。在他們面前，他自稱是最高統帥部裡的反納粹軍官「夏梅爾少校」（這位少校倒也確有其人），並且編造了一套活龍活現的故事，說明德國將領們如何決意推翻希特勒。他說，他們希望英國方面保證倫敦政府將公正地對待未來的反納粹新政權。我們在前面已經提到，由於英國人曾經從其他方面聽說過德國軍人有這麼一個密謀，那些密謀分子也曾經要求過這樣的保證，英國政府便有意同這位夏梅爾少校發展進一步的聯繫。貝斯特和史蒂芬斯給了他一部小型無線電收發報機。隨後雙方在無線電上往來頻繁，並且在荷蘭不同的城市見了若干次面。十一月七日，雙方在離德國邊境不遠的荷蘭文洛鎮（Venlo）上見面時，那兩個英國間諜給夏梅爾帶來了倫敦方面給德國反納粹領袖一封相當含糊的信，十分籠統地談了同一個反納粹政權締結公正和約的基礎。當時說妥，夏梅爾將在第二天把一位反納粹的領袖（一位德國將軍）帶到文洛來開始舉行最後的談判。這一會晤後來又推遲到九日。

直到這時爲止，雙方的目標是明確的。英國方面打算同德國密謀政變分子建立直接聯繫，以便鼓勵和幫助他們。希姆萊則打算透過這兩個英國人來發現德國的密謀分子是那些人，以及他們同英國間諜機關有什麼關係。顯然，希姆萊和希特勒對於某些將領以及情報局裡的奧斯特和卡納里斯（Wilhelm Canaris）這樣一些人已經有所懷疑。但是到了十一月八日的晚上，希特勒和希姆萊感到需要改變他們的目標。現在他們的新目標是：綁架貝斯特和史蒂芬斯，並把貝格勃勞凱勒酒館爆炸案的罪名加在他們身上！

現在，一個我們所熟悉的人物登場了。原先在格萊維茨（Gleiwitz）對德國電臺表演了那齣「波蘭襲擊」的諾約克斯，現在又率領了十幾個黨衛隊保安處的打手來幫助施倫堡完成綁架計畫。事情進行得非常順利。十一月九日下午四點，施倫堡在文洛鎮一家咖啡館的涼臺上啜飲著開胃酒，等候貝斯特和史蒂芬斯來赴約。最後，那兩位英國間諜駕著他們的別克牌汽車來了，他們把車子停在咖啡館的後面，剛下車就遭到候在黨衛隊汽車上的諾約克斯那群暴徒一陣槍擊。歷來伴同這一對英國人去會見施倫堡的荷蘭情報官克洛普中尉受了致命的重傷。據諾約克斯後來說，他們把貝斯特和史蒂芬斯連同受傷的克洛普「像一捆草似的」扔進了那輛黨衛隊的汽車之後，汽車便開足馬力，衝過邊界，進入了德國境內（據戰後公諸於世的荷蘭官方記述，史蒂芬斯、貝斯特和克洛普是裝在英國人自己那輛汽車裡被德國人拖過國境線去的[28]。文洛鎮離國境線只有一百二十五英尺。從第二天，即十一月十日開始，荷蘭政府連續發出九次書面請求，索討克洛普和那輛汽車上的荷蘭司機，並要求德國人對於這一侵犯荷蘭中立的行爲進行調查。但始終沒有得到答覆。直到第二年五月十日，希特勒爲其進攻荷蘭國土辯解時說，理由之一是文洛事件證明荷蘭人和英國特工機關狼狽爲奸。克洛普由於傷勢過重，幾天以後就死去了。貝斯特和史蒂芬斯熬過了五年納粹集中營的生活之後仍倖存人間[29]）。

於是在十一月二十一日，希姆萊對公眾宣布，在貝格勃勞凱勒酒館謀殺希特勒的陰謀案，已經眞相大白。這件案子是出於英國情報局的主使，主謀的兩名英國人史蒂芬斯和貝斯特，已經於爆炸發生後的第二天「在荷德邊境線上」被捕。實際動手的兇手據稱是住在慕尼黑的一個德國共產黨員——一個名叫格奧爾格・艾爾塞（Georg Elser）的木匠。

我在那天的日記裡寫道，希姆萊對這件謀殺案的細節描述在我聽來可疑的。但是希姆萊卻不折不扣地達到了自己的目的。當時我曾記道：「希姆萊那一幫匪徒的企圖，顯然是想要那些易受愚弄的德國人民相信，英國政府打算以謀殺希特勒及其主要助手的方法來贏得戰爭。」

這次爆炸究竟是誰主使的，迄今仍然是一個沒有完全弄清楚的謎。艾爾塞雖不像國會縱火案裡的盧伯（Marinus van der Lubbe）那樣愚蠢，但卻是個不怎麼聰明的老實人。他不僅承認犯有製造和放置炸彈的罪行，並且為此揚揚得意。他在這次謀殺事件之前當然沒有同史蒂芬斯和貝斯特見過面，但在薩克森豪森（Sachsenhausen）集中營的那些漫長歲月裡他卻同貝斯特交上了朋友。他在集中營裡面對這個英國人講了一個說來話長而且曲折的故事，但這個故事並不完全合情合理。

他說他是那年仲夏被當作共產黨的同情者關進達豪集中營的，十月間某日，他被叫到集中營的長官辦公室裡，在那裡他被介紹給兩個陌生人。這兩個陌生人說他們要把元首身邊幾個心懷二意的追隨者搞掉，辦法是在十一月八日晚上，等希特勒在貝格勃勞凱勒酒館發表例行演說離開大廳之後，緊跟著在那裡引爆一枚炸彈。炸彈將安置在講臺後面的一根柱子裡。由於艾爾塞是一個手藝高明的傢俱匠、電工兼補鍋匠，他們說這事由他來做是再合適不過了。事成之後，他們將幫助他逃往瑞士，並且給他一大筆錢，讓他舒舒服服地在那裡過上一輩子。為了表明他們說話算數，他們答應當時就改善他在集中營中的待遇：改善他的飲食，給他穿普通的便服，還給他許多捲煙——因為他是個煙癮很大的煙鬼——並且給了他一個木匠工作臺和一套工具。艾爾塞就在這裡用一隻可走八天的鬧鐘和一個同時可以用電鈕引發爆炸的特殊裝置製造了一枚看起來粗糙但效率並不差的定時炸彈。艾爾塞說，在十一月初的一個夜晚他被帶到那個啤酒館去，把他那個玩意兒放進了那根位置合適的柱子中。

他說，十一月八日晚上，大約在那顆炸彈根據規定的時間快要爆炸的時候，他的同謀者把他帶到了瑞士邊境線上，給了他一筆錢，並且有意思的是，還給了他一張印著那家啤酒館內部照片的明信片，照片裡那根放置炸彈的柱子上還畫了一個叉。結果，他並沒有得到幫助越過邊境，這個傻頭傻腦的傢伙對這一點彷彿頗感意外。相反，他卻被祕密警察逮捕了，那張明信片和其他東西一併落入祕密警察手中。然後祕密警察便教唆他在即將開庭審訊的國家法庭上把貝斯特和史蒂芬斯牽連進來，而且告訴他，在這次審判中，他將名噪一時，成為眾所注目的人物（在這之後，艾爾塞在達豪又對尼莫拉〔Martin Niemöller〕牧師講過一個類似的故事。這位牧師後來說，他個人認為這個爆炸案是經過希特勒認可的，企圖以此來抬高他的聲譽和激起人民的戰爭狂熱。不過應該公正地指出，希特勒、希姆萊和施倫堡的冤家對頭吉斯維烏斯在紐倫堡法庭上以及在他的書中都說，他相信艾爾塞確有謀刺希特勒的意圖，他並沒有同納粹分子合夥同謀。據施倫堡供稱，雖然他起初曾經對希姆萊和海德里希有過懷疑，但是在訊問了那個木匠並讀了他在受到洗腦後的口供記錄之後，他最後終於相信，這是一件眞正的謀刺案。不過施倫堡的話是不大靠得住的）。

這個審判一直沒有舉行。現在我們知道，希姆萊由於做賊心虛，不敢舉行這次審判。我們現在還知道，艾爾塞在薩克森豪森集中營裡住了一個時期後又被移到達豪集中營，所得到的待遇在那種環境下講來是完全人道主義的待遇，這顯然是根據從爆炸案中得到了很大好處的希特勒的特別指令。但是希姆萊一直牢牢地監視著他到底。讓這個木匠活到戰後去把他的故事四處宣揚是不行的。於是就在戰爭結束前不久，一九四五年四月十六日，祕密警察宣布，艾爾塞已在前一天盟軍空襲時被炸身死。現在我們知道，他是被祕密警察殺害的[30]。

希特勒對將領們的訓話

倖免於難的希特勒，或者說使人看來彷彿倖免於難的希特勒壓下了將領中的反抗之後，便來進行他在西線大舉進攻的計畫。十一月二十日，他發下了第八號作戰指令，命令保持「戒備狀態」，以便「隨時利用有利的氣候條件」，並且規定了滅亡荷蘭、比利時的方案。接著，希特勒為了給那些膽怯的將領們打一打氣，使他們具有在大戰前夕所必須具有的勁頭，於是便在十一月二十三日那一天中午把那些擔負指揮的將領和參謀總部的人員召到總理府來。

這是希特勒對主要軍事將領們所做的祕密精神講話中最關鍵的講話。由於盟軍在弗倫斯堡（Flensburg）發現了一些最高統帥部檔案，這篇講話便被保存下來了，這是某位不知名與會者的筆記[31]。希特勒一開始便說：「這次會議的宗旨，是要使你們瞭解一下我的思想境界，因為這支配著我對未來事態發展的態度；此外我還要把我的決定告訴你們。」

他的腦子裡充滿了關於過去、現在和未來的想法。他在這次與會人數不多的會議上，口若懸河，肆無忌憚，內容異常露骨，使人清楚地看到了他那想像力豐富然而極不正常的腦子裡一切思想活動的輪廓。他還對未來事態的發展做了極其準確的估計。但是，很難想像有誰聽了這番講話後，不會懷疑這個掌握了德國和全世界命運的人已經全然變成了一個危險的自大狂者。

在談到早年的奮鬥時，他說：

我對於歷史事態的可能發展有清楚的瞭解，對於做出無情的決定有堅定的意志……作爲最終決定性的因素，我可以毫不誇大地說，我是不可代替的。沒有一個軍人或是文官能夠代替我。謀刺我的陰謀以後可能還會有。我對我的才智能力和決斷能力是深信不疑的……從來還沒有一個人取得過像我這樣的成就……在我的領導下，德國人民的地位空前提高了，即使現在全世界都在恨我們……國家的命運全在我一個人身上。我自然當仁不讓。

他斥責將領們在他做出「堅決的決定」要退出國聯、宣布徵兵制、佔領萊茵地區、在萊茵地區設防以及呑併奧地利時不該表現懷疑和動搖。他說：「在那時候相信我的人是很少的。」

「接著下一步是波希米亞、摩拉維亞和波蘭。」他在敘述他的征服業績時，態度極爲寡廉鮮恥。可惜張伯倫沒能聽到他這番話。

我從一開始就明白，我是不能以取得蘇臺德日耳曼人區爲滿足的。那僅僅是局部的解決辦法。於是我便做出了進軍波希米亞的決定。隨著建立了「保護國」，這樣征服波蘭的基礎就奠定了。但是當時我還沒有十分明確，是應該先解決東方再打西方呢，還是先征服西方再來收拾東方。由於事態的壓力，最後還是先打波蘭。可能有人指責我，說我要打了又打。但我認爲，鬥爭是所有人的命運。任何人，只要他不甘心失敗，就不可避免地要進行鬥爭。

日益增長的德國人口，要求有更大的生存空間（Lebensraum）。我的目標在於使我國人口的數目和所需的生存空間之間有一個合理的比例關係。鬥爭就必須從這裡開始。沒有一個民族能夠迴避這個問題。不解決這個問題就只有俯首退讓，逐漸衰亡……在這裡，一切巧計良策都將無濟於事，刀劍是唯一解決問題的辦法。拿不出力量來進行鬥爭的民族是必然要退出歷史舞臺的……。

希特勒說，包括俾斯麥和毛奇（Helmuth von Moltke）在內過去那些德國領導人的毛病是「不夠堅強。只有在一個有利時機對一個國家發動進攻才能解決問題」。由於認識不到這一點，結果一九一四年的戰爭「多面受敵。因而未能解決這個問題」。希特勒繼續說道：

今天，第二幕戲正在編排。六十七年來我們第一次避免了兩線作戰……但是沒有人能夠知道，這種局面能夠維持多久……從根本上說來，我把武裝力量組織起來，並不是爲了養兵不用。我一直都有決心要發動進擊。

想到目前單線作戰的好處時，這位元首提起了俄國問題。

就目前來說，俄國還沒有什麼危險性。它已經由於許多內部問題而被削弱了。況且，我們同俄國還訂有條約。但是，條約只有在它們還能爲某種目的服務的時候才會得到遵守。俄國只有在它認爲這個條約對自己有利的時候才會遵守它……俄國仍然抱有長遠的目標，特別是加強它在波羅的海地區的地位。只有我們在西線騰出手來的時候才能夠反對俄國。

至於義大利，一切取決於墨索里尼，「他一死情況就可能全盤改變……正像史達林如果死了一樣，義大利領袖一死會給我們帶來危險。一個政治家是很容易遭到不測的，最近我對這一點有親身體會」。美國「由於有中立法」，所以希特勒那時候還不認爲它有什麼危險，同時它對盟國的援助也還很有限。然而，時間是對敵人有利的。「目前是一個好機會。再過六個月就可能不再如此了」。因此：

我的決心是不可變更的。我要盡快地在最有利的時機進攻英、法。破壞比利時和荷蘭的中立並沒有多大關係。在我們取得勝利以後，不會有人提出這個問題的。關於破壞中立的行爲，我們不會提出一九一四年那樣笨拙的藉口。

希特勒對他的將領們說，西線的進攻意味著「世界大戰的結束，而不僅僅是一個作戰行動。它所關係到的不是某一個單獨問題，而是整個民族的生死存亡」。接著，他的講話就進入尾聲：

我們歷代偉人的精神一定會使我們鼓起勇氣來。命運所要求於我們的，並不比對德國歷代偉人所要求的更多。只要我活著，我所想到的將只是我國人民的勝利。我不會在任何困難面前退縮，我將消滅一切反對我的人……我要消滅我的敵人！

這是一篇最關鍵的演說。雖然幾乎所有的將領都不相信在這個時候發動進攻可能取得勝利，但據我們所知，卻沒有一個將領站出來表示懷疑，也沒有任何人起來質問進攻比利時和荷蘭是否違反道德，因爲這兩個國家的中立和邊界是得到德國的嚴正保證。據當時在場的某些將領們說，希特勒對陸軍高級將領和參謀總部裡所存在的消極情緒，批評地更爲猛烈。

當天傍晚六點鐘，那位納粹統帥又把布勞希契和哈爾德叫了去，就「措森司令部的情緒」狠狠地訓了那位陸軍總司令一頓，參謀總長則像一個犯了過錯的孩子一樣站在元首辦公室的門外等著。希特勒申斥說，陸軍總司令部從上到下全都染上了「失敗主義」情緒，而哈爾德的參謀總部則「抱著頑固的態度同元首鬧彆扭」。布勞希契沮喪已極，據他自己後來在紐倫堡法庭上說，他當時提出辭職，但是希特勒不准。這位總司令回憶說，希特勒還嚴厲地提醒他，「我必須像所有其他的軍人一樣，完成我的職責，履行我的義務」。那天晚上哈爾德在日記中用速記符號寫了這樣一句：「危機重重的一天！」32

從各方面來說，一九三九年十一月二十三日是一個里程碑。這一天標誌著在第一次世界大戰期間曾經甩開德皇威廉二世而掌握了德國最高軍政大權的陸軍，已被希特勒決定性地制服了。從這天起，這位前奧地利下士不僅認爲自己的政治見解比他的將領們高出一籌，而且認爲自己的軍事見解也是如此。所以他從此不再聽他們的意見，而且不許他們批評——其最後結果爲全人類帶來了災難。

「我們之間從此有了裂痕，」布勞希契在談到十一月二十三日的事件時對紐倫堡法庭說：「雖然後來彌補上了，但是芥蒂始終存在。」

希特勒在那個蕭瑟的秋天對將領們所發表的這一篇氣勢洶洶的演說，對哈爾德和布勞希契不啻當頭一棒，使他們不敢再懷有一點點推翻這位納粹獨裁者的念頭。他已經警告他們，他將「消滅」一切礙他手腳的人。哈爾德說，希特勒還特別補充一句，他將「以暴力」鎮壓參謀總部對他的任何反抗。哈爾德至少在當時還不敢挺身反抗這種駭人威脅。四天以後，十一月二十七日，托馬斯將軍在沙赫特和波比茨（Johannes Popitz）的慫恿下去見哈爾德，力勸他對布勞希契下功夫，使他採取行動反對元首（「必須把希特勒搞掉！」據哈爾德後來回憶，托馬斯當時曾這樣說）但是這位參謀總長對他說了一大堆的「困難」。他說他還不能肯定，布勞希契是否「會積極參加政變」[33]。

過了幾天，哈爾德用一些極爲可笑的理由向戈德勒說明他爲什麼不再打算推翻那位納粹獨裁者。哈塞爾在日記裡記下了這些理由。除了「大敵當前不能叛變」這一條之外，據哈塞爾所記，哈爾德還補充了以下各點：「我們應當給希特勒一個最後的機會，把德國人民從英國資本主義的奴役下解救出來……目前我們再找不到另外一個偉大人物了……反對派的力量還不夠成熟……對於年輕的軍官，我們沒有把握。」哈塞爾又去找最早的密謀分子之一、海軍上將卡納里斯，要他動手，但是毫無所獲。「他對陸軍將領的反抗已經不再抱任何希望」，這位卸任的大使在十一月三十日的日記裡寫道：「並且認爲再沿著這條路搞下去只是白費力氣。」過了不久，哈塞爾在日記中記道：「哈爾德和布勞希契已經完全變成了希特勒聽話的小廝了。」[34]

納粹在波蘭的暴行：第一階段

德國進攻波蘭後沒有幾天，我的日記就開始充滿了納粹在這個被征服的國家中的暴行記錄。後來大家知道，許多其他人的日記也都連篇是這類記載。哈塞爾在十月十九日的日記上說，他聽到了「黨衛隊駭人聽聞的獸行，特別是對猶太人的獸行」。過了幾天，他在日記裡記述了從波森省一個德國地主那裡聽來的一個故事。

他最後看到的是一個喝醉了酒的區黨部頭子，命令把牢門打開。他槍殺了五個妓女，而且企圖強姦另外兩個妓女[35]。

十月十八日，哈爾德在日記裡記下了他同後勤官愛德華・華格納（Eduard Wagner）將軍的一次談話的摘要。那一天後者曾同希特勒談到波蘭的未來命運——波蘭的未來將是黯淡悲慘的：

我們無意於重建波蘭……不能把波蘭建成一個德國式的模範國家。絕對不能讓波蘭的知識分子成爲統治階級。必須保持低生活水平。保持廉價的奴隸勞動……。

必須使波蘭徹底解體！德國將給予波蘭總督必要的手段來實現這一可怕的計畫。

德國確實這樣做了。

我們現在可以根據繳獲的德國檔案文件和紐倫堡歷次審訊所得到的證據，對納粹在波蘭恐怖統治的開始情況做一簡短的敘述。這只不過是德國人對所有被征服民族黑暗恐怖統治的先聲。但是波蘭的遭遇比起其他地方來，自始至終是最慘的。納粹的野蠻獸性在這裡達到了難以置信的程度。

在進攻波蘭的前夕，希特勒曾在上薩爾斯堡八月二十二日的會議上，預先告訴過他的將領們，可能會發生一些「不合德國將領們的胃口」的事情。他警告他們：「不得干涉這一類事情，應當只管本身的軍事職責。」他在講話的時候知道他講的是什麼。無論是在柏林還是在波蘭，筆者都馬上得到有關納粹大屠殺的消息。這種消息紛至沓來，不勝暇接。德國的將領們當然也不例外。九月十日，當波蘭戰役方酣之時，哈爾德在日記裡記下了一個事例，後來很快就在柏林成為家喻戶曉的事。有幾個屬於黨衛隊炮兵團的惡棍，讓五十個猶太人修補了一天的橋樑之後，把他們趕進一座猶太會堂，然後，用哈爾德的話，「把他們屠殺了」。軍事法庭判處兇手監禁一年。甚至第三軍團司令庫希勒將軍當時也拒絕批准軍事法庭對於兇手量刑過輕的判決，認為判決過於寬大了，雖然他後來也變得狠心起來了。但是陸軍總司令布勞希契在希姆萊出面干涉之下連這一年的徒刑判決也給勾銷了，理由是他們屬於「大赦」之例。

以正直基督徒自居的德國將軍們對這種情況開始感到不安。九月十二日，凱特爾同卡納里斯海軍上將在元首的火車上進行了一次談話，後者對波蘭境內的暴行提出了抗議。那位對希特勒一向俯首聽命的最高統帥部長官乾脆地回答道，「元首已經就這個問題做出了決定」。如果陸軍「不願意參加這類事情，就得同意讓黨衛隊和祕密警察來唱對臺」，這就是說，在每個部隊中都會駐上一名黨衛隊特派員來「執行滅絕政策」。在紐倫堡審訊時，卡納里斯的日記曾拿出來作證，他在上面寫道：

我向凱特爾將軍指出，我知道已經做出了計畫，要在波蘭進行大規模屠殺，特別是貴族和教士將被全部消滅。可是最後世界輿論會要德國國防軍對這些行爲負責[36]。

希姆萊很狡猾，當然不會讓陸軍的將領們逃避責任。九月十九日，希姆萊的主要助手海德里希來到了陸軍總司令部，把黨衛隊「整肅波蘭猶太人、知識分子、教士和貴族」的計畫告訴了華格納將軍。哈爾德聽到華格納報告了這件事之後，在日記裡記下了他的反應：「陸軍堅決要求整肅工作推遲到軍隊撤走和整個國家由民政當局接管之後再進行，也就是要等到十二月初。」

陸軍參謀總長的這一則簡短的日記，爲我們瞭解德國將領們的道德觀念提供了一把鑰匙。他們並不打算認眞地反對整肅工作——即消滅波蘭的猶太人、知識分子、教士和貴族。他們只打算請求把時間「推遲」到他們離開波蘭以後，以便逃脫責任。當然，外國輿論是必須考慮到的。哈爾德在第二天就波蘭境內的整肅問題同布勞希契做了長時間的商談之後在日記裡寫道：「我們不能做出任何事情讓外國有機會以此爲根據發動任何宣傳指責德國的殘暴。居然要殺天主教教士！目前這樣做是不實際的。」

第二天，九月二十一日，海德里希給陸軍總司令部送去了一份整肅工作的初步方案。第一步工作是把猶太人全都趕到城市裡去，因爲在城市裡比較容易把他們一網打盡加以消滅。他說，「最後解決」需要隔一個時期才能實施，而且必須「嚴守祕密」[37]。但是所有看到這份祕密備忘錄的將領都明白，所謂「最後解決」就是斬盡殺絕。不出兩年之內，當這項方案最後付諸實施的時候，「最後解決」就成了德國高級官員之間提到戰爭期間納粹這一慘絕人寰滔天罪行的代號。

在俄國搶佔了東部地區，以前屬於德國的各省以及一些後來增加的西部土地又被德國正式合併之後，波蘭所剩下來的地區就是元首十月十二日的法令所劃定的「波蘭總督轄區」。這道法令任命漢斯·法朗克（Hans Frank）爲總督，維也納的賣國賊賽斯—英夸特（Arthur Seyss-Inquat）爲副總督。法朗克是典型的納粹流氓知識分子。他是一九二七年從法學院畢業後不久入黨的，很快就博得了納粹運動法律權威的名聲。他才思敏捷，精力充沛，不僅精通法律，一般的知識也相當淵博，愛好藝術，尤其是音樂。納粹執政以後，他就成了法律界舉足輕重的人物，最初擔任巴伐利亞邦司法部長，後來是全國政府的不管部長、法學院院長兼德國律師協會主席。他膚色黝黑，短小精悍，動作敏捷，家裡有五個孩子。他的才智和教養抵銷了一部分幼稚的狂熱，到這時爲止，還是希特勒身邊最不引人反感的一個人。但是在這張文質彬彬的畫皮後面卻是一個殺人不眨眼的魔王。黑暗的納粹世界有不少令人毛骨悚然的文件，他的四十二本生活和工作日記就是其中之一，曾在紐倫堡法庭上拿出來作證（這是一九四五年五月間，美國第七軍團的華爾特·斯坦因〔Walter Stein〕中尉在巴伐利亞邦紐豪斯附近伯格霍夫飯店法朗克所住的套房裡找到的）。這部日記顯示出它的作者是一個做事乾淨利落、殘忍冷酷、嗜血成性的人。看來他把他平日那些暴戾的言論一段不漏地都寫進去了。

他在就任新職的第二天就宣布：「波蘭人應該成爲德意志帝國的奴隸。」有一次當法朗克聽說波希米亞的「保護長官」紐拉特（Konstantin Freiherr von Neurath）張貼告示宣布處決七名捷克大學生時，他便對一個德國記者叫著說：「如果我要每槍斃七個波蘭人就貼一張布告的話，恐怕波蘭的森林還不夠用來製造寫那些布告的紙張呢！」[38]

至於消滅猶太人的事，希特勒指定由希姆萊和海德里希負責。法朗克的任務除了從波蘭榨取糧食和其他物資以及強迫徵集勞工之外，就是消滅那裡的知識分子。納粹分子給這種行動起了一個好聽的代號，叫做「特別綏靖行動」（Ausserordenliche Befriedigungsaktion，後來以「AB行動」著稱）。爲了實現這個行動，法朗克花了不少時間。直到第二年暮春，當德國在西線大規模攻勢把世界的注意力從波蘭引開的時候，他才開始取得成績。據他的日記所載，到五月三十日他在對警察部門的嘍囉們做精神訓話時，便吹噓工作有了很大的進展——有「幾千」波蘭知識分子已經送命或是將要送命。

「先生們，我要求你們，」他說：「盡可能採取最嚴厲的措施來幫助我們執行這項任務。」他還對他們透露，這是「元首的命令」。他說，元首是這樣指示的：

凡是有可能成爲波蘭人民領袖的人都必須予以消滅。那些追隨他們的人……也必須接著加以消除。沒有必要給德國加上這種負擔……沒有必要把這些分子送到德國的集中營裡去。

他說，這些人將在波蘭就地消滅[39]。

根據法朗克的日記，在這次會議上，保安警察的頭子做了工作報告。他說，大約兩千名男人和幾百名婦女在「特別綏靖行動一開始時」就被抓了起來。其中大部分已經受到「即決裁判」——這是納粹對人身消滅的婉轉說法。第二批知識分子現在正開始集中，「等待即決裁判」。總數「大約爲三千五百人」最危險的波蘭知識分子就將這樣被收拾掉[40]。

法朗克並沒有放過猶太人，雖然祕密警察已經不聲不響地從他手裡把滅絕猶太人的任務搶走了。他的日記裡充滿了他對這個問題的看法和他在這方面的成就。一九四〇年十月七日的日記記載了他那天在波蘭一個納粹集會上的講話，其中總結了他在第一年中所做的努力。

親愛的同志們！……我不可能僅僅在一年之內就把所有的跳蚤和猶太人全都肅清（在此處他自己注道：「全場活躍」）。但是，如果諸位肯幫助我的話，經過一段時間之後這個目標是一定會實現的[41]。

第二年聖誕節的前兩個星期，法朗克在克拉科夫總督府舉行的高級行政人員會議上致閉幕詞時說：「至於猶太人的問題，我可以十分坦率地告訴你們，我們一定要想辦法把他們消滅乾淨……先生們，我要請你們收起你們的憐憫心。我們必須消滅猶太人。」

他承認，「要把總督轄區內的三百五十萬猶太人一下子槍斃或毒死」是相當困難的。「但是我們終將能夠採取一些措施，把他們消滅掉」。這話和後來的實際情形完全符合[42]。

波蘭的戰事剛一結束，就開始把猶太人和波蘭人從他們世世代代居住的家園趕走。十月七日，希特勒在國會發表那篇「和平演說」的第二天，就任命希姆萊去負責一個新的機構：「加強德意志民族委員會」（Reichskommissar für die Festigung deutschen Volkstums，簡稱R. K. F. D. V.）。任務是先把波蘭人和猶太人從直接併入德國的那幾省中驅逐出去，然後把德國人和「日耳曼族人」遷進來。

所謂日耳曼族人就是從受到威脅的波羅的海沿岸各國和波蘭邊遠地區不斷湧來的外國國籍日耳曼人。哈爾德在兩星期以前就聽說了這個計畫，他在日記裡寫道，「有一名德國人遷入這些地區，就要有兩個人被放逐到波蘭去」。

十月九日，希姆萊在接任新職後兩天就宣布，居住在併入德國各省中的六十五萬猶太人中有五十五萬人將同其他不適合於「同化」的波蘭人一道遷往維斯杜拉河以東的「總督轄區」。於是一年之內，就有一百二十萬波蘭人和三十萬猶太人被逐出了家園，遷往波蘭東部地區。但是搬進來頂替他們的日耳曼族人卻只有四十九萬七千人。這比哈爾德的比率還要高一點：趕走三個波蘭人和猶太人，讓一個德國人佔據他們的家園。

筆者記得，一九三九年的冬天特別寒冷，大雪紛飛，「遷移」的工作是在零度以下的氣溫中進行的，常常還頂著大風雪，因此而死掉的猶太人和波蘭人，實際上比死在納粹行刑隊槍口下和絞架上的人還要多。這可以引希姆萊本人的話爲證。在法國淪陷後的那個夏天，希姆萊在對黨衛隊禁衛團講話時，把他手下的人在西方進行的強迫移民工作同已經在東方完成的工作做了一番比較：

在波蘭，工作是在零下四十度的氣溫下進行的，我們得把成千、成萬、成十萬的人拉走。我們不得不硬著心腸——你們應該聽一下，但也應該立刻就把它忘掉——槍斃掉幾千個有身分的波蘭人……先生們，有許多時候同一連敵人戰鬥倒容易，而要鎮壓那些文化水平低、礙手礙腳的老百姓，要執行處決，要把人拉走，要把歇斯底里地號哭的婦女從家裡攆出去，卻要難得多。

早在一九四〇年二月二十一日，集中營督導處頭子、黨衛隊的大隊長理查・格呂克斯（Richard Glücks）在克拉科夫附近視察了一週以後告訴希姆萊說，他在奧斯威辛（Auschwitz）爲新的「隔離營」找到了一處「合適的營址」。奧斯威辛是一個比較偏僻的、坐落在沼澤地區的市鎮，有居民一千二百人。鎮上除了幾家工廠以外，還有一座奧地利騎兵留下來的營房。工作於是立刻開始了，六月十四日，奧斯威辛集中營正式使用，囚在這裡的是德國人打算給予最嚴酷待遇的波蘭政治犯。不久這個集中營的罪惡就遠不止此了。在這個當兒，法本（I. G. Farben）公司這家德國最大的化學托拉斯董事們也發現，興建新的工廠來從煤中煉油並製造合成橡膠，奧斯威辛是一個「合適的」廠址，在這裡，無論是修建新廠房還是新工廠的生產都能得到廉價的奴隸勞動[43]。

爲了管理這座新集中營，並爲了向法本公司提供奴隸勞動，一九四〇年春天，一夥經過精選的黨衛隊惡棍來到了奧斯威辛。其中有後來爲英國公眾所熟知的「貝爾森的野獸」——約瑟夫・克拉麥（Josef Kramer）。另外還有一個叫魯道夫・弗朗茲・霍斯（Rudolf Franz Höss）的，這個傢伙曾因殺人服過五年徒刑，以後就一直當監獄看守，他成年以後大部分時間就是這樣度過的。一九四六年，也就是他四十六歲的那年，他在紐倫堡法庭上揚揚得意地說，在奧斯威辛由他監督消滅的就有二百五十萬人，還不算另外「聽任餓死」的五十萬人。

奧斯威辛注定不久即將成爲最有名的滅絕營（Vernichtungslager）。我們必須把滅絕營同集中營區別開來，因爲集中營裡到底還有少數一些人活了下來。像法本公司這樣一個具有國際聲譽的企業，其中的董事全都被推崇爲德國第一流的企業家，他們都是敬畏上帝的基督徒，居然會有意識地把這個死亡營選作它進行謀利活動的合適場所，這對於我們藉此來瞭解希特勒統治下的德國人，甚至最有體面的德國人，是不無意義的。

極權主義者之間的摩擦

大戰開始後的第一個秋天，羅馬—柏林軸心就發生了齟齬。

在一些分歧問題上，雙方各級官員互相指責。一方指責德國人沒有履行前一年六月間的協議，從義大利的南提羅爾撤退「日耳曼族人」；德國人沒有按月供應義大利一百萬噸煤。另一方則指責義大利人未能突破英國的封鎖將原料供應德國；義大利同英國和法國大做其買賣，趁機發財，包括把戰爭物資出售給他們；齊亞諾的反德情緒愈來愈濃厚。

墨索里尼像往常一樣，忽冷忽熱，齊亞諾在日記裡記下了他搖擺不定的情形。十一月九日，這位領袖在草擬祝賀希特勒遇刺脫險的電報時頗費躊躇。

> 他打算寫得熱情些，但又不想過於熱情，因為據他看來，義大利人對希特勒的倖免於難並不感到十分高興——領袖尤其如此。
>
> 十一月二十日……墨索里尼一想到希特勒在進行戰爭，尤其是當他想到希特勒取得勝利的時候，就感到簡直不可忍受。

聖誕節的後一天，義大利領袖表現出「希望德國戰敗」的情緒，他指示齊亞諾把比利時和荷蘭即將受到攻擊的情報祕密地通知這兩個國家。齊亞諾於一月二日向比利時駐羅馬大使提出警告，並將此事記入日記。據威茲薩克說，德方截獲了比利時大使發往布魯塞爾的兩份載有義方警告的密碼電報，並且把它譯出來了。但是到了除夕之夜，他又談起要站在希特勒一邊投入戰爭了[44]。

兩個軸心國發生摩擦的主要原因是德國的親俄政策。一九三九年十一月三十日，蘇聯紅軍進攻芬蘭，使希特勒處於非常屈辱的境地。爲了與史達林簽訂條約，他已經被趕出波羅的海地區，匆匆忙忙地遷走幾百年來定居在那裡的日耳曼人家庭，現在他還得正式同意俄國對一個小國的無端進攻。而這個同德國關係密切的小國，主要靠了一九一八年德國正規軍的干涉，才向蘇聯爭得了作爲一個非共產黨國家的獨立地位（有一段很少有人知道的可笑歷史珍聞：一九一八年十月九日，芬蘭國會以爲德國勝利在望，以七十五票對二十五票選舉黑森的腓特烈・卡爾親王爲芬蘭國王。一個月後，協約國獲得了勝利，這段荒唐的插曲才告終止）。這是叫希特勒啞巴吃黃連，可是他硬著頭皮吞了下去。德國駐外使團和德國的報刊電臺都奉到嚴格訓令，要支持俄國的侵略行動，不得對芬蘭人表示絲毫同情。

大概就是這件事使得墨索里尼感到忍不住了，因爲義大利各地所爆發的反德示威使他窮於應付。總而言之，一九四〇年一月三日，新年剛過，他就給希特勒寫了一封長信，傾吐了壓在他心頭的話。這是墨索里尼第一次也是最後一次對希特勒這樣坦白、這樣直率地提出了尖銳逆耳的忠告。

他說，他深信德國即使有義大利的幫助也永遠不能「使英法屈膝，甚至不能將它們拆夥。如果認爲有這種可能，那就是自欺欺人。美國絕不會聽任民主國家完全失敗」。因此，既然希特勒的東部邊疆現在已經鞏固下來了，是否還有必要爲了戰敗英法「而去孤注一擲地冒險，連本國的政權也不顧，並且把德國幾代人的精華都犧牲掉」？墨索里尼說，如果德國允許「一個純粹由波蘭人構成的、安分守己的和解除武裝的波蘭存在」，就能得到和平。他又說：「除非你已經下了無可更改的決心，非把戰爭進行到底不可，否則我認爲波蘭國家的建立……將是解決戰爭的一個因素，並且是奠定和平的一個充分條件。」

但是這位義大利獨裁者最關切的還是德國同俄國的交易。

……俄國不費一槍一彈就在波蘭和波羅的海地區坐收戰爭之利。但是我，作爲一個天生的革命家要告訴你，你不能爲了某個政治策略上的一時需要而長久地犧牲你的革命原則……我也有責任通知你，你同莫斯科的關係再進一步，就將在義大利引起極爲不利的反響……[45]。

墨索里尼的這封信不僅警告希特勒，義德關係已經惡化，並且還擊中了一個要害：元首同蘇俄的蜜月已經開始使雙方都感到不安了。希特勒同蘇俄的勾搭，使他得以發動戰爭，滅亡了波蘭。此外他還得到了一些別的好處。例如，繳獲的德國文件暴露了一項封鎖得極嚴的戰時祕密：蘇聯在北冰洋、黑海和太平洋等地提供港口，讓德國進口迫切需要的原料，這些原料不通過這些港口就會因英國的封鎖而無法進口。

莫洛托夫在十一月十日甚至答應，這些貨物在俄國鐵路上的過境運費一概由蘇聯政府負擔[46]。蘇聯政府允許德國船艦（包括潛水艇在內）在摩爾曼斯克（Murmansk）東邊的北冰洋港口特里別爾卡（Teriberka）進行修理和添加燃料——莫洛托夫認爲摩爾曼斯克「還不夠偏僻」，特里別爾卡則「較爲妥當，因爲它更偏遠，沒有外國船隻進出」[47]。

一九三九年整個秋天和初冬，莫斯科和柏林雙方一直在談判增加兩國貿易事宜。到十月底，蘇聯已經向德國提供了爲數可觀的原料，特別是穀物和石油，但是德國方面還要更多的原料。不過德國人漸漸發現，蘇聯不僅在政治方面而且在經濟方面，討價還價起來也是一個精明厲害的對手。根據威茲薩克的描述，十一月一日，戈林元帥、雷德爾海軍元帥和凱特爾上將「分別」向德國外交部提出了抗議，說俄國對德國戰爭物資要求得太多了。一個月後，凱特爾又向威茲薩克抱怨說，俄國對德國產品的需求，特別是製造軍火的機器設備，「數量越來越大，越來越不講理了」[48]。

但是，如果德國想從俄國那裡得到糧食和石油，他們就得用莫斯科所需要的東西來償付。被封鎖的德國極其迫切的需要俄國供給這些必需品，一九四〇年三月三十日最嚴重的時候，希特勒甚至下令，向俄國送交戰爭物資應當先於德國武裝部隊[49]（德國佔領了法國和低地國家之後，戈林就通知最高統帥部負責經濟事務的托馬斯將軍：「元首指示我國對俄方的準時交貨只到一九四一年春天爲止。」他補充說：「此後，我們再也無意完全滿足俄國人的要求了。」[50]）。德國甚至一度把尚未竣工的重巡洋艦盧佐夫號（Luetzow）也貼進去給莫斯科方面抵付一部分現款。在這以前，十二月十五日，雷德爾海軍元帥曾經建議把正在建造的世界最大戰艦俾斯麥號（四萬五千噸）的藍圖售給俄國，只要他們肯出「一筆很高的代價」[51]。

一九三九年底，史達林在莫斯科親自參加了同德國貿易代表團舉行的談判。德國的經濟專家們發現他是一個門檻很精的生意人。繳獲的威廉街檔案中，有好幾份很長的備忘錄詳細地記述了同這位令人望而生畏的蘇聯獨裁者三次難忘的會談。他事無鉅細無不熟悉，使德國代表們爲之吃驚。他們發現史達林是嚇不倒、哄不過的，相反，他有時要求極苛，而且，正如納粹談判代表之一施努爾（Julius

Schnurre）博士在給柏林的報告中所說的，他時常會「激動起來」。史達林提請德國代表注意，蘇聯「已經幫了德國一個大忙，並且由於向德國提供了這種援助而樹敵」。因此，蘇聯希望柏林方面能夠給予某些補償。一九三九年除夕，在克里姆林宮的一次會議上：

史達林指出，飛機的總價格是無法接受的，因爲那比實際價格高出了好多倍。如果德國不願意交付這些飛機，不妨把話說清楚。

二月八日午夜，在克里姆林宮的會議上：

史達林要德國代表提出一個合適的價格，不要像以前那樣索價太高。他還舉出實例說，飛機的總價是三億馬克，而且德國把巡洋艦盧佐夫號作價一億五千萬馬克。不要認爲蘇聯老實可欺[52]。

一九四〇年二月十一日，一項複雜的貿易協定終於在莫斯科簽字了。協定規定未來十八個月內的最低限度換貨額爲六億四千萬馬克。這是對前一年八月間達成協議的一億五千萬左右年度貿易額的補充。俄國除了盧佐夫號巡洋艦和俾斯麥號的藍圖以外，還將得到海軍重炮和其他裝備，約三十來架最新式的德國作戰飛機，包括梅塞史密特一〇九型（Messerschmitt 109）和一一〇型（Messerschmitt 110）戰鬥機和容克八八型（Junker 88）俯衝轟炸機。此外蘇聯還將獲得石油和電力工業方面的機器、火車頭、渦輪機、發電機、柴油機、船隻、工作母機，還有德國的大炮、坦克、炸藥、化學戰裝備等等的樣品[53]。

德國方面在第一年中得到的物資，在最高統帥部也有記錄——一百萬噸穀物，五十萬噸小麥，九十萬噸石油，十萬噸棉花，五十萬噸磷酸鹽，還有相當數量的各種其他重要原料和從蘇聯過境的一百萬噸滿洲大豆[54]。

外交部經濟專家施努爾博士代表德國方面在莫斯科進行貿易談判，他回到柏林之後寫了一篇很長的備忘錄，報告他為德國爭得了一些什麼利益。他說，史達林除了向德國提供德國所急需的原料以外，他還答應「大力協助」，「在第三國代購金屬和原料」。施努爾最後說道：「這項協定為我國打開了通向東方的廣闊門路……英國封鎖的效果肯定將大大削弱。」[55]。

希特勒當時之所以不得不忍氣吞聲，採取在德國極不得人心的政策，支持俄國侵略芬蘭，並且聽任蘇聯在三個波羅的海國家建立陸空軍基地（歸根到底這還不是為了對付德國嗎？），原因之一就在這裡。史達林幫助他克服了英國的封鎖。但更重要的是，史達林使他有了單線作戰的可能，使他能夠在西線集中全部軍事力量給法國和英國以致命的打擊，征服比利時和荷蘭，至於在這以後怎麼辦，希特勒已經告訴他手下的將領了。

早在一九三九年十月十七日，波蘭戰役剛剛結束的時候，他就提醒凱特爾：「波蘭領土從軍事觀點看來對我國甚為重要，它可作為我們前沿出擊點和軍隊戰略集中點。為此必須妥善保護鐵路、公路等交通線路。」[56]

一九三九年這個重要的年頭臨近結束之時，希特勒認識到，正如他在十月九日的備忘錄中告訴將領們的那樣，德國不能永遠指望蘇聯保持中立。他說過，八個月或一年以後情況可能發生變化。在十一月二十三日對各將領的長篇談話中，他強調指出：「我們只有在西線毫無後顧之憂的時候才可能對俄國發動攻擊。」這是他那忙碌的頭腦所念念不忘的事。

這個決定命運的年頭就在一種奇怪的，乃至可以說是怪誕悲慘的氣氛中，逐漸變爲歷史的陳跡了。雖然世界大戰已經爆發，陸地上並沒有戰鬥，在天空，巨型轟炸機所投擲的只是一些宣傳小冊子，而且寫得異常拙劣。惟有在海上才有眞正的交戰。潛水艇繼續在荒涼寒冷、驚濤駭浪的北大西洋上擊沉英國船隻，有時中立國船隻也遭殃。

在南大西洋，德國三艘袖珍戰艦中的斯比伯爵號已經從待命地區鑽出來，在三個月內擊沉了總噸位達五萬噸的九艘英國貨輪。接著，在戰爭開始後第一個聖誕節的前兩個星期左右，也就是一九三九年十二月十四日，德國報紙上印著狂熱的大標題，無線電廣播中飛也似地傳出公報，到處傳布海上大捷的消息，德國公眾歡欣若狂。消息說，前一天斯比伯爵號在距烏拉圭的蒙得維的亞（Montevideo）四百英里處同三艘英國巡洋艦遭遇，把它們打得不能作戰了。但是狂喜很快就變成了困惑。三天以後報紙宣布，這艘袖珍戰艦已在烏拉圭首都的帕拉他（Plate）河口自行鑿沉。這算是什麼大捷呢？十二月二十一日，海軍總司令部宣告斯比伯爵號艦長漢斯・蘭格斯道夫（Hans Langsdorff）海軍上校已「隨艦殉職」，「他的戰鬥精神和英雄氣概無愧於元首、德國人民和德國海軍對他的期望」。

他們始終沒有告訴可憐的德國人民：斯比伯爵號爲三艘火力不及它的英國巡洋艦所重創（鑿沉的前一天，戈培爾還命令德國報紙宣揚一條來自蒙得維的亞的假消息，說什麼斯比伯爵號只受了「表面輕傷」，英方所謂該艦遭受重創的報導「純屬謊言」），不得不駛入蒙得維的亞港修理，烏拉圭政府按照國際法只讓它停留七十二小時，這當然是不夠的，可是那位「英雄」蘭格斯道夫艦長又不敢開著他那艘遍體鱗傷的戰艦出來同英艦繼續作戰，於是只得自行鑿沉。他自己並未隨艦殉職，而是兩天以後在布宜諾斯艾利斯一間孤寂的旅館房間裡悄悄開槍自殺。德國人民當然也無從得知十二月十八日約德爾將軍在日記中記下的那件事：元首「對斯比伯爵號未經一戰就自行鑿沉一事極為震怒」，於是把雷德爾海軍元帥召來臭罵了一頓[57]。

十二月十二日希特勒頒發了另一項極機密指令，推遲了對西線的進攻，指令上注明新的決定要到十二月二十七日才能做出，而「進攻日」最早也只能是一九四〇年一月一日。他說，這樣一來聖誕節就可照常給假。對德國人來說，聖誕節是一年中最重要的節日。但是據我的日記所載，那年冬天柏林的聖誕節是冷冷清清的，很少人家互贈禮物；食物限制很嚴；男人都出去打仗了；大街上由於燈火管制一片漆黑；百葉窗緊閉著，全拉上了窗簾。人人抱怨戰爭、惡劣的飲食和寒冷的天氣。希特勒和史達林相互電賀聖誕節。希特勒的賀電是：

祝您個人幸福，祝友好的蘇聯各族人民繁榮富強。

史達林的覆電是：

德蘇兩國人民用鮮血凝成的友誼無論如何都將萬古長青。

在柏林，哈塞爾大使利用假期同他的密謀夥伴波比茨、戈德勒和貝克將軍進行了商議策畫。他在十二月三十日的日記裡記載著他們最後商得的方案：

讓幾個師在「從西線調往東線的途中」留在柏林。這時，維茨萊本突然在柏林出現，解散黨衛隊。以這個行動爲基礎，貝克將軍將前往措森從布勞希契手裡把最高司令權接過來。由一名醫生宣布希特勒因病不能繼續任職，然後將他監禁起來。隨即向全國人民呼籲：防止黨衛隊的暴行，恢復法治和基督教道德，繼續作戰，但準備在公平合理的基礎上接受和平……。

但是這完全是幻想，完全是空話。這些「密謀者」的思想甚至糊塗到這種程度：哈塞爾在日記中竟有一大段寫的是考慮要不要留用戈林！

戈林這時候卻正同希特勒、希姆萊、戈培爾、萊伊（Robert Ley）以及其他國社黨的頭子們利用新年發布冠冕堂皇的文告。萊伊說：「元首永遠是正確的！服從元首！」那位元首本人則宣稱，發動戰爭的不是他而是「猶太人和資本主義戰爭販子」。他接著又說：「我們舉國團結一致，在經濟上徹底做好了準備，軍事上全副武裝，跨入德國歷史上這個最有決定意義的一年……願一九四〇年帶來結果。不論發生什麼情形，這個結果必將是我們的勝利。」

十二月二七日，希特勒把在西線發動進攻的日期又推延了「至少兩個星期」。一月十日他下令最後決定進攻日期爲一月十七日「日出前十五分鐘——即上午八點十六分」。空軍須在三天以前（即一月十四日）就開始出擊，它的任務是炸毀法國境內的敵方機場，但比利時和荷蘭的機場不包括在內。

這兩個中立小國的命運要讓它們捉摸不定，一直到最後一刻。

但是，一月十三日這位納粹統帥突然又「鑒於氣象狀況」再次下令延期。此後直到五月七日，繳獲的最高統帥部檔案再沒有提到西線的進攻日期。一月十三日下令取消原定的進攻，氣候可能是一個原因；但是現在我們知道，主要原因是另外兩件事。一件事是一月十日有一架極爲特殊的德國軍用機不幸被迫在比利時境內降落；另一件事是這時北方出現了新的機會。

一月十日，希特勒下令定於十七日假道比利時與荷蘭發動進攻的當天，一架從明斯克（Münster）飛往科隆的德國軍用機在比利時上空雲層中迷失方向，被迫在馬斯河畔梅克林（Mechelen-sur-Meuse）附近降落。機上的德國空軍重要參謀軍官赫爾莫特·萊茵柏格（Helmut Reinberger）少校公文皮包裡裝著附有地圖的西線德軍進攻計畫。當比利時士兵逼近時，這位少校慌忙鑽入鄰近的樹叢，點起火來打算燒毀公文皮包中的文件。比利時士兵注意到這個離奇的舉動以後，撲滅了火焰，搶救了殘餘的文件。萊茵柏格被押到附近的駐軍司令部。一位比利時軍官把未焚毀的一部分文件剛放在桌上，這位少校便不顧死活地撲過去，抓起文件就朝火爐裡扔。那個比利時軍官連忙將文件從火爐裡搶了出來。

萊茵柏格立刻透過德國駐布魯塞爾大使館報告柏林空軍總部，他已將文件焚毀，「剩下的只是一塊巴掌大的小殘片」。但是柏林的高級人員中間已爲這事驚惶失措。約德爾立刻就「敵人可能知道和可能不知道的情況」向希特勒做了報告。其實他自己也不清楚。「如果全部文件落入敵人手中，」他於一月十二日晉見元首以後在日記裡寫道：「情況就非常糟糕了。」當晚，里賓特洛甫給布魯塞爾德國大使館拍去一份特急電，要他們立刻報告「公文皮包焚毀的情況」。約德爾的日記透露，一月十三日上午，戈林同匆忙飛返柏林的駐布魯塞爾空軍武官以及空軍高級軍官開了一個會。約德爾記道：「結論是：公文皮包確已焚毀。」

但是約德爾的日記裡說得很清楚，這不過是黑暗裡走路吹口哨，給自己壯壯膽子罷了。根據他的日記，那天下午一時，最高統帥部「用電話命令哈爾德將軍：一切行動停止」。

同一天，一月十三日，德國駐布魯塞爾大使緊急通知柏林，「由於比利時參謀總部接到了警告的報告」，比利時軍隊有大規模的調動。第二天德國大使又向柏林發去一份特急電：比利時政府下令進入「D級階段」，這離總動員的最後階段只差一步了；同時還新召兩級適齡壯丁入伍。他認爲原因在於比利時得到了「德軍在比利時和荷蘭邊境上調動的報告，並且知道了空軍軍官身上那塊沒有燒完的文件的內容」。

一月十五日晚，柏林高級將領們開始懷疑起來，不知道萊茵柏格少校是否眞正像他所說的那樣把那份惹出麻煩的文件燒掉了。於是爲這件事又開了一次會，會後約德爾在日記上說，大家認爲文件「大概是焚毀了」。但是一月十七日，比利時外交大臣保羅—亨利・斯巴克（Paul-Henri Spaak）約見德國大使，直截了當地通知他（德國大使隨即轉告了柏林）：

> 由於一月十日緊急著陸的一架飛機，一份性質嚴重、非比尋常的文件落入比利時手中。這份文件中有企圖進攻的明白證據。這不是一份簡單的普通作戰計畫，而是一份除了時間有待塡入以外每個細節都做了規定的進攻命令。

德國方面始終未能完全肯定斯巴克是不是在蒙德國人。至於盟國方面，英法參謀總部已經獲得了這份德國進攻計畫的抄本，他們傾向於認爲這些德國文件是一個「圈套」。邱吉爾說他當時曾堅決反對這種看法，他悲歎對於這麼嚴重的警告竟然沒有採取任何行動。但是有一點是肯定的，一月十三日，也就是希特勒獲悉這事的第二天，他就下令推遲了進攻的日期，而且，等到春天再做決定的時候，整個戰略計畫都根本改變了[58]。

但是，德國飛機在比利時境內被迫降落和氣候惡劣並不是延期進攻的唯一原因。這時德國悍然襲擊更靠北方另外兩個中立小國的計畫在柏林漸趨成熟，而且當時準備先予執行。隨著春天的到來，至少在德國方面，假戰爭快要結束了。

第二十章　征服丹麥和挪威

德國最新侵略計畫的代號叫做「威塞演習」（Weser Exercise）——一個聽起來沒有什麼惡意的名字。它的來由和發展都獨具一格，與佔了本書大量篇幅的無端進攻計畫迥然不同。它不像其他計畫那樣是由希特勒想出來的，而是由一個野心勃勃的海軍將領和一個糊里糊塗的納粹黨棍所創造的。這是德國軍事侵略中由海軍起決定作用的唯一行動。這也是由最高統帥部制定計畫和發動陸、海、空三軍協同作戰的唯一行動。實際上，甚至同陸軍總司令部和陸軍參謀總部都沒有商量過，這使他們頗爲不快。而且戈林也只是直到最後一刻才讓他參與其事，這使這位肥胖的空軍頭子極感憤怒。

德國海軍長期以來就在注視著北方。德國沒有直接進入大洋的出海口，這個地理事實，在第一次大戰時期，就已經讓它的海軍軍官留下了很深的印象。英國用魚雷和巡邏艦隊，從昔德蘭群島（Shetland Island）到挪威海岸，橫跨狹窄的北海，布置了一道嚴密的封鎖網，卡住強大的德國海軍，嚴重地阻礙了潛水艇突破封鎖進入北大西洋的企圖，並且使德國商船不能出海。德國的外洋艦隊從來也到不了外洋。在第一次大戰時期，英國海軍的封鎖，曾把德意志帝國窒息得喘不過氣來。在兩次大戰期間，指揮規模不大的德國海軍一小撮海軍軍官們，仔細考慮了這一次經驗和這個地理事實，認爲將來在對英作戰時，德國必須設法在挪威獲得基地，這樣才能擊破英國在北海的封鎖線，爲德國海面和海底艦艇打開通往廣闊的海洋之路，從而使德國能夠扭轉局勢，對不列顛群島實施有效的封鎖。

因此這就難怪在一九三九年戰爭爆發的時候，德國海軍裡的第三號人物——也是一個有力的人物——魯爾夫．卡爾斯（Rolf Carls）海軍上將就開始給雷德爾海軍元帥（根據後者的日記和在紐倫堡的證詞）連連寫信，說明「德國佔領挪威海岸的重要性」[1]。雷德爾用不著怎樣催促慫恿，就在十月三日波蘭戰役結束時，向海軍作戰參謀部提出祕密咨詢，要求它調查在「俄國和德國的聯合壓力下，取得挪威基地」的可能性。他並就莫斯科的態度問題詢問了里賓特洛甫，得到的回答是，從那裡「可望得到全力的支持」。同時雷德爾告訴他的參謀部，必須盡快地把這種「可能性」告訴希特勒[2]。

十月十日，雷德爾在向元首提出的關於海軍作戰的長篇報告中，提出了取得挪威基地的重要性，並說必要時可以在俄國的幫助下實現這一點。就祕密記錄所載的情況來看，這是海軍第一次直接要求希特勒注意這個問題。雷德爾說，領袖「立即看出了挪威問題的重要意義」。他要雷德爾把這個報告留下，並且答應將適當考慮這個問題。但是這個納粹統帥當時正忙於向西方發動進攻，以及設法克服將領們的動搖猶疑（十月十日，希特勒召集了他的軍事首腦，對他們宣讀了一個長篇備忘錄，指示立即向西方進攻，並發出第六號指令，要求他們準備通過比利時和荷蘭發動進攻）。挪威問題，他顯然顧不上了[3]。

但是過了兩個月，這個問題又重新提上了日程，這有三個原因。

一個原因是嚴冬的降臨。德國的生存，要依靠從瑞典進口的鐵礦砂。戰爭的第一年，德國每年消耗的一千五百萬噸鐵礦砂之中，就有一千一百萬噸要靠從瑞典進口。在天氣暖和的月份裡，鐵礦砂還可以從瑞典北部經波的尼亞灣（Bothnia）越過波羅的海運到德國。即使在戰時，這一條路線也不會發生問題，因為波羅的海已經有效地封鎖起來，英國的潛艇和艦隻無從進入。但是到了冬天，這一條海道運輸線由於結了厚冰，就不能使用了。在嚴寒的季節，瑞典的鐵礦砂只好改由鐵道運到附近的挪威港口納爾維克（Narvik），然後再用船沿挪威海岸運到德國。德國運鐵船的整個航行路線都在挪威領海以內，這就避免了英國海軍艦艇和轟炸機的破壞。

因此，正如希特勒最初對海軍指出的那樣，一個中立的挪威有它的好處。這可以使德國不受英國的干擾而得到它生存所必需的鐵礦砂。

在倫敦，英國當時的海軍大臣邱吉爾馬上看到了這一著。在戰爭爆發以後的最初幾週中，他曾經努力說服內閣批准他在挪威領海內布雷，以便阻止德國運輸鐵礦砂。但是張伯倫和哈利法克斯（Lord Halifax）不願侵犯挪威的中立，這個建議就這樣暫時被擱起來了[4]。

一九三九年十一月三十日俄國對芬蘭的進攻，根本改變了斯堪地納維亞半島的局勢，大大增加了它對西方盟國和德國戰略上的重要性。法國和英國都在蘇格蘭著手組織遠征軍，準備援助勇敢的芬蘭人，後者出乎意料地對紅軍進行了頑強的抵抗。但是遠征軍只有通過挪威和瑞典才能到達芬蘭，而德國也立即看出，如果盟軍被允許通過或者逕自通過這兩個斯堪地納維亞半島國家的北部，那麼他們就會以維持交通為名，留駐足夠的兵力在那裡，以便完全截斷瑞典鐵礦砂對德國的供應（這個推測是正確的。現在人們已經知道，一九四〇年二月五日在巴黎召開的盟國最高軍事會議決定，在派遣遠征軍前往芬蘭時，在距離瑞典鐵礦場不遠的納爾維克登陸的軍隊必須佔領這些礦場。見拙著：《斯堪地納維亞的挑戰》（*The Challenge of Scandinavia*）頁一一五至一一六）邱吉爾說，在那次會議上，決定「順便對耶利瓦勒〔Gällivare〕的鐵礦加以控制」。《第二次世界大戰回憶錄：風雲緊急》頁五六〇）此外，西方盟國也一定會從北方包圍德國。雷德爾海軍元帥毫不遲緩地提醒希特勒注意這一威脅。

德國的這位海軍首腦，現在已經在挪威本國找到一位叫做維德昆·吉斯林（Vidkun Quisling）少校的有用同盟者，來推行他的計畫。這個人的名字很快就在各種語文中成為賣國賊的同義詞。

吉斯林的出現

吉斯林在開始他的生涯之初還是相當體面的。他於一八八七年出生在一個世代務農的家庭裡，他以全班第一名的成績，在挪威軍事學院畢業。當他還是二十多歲的時候，就被派到彼得格勒（Petrograd）擔任陸軍武官。由於他在英國和布爾什維克政府斷絕關係期間，曾代為照料英國的利益，英國政府授給他大英帝國勳章。這時他既對英親善，也對布爾什維克親善。他作為挪威著名探險家和慈善家弗里德托夫·南森（Fridtjof Nansen）的助手，曾在蘇俄待了一個時期從事救濟工作。共產黨人在俄國的成功，使這位年輕的挪威軍官頗為心折；因此，當他回到奧斯陸的時候，他就向工黨毛遂自薦，願意效勞，當時工黨還是共產國際的成員之一。他曾建議由他來組織一支「赤衛隊」，但是工黨對於他和他的計畫並不信任，拒絕了他。於是，他就掉轉方向，走到另一極端去了。

他在一九三一年至一九三三年期間擔任國防大臣之後，就在一九三三年五月，納粹剛在德國獲得了政權，他剽竊它的理論和策略，創立了一個叫做「國家統一黨」（Nasjonal Samling）的法西斯政黨。但是納粹主義在挪威富饒的民主土地上吃不開，吉斯林自己甚至連一個議員的席位也沒有弄到手。他在選舉中被本國人民唾棄以後，就轉而投靠納粹德國去了。

他和德國納粹運動的官方哲學家、頭腦糊塗的阿爾弗雷德·羅森堡（Alfred Rosenberg）建立了關係。這個哲學家曾擔任過許多職位，其中之一就是納粹黨的外交事務辦公室主任。這個希特勒啓蒙導師之一，波羅的海來的白癡，以爲他已在這個挪威軍官的身上找到了機會，因爲羅森堡醉心的幻想之一就是建立一個排除猶太人和一切「不純」種族的北歐大帝國，在納粹德國領導之下，最後統治全世界。從一九三三年以後，他一直和吉斯林保持聯繫，給吉斯林灌輸了自己荒謬的哲學和宣傳。

一九三九年六月，當歐洲正是戰雲密布的時候，吉斯林乘出席在呂貝克（Lübeck）舉行的北歐協會會議的機會，要求羅森堡不僅在理論上而且在其他方面給予支持。根據在紐倫堡公開的羅森堡祕密報告，吉斯林曾警告過羅森堡，戰爭一旦爆發時英國會控制挪威，並且提到德國佔領挪威的好處。他要求對於他的黨和報紙給予實質上的援助。羅森堡是個打報告的能手，他寫了三份報告，分送給希特勒、戈林和里賓特洛甫，但是，並未得到這三個頭領的重視——在德國沒有一個人把這個「官方哲學家」當作一回事。羅森堡爲吉斯林二十五個強壯的衝鋒隊員安排好於八月間在德國進行兩週訓練。

在戰爭的最初幾個月中，雷德爾海軍元帥——至少他在紐倫堡是這樣供認的——同羅森堡和吉斯林都沒有什麼接觸。他同前者不甚相識，至於後者，他根本沒有聽到過名字。但在俄國進攻芬蘭以後，雷德爾立即就開始從駐奧斯陸的海軍武官理查·施萊伯（Richard Schreiber）上校那裡得到關於盟軍就要在挪威登陸的消息。他在十二月八日把這個消息告訴了希特勒，並且直率地提出意見說，「必須佔領挪威」[5]。

不久，羅森堡寫了一份「關於挪威樞密顧問吉斯林來訪」一事的備忘錄（沒有日期）給雷德爾。這個挪威陰謀家已經到了柏林，羅森堡認爲應該告訴雷德爾他是怎麼樣一個人，是來幹什麼的。他說，在挪威陸軍的主要軍官之中，有許多人同情吉斯林。爲了證明這一點，吉斯林給他看了納爾維克駐軍司令康拉德．桑德洛（Konard Sundlo）上校一封最近的信。這封信把挪威首相說成是「一個呆木頭」；把他的一個主要大臣說成是「一個老酒鬼」；並且宣告他自己願意「粉身碎骨，舉行全國起義」。但是，桑德洛上校後來臨到要保衛國家、抵抗侵略時卻沒有粉身碎骨。

羅森堡告訴雷德爾說，實際上吉斯林有一個政變計畫。這個計畫想來一定得到柏林的重視，因爲它是從德奧合併事件抄襲過來的。吉斯林的一些衝鋒隊員將在德國由「有經驗的、頑強的、善於這種活動的國社黨人」施以緊急訓練。這些人受過訓練回到挪威之後，將佔領奧斯陸的戰略據點，同時，德國海軍和德國陸軍分遣隊，應挪威新政府的特別要求，將在奧斯陸附近一個預定的港灣出現。這是德奧合併策略的全部重演，只是由吉斯林擔任賽斯—英夸特的角色而已。羅森堡又說：「吉斯林認爲這樣一種政變……會得到陸軍中現在和他有聯繫的那一派人的贊同……至於國王，他相信會接受這種既成事實的。」

吉斯林對於需要使用多少德國部隊來支持這一行動，與德國方面所做的估計是一致的[6]。

雷德爾海軍元帥在十二月十一日和吉斯林見了面。這次會見是由一個叫做維拉姆．哈格林（Viljam Hagelin）的挪威商人透過羅森堡安排的。這個商人由於業務關係大部分時間都住在德國，他是吉斯林在德國的主要聯絡員。哈格林和吉斯林告訴雷德爾許多消息，他都及時記錄在海軍的機密檔案裡：

> 吉斯林說……英國計畫在斯塔萬格（Stavanger）附近登陸，而克里斯蒂安桑（Kristiansand）則被提出可能作爲英國的基地。挪威的政府、議會以及整個外交政策都控制在霍爾—貝利夏（Leslie Hore-Belisha，當時英國保守黨政府的一個大臣）的親密友人、著名的猶太人哈姆伯羅（Carl Hambro，挪威議會主席）手中……關於英國佔領後對德國所造成的危險，他做了詳盡的敘述……。

爲了在英國行動之前先發制人，吉斯林建議「把必要的基地交由德國武裝部隊自由處理。在整個沿海地區的鐵路、郵政和交通重要崗位上的人員，已經爲這一目的而被收買過來了」。他和哈格林來到柏林是爲了建立「將來和德國的明確關係……希望能召集會議討論有關聯合行動和把部隊運到奧斯陸去等等問題」[7]。

雷德爾被深深地打動了，後來他在紐倫堡供認了這一點。他對他的兩個客人說，他要和元首商量一下，然後把結果通知他們。第二天他就這樣辦了，開會的時候，凱特爾和約德爾也在場。這個海軍總司令（在繳獲的文件中有他關於這次會議的報告）對希特勒說，吉斯林已經給他「一個可靠的印象」。然後他就摘要敘述了這個挪威人所訂的計畫，強調吉斯林「和挪威陸軍軍官們的密切關係」，以及他爲了「舉行一次政變以接管政府並請求德國援助」所做的準備工作。所有出席的人一致認爲，不能讓英國佔領挪威，但是雷德爾卻忽然謹慎起來。他指出，德國對挪威的佔領，「自然會招致英國採取有力的對策……而德國海軍還沒有充分的準備，足以作長期的對抗。萬一要實行佔領的話，這是一個弱點」。另一方面，雷德爾又建議准許最高統帥部與吉斯林一起制定計畫，以進行準備工作和按下列兩種方法之一實行佔領，第一，透過友好方法，即由挪威要求德國軍隊協助；第二，透過武力。

希特勒並沒有準備好在這個時候走這一著。他回答說，他首先要親自和吉斯林談一談，「以便對他有所瞭解」[8]。

就在第二天，即十二月十四日，他和吉斯林談了話。雷德爾親自把這兩個挪威賣國賊送到總理府。這次會見的記錄雖然沒有找到，但是吉斯林，正如他給那位海軍首領留下了深刻印象一樣，顯然也給這位德國獨裁者留下了深刻的印象。（他沒有給德國駐奧斯陸的公使庫特．伯勞耶〔Curt Bräuer〕博士怎樣好的印象。伯勞耶在十二月間曾兩次寫信警告柏林說，吉斯林「是一個不值得重視的人物……他的影響和前途是……微不足道的」[9]。這個公使由於他的坦率和不願參加希特勒的陰謀而很快就不得不付出代價）。因爲就在當天晚上，希特勒即命令最高統帥部和吉斯林會商，草擬一項計畫。哈爾德聽說這個計畫也將把對丹麥的進攻包括在內[10]。

十二月十六、十八兩日，儘管希特勒由於忙於應付有關斯比伯爵號的壞消息，但他還是連續兩次接見了吉斯林。可是，海軍的受挫看來使他對於主要依靠海軍進行的斯堪地納維亞冒險更加小心起來。據羅森堡說，元首對吉斯林強調，「挪威的態度最好是……完全中立」。但是如果英國人準備入侵挪威，德國人就不能不搶先佔領。同時，他也將供給吉斯林一些經費，以對付英國的宣傳和加強他自己的親德活動。一月間，先撥給了他二十萬金馬克，並答應從三月十五日開始每月給一萬英鎊，連續三個月[11]。

聖誕節前不久，羅森堡派了一個名叫漢斯—威廉・夏特（Hans-Wilhelm Scheidt）的特務到挪威去和吉斯林一道工作。聖誕假期中，有少數參與內幕的最高統帥部軍官，開始考慮最初定名為「北方研究」的計畫。海軍方面，對此是有意見分歧的。雷德爾確信英國想在不久的將來進入挪威。但海軍作戰參謀部的作戰處卻不同意這種看法，在它的一九四〇年一月十三日的祕密作戰日誌裡，透露了他們的不同意見：「作戰處不相信英國有可能馬上佔領挪威……它認為如果沒有英國進攻的威脅，德國佔領挪威就將是一個危險的行動。」[12]

因此，海軍作戰參謀部得出結論說，「最有利的解決辦法，無疑地就是維持現狀」，並且強調說這樣就可以繼續利用挪威的領海，使鐵礦砂的運輸「完全安全」。

希特勒對於海軍的遲疑和最高統帥部在一月中旬向他提出的「北方研究」的結果報告都感到不滿。一月二十七日，他要凱特爾發出一道極機密的指令，說明「北方研究」的下一步工作將在元首「本人的直接監督之下」繼續進行，並指示凱特爾負責準備一切。於是在最高統帥部成立了一個由海、陸、空三軍各派一名代表組成的工作小組。這一軍事行動計畫以後就用「威塞演習」的代號[13]。

這一步驟，似乎表明希特勒對於佔領挪威不再猶疑不決了。如果在他的思想上還有任何懷疑的話，那麼，經過二月十七日在挪威領海上發生的事件，他的任何疑團都完全驅散了。

原來斯比伯爵號的一艘補給運輸艦老馬克號（Altmark），設法通過了英國封鎖線偷偷地向德國開回來。二月十四日在挪威領海內向南朝德國航行時，被一架英國偵察機發現了。英國政府知道，艦上裝有被斯比伯爵號擊沉的英國船隻被俘船員三百人，他們是被當作戰俘運到德國去的。挪威海軍軍官曾對老馬克號運輸艦做了一次馬馬虎虎的檢查，發現艦上並沒有俘虜，也不是武裝艦隻，於是發給通行證，准予開回德國。但是邱吉爾瞭解到的情況，卻不是這樣，他親自命令一個英國驅逐艦隊開入挪威領海去登上德國船解救俘虜。

英國驅逐艦哥薩克號（Cossack）在艦長菲力普・維安（Philp Vian）海軍上校的指揮下，於二月十六日夜間在老馬克號隱藏地點約新峽灣（Jösing Fjord）去執行它的任務。經過一陣混戰之後，德國人死亡四人，受傷五人，英國上船的人員解救了二百九十九名水手。這些人原來都被關在貨倉裡和一個空油槽內，爲的是避免被挪威人發現。

挪威政府就英國侵犯挪威領海提出了強烈的抗議，但張伯倫在下院回答說，挪威准許德國人使用自己的領海，運輸英國俘虜到德國俘虜營去，本身就已經違反了國際法。

對於希特勒來說，這使他最後打定了主意。他由此認爲，挪威不會認眞反對英國在自己的領海內使用武力。從約德爾的日記中可以看出，老馬克號艦上的斯比伯爵號船員沒有做更頑強的戰鬥——「沒有抵抗，英國未受損失」——也使希特勒非常憤怒。據約德爾的日記透露，二月十九日希特勒極力催促完成威塞演習的計畫。他對約德爾說，「把艦隻裝備好，把部隊準備好」。他們還缺一個領導這整個行動的軍官，因此，約德爾就提醒希特勒，已經到了指派一位將軍和參謀人員的時候了。

凱特爾提出一個軍官，他就是曾在第一次大戰末期隨戈爾茨（Rüdigervon der Goltz）將軍在芬蘭作戰過的法爾肯霍斯特（Nikolaus von Falkenhorst）將軍，他現在正在統率西線的一個軍。希特勒對於指派一個指揮官來從事北方冒險這樣的小事過去一直沒有放在心上，這時，馬上就把他召回來了。這位將軍雖然出身於原來叫做雅茨仁伯斯基（Jastrzembski）而現在又改稱爲法爾肯霍斯特（德文的意思是「鷹巢」）的西里西亞軍人世家，但元首並不認識他。

法爾肯霍斯特在紐倫堡的一次提審中，曾談起二月二十一日清晨他們第一次在總理府見面時的情況，這次會見是很耐人尋味的。法爾肯霍斯特從來也沒有聽見過什麼「北方研究」計畫，而且他也是第一次面對這個納粹統帥，希特勒顯然沒有能使他像所有其他將領那樣產生敬畏的情緒。他在紐倫堡說：

我聽命坐下。後來我又遵命把一九一八年芬蘭作戰的情況告訴元首……他說：「坐下，把當時的情況告訴我。」我就說了。

後來，我們站了起來，他把我帶到鋪滿了地圖的一張桌子旁邊。他說：「德國政府已經知道英國人企圖在挪威登陸……。」

法爾肯霍斯特說，他從希特勒那裡得到的印象是：老馬克號事件對領袖的「立即執行計畫」起了最大的影響。使這位將軍感到驚奇的是，他當場立即就被指派爲執行這個計畫的總司令。希特勒還說，陸軍將交給他五個師由他指揮，目的是佔領挪威幾個主要的港口。

希特勒在中午時分叫法爾肯霍斯特退去，並且要他在下午五時帶著他的佔領挪威計畫回來報告。法爾肯霍斯特在紐倫堡說：「我出去買了一本旅行指南，想看看挪威究竟是什麼樣子。我對它一點也不瞭解……後來，我回到了我的旅館的房間裡，根據旅行指南進行工作……下午五時，我回到元首那裡去。」14

最高統帥部制定的計畫從來也沒有給這位將軍看過，因此他根據一本舊旅行指南制定出來的計畫可以想像得到，是相當粗糙的，但看來卻已經使希特勒滿意了。計畫預定在奧斯陸、斯塔萬格、卑爾根（Bergen）、特隆赫姆（Trondheim）和納爾維克五個挪威港口各分配一個師的兵力。法爾肯霍斯特後來說：「你所能做的也就是如此而已，因爲它們都是大港口。」這位將軍在宣誓保守祕密和受到「趕快進行」的催促以後，就辭退出來，開始進行工作了。

正在忙於準備進攻西線的布勞希契和哈爾德對於這些工作的進行，基本上是不知道的。直到二月二十六日法爾肯霍斯特謁見陸軍參謀總長並請求派一些部隊、尤其是山地作戰部隊來執行他的任務，到這時候，他們才知道有這麼一回事。哈爾德並不怎麼積極合作；實際上他很爲惱火，他要求更瞭解到底是怎麼一回事，還有什麼需要。哈爾德在日記裡歎息說：「這些事情，元首和布勞希契從來沒有商量過。這種情況必須在這次的戰爭史上記載下來！」

然而，對這些舊派將領、尤其是對他的參謀總長異常瞧不起的希特勒，是不能推三阻四的。他在二月二十九日熱心地批准了法爾肯霍斯特的計畫，包括增加兩個山地作戰師，並且宣稱還需要更多的部隊，因爲他要「在哥本哈根擺下重兵」。丹麥肯定地成了希特勒的進攻對象；因爲空軍想得到那裡的基地，以便進攻英國。

第二天，三月一日，希特勒爲威塞演習發出了一道正式指令。

極機密

斯堪地納維亞局勢的發展，要求做佔領丹麥和挪威的一切準備。這一作戰行動，可以防止英國對斯堪地納維亞和波羅的海的侵犯。此外，它還可以保證我們在瑞典的鐵礦基地，並為我們的海軍和空軍提供進攻英國更為廣闊的出發線……。

從我們的軍事、政治力量和斯堪地納維亞各國的軍事、政治力量的對比來看，使用於威塞演習的兵力，越少越好。數量上的弱點，應以大膽行動和出奇制勝來彌補。

在原則上，我們應當竭力使這一行動像是一次和平佔領。它的目的是以武力維護斯堪地納維亞各國的中立。相應的要求將於佔領之初遞交給這些國家的政府。必要時將舉行海、空軍示威，以便為這些要求提供必要的壓力。如果示威不行，遇到抵抗，就用一切軍事手段加以擊潰……越過丹麥國界和在挪威登陸，必須同時進行……。

最重要的是，對於斯堪地納維亞各國和西方的敵人，應該用奇兵襲擊……只有在從海上出發的時候，才讓部隊知道實際的目標[15]。

據約德爾報告，就在三月一日那天晚上，陸軍總司令部由於希特勒要求抽調軍隊到北方作戰而「大為生氣」。第二天戈林又對凱特爾「發了一頓脾氣」，並且跑到希特勒那裡去訴苦。這位肥胖的元帥，由於長期以來未得參與機密，並且由於空軍已經置於法爾肯霍斯特的指揮之下而感到憤怒。希特勒在一場嚴重互爭權力的威脅之下，於三月五日召集三軍領袖到總理府，企圖平息這場糾紛，但是也無濟於事。約德爾在日記裡寫道：「元帥（戈林）之所以生氣，是因為事先沒有跟他商量。這次討論幾乎是他一人在說話，他並且試圖證明所有以前的準備都毫無用處。」

希特勒為了安撫他，稍微做了一些讓步，計畫仍迅速進行。根據哈爾德的日記，他早在二月二十一日就有這樣的印象：對丹麥和挪威的進攻，要在對西方發動了進攻並取得一定的成就以後才開始。究竟先開始哪一個行動，希特勒自己是猶豫不決的，並且在二月二十六日向約德爾提出這個問題。約德爾建議把這兩個行動完全錯開，希特勒同意說，「如果可能的話，就這樣辦」。

三月三日，他決定威塞演習應該在「黃色方案」（進攻西方的代號）之前執行，並且「很嚴厲地」對約德爾說：「必須在挪威迅速採取強而有力的行動。」這時，勇敢的但是在人力上寡不敵眾和武器上弱不敵強的芬蘭軍隊，遭到俄國的強大進攻正面臨著覆滅的災禍。據可靠的報告，英法的遠征軍即將從蘇格蘭基地開往挪威登陸，準備通過挪威和瑞典到芬蘭去援救芬蘭人（三月七日，英國參謀總長艾隆賽德〔Edmund Ironside〕將軍通知曼納海姆〔Carl Gustav Emil Mannerheim〕元帥說，盟國遠征軍五萬七千人準備援助芬蘭人。如果挪威和瑞典准許通過的話，第一個師一萬五千人可在三月底到達芬蘭。事實上，曼納海姆知道，五天之前，即三月二日，挪威和瑞典都再一次拒絕了法、英提出的給予過境權的要求。儘管如此，達拉第在三月八日還是責備芬蘭人沒有正式要求盟國派遣軍隊，而且還暗示，盟國仍將派軍前去，而不顧挪威和瑞典的抗議。但是曼納海姆是騙不了的。他曾勸告他的政府在芬蘭軍隊仍然保有戰力、沒有戰敗以前就求和，並於三月八日同意立即派遣媾和使團去莫斯科。這位芬蘭總司令看來對法國人這種不在法國本國的前線作戰而在芬蘭前線作戰的熱情是頗爲懷疑的，見《曼納海姆元帥回憶錄》〔*The Memoirs of Marshall Mannerheim*〕。人們不難推測，如果法、英遠征軍眞的到達芬蘭並對俄國人開戰，那麼在交戰國之中將會引起多麼混亂的局面！因爲在一年多之後，德國就將對俄國開戰，那樣一來，在西方彼此爲敵的國家在東方就要成爲盟國了）。這一威脅就是希特勒急於行動的主要原因。

但是，三月十二日，俄芬戰爭突然以芬蘭接受俄國苛刻的媾和條件而停止了。這在柏林受到了普遍的歡迎，因爲它使德國不用再不得人心地支持俄國進攻芬蘭，而且也使蘇聯接管波羅的海的企圖暫時中止下來。但是，就希特勒自己在斯堪地納維亞的冒險來說，俄芬戰爭的停止使他感到很爲難。正如約德爾在日記中所吐露的那樣，這使佔領挪威和丹麥的動機「難於解釋」。他在三月十二日寫道：「芬蘭和俄國的媾和，使英國而且也使我們失去佔領挪威的任何政治依據。」[16]

希特勒現在確實很難找到藉口。三月十三日，忠實的約德爾寫道：元首「還在找尋理由」。第二天，他又寫道：「元首對於如何爲威塞演習辯解，還沒有拿定主意。」更糟糕的是，雷德爾開始洩氣了。他「懷疑在挪威搞預防性戰爭是不是還有重要意義」。

現在希特勒躊躇起來了。這時，又遇到了另外兩個問題：第一，怎樣應付美國副國務卿桑納爾·威爾斯（Sumner Welles）。他是奉羅斯福總統之命於三月一日到達柏林，企圖試探在西線開始大屠殺以前是否有終止戰爭的可能性；第二，怎樣取得受到忽視而被激怒的義大利盟國的諒解。希特勒還沒有考慮怎樣答覆墨索里尼一月三日的一封盛氣淩人的來信。柏林和羅馬的關係顯然已經冷淡下來了。德國人有一定的理由相信，威爾斯現在到歐洲來，是想把義大利從已經有裂痕的軸心拉開，並且說服它：如果戰爭繼續下去的話，無論如何也不要和德國一起作戰。各種警告從羅馬傳到柏林，說明現在應該採取措施與這位懷恨在心的義大利領袖保持聯合。

希特勒會晤威爾斯和墨索里尼

希特勒、戈林和里賓特洛甫對於美國情況的愚昧無知，簡直達到極點（希特勒對於美國的奇怪的見解，在前幾章中已經舉了一些例子，但是在繳獲的外交部文件中，有一份暴露當時希特勒思想狀態眞相的記錄。三月十二日，希特勒和瞭解美國的德國「專家」柯林．羅斯〔Colin Ross〕做過一次長談。羅斯剛從美國歸來不久，他曾在美國做了一次講演旅行，賣力地給納粹黨進行過一些宣傳。在羅斯談到有一種「帝國主義傾向」在美國甚爲流行的時候，希特勒問道〔根據施密特博士的速記記錄〕：「這種帝國主義傾向是不是會助長把加拿大合併到美國的願望、從而形成反英的態度。」必須承認，希特勒的美國問題顧問在使他瞭解美國問題上並沒有多大幫助。在這次會見中，羅斯在回答希特勒詢問美國爲什麼會這樣極力反德的時候，他談了一些話，其中有一段是這樣講的：「……仇恨德國的另一個因素……是猶太人的巨大權勢。他們以非凡的才幹和組織能力領導著反對德國和國社黨的鬥爭……。」羅斯然後談起羅斯福。他認爲，羅斯福是希特勒的仇敵，因爲他出於個人嫉妒，而且出於個人權力欲。他是和元首在同一年獲得當權地位的，他眼看著元首完成了偉大的計畫，而他自己……卻沒有達到目的。他也有在某些方面與國社黨極其相似的獨裁理想。然而正是由於看見希特勒達到了目的，他卻沒有達到，這就促成了他的病態野心，想在世界歷史舞臺上同元首競爭。在羅斯走了以後，希特勒說羅斯是一個的確有許多好意見非常聰明的人[17]）。

雖然他們這個時候的政策是企圖使美國置身於戰爭之外，但他們卻像一九一四年他們的柏林前輩一樣，並不認眞地把美國看成是一個有強大軍事潛力的國家。早在一九三九年十月一日，德國駐華盛頓的陸軍武官弗雷德里希・馮・波提徹爾（Friedrich von Bötticher）將軍就曾經勸告柏林的最高統帥部用不著擔心美國會派遠征軍到歐洲來。十二月一日，他又進一步通知他在柏林的陸軍上司說，美國的軍事裝備完全不足以執行「進攻性的戰爭政策」，並且還說，「國務院無用的仇恨政策和羅斯福一時衝動的政策常常是以對美國軍事力量估計過高爲依據而制定出來的」，與這些政策相反，華盛頓的參謀總部，「對於德國和它從事戰爭的原因還是有所瞭解的」。在他的第一次報告裡，波提徹爾寫道，「林白（Charles Lindbergh）和著名飛行家李肯巴克（Eddie Rickenbacker）」都主張美國置身於戰爭之外。但是，到了十二月一日，儘管他低估美國的軍事力量，他仍然警告最高統帥部說：「如果美國認爲西半球受到威脅，它還是會參戰的。」[18]

德國駐華盛頓代辦漢斯・湯姆森（Hans Thomsen）曾盡最大努力向他在柏林無知的外交部長提供美國的一些事實。九月十八日，當波蘭戰爭將近結束的時候，他警告德國外交部說：「美國絕大多數人民都同情我們的敵人，美國深信德國是犯有戰爭罪行的。」在同一份報告裡，他還指出，德國想在美國進行破壞活動的任何企圖都會引起可怕的結果。他要求不要以「任何方式」進行這一類破壞活動[19]。

這個要求顯然沒有得到柏林方面的重視，因爲在一九四〇年一月二十五日，湯姆森又打電報給柏林說：「我得知紐約的一個美籍德人霍斯伯格（Fritz von Hausberger）和一個德國公民華爾特，據說在德國情報局的指使之下，計畫對美國軍事工業進行破壞。據信霍斯伯格家裡藏有雷管。」

湯姆森要求柏林停止這種做法。他說：「要使美國參戰，再也沒有比重複採用上次世界大戰時驅使美國參加我們敵人行列的那種行動更加可靠了，再說，那種行動並不能對美國的戰爭工業造成絲毫破壞。」

此外，他又說：「無論從哪方面來看，這兩個人都不適宜做情報局的特工人員。」威茲薩克回答說，卡納里斯曾親自向他保證，湯姆森提到的那兩個人都不是情報局的特工人員。但是任何眞正的情報組織都是不會承認這一類事情的。據外交部其他文件透露，一月二十四日有一個情報局的特工人員奉命離開布宜諾斯艾利斯向住在新澤西州威霍肯（Weehawken）的霍斯伯格報到，以「接受我們專業方面的指示」。另一個特工人員在十二月間從同一個地點被派遣到紐約，收集關於美國飛機製造廠和向盟國運送武器的情報。二月二十日，湯姆森自己對於梅臺爾（Konstantin von Maydell）男爵的到來提出了報告。這個人是愛沙尼亞籍的波羅的海日耳曼人，他對華盛頓的德國大使館說，他是情報局派來進行一項破壞活動的。

從一九三八年十一月羅斯福召回美國駐柏林大使以抗議納粹對猶太人的公開屠殺以來，兩國都沒有大使駐在對方了。貿易已減少到最小數額，這主要是由於美國的抵制，而現在又被英國的封鎖完全截斷了。一九三九年十一月四日，參眾兩院表決解除了禁止軍火出口令，這就打開了美國向西歐盟國供應軍火的道路。威爾斯就是在這種兩國關係迅速惡化的情況下於一九四〇年三月一日到達柏林。

威爾斯到達柏林的前一天，即二月二十九日——這一年是閏年——希特勒採取了非常的步驟，發出一道祕密的「如何和威爾斯先生談話的指令」。指令要求德國方面持「保留態度」，並且告誡要「盡量讓威爾斯先生發言」[20]。這個指令爲接待美國特使的全體高級官員規定了五點準則。德國的主要論點是，德國並沒有對英法兩國宣戰，而是英法兩國向德國宣戰；元首曾於十月間向它們提出和平的建議，但它們拒絕了；德國接受了挑戰；英法進行戰爭的目的是想「毀滅德意志國家」，因此，德國沒有選擇的餘地，只好繼續戰爭，等等。希特勒最後說：

應當盡量迴避討論具體政治問題，例如未來的波蘭國家等問題。如果他提出這類問題，可以說這種問題要由我做決定。不言而喻，奧地利問題和波希米亞及摩拉維亞保護國的問題，是完全沒有討論餘地的……。

凡是可以被解釋爲……德國對於現在討論和平的可能性表露有任何興趣的話，都應避免。說得更恰當一點，我要求不要讓威爾斯先生有絲毫理由懷疑德國要勝利結束這場戰爭的決心……。

不僅里賓特洛甫和戈林，連希特勒自己分別在三月一日和二日先後接見威爾斯的時候，也是極其嚴格地按指令行事的。根據繳獲文件中施密特博士所做的長篇談話記錄來判斷，這位有些沉默寡言、老於世故的美國外交官必然會以爲他到了一所瘋人院，如果他還相信自己的耳朵的話。這三個納粹巨頭，個個都對威爾斯大肆曲解歷史。他們極其荒謬地歪曲事實，甚至連最簡單的字都失去了原來意義（「在上帝和全世界的人們面前，」戈林對威爾斯大聲說：「他，作爲陸軍元帥，敢說德國是不要戰爭的。戰爭是強加在它身上的……當別人要毀掉它時，德國又有什麼辦法呢？」）。希特勒在三月一日發出他的威塞演習指令，第二天接見威爾斯時卻堅持說：盟國的戰爭目的是「消滅」，而德國的戰爭目的是「和平」。他向他的來客大談爲了與英、法保持和平所做的一切努力：

在戰爭爆發前不久，英國大使曾坐在威爾斯現在所坐的地方，元首向他提出他一生中最大的建議。

他對那個英國人所提的建議都被拒絕了，英國現在一心一意要毀滅德國。因此，希特勒認為：「這場戰爭將不得不打到底……除了一場你死我活的搏鬥之外，沒有別的解決辦法。」

這就難怪威爾斯向威茲薩克老實說並又向戈林重複：如果德國決心要在西方取得軍事勝利，那麼，他的歐洲之行「就毫無意義……而他也就沒有別的話要說了」[21]。

當時有一個完全非官方的美國調解人在柏林，他是通用汽車公司的副董事長詹姆斯．莫納（James D. Mooney）。據我的記憶，他是在戰爭爆發前後不久到柏林的。像另一個業餘外交家達勒魯斯那樣，他也想試圖拯救和平，雖然他不像達勒魯斯那樣交際廣。一九四〇年三月四日，即威爾斯離開柏林的第二天，希特勒接見了莫納。根據繳獲的德國方面關於這一次會見的記錄，莫納曾告訴希特勒說，羅斯福總統對德國的態度「要比柏林一般人所認為的更為友好和同情」，還說總統準備做「調停人」，使交戰國和解。而希特勒則僅僅重複了兩天前他對威爾斯講的那些話。三月十一日，湯姆森向柏林發出一份機密備忘錄。這是一個沒有指名的美國暗通消息的人為他準備的，備忘錄說莫納「多少有些親德」。這個通用汽車公司的行政首腦一定上了德國人的當了。湯姆森的備忘錄說，莫納依據早先和希特勒會談所得向羅斯福報告說，希特勒「希望和平，希望避免春季戰役中流血」。奉召回國待在柏林閒賦在家的德國駐美大使狄克霍夫（Hans Dieckhoff），在莫納會見了希特勒之後，立即和莫納見了面。他向外交部報告說，這個美國商人「太囉嗦」，還說：「我不信莫納的建議有什麼重要價值。」[22]

雖然威爾斯在與德國人談話時強調說，他在這次旅行中從歐洲政治家那裡所聽到的話都是爲了傳達給羅斯福一個人聽的，但是他卻認爲不妨自作主張告訴希特勒和戈林：他曾和墨索里尼做過「長時間的、建設性的、有益的」談話；墨索里尼認爲「在歐洲實現持久的鞏固的和平，還是有可能的」。德國人這時看到，如果義大利獨裁者眞有這樣的想法，那麼，現在就是糾正它們的時候了。和平肯定是要的，但那只能在德國取得四線輝煌的勝利之後。

希特勒沒有答覆墨索里尼一月三日的信，使這位義大利領袖愈來愈感煩惱。在整整一個月之中，阿托利科大使不斷詢問里賓特洛甫，什麼時候可以得到答覆，並且暗示義大利和英、法的關係正在改進，而且貿易也在增加。

這種貿易內容之一是義大利出售戰爭物資，這使德國人十分惱火。他們在羅馬不斷提出抗議，指責義大利幫助西方盟國是不適當的。馬肯森（August von Mackensen）大使向他的朋友威茲薩克一再敘說自己的「嚴重焦慮」，而後者也害怕墨索里尼那封沒有得到答覆的信如果再「置之不理」，這位義大利領袖就要採取「自由行動」了——德國也許會永遠失去墨索里尼和義大利了。

三月一日希特勒得到了一個機會。英國宣布切斷德國由海道通過鹿特丹運往義大利的煤炭運輸。這對義大利經濟是一個沉重的打擊。這位義大利領袖對英國大爲憤怒，同時對於馬上答應設法用火車運煤的德國又熱情起來。希特勒趁熱打鐵，在三月八日寫了一封長信給墨索里尼，兩天以後由里賓特洛甫在羅馬親自遞交[24]。

信裡並沒有對遲遲未覆前信表示歉意，但是語氣是親切的。跟以前寫給他這個義大利夥伴的信相比，希特勒這封信的話多更多了。他把幾乎所有可以想到的問題和政策都做了相當詳細的說明。這封信還對納粹與俄國的聯盟、拋棄芬蘭人、以及連一個殘存的波蘭也沒有留下等問題做了辯解：

如果我把德國部隊從總督轄區（波蘭）撤走，這並不能使它得到綏靖，而只會帶來可怕的混亂。教會將不能執行它讚美上帝的職能！而神父的腦袋也要被砍掉……。

希特勒繼續寫道，至於威爾斯的訪問，並沒有什麼結果。他仍然決定在西方發動進攻。他認識到「未來的戰爭不會輕易得勝，而將是德國歷史上一場最殘酷的鬥爭……是一場你死我活的鬥爭」。

接著，希特勒就向墨索里尼示意，勸他參加戰爭。

領袖，我認爲，這次戰爭的結果無疑也將決定義大利的命運……你終有一天會面對今天與德國作戰的這些敵人……我也看到了我們兩國的、兩國人民的、我們革命的和我們制度的命運，都已不可分割地聯結在一起了……。

最後，讓我向你保證，不管怎樣我總相信，命運遲早會使我們終於並肩作戰。這就是說，不管局勢中的個別情況現在會怎樣發展，你將同樣地無法逃避這場武裝衝突。我還相信，屆時你將比以往更加貼近我們一邊，正如同我將更加貼近你們一邊。

墨索里尼給這封信奉承得飄飄然了。他馬上向里賓特洛甫保證，他同意「在火線上」站在希特勒這一邊。這位納粹外交部長不失時機地把他的主人恭維一番。他說，元首「對於最近英國對德國從海道運煤到義大利採取封鎖措施，感到異常憤慨」。他問義大利需要多少煤？墨索里尼回答說，每月五十萬噸到七十萬噸。里賓特洛甫爽快地說，德國現在準備每月供應一百萬噸，而且提供運煤用的大部分車皮。

在三月十一日、十二日兩天，他們兩人舉行了兩次長時間的會談，在場的有齊亞諾。據施密特博士的速記記錄透露，里賓特洛甫當時極其浮誇[25]。雖然要商談的還有更加重大的問題，他卻把在波蘭繳獲到的西方各國使節的外交電報拿出來給墨索里尼看，來表明「美國滔天的戰爭罪行」：

這位外交部長解釋說，這些文件明確地表明，美國駐巴黎大使布立特（William C. Bullitt）、駐倫敦大使甘迺迪（Joseph P. Kennedy）、駐華沙大使比德爾（Drexel Biddle）所起的罪惡作用……從這些文件可以看出猶太富豪集團的陰謀，這個集團的影響透過摩根和洛克菲勒一直達到羅斯福那裡。

這位妄自尊大的納粹外交部長胡吹了幾個小時，這只有顯示他一貫對於世界大事的無知。他強調兩個法西斯國家的共同命運，並且強調說，希特勒馬上就會進攻西線，「在夏天打敗法國軍隊」，在「秋天以前」把英國人趕出大陸。墨索里尼多半時間在聽他說話，偶爾插上一兩句話，這個納粹部長顯然沒有注意到話裡的諷刺意味。例如，根據施密特的記錄，當里賓特洛甫誇口說「史達林已經放棄世界革命的想法」時，墨索里尼就反駁說：「你眞相信這個說法嗎？」當里賓特洛甫說，「每一個德國士兵都相信肯定會在今年取得勝利」時，墨索里尼就插嘴說，「這句話很有意思」。這天晚上，齊亞諾在日記裡寫道：「會見以後，在沒有別人在旁的時候，墨索里尼告訴我，他不相信德國的攻勢，也不相信德國會完全成功。」

義大利領袖答應在第二天會談時表示自己的意見，里賓特洛甫對於他會發表怎樣的意見多少有些不安。他在給希特勒的電報裡說，他還看不出「這個領袖的想法」。

他其實是用不著擔心的。第二天，墨索里尼的態度完全改變了。施密特寫道，他突然地「轉變爲完全贊成戰爭」。他告訴客人說，問題不在於義大利是否與德國一起作戰，而在於什麼時候一起作戰。時間的配合是「需要十分愼重考慮的。因爲他在一切準備工作就緒以前，不應該參戰，以免加重他夥伴的負擔」。

這一回，他不得不非常明確地說明，義大利的經濟情況不能長期作戰。他不能像英法兩國那樣，可以每天花費十億里拉。

這些話看來使里賓特洛甫愣了一會兒。他想逼著這個獨裁者確定義大利參戰的日期，但後者卻不肯把話說死。他說：「在義大利確定對英、法的關係的時候，也就是和這兩個國家決裂的時候，義大利參戰的日期就會到來。」他補充說，「挑起」這種破裂是極容易的事。里賓特洛甫雖然堅持，但他並沒有能夠得到一個確定日期。顯然這件事情須由希特勒來親自過問了。因此，納粹外交部長建議他們兩人在三月下半月即十九日以後在伯倫納（Brenner Pass）會晤。墨索里尼欣然接受了這個建議。這裡要附帶說明一下，里賓特洛甫對於希特勒打算佔領丹麥和挪威的計畫，並沒有透露過一個字。有些機密，即使你迫切需要一個盟國和你搭夥，也還是不能向他說的。

里賓特洛甫雖然沒有能夠使墨索里尼同意規定一個日期，但他已經誘使義大利領袖同意參戰了。齊亞諾在日記裡哀歎說：「如果他希望增強軸心，那麼，他是成功了。」當威爾斯訪問柏林、巴黎、倫敦之後回到羅馬，在三月十六日與墨索里尼再度會見的時候，他發現後者已經變成另一個人了。威爾斯後來寫道：

他看來如釋重負……我一直在奇怪，在我第一次訪問羅馬之後的兩個星期之中，他是不是還沒有下定重大的決心，在里賓特洛甫訪問他時，他是不是還沒有決定把義大利拖入戰爭[26]。

威爾斯其實用不著奇怪。

里賓特洛甫坐著專車離開羅馬不久，這個心裡煩惱的義大利獨裁者又反覆猶豫起來。齊亞諾在三月十二日的日記裡寫道：「他生怕答應對盟國作戰這一步走得太遠了。他現在想勸阻希特勒發動大陸攻勢，並且希望在伯倫納會談時能夠實現這個願望。」齊亞諾雖然是一個才能有限的人，卻知道得更清楚。他在日記裡補充說：「不能否認，領袖被希特勒迷住了，被他的性格之中一種根深蒂固的東西所形成的魅力迷住了。元首將得到比里賓特洛甫能得到的更多的東西。」這話不錯——但也有些保留，下面就要談到。

里賓特洛甫一回到柏林就在三月十三日給齊亞諾打電報，要求伯倫納會議提前於三月十八日舉行。「德國人眞叫人受不了，」墨索里尼氣憤地說：「他們不給人一點喘息或者考慮的時間。」儘管如此，他還是同意了這個日期。齊亞諾在那一天的日記裡寫道：

領袖有點擔心。直到現在他還活在幻想中，以爲不會爆發眞正的戰爭。現在，衝突已迫在眉睫，而他可能處在局外人的地位，這種可能性使他感到不安，用他自己的話來説，使他感到屈辱[27]。

一九四〇年三月十八日清晨，這兩個獨裁者各自的專車徐徐駛入坐落在高聳入雲、白雪皚皚的阿爾卑斯山下的伯倫納隘口車站，這時空中正飄著雪花。作爲對墨索里尼的一個讓步，會談是在這位義大利領袖的私人車廂裡舉行的，但是，發言的幾乎只是希特勒一個人。齊亞諾當天晚上在日記裡概述這次會談的情況：

會談簡直像獨白……全部時間只有希特勒在講話……墨索里尼很感興趣地、懷著敬意地傾聽著。他説得很少，確切表明了他與德國採取一致行動的意圖。他給自己保留的，只是適當時刻的選擇而已。

墨索里尼在終於能夠插上一句的時候說，他認識到，「保持中立一直到戰爭終了是不可能的」。與英、法兩國合作是「不可想像的。我們恨他們，因此，義大利的參戰是不可避免的」。爲了使他相信這一點，希特勒已花了一個多小時的時間，最後還加了一句：如果義大利不願受到摒棄並且變成「一個二等國家」的話[28]。但墨索里尼在這個主要問題上讓元首得到了滿意的答覆以後，馬上又留一個退路。

但是，最大的問題是日期……有一個條件必須得到滿足。義大利必須要有「很好的準備」……義大利的經濟情況不允許它進行一場長期的戰爭……。

他問元首，如果進攻推遲，是否會對德國造成危險。而他則不認爲這有危險……這樣他在三、四個月之後，可以完成他的軍事準備，才不至於處在眼看著自己的戰友作戰而自己只限於搖旗吶喊這種爲難的地位。他願意做更多的事情，但不是現在就能做。

希特勒不打算推遲他在西線的進攻，他把這個想法也談出來了。但他有「一些理論上的計畫」，也許可以解決墨索里尼難題，協助他從正面進攻峰巒起伏的法國南部，因爲他知道，這一戰役「將造成大量的傷亡」。他建議義大利提供一支強有力的部隊，協同德國的部隊沿著瑞士的邊境向隆河（Rhone）流域挺進，「以便從背後繞過法—義邊界上的阿爾卑斯山前線」。當然，在這之前，德國的主力部隊應該已經在北線把英國人和法國人打退。希特勒顯然試圖使義大利幹起來容易一些。希特勒繼續說：

敵人在法國北部被擊潰時，義大利積極參戰的時刻就來到了，不過參戰不是在阿爾卑斯山前線最困難的地方，而是在別處……。

戰爭將在法國決定勝負。只要把法國收拾掉，義大利就將稱霸地中海，英國就不能不求和了。

這裡必須說明，墨索里尼看到，自己可以在德國人進行了最艱苦的戰鬥以後坐享其成得到這麼多的收穫，對於這樣一個大好機會，他當然是不肯放過的。

領袖回答說，一旦德國勝利地向前推進，他將立即參戰……當盟國遭到德國進攻，已經無法支持，只要再打一拳就可以使他們投降時……他絕不拖延。

但是，在另一方面，

領袖說，如果德國的進展遲緩，他就要等一等再說了。

這種露骨的、怯懦的討價還價，似乎並沒有使希特勒過分惱火。如果墨索里尼眞的如齊亞諾所說的那樣，被「希特勒性格中一種根深蒂固的東西」吸引住了的話，那麼也許可以說，基於同樣的神秘理由，這種吸引力是雙方面的。希特勒對於某些最親近的同僚曾經背信棄義，其中有些人像羅姆和施特拉塞都已遭他殺害；但對於他滑稽可笑的義大利夥伴卻保持著一種奇怪的、異乎尋常的忠誠，甚至當這個趾高氣揚、外強中乾的羅馬凱撒遭遇到困難和災難的時候，這種忠誠也並沒有減弱，反而更加強了。本書有不少令人感到興趣的不可解的謎，這就是其中之一。

總之，義大利的參戰，不管其價值如何，現在終於嚴正地承諾下來了。除了希特勒之外，沒有什麼德國人，認爲這會有多大價值，納粹將領有這種看法的則更少。現在，希特勒又可以打主意進行新的、迫切的征服了。他對於其中最迫切的一個——在北方——沒有對他的盟友透露過半點風聲。

密謀分子的又一次失敗

反納粹的密謀分子又一次試圖說服將軍們廢黜他們的領袖——這一次是在他要在北方發動新的侵略之前。他們已經聽到了這個風聲。這些文職人員密謀分子，仍然希望英國政府保證與反納粹政府媾和。由於他們是那樣一些人，他們仍然堅持，新的德國政府無論如何應當被允許保有大部分希特勒奪得的領土：奧地利、蘇臺德區和一九一四年的德波邊界，雖然最後這一塊領土在過去只是由於消滅波蘭國家以後才取得的。

帶著這樣的建議，哈塞爾，一個有相當個人勇氣的人，於一九四〇年二月二十一日到瑞士的阿羅莎（Arosa）同英國的一位聯絡人商談。他在日記裡稱這個人爲「X先生」，其實名字叫布萊恩斯（J. Lonsdale Bryans）。二月二十二日、二十三日，他們在極端機密的情況下商談了四次。在羅馬外交界曾經出過一些風頭的布萊恩斯，是屬於本書中屢次出現的那些毛遂自薦的外行和平談判者之一。他和唐寧街有關係，哈塞爾和他一見面就有了深刻的印象。史蒂芬斯少校和貝斯特上尉打算在荷蘭與德國密謀分子建立接觸的計畫失敗以後，英國便對於這種事情，多少有點懷疑。當布萊恩斯催促哈塞爾明確答覆他代表誰進行談判的時候，這位德國使節變得狡猾起來了。

「我無權把支持我的人說出來，」哈塞爾回答說：「我只能對你保證，從哈利法克斯那裡得到的聲明，會送到適當的人那裡。」29

哈塞爾接著就把德國「反對派」的意見做了概括的說明：他們認為，「在採取大規模的軍事行動以前」，必須推翻希特勒，而這必須是「純粹由德國人來辦的事情」；關於柏林的反納粹政府將受到如何的對待，必須有「英國權威方面」的聲明；改變政治制度的主要障礙是一九一八年的歷史，這就是說，德國人擔心事情會像當年犧牲了德皇以後那樣發展下去。哈塞爾和他的朋友要求得到保證：如果他們除掉了希特勒，德國將得到比除掉威廉二世以後較為寬大的待遇。

於是他就把一份他自己用英文寫好的備忘錄交給了布萊恩斯。這是一份內容含糊的文件，雖然它對於以「基督教倫理、正義和法律、社會福利、思想和信教自由為基礎的未來社會」充滿了高貴的感情。哈塞爾寫道，「這場瘋狂的戰爭」繼續下去的最大危險是「歐洲的布爾什維克化」——他認為這比納粹主義的繼續存在還要壞。他的主要和平條件是讓新德國保持他列舉出來的、希特勒征服了的所有地方。德國據有奧地利和蘇臺德區，不管是哪種和平條約都必須保留這一項；還必須恢復一九一四年德波邊界，這實際上當然是指一九一四年的德俄邊境，雖然話沒有這樣說，因為波蘭在一九一四年是並不存在的。

布萊恩斯同意必須採取迅速行動，因為德國進攻西線已迫在眉睫。他答應把哈塞爾的備忘錄送給哈利法克斯勳爵。哈塞爾回到柏林，把自己最近活動的情況報告給他的同謀者。他們雖然希望能從哈塞爾的「X先生」那裡得到最好的消息，但此刻他們最關心的還是這所謂「X報告」的文件。這是他們在情報局的一個成員杜那尼（Hans von Dohnanyi）根據約瑟夫．繆勒博士在梵蒂岡與英國人接觸的結果寫成的。這個文件聲稱，教皇已準備向英國斡旋，同一個新的反納粹的德國政府進行合理的和平談判。那些希特勒反對者提出的條件中，有一條是他們認為羅馬教皇會加以支持的，就是「在解決東方問題方面要對德國有利」。由此可以看出他們的想法並沒有多崇高。窮兇極惡的納粹獨裁者已經透過武力侵略在東方得到對「德國有利」的解決；這些正派的德國密謀分子要求英國在教皇祝福下送給他們同樣的東西。

在一九三九至一九四〇年間的冬天，密謀分子的腦子裡想的淨是「X報告」。十月底，托馬斯將軍已經把這個報告給布勞希契看過了，爲的是想鼓勵這位陸軍總司令盡力勸阻希特勒不要在那年秋天在西線發動進攻。但是布勞希契對這樣的鼓勵並不領情，事實上，他還威脅托馬斯將軍，如果他再提這件事，就要把他逮捕起來。他訓斥說，這是「顯然的叛國罪」。

現在，當納粹即將發動新的侵略的時候，托馬斯把「X報告」交給哈爾德，希望他能夠照這個報告行事。但這是妄想。這位參謀總長告訴密謀分子中最積極的人員之一戈德勒（他也曾請哈爾德帶頭，因爲優柔寡斷的布勞希契不肯帶頭）：此刻他不能背棄他作爲一個軍人對元首的誓言。而且，他還說：

> 英國和法國已經向我們宣戰，我們只有幹到底。妥協的和平是毫無意義的。只有在最緊急的關頭，我們才能採取戈德勒所希望的行動。

哈塞爾在一九四〇年四月六日的日記中，詳細講到戈德勒向他分析的哈爾德的精神狀態。他在日記中歎息道：「看，結果還不是這樣！」這位日記的作者補充說：「哈爾德在談到他的責任的時候，開始哭起來了，給人的印象是一個神經受傷軟弱的人。」

這個印象的眞實性是可疑的。哈爾德四月第一週的日記裡，淨是記述他協助策畫西線大攻勢準備工作。在重讀這日記時，筆者至少得到這樣的印象：當參謀總長和那些戰地司令官商談德國歷史上最巨大、最大膽的軍事行動，以及審核此行動的最後計畫時，他的情緒是興高采烈的。在他的日記裡，沒有什麼謀反思想，或者與良心作鬥爭的跡象。雖然他對丹麥和挪威的進攻有些不安，那完全是出於軍事原因的考慮。他對於納粹侵略四個中立小國，絲毫沒有道德上的疑慮，雖然德國對這些國家的邊疆都曾做過嚴正的保證，而他也知道，德國即將對它們進行攻擊，對其中兩個國家即比利時和荷蘭的進攻計畫，還是他自己親自領導制定的。

這些「正派的德國人」想在時機尚未過晚之前趕希特勒下臺的最後企圖，就這樣結束了。這是他們本來可以獲得和平的最後機會。布勞希契和哈爾德表示得很清楚，將領們對於談判出來的和平是不感興趣的。他們現在與元首一樣，只是想實現在德國勝利以後由他們指定條件的和平。直到這種機會漸漸消失時，他們才認眞地回到他們原來的想法，密謀把他們的瘋狂獨裁者除掉，這種想法，在慕尼黑時代和措森時代曾經是十分強烈的。讀者必須記住這種精神狀態和性格，才能瞭解接著發生的事件和後來編造的神話。

攻佔丹麥和挪威

希特勒征服丹麥和挪威的準備工作，被許多作家稱爲戰爭中保密最嚴的事情之一，但在筆者看來，這兩個斯堪地納維亞國家——甚至英國人——之所以猝不及防，不是由於他們沒有得到將要發生什麼事變的警告，而是由於他們沒有及時地相信這種警告。

在災禍發生前十天，情報局的奧斯特上校向他的一個親近的朋友、荷蘭駐柏林武官沙斯（J. G. Sas）上校透露了德國威塞演習計畫的消息。沙斯立即通知丹麥海軍武官寇爾森上校[30]。但是安然自得的丹麥政府並不相信自己的海軍武官。當四月四日丹麥駐柏林的公使打發寇爾森趕快回哥本哈根親自報告的時候，他的情報還是沒有得到重視。甚至在事變發生的前夕，即三月八日晚上，已接到德國一艘滿載部隊的運輸艦在挪威南部海岸——就在丹麥北面——中了魚雷的消息，不少丹麥人還親眼看見一批德國海軍艦隊在他們的島嶼之間向北駛去，甚至在這個時候，晚餐桌上有人說到國家已處於危險狀態時，丹麥國王對這話還一笑置之。

「他眞的不相信有這回事。」一個當時在場的禁衛軍軍官後來說。他還說，事實上，國王餐後還到皇家戲院看戲，心情「充滿自信而愉快」[31]。

早在三月間，挪威政府就從駐柏林公使館和瑞典人那裡接到警告，德國軍隊和海軍艦艇將在北海和波羅的海港口集中。四月五日從柏林收到了一件確實的情報說，德國人即將在挪威南部海岸登陸。但是奧斯陸麻痺自滿的內閣還是對之抱懷疑態度。四月七日，發現有幾艘德國大型軍艦向挪威海岸前進，同時並接到報告說英國飛機在斯卡格拉克海峽（Skagerrak）外掃射德國艦隊；四月八日，英國海軍部通知挪威駐倫敦公使館，說發現有一支強大的德國海軍駛近納爾維克；而奧斯陸的報紙也發表新聞說，當天在挪威的利勒散（Lillesand）附近海面遭到波蘭潛水艇襲擊的里約熱內盧號運輸艦上遇救的德國士兵宣稱，他們是去卑爾根協助抵禦英國的——即使到了這個時候，挪威政府還不認爲有必要採取顯而易見需要採取的步驟，例如動員軍隊，在所有港口的炮臺裡配備充足的兵力，堵塞飛機場的跑道，或者——尤其重要的是——在通向首都和主要城市易於敷設水雷的狹窄水道上設置水雷。如果這些事情都辦到了，歷史也許會別有一番轉折。

不祥的消息，正如邱吉爾所說的那樣，在四月一日就開始傳到倫敦了。四月三日，英國戰時內閣討論了最新的情報，尤其是從斯德哥爾摩來的情報。這些情報說，德國人在它的北部港口集中了相當多的兵力，目標在於向斯堪地納維亞推進。但這消息似乎並沒有受到認眞的考慮。兩天以後，四月五日，當德國第一批海軍補給艦艇已經出海的時候，張伯倫首相在一次講演裡宣稱，希特勒由於沒有在英法毫無準備的時候進攻西線，已經「錯過了機會」——這句話使他不久以後就自悔失言。德國的第一批三艘補給艦於四月三日清晨二時開赴納爾維克。德國最大的油船於四月六日在俄國人的默許下離開摩爾曼斯克，開赴納爾維克，俄國人殷勤地供給了油料。

據邱吉爾說，英國政府這時認爲，德國人在波羅的海和北海港口內增兵的目的，是爲了當英國在挪威領海布雷、截斷從納爾維克運送鐵礦砂的航道、以及佔領納爾維克和南部其他一些港口時，希特勒便易於反擊。

事實上，英國政府當時的確正在考慮進行這樣的佔領行動。經過七個月的挫折以後，海軍大臣邱吉爾終於獲得了戰時內閣和盟軍最高軍事會議的批准，於四月八日在挪威水路上布雷——這是一個代號叫做「維爾弗雷德」（Wilfred）的軍事行動。由於看來德國人可能採取有力的政策，以免他們寶貴的納爾維克鐵礦砂運輸線受到封鎖，因此英國決定派一小批英法聯軍到納爾維克去，並且一直挺進到附近的瑞典邊境。據邱吉爾說，另外還要派一些軍隊去更遠的南方的特隆赫姆、卑爾根和斯塔萬格登陸，「以阻止這些基地被敵人佔領」。這就是人們所知的「R-4計畫」[32]。

這樣，在四月的第一週，當德國軍隊已經登上各種艦艇準備開赴挪威的時候，英國軍隊雖然人數要少得多，也已經在蘇格蘭克萊德河（Clyde）登上運輸艦，在福斯河（Forth）登上巡洋艦，向著同一目標前進。

四月二日下午，希特勒在同戈林、雷德爾和法爾肯霍斯特舉行了長時間的會議以後，發布了一道正式指令，規定威塞演習在四月九日上午五時十五分開始。同時，他還發布了另一道指令，規定「佔領時必須千方百計防止丹麥和挪威兩國國王逃到國外」[33]。同一天，最高統帥部還把這個祕密計畫告訴了外交部，對里賓特洛甫發了一道詳盡的命令，指示他準備採取外交措施勸誘丹麥和挪威在德國軍隊到達的時候不戰而降，並編造一些理由為希特勒的最新侵略辯護[34]。

玩弄詭計的工作還不限於外交部，海軍也要耍些花招。四月三日，第一批艦艇剛出發，約德爾就在日記裡寫道，萬一挪威人對於本國附近發現這麼多的德國軍艦發生疑懼，要用什麼欺騙手法蒙混過去。實際上，這個小問題早已由海軍解決了。海軍已指示自己的軍艦和運輸艦偽裝成英國艦艇開過去——必要時甚至懸掛英國國旗！德國海軍在祕密命令中已為「進攻挪威時進行欺騙和偽裝」做了詳細的規定[35]。

極機密

進港時行動守則

所有艦艇都須滅燈……偽裝英國艦艇的時間應盡可能地延長。挪威艦艇用摩斯電碼發出的盤問，一律用英語回答。回答的時候，可以適當選擇諸如下列的詞句：

「到卑爾根暫泊，無敵意。」

……回答時應使用下列英國軍艦名稱：

科爾恩號用英艦開羅號名稱。

柯尼斯堡號用英艦加爾各答號名稱……。

必須做出準備，以便隨時爲英國軍旗照明……。

在駛往卑爾根途中……我方艦艇在回答過往艦艇盤問時的指導原則如下：

回答盤問：（例如科爾恩號）英艦開羅號。

回答停航命令：「（一）請將剛才信號重複一遍；（二）無法瞭解你艦信號。」

遇到警告性射擊時則回答：「請停止射擊。英國船。好朋友。」

遇到詢問目的地和任務時則回答：「到卑爾根去。追擊德國船。」

海軍元帥雷德爾在紐倫堡被告席上爲這種戰術辯護時說，它們是正當的「戰爭策略，從法律的觀點來看，是無可非議的」[36]。

這樣，在一九四〇年四月九日上午五時二十分整（丹麥時間上午四時二十分），天亮前一小時，德國駐哥本哈根和奧斯陸的使節向丹麥和挪威政府遞送了德國的最後通牒，要求他們毫不反抗地立刻接受「德國的保護」。他們早二十分鐘把這兩國的外交部長從床上叫起來。里賓特洛甫堅持要嚴格遵守時間表配合德國部隊在那個時刻到達。這個最後通牒可能是希特勒和里賓特洛甫起草的迄今爲止最厚顏無恥的文件。他們是起草這一類文件的能手，而且這時候在外交騙術方面也已經極有經驗了[37]。

這份備忘錄宣稱，德國是來援助丹麥和挪威抵抗英、法兩國的佔領，它說：

因此，德國部隊不是作爲敵人才登上挪威的國土。德軍最高統帥部除非出於被迫，無意利用德國軍隊佔領據點作爲對英作戰的基地……相反，德國軍事行動的目的，完全在於保護北方，以防止英法軍隊企圖佔領挪威基地………。

本著德國和挪威兩國之間久已存在的良好關係，德國政府向挪威王國政府宣布，不論現在和將來，德國都無意採取行動侵犯挪威王國的領土完整和政治獨立……。

因此，德國政府期望挪威政府和挪威人民……不要抵抗。任何抵抗將不得不受到而且會受到一切可能手段的擊破……從而只能導致絕對無益的流血犧牲……。

德國的期望在丹麥實現了；但是在挪威落了空。威廉街從駐這兩國的公使拍來的第一批急電中就知道了這一點。德國駐哥本哈根公使上午八時三十四分打電報給里賓特洛甫說，丹麥人已經「接受了我們的一切要求，雖然表示了抗議」。駐奧斯陸的公使伯勞耶卻不得不做完全不同的報告。上午五時五十二分，他在遞交德國最後通牒三十二分鐘以後，就把挪威政府的迅速答覆電告柏林：「我們絕不自動屈服，戰鬥已在進行。」[38]

傲慢自大的里賓特洛甫被激怒了。筆者簡直沒有見過這位納粹外交部長有比那天早上更加令人感到討厭的樣子。他大搖大擺地走來參加外交部特地召開的一次記者招待會。他穿著一件發亮的灰綠色制服，看起來「好像整個地球都是他的」（我日記中的話）。他大聲說：「元首已經做了答覆……德國爲了防止丹麥和挪威落入盟軍手中，已經佔領了這兩個國家，並且將保護它們的眞正中立，直到戰爭結束爲止。這樣，歐洲一部分的光榮土地，已經得到拯救而不至於覆亡了。」那一天柏林的報紙，也是值得一看的。《交易所日報》（*Börsen Zeitung*）說：「英國殘酷無情地踩著小國人民的屍體走過去。德國保護了弱小國家，使它們不受攔路搶劫的英國強盜的侵犯……挪威應當看到德國行動的正義性，德國採取這一行動是爲了保證挪威人民的自由。」希特勒自己的報紙《人民觀察家報》則用了這樣的通欄標題：〈德國拯救了斯堪地納維亞！〉。十點五十五分，里賓特洛甫拍了一封特急電報給伯勞耶：「你應再次說服那裡的政府，挪威的抵抗是毫無意義的！」

這位爲難的德國公使並沒有能夠轉達這句話。這時挪威國王、政府和議會議員都已經逃離首都轉移到北方山區去了。不論形勢怎樣不利，他們都決心抵抗下去。事實上，隨著天亮時德國艦艇的到來，有些地方已經在進行抵抗了，雖然不是所有地方都是如此。

丹麥人則處於更爲絕望的境地。他們這個快樂的小小島國是防守不住的。這個國家太小，地勢太平坦，而且最大的部分日德蘭半島，對於從陸路開來的希特勒裝甲部隊是敞開無阻的。國王和政府不能像在挪威那樣可以逃到山地去，也不能指望從英國那裡得到什麼援助。有人說，丹麥人過於文明，在這種情況下，是不會戰鬥的；總而言之，他們沒有戰鬥。陸軍總司令普萊奧爾（W. W. Pryor）將軍是唯一主張抗戰的人，但他的意見還是被首相多爾瓦爾德．施道寧（Thorvald Stauning）、外交部長愛德瓦．門契（Edvard Munch）和國王所否定，後者在四月八日壞消息開始傳來的時候，就拒絕了他總動員的請求。海軍不論從艦艇上或者從海岸炮臺裡，都沒有發過一炮一彈，甚至當德國的運兵船從它炮口底下駛過，一開炮就可以把它們轟得粉碎的時候，也是如此。筆者雖然在哥本哈根進行過調查研究，原因依然不明。陸軍則在日德蘭稍有接觸，禁衛軍在首都王宮周圍放了幾槍，有幾個人受傷。到丹麥人吃完一頓飽飽的早餐之後，一切都已結束了。國王聽從了政府的勸告，不顧普萊奧爾將軍的相反意見，還是投降了，並且下令停止任何抵抗。

用欺騙和突襲手段佔領丹麥的計畫，正如繳獲的德國陸軍文件所表明的，是經過縝密準備的。負責進攻丹麥的特遣部隊參謀長庫特・希麥爾（Kurt Himer）將軍，於四月七日即已穿便服乘火車到達哥本哈根偵察首都，並做了必要的安排，爲部隊運輸艦漢斯施塔特但澤號（Hansestadt Danzig）找到一個合適的停泊碼頭，爲運輸少量補給品和一臺無線電發報機找到一輛卡車。負責攻佔哥本哈根的那一營（要佔領這個大城市，一營的兵力被認爲已經足夠了）的營長在兩天以前就已穿著便服到哥本哈根來偵察地形了。

因此，這位將軍和少校營長的計畫能夠幾乎毫無困難地順利完成，是不足爲奇的。部隊運輸艦在天亮前不久就到達哥本哈根港外，經過港口炮臺和丹麥巡邏艦艇的時候，沒有遭到任何留難，安然停靠在市中心的蘭蓋里尼碼頭（Langelinie Pier），離丹麥陸軍總司令部只有一箭之遙，離國王所居住的阿美琳堡宮（Amalienborg Palace）也很近。這兩處地方都很快就被一營孤軍奪取了，沒有遇到值得一提的抵抗。

在疏疏落落的槍聲之中，國王和大臣們正在王宮的樓上商議。這些大臣都是主張不抵抗的。只有普萊奧爾將軍請求一戰。他要求國王至少要逃到最近的豪威爾特（Høvelte）兵營裡去，以免被俘。但國王同意大臣們的意見。據一個在場人說，國王曾問道：「我們的士兵是不是已經抵抗夠了。」——普萊奧爾將軍反駁說，還沒有。丹麥全國的傷亡人數是死亡十三人，受傷二十三人。德軍傷亡大約二十人[39]。

希麥爾將軍由於進展遲緩而感到有點不安了。據他自己的敘述，他曾打電話給設在漢堡的聯合作戰總司令部（丹麥當局並沒有想到要截斷通往德國的電話線路），要求派些轟炸機到哥本哈根上空示威，「以便脅迫丹麥屈服」[40]。談話是用密碼進行的。空軍認爲希麥爾要求的是實際轟炸，就答應馬上進行——這一個錯誤幸虧及時得到糾正。希麥爾將軍說，轟炸機「在丹麥首都上空隆隆盤旋，終於達到了目的：政府接受了德國的要求」。

當時想對丹麥部隊廣播政府已經投降的消息，是相當困難的，因爲當地的廣播電臺在那麼早的時候還沒有開始工作。德軍終於用自己攜帶的電臺以丹麥的波長進行廣播，解決了這個問題。希麥爾將軍事先已經找到的一輛卡車，把電臺運到了丹麥總司令部。

那天下午二時，希麥爾將軍由德國公使倫特—芬克（Cecil von Renthe-Fink）陪同，造訪了那個已經不再是一國之主、然而自己還沒有體會到的丹麥國王。關於這次訪問，希麥爾在德軍祕密檔案裡留下了記錄：

> 七十歲的國王，雖然表面上還裝得很鎮靜，並且在接見時保持了絕對的尊嚴，但內心顯然已經支持不住了。他全身顫抖。他宣稱他和他的政府一定會盡可能地維持國內的和平和秩序，消除德軍和他國家之間的一切摩擦。他希望使自己的國家免遭進一步的不幸和苦難。
>
> 希麥爾將軍回答說，作爲個人，他對於負著這樣一種使命來拜訪國王，感到非常遺憾，但他只是在執行一個軍人的任務、我們是作爲朋友到這裡來的等等。當國王問他是否可以保留衛隊的時候，希

麥爾將軍回答說，元首無疑會允許他保留衛隊的。他毫不懷疑這一點。

國王聽了，顯然感到頗爲寬慰。在接見的過程中國王漸漸放下心來了，最後他對希麥爾將軍說了這樣的話：「將軍，作爲一個老軍人，我可以向你說幾句話嗎？說幾句軍人對軍人說的話嗎？你們德國人又做出了一件令人難以置信的事！人們必須承認，這是一件了不起的事情！」

差不多在四年之中，直到戰爭的形勢終於轉變時，丹麥國王和他的人民——一個脾氣好、講文明、樂天知命的民族——一直沒有給德國人製造什麼麻煩。丹麥成了「模範保護國」了。起初，征服者給予國王、政府、法院、甚至議會和新聞界的自由大得令人驚異。甚至丹麥的七千猶太人也沒有受到什麼侵犯，至少有一個時期是如此。但是，雖然較其他大多數被征服的人民爲遲，丹麥人後來也終於認識到，當他們條頓暴君的暴行隨著戰爭形勢的惡化一年比一年變本加厲的時候，進一步和這些暴君進行他們所謂的「忠誠合作」是不可能的，如果他們還想保留一點自尊和榮譽的話。他們也開始看到，德國終究未必能得到勝利，小小的丹麥也並不是像許多人起初所擔心的那樣，注定要成爲希特勒惡劣至極新秩序下的一個附庸國。於是，抵抗運動就開始了。

挪威人的抵抗

挪威從一開始就進行了抵抗，雖然肯定不是每一個地方都在進行抵抗。在瑞典鐵礦砂運輸鐵道線終點納爾維克港口，駐軍司令桑德洛上校，我們已知道，是吉斯林的熱烈追隨者。他一槍不發就投降了德國。海軍指揮官卻是另外一種有骨氣的人。當十艘德國驅逐艦向著長長的峽灣迫近時，港內兩艘古老裝甲艦之一艾得斯伏爾德號（Eidsvold）發了一炮作爲警告，並且用信號通知驅逐艦，叫它們說明身份。德國驅逐艦隊的指揮官弗里茨．邦迪（Fritz Bonte）海軍少將，以派遣一名軍官乘汽艇向挪威艦艇招降作爲答覆。接著德國就玩弄了一下詭計，德國海軍軍官後來爲了要辯解這種行爲，還說戰爭就是可以爲求目的不擇手段。汽艇上的軍官用信號通知德國海軍少將，說挪威人表示他們要進行抵抗。邦迪等到汽艇一離開，馬上就用魚雷把艾得斯伏爾德號炸毀了。第二艘挪威裝甲艦挪奇號（Norge）於是就開了火，但也很快就給解決了。三百名挪威水手，幾乎是這兩艘船的全部船員，全部陣亡。到上午八時，納爾維克就落入德國人之手，把它攻下來的是偷偷溜過強大英國艦隊防線的十艘驅逐艦，佔領它的是由愛德華．狄特爾（Eduard Dietl）准將指揮的納粹軍隊中的僅僅兩營兵力。這位准將是希特勒在啤酒館政變時結交的一個巴伐利亞老友，當第二天在納爾維克的工作開始感到棘手的時候，他的行爲表明他不愧是個足智多謀、心狠手辣的指揮官。

德國人奪取漫長的挪威西部海岸中部的特隆赫姆，也幾乎是同樣地輕而易舉。港口炮臺在德國重巡洋艦希伯爾號（Hipper）率領的海軍艦艇駛近峽灣時，已來不及向它們開炮。這艘艦上和四艘驅逐艦上的軍隊很順利地在市內碼頭登陸，沒有受到一點阻難。有些要塞支撐了幾小時，在附近的瓦爾納斯（Vaernes）機場則支撐了兩天，但這種抵抗並沒有影響到德國對這個良港的佔領。這個港口可供最大艦艇和潛艇的停泊，同時又是橫跨挪威中北部到達瑞典鐵路的起點站。德國人有充分理由希望，萬一英國把他們的海道截斷，仍可以從這裡獲得補給。

沿海岸往南，離特隆赫姆約三百英里，與首都奧斯陸有鐵道相通的挪威第二大港口城市卑爾根，曾進行了一些抵抗。守衛港口的炮臺，使柯尼斯堡號巡洋艦和一艘輔助艦受到重傷，但其他艦艇上的軍隊卻安全地登了陸，在午前佔領了這個城市。英國就是在卑爾根開始援助嚇壞了的挪威人。下午，十五架海軍俯衝轟炸機炸沉了柯尼斯堡號，這樣大的艦艇在空襲中被炸沉還是第一艘。在港外，英國有一個很強大的艦隊，由四艘巡洋艦、七艘驅逐艦編成，本來是足以制服比較小的德國海軍。但是當這支艦隊快要開入港口的時候，它接到海軍部命令取消進攻，因爲擔心可能遭到水雷和空中轟炸。這個決定是邱吉爾批准的，但是後來他後悔不已。在以後那些關係重大的日子裡，這種過分謹愼與遲疑不決將使英國付出昂貴代價。

在西南海岸斯塔萬格港附近的索拉（Sola）機場，則是在挪威機關槍陣地——那裡並沒有眞正的防空設備——被炸毀以後才被德國傘兵部隊攻佔。這裡是挪威最大的機場，在戰略上對德國空軍非常重要，因爲從這裡起飛的轟炸機不僅可以攻擊挪威海岸沿線的英國艦隊，而且也可以襲擊英國北部的主要海軍基地。德國人攻佔了它，就在挪威獲得直接的空軍優勢，使英國大規模部隊登陸的任何企圖都無法實現。

德國人在南部海岸的克里斯蒂安桑遇到相當規模的抵抗。那裡的海岸炮臺兩次擊退了由輕巡洋艦卡爾斯魯厄號（Karlsruhe）率領的德國艦隊。但是這些要塞很快地就被德國空軍炸毀了，港口也於午後三時左右陷落。但卡爾斯魯厄號在當天晚上離開港口的時候，也被英國潛艇用魚雷擊中，損傷嚴重，終於沉沒。

這樣，到了當天中午或稍晚的一些時候，沿挪威西部和南部海岸，從斯卡格拉克到北極圈長達一千五百英里地區的五個主要城市和一個大機場，都陷入了德國人之手。德國的海軍實力遠較英國海軍爲弱，但卻能輸送少數軍隊攻佔這些地方。大膽、欺詐和突襲，使希特勒以很小的代價取得了喧赫一時的勝利。

但是，在奧斯陸這個主要目的地，他的軍事力量和外交手段都遇到了意外困難。

在四月八日寒冷的夜裡，德國公使館裡派出一個興高采烈的歡迎團，由海軍武官施萊伯上校率領（忙碌的公使伯勞耶博士有時也參加一下），徹夜站在奧斯陸港的碼頭上，等待德國艦隊和運輸艦的到來。一個低級的德國海軍武官則駕著汽艇在港裡巡弋，準備當艦隊的領港。這個艦隊是以袖珍戰艦盧佐夫號和這個艦隊的旗艦、嶄新的重巡洋艦布呂歇爾號（Blücher）率領的。盧佐夫號原名德意志號，因爲希特勒不願意輕易丟失用這個名稱的艦隻。

但他們白等了一場。這些大軍艦一直沒有到達。它們在五十英里長的奧斯陸峽灣入口的地方遭到了挪威布雷艦奧拉夫．特里格佛遜號（Olav Trygverson）的攔截。後者打沉了一艘德國魚雷艇，打傷了輕巡洋艦埃姆登號（Emden）。在派了一小股兵力登陸壓制了岸上的炮臺以後，德國艦隊繼續向峽灣前進。在奧斯陸以南約十五英里的地方，海面狹隘，只有十五英里寬，它們又遇到了困難，那裡有古代的奧斯卡斯堡（Oskarsborg）炮臺，它的守軍十分機警，出乎德國人的意料。天亮之前，炮臺上二十八釐米口徑的克魯伯大炮對盧佐夫號和布呂歇爾號開了火，還從岸上發射了魚雷。一萬噸的布呂歇爾號，由於艦上彈藥的爆炸，著火燃燒起來，船身碎裂，終於沉沒，損失一千六百名官兵，其中包括好幾名祕密警察和行政官員以及他們所帶的全部文件，他們是去逮捕國王和政府人員，接管首都行政工作的。盧佐夫號也受了傷，但沒有完全失去戰鬥力。在布呂歇爾號上面的艦隊司令奧斯卡．科梅茲（Oskar Kummetz）海軍少將和率領第一六三步兵師的埃爾溫．恩格爾布萊希特（Erwin

Engelbrecht）將軍勉強游到岸上，成了挪威人的俘虜。於是這個殘缺不全的德國艦隊只好暫時退回去醫治自己的創傷。它奪取挪威首都的任務沒有完成。直到第二天它才到達那裡。

事實上，奧斯陸是陷於一支近似象徵性的德軍部隊之手；他們空降到當地一處未加防禦的機場。從別的海港傳來的不幸消息和十五英里外奧斯陸峽灣外傳來的炮聲，使挪威王室、政府和議會議員匆匆坐上專車於上午九時半由首都逃向奧斯陸以北八十英里的哈馬爾（Hamar）。二十輛載著挪威銀行的黃金和三輛載著外交部祕密文件的卡車，也同時開出。這樣，奧斯卡斯堡守軍的英勇抵抗就挫敗了希特勒企圖俘虜挪威國王、政府和黃金的計畫。

但是奧斯陸卻已完全陷於倉皇失措的狀態之中了。那裡還留下一些挪威部隊，可是他們並沒有做什麼防禦安排，尤其是沒有把附近的福納布（Fornebu）機場封鎖起來，這本來用一些舊汽車停在跑道上和機場周圍就能做到。前一天的深夜，德國駐奧斯陸空軍武官斯比勒上尉就已經駐在那裡，準備歡迎預定於海軍到達以後到達的空運部隊。當艦隊不能到達的時候，公使館趕忙向柏林發去一封無線電報，報告了這個意外的不幸局勢。柏林方面立即採取了措施。不多久，傘兵和空運步兵部隊就在福納布著陸了。到了中午，已經集中了大約五個連的兵力。這些部隊都只是輕裝，留在首都的挪威軍隊本來是能夠輕而易舉地把他們消滅掉。但由於到現在還沒有弄清楚的原因——當時奧斯陸已亂成一團——挪威軍隊沒有被召集起來，更沒有開入陣地，而那個象徵性的德國步兵部隊就以一支大聲吹吹打打、臨時拼湊的軍樂隊爲前導，開進了首都。這樣，挪威的最後一個城市就陷落了。但這並不是整個挪威的陷落；整個挪威還沒有陷落。

四月九日下午，挪威的議會在哈馬爾開會，兩百名議員中，只有五名缺席。但是在七時半接到德軍已逼近的消息時，議會就休會，向艾弗侖（Elverum）轉移，該地離東面的瑞典邊境只有幾英里。伯勞耶博士在里賓特洛甫的催促下要求馬上謁見國王，挪威首相以德軍向南撤退到安全距離爲條件才同意接見。德國公使不肯接受這個條件。

實際上納粹這時正在耍弄新的花招。空軍武官斯比勒上尉率領兩連德國傘兵從福納布機場向哈馬爾出發，企圖俘虜頑抗的國王和政府。在他們看來，這事輕而易舉，彷彿一場遊戲。挪威軍隊在德國軍隊進入奧斯陸的時候既然一槍未發，因此斯比勒料想在哈馬爾也不會遇到什麼抵抗。這兩連傘兵坐在徵用來的公共汽車上，眞像在做一次愉快的觀光旅行。但他們沒有估計到會有一個挪威軍官幹了同其他許多軍官完全不同的事。原來護送國王北上的步兵部隊督察盧格（Otto Ruge）上校，堅持要設法掩護逃亡的政府，以臨走時匆匆集合起來的兩營步兵，在哈馬爾附近設下了一個路障。德國人的汽車被迫停下來了，接著在一場小小的伏擊中，斯比勒受了致命的重傷。德軍在遭受到更多傷亡以後，一路退回奧斯陸去了。

次日，伯勞耶博士單槍匹馬從奧斯陸沿著原路去看國王。這個公使是一個舊派的職業外交家，他並不喜歡擔任這個角色，但里賓特洛甫硬逼著他去說服國王和政府投降。伯勞耶的困難任務由於奧斯陸剛剛發生的某些政治事件而變得更加複雜了。原來前一天晚上，在首都牢牢地落入德國人的手中之後，吉斯林就開始露面活躍起來，他闖入電臺，廣播了一個公告，任命自己是新政府的首腦，命令所有挪威人立即停止對德軍的抵抗。這個叛國的行爲反而使德國向挪威誘降的企圖歸於完全失敗，雖然伯勞耶並沒有領悟到這一點，而柏林方面從來不會甚至後來也沒有瞭解這一點。這看起來似乎很矛盾：挪威人民國恥當頭的時候，吉斯林的叛國反而激勵了原來嚇呆了的挪威人起來從事抵抗，這種抵抗後來發展得十分英勇和不可輕侮。

伯勞耶博士在四月十日下午三時在艾弗侖小鎮的一間小學校裡，會見了哈康七世（Hakkon VII）。哈康七世是二十世紀唯一由人民投票選舉登極的國王，也是五個世紀以來第一個屬於挪威自己的國王（挪威有四個世紀是丹麥的一部分，有一個世紀則屬於瑞典，到一九〇五年才與瑞典脫離聯邦關係，重新獲得完全的獨立。人民選舉丹麥的卡爾親王爲挪威國王，稱哈康七世。原來的哈康六世是早在一三八〇年死去的。哈康七世是一九四〇年四月九日早晨很快就投降德國人的丹麥國王克里斯蒂安十世的一個兄弟）。筆者後來與國王進行過一次談話，又閱讀了挪威的記錄和繳獲的德國外交部文件中伯勞耶博士的祕密報告，因此有可能在此追述一下當時的情況。國王十分勉強地同意在外交大臣哈爾夫丹·科特博士（Halvdan Koht）隨侍下接見德國公使。但是伯勞耶堅持先單獨謁見國王，取得科特同意之後國王終於應允了。

德國公使遵照訓令行事，對國王施行了諂媚和威脅並用的手法。他說，德國希望保持王朝，它所要求的只不過是哈康做他的哥哥前一天在哥本哈根做過的事情而已。對德國國防軍進行抵抗是愚蠢的，這只會造成對挪威人無益的屠殺。他要求國王批准吉斯林政府，回到奧斯陸去。哈康是一個正直的、有民主作風的人，即使在這危難的時刻，仍然嚴格遵守憲法程序。他企圖向這位德國外交官說明，在挪威，政治上的決定不是由國王來做的；這完全是政府的事情，因此他現在得要和政府商議。這時，科特參加了會談，結果商定：政府一經做出決定，就將用電話答覆返回奧斯陸途中的伯勞耶。

哈康雖然無權做出政治上的決定，但是肯定會起影響。對他來說，對德國人的答覆只能有一個。爲了防備德國人在伯勞耶走後再來一次奇襲而俘虜他，他退到艾弗侖附近紐伯格松村

（Nybergsund）的一家簡陋旅店裡，召集政府的成員，舉行了國務會議。他告訴他們：

……至於我，我不能接受德國人的要求。我來到這個國家近三十五年，作爲挪威的國王，我的責任並不容許我接受這些條件……我並不要求政府的決定受我這個聲明的影響，或者以它作爲基礎。但是……我不能任命吉斯林爲首相，一個爲我國人民……以及議會代表所完全不信任的人。

因此，如果政府決定接受德國人的要求——我充分理解主張接受的理由，因爲我考慮到迫在眉睫的戰爭危險，將使許許多多的挪威青年不得不犧牲自己的生命——如果這樣，遜位就是我的唯一道路。[41]

到了這時，政府中雖然也許有幾個人還在猶疑不決，但政府的勇氣並不比國王小，它馬上表示支持國王。到伯勞耶在返回奧斯陸的途中到達艾得斯伏爾德時，科特就用電話把挪威的答覆告訴他。這位德國公使立即打電話給奧斯陸的公使館，再從那裡急速轉告柏林。

國王不肯任命以吉斯林爲首的政府，這個決定是根據政府全體一致的意見。外交大臣科特在回答我特別提出的問題時說：「抵抗將盡可能繼續下去。」[42]

那天晚上，從附近鄉村一個電力微弱的小電臺——那是與外部世界保持聯繫的唯一工具——發出了挪威政府對強大的第三帝國的挑戰。它宣告挪威決定不接受德國的要求，並號召爲數只有三十萬的人民起來抵抗侵略。國王正式出面發出了這個呼籲。

但納粹征服者並不十分相信挪威人眞會說到做到。他們又做了兩次嘗試，企圖勸阻國王。四月十一日早晨，吉斯林的一個密使伊爾根斯（Kjeld Stub Irgens）上尉，前來勸說國王返回首都。他保證吉斯林一定會效忠國王。但國王以無言的輕蔑拒絕了他的建議。

下午，伯勞耶拍來了一份急電，要求再見國王，商談「某些建議」。這位被上面追得很緊的德國公使，接到里賓特洛甫的指示，要他告訴國王：他「想給挪威人民最後一次達成合理協議的機會」。在里賓特洛甫的祕密指示裡，有著進一步搞欺詐活動的不祥暗示。原來給伯勞耶的指示是要他設法在「奧斯陸和國王現在居住地點的中間」安排一次會見。「爲了顯而易見的理由，伯勞耶必須同法爾肯霍斯特將軍就這一措施做充分的討論，同時必須將雙方一致同意的地點通知後者。」負責用電話傳達里賓特洛甫指示的高斯（Friedrich Gaus）報告說：「伯勞耶先生清楚地瞭解這個指示的含意。」這不由得使人想到，假如國王參加會議，法爾肯霍斯特的部隊就會把他抓起來[43]。這一次，科特博士在請示國王以後回答說，如果德國公使有「一定的建議」，他可以用電報向外交大臣提出。

納粹在這樣一個現已陷於絕境的小國面前碰了一鼻子灰以後，馬上採取不脫強盜本色的還擊。德國人要想俘虜國王和政府人員的企圖既失敗在先，要想說服他們投降的嘗試又碰壁在後，於是現在就想一不做二不休地把他們殺掉了事。四月十一日很晚的時候，德國空軍奉命出動炸平紐伯格松村。納粹飛行員先用炸彈和燃燒彈炸毀該村，又用機槍掃射那些企圖從烈焰中逃生的人。德國人顯然以爲這樣一來，他們已經把國王和政府人員都殺光了。後來在挪威北部俘虜的一名德國空軍人員在四月十一日日記上有這樣的記載：「紐伯格松。奧斯陸政府。已被完全消滅。」

村子的確是消滅了，但國王和政府人員卻安然無恙。納粹飛機快來的時候，他們已經躲到附近的森林裡了。他們站在深可沒膝的雪地裡，看著德國空軍把這個小村莊裡那些簡樸的農舍夷爲平地。他們現在面臨著一個抉擇，是向附近的瑞典邊境轉移，到保持中立的瑞典去避難；還是向北退到本國境內依然積滿春雪的山區去。他們終於決定沿著崎嶇的古德伯蘭德斯山谷（Gudbrands）北上，經過哈馬爾和利勒哈默爾（Lilehanner），越過高山峻嶺到達西北海岸的安達斯奈斯（Andalsnes），這地方在特隆赫姆西南一百英里。沿途他們還可以把那些失散了的、茫然不知所措的軍隊組織起來，繼續抗戰。而且有一個希望，即英國軍隊可能會來援助他們。

爭奪挪威的幾次戰役

遠在北方納爾維克的英國海軍，對於德國突然佔領的反應是十分強烈的。海軍領導者邱吉爾承認，他們當初「根本沒有想到」德國人會有這一手。現在，至少在德國陸上基地的轟炸機航程難以到達的北方，英國海軍也得轉而採取攻勢了。四月十日清晨，在德國十艘驅逐艦佔領了納爾維克而讓狄特爾的部隊登陸以後二十四小時，五艘英國驅逐艦組成的艦隊開入納爾維克港，把當時港內的五艘德國驅逐艦擊沉了兩艘，擊傷其餘的三艘，並擊沉幾乎所有的德國貨船（一艘除外）。在這次行動中，德國的海軍司令邦迪海軍少將也被擊斃。但是英國艦隊離港以後，遭遇到在附近峽灣出來的其餘五艘德國驅逐艦。德國艦隊的火力比英國艦隊的火力強大一些，打沉了一艘英國驅逐艦，迫使另一艘擱淺，艦上的英國司令瓦爾伯頓－李（Bernard Warburton-Lee）上校受了致命重傷，此外，還擊傷了另外一艘。這樣五艘英國驅逐艦中有三艘設法退到了外洋，在撤退的途中，打沉了一艘滿載軍火駛向納爾維克港口的德國大貨輪。

四月十三日中午，英國派在第一次大戰時身經日德蘭半島之役而安然無恙的戰恨號（Warspite）率領一個驅逐艦隊，回到了納爾維克，把殘餘的德國軍艦都殲滅了。指揮官惠特沃思（W. J. Whitworth）海軍中將打無線電報給海軍部報告戰果，他極力主張，既然岸上的德國軍隊已經倉皇失措，土崩瓦解——狄特爾和他的人馬事實上已經逃到山上去了——馬上就應該「用主力登陸部隊」佔領納爾維克。不幸的是，英國陸軍指揮官麥克賽（P. J. Mackesy）少將是一個謹微的人，他第二天帶了三個步兵營的先遣部隊到達之後，決定不在納爾維克冒險登陸，而在納爾維克以北三十英里還留在挪威人手裡的哈爾斯塔（Harstad）登陸。這是一個代價很高的錯誤。

英國早已準備好要派一支小規模的遠征軍到挪威去，因此，他們行動這麼遲緩是毫無理由的。四月八日下午，英國海軍接到德國艦隊向挪威海岸調動的消息以後，又以一切船隻必須用於海軍作戰爲理由，急急忙忙地把那些已經上船準備佔領斯塔萬格、卑爾根、特隆赫姆和納爾維克的部隊打發下船。等到英國地面部隊重新登船時，那些港口已經陷入德軍手中了。等到他們到達挪威中部時，他們就像那些掩護他們的英國海軍艦隻一樣，命運已操在握有制空權的德國空軍之手了。

到了四月二十日，一個英國旅，在法國阿爾卑斯輕騎兵三個營的增援下，在特隆赫姆東北八十英里的小港納姆索斯（Namsos）登陸。另外一個旅則在特隆赫姆西南一百英里的安達斯奈斯登陸，這就形成了南北兩面夾攻特隆赫姆的形勢。可是，由於缺乏野戰炮、高射炮和空軍的支援，他們的基地日以繼夜地受到德國空軍的轟炸，補給品或增援部隊的繼續登陸也受到了妨礙，因此，這兩支部隊都沒有給特隆赫姆嚴重的威脅。在安達斯奈斯登陸的一個旅，在向東六十英里的鐵路交叉點頓巴斯（Dombas）同一支挪威部隊會合以後，放棄了向北進攻特隆赫姆的預定計畫，轉而向西南推進，到古德伯蘭德斯山谷去增援挪威軍隊了。那兒的挪威軍隊在盧格上校的有力指揮下，已經使德國主力從奧斯陸向山谷推進的速度減緩下來。

四月二十一日，在哈馬爾以北的利勒哈默爾，英德兩國部隊進行了第一次交戰。但這次戰鬥並不是勢均力敵的。載有英軍大炮的船隻已被擊沉，這一旅軍隊只得用步槍和機關槍同有大炮和輕型坦克裝備的強大德軍對抗。更糟糕的是，英國步兵沒有空軍支援，不斷地受到從附近挪威機場起飛的德國空軍的轟炸。經過二十四小時戰鬥以後，利勒哈默爾陷落了，英國和挪威軍隊開始了一百四十英里的退卻，從山谷鐵路沿線撤到安達斯奈斯，邊走邊停地打後衛戰，使德國人進展遲緩，但始終沒有能把他們阻擋住。四月三十日夜間，英國軍隊從安達斯奈斯撤退。五月二日，英法軍隊從納姆索斯撤退。這兩次撤退，就其本身來說，是一種了不起的成就，因爲這兩個港口已經由於德國不斷的轟炸成了一片火海。四月二十九日夜間，挪威國王和他的政府人員在莫爾德（Molde，莫爾德同安達斯奈斯只隔一個羅姆斯達爾斯峽灣〔Romsdalsfjord〕，這時也被德國空軍炸成瓦礫場）登上了英國巡洋艦格拉斯哥號（Glasgow），到納爾維克以北、北極圈上的特羅姆瑟（Tromsø），五月一日在該地建立了臨時首都。

這時挪威的南半部，包括一切城市和主要市鎮，都已無可挽救地失陷了。但挪威北部似乎還安全。五月二十八日，一支二萬五千人的盟軍，包括二旅挪威軍隊、一旅波蘭軍隊和兩營法國外籍軍團，把數量上大大處於劣勢的德國軍隊趕出了納爾維克。看來沒有理由可以懷疑，希特勒是既得不到鐵礦砂，也佔領不了整個挪威並使挪威政府投降。但是，在這個時候，德國軍隊已開始以驚人的力量進擊西線，盟軍需要以全部兵力堵塞這個漏洞。納爾維克終於放棄了，盟軍又急急忙忙地上了船。堅守在瑞典邊境附近荒野山區的狄特爾將軍，於六月八日重新佔領了這個港口，四天以後接受了英勇頑強的盧格上校的投降。他和他的軍隊覺得被英國在患難中遺棄而感到迷惑和憤懣。哈康國王和他的政府於六月七日從特羅姆瑟乘巡洋艦德文郡號去倫敦，在那裡過了五年辛酸的流亡生活。在柏林，狄特爾被擢升為少將，得到騎士十字勳章，被希特勒贊為納爾維克的征服者（吉斯林統治挪威的第一次嘗試並沒有維持多久。四月十五日，在他宣布自己為首相六天以後，德國人就把他一腳踢開，另外任命由六個挪威著名人士組成的行政委員會，其中有挪威路德教會的首腦人物埃溫·伯格拉夫主教〔Bishop Eivind Berggrav〕和最高法院院長保羅·伯格〔Paul Berg〕。這主要是伯格的主意，他是一個著名能幹的法學家，後來成為挪威抵抗運動的祕密首領。四月二十四日，希特勒又派一個暴戾的年輕納粹黨組織領袖約瑟夫·特波文〔Josef Terboven〕為挪威長官，他是佔領時期這個國家的實際統治者，統治的辦法愈來愈殘酷。一開始就反對吉斯林的伯勞耶在四月十七日奉召回國，退出了外交界並被派到西線去當兵。一九四二年，德國人恢復吉斯林的首相職位。但他還是十分不得民心；儘管他竭力討好他的德國主子，他並沒有握有權力。戰爭結束時，吉斯林以叛國罪受審。在經過一次徹底的審判以後，被判處死刑，於一九四五年十月二十四日執行。特波文不願被俘而自殺，挪威大小說家克努特·哈姆生〔Knut Hamsun〕因與德國人公開合作，為他們歌功頌德，以叛國罪被控；但由於他年高力衰，最後免予起訴。可是，他又因「從納粹的統治中獲得好處」的罪名被起訴而判罪，罰金六萬五千美元。他死於一九五二年二月十九日，享年九十三歲。法爾肯霍斯特將軍則被當作一個戰犯而被英國挪威混合軍事法庭起訴，罪名是將俘虜的盟軍突擊隊交給黨衛隊處決。他於一九四六年八月二日被宣判死刑，但後來又被減刑爲終身監禁）。

在挪威戰役中，希特勒儘管取得了驚人的勝利，但還是有他不好過的日子。在約德爾將軍的日記裡，充滿了有關這個統帥一再表現出神經緊張不安的簡短記述。四月十四日，在接到納爾維克德國海軍部隊全部覆沒的消息以後，他記述希特勒「非常激動」。四月十七日，希特勒對於納爾維克的失陷又發作了一陣歇斯底里；他要求把狄特爾將軍的部隊用空運撤出來，這是一件不可能的事情。約德爾那一天在日記裡寫道：「每一個壞消息都非常令人可怕。」兩天以後他又寫道：「危機重演。政治行動已經失敗了。伯勞耶公使被召回國。據元首的意思，必須運用武力……。」希特勒由於挪威的抵抗而大發雷霆，法爾肯霍斯特將軍無疑是受到了他的催迫，於是在四月十三日簽署一道命令，準備逮捕二十個最著名的奧斯陸公民作爲人質，其中包括柏格拉夫主教和保羅·伯格。用伯勞耶公使的話來說，如果挪威人「繼續抵抗或實行怠工，這些人將被槍決」[44]。四月十九日那天，在柏林總理府裡召開的會議上，大家情緒很憤懣，三軍首腦相互埋怨誤了軍機，甚至連專會奉迎拍馬的凱特爾也憤然退出會議室。「領導方面又有發生混亂的危險」，約德爾寫道。四月二十二日，他又補充說：「元首對於英國人的登陸愈來愈擔心。」

四月二十三日，由於德軍從奧斯陸向特隆赫姆和安達斯奈斯進展遲緩，「激動情緒越發增長」（這是用約德爾的話），但第二天情況有些好轉，從此以後就愈來愈令人樂觀了。到二十六日，希特勒精神奕奕，和他的軍事顧問舉行了通宵會議，到淩晨三點半鐘，他對他們說，他想在五月一日到七日開始實行「黃色方案」。所謂「黃色方案」是越過荷蘭和比利時而進攻西歐。希特勒雖然在四月二十九日仍然「爲特隆赫姆擔憂」，但第二天，他接到有一支戰鬥部隊已從奧斯陸趕到這個城市的消息，他又「高興起來了」。現在，他終於能夠再度把注意力放到西歐來了。五月一日，他下令在五月五日以前完成準備，要在西歐發動一場強大攻勢。

在挪威戰役中，德國國防軍的司令官們——戈林、布勞希契、哈爾德、凱特爾、約德爾、雷德爾等等——第一次看到他們兇神惡煞的領袖在戰鬥中碰到一點點挫折也會垂頭喪氣。在經過一系列驚人的勝利以後，當戰爭局勢逆轉的時候，他的這個弱點就越發顯著，而且有力地促成了第三帝國的最後崩潰。

不過不論人們看法如何，丹麥和挪威的迅速征服，仍然是希特勒的一個重大勝利，仍然是英國令人沮喪的失敗。它使德國得到冬季運輸鐵礦砂的道路，進一步保護通往波羅的海的進出口，使得大膽的德國海軍能夠打開一個缺口進入北大西洋，並爲它們的潛艇和海面艦隻在對英作戰中提供優良的港口設備。它還使希特勒的空軍基地與主要敵人之間縮短了幾百英里的距離。而最重要的恐怕是它大大地增加了第三帝國的軍事威望，相應地減低了西方盟國的軍事威望。納粹德國好像是不可戰勝的。奧地利、捷克斯洛伐克、波蘭，現在又加上丹麥和挪威，都很輕易地屈服於希特勒的武力威脅之下，而在丹麥和挪威事件中，甚至兩個西方大國的幫助也沒有起一點作用。正如一個著名的美國婦女所說，未來的潮流看來是屬於希特勒和納粹主義了。

希特勒的最近的征服，對於其餘的中立國家來說，也是一個令人膽寒的教訓。中立顯然已不再能夠提供什麼保護，讓那些民主小國在一個極權主義佔優勢的世界裡生存下去。芬蘭在不久以前剛剛明白了這一點，現在又輪到了挪威和丹麥。它們在還有充分時間的時候，在實際遭到侵略以前，竟然謝絕世界強國的友好援助，這種盲目態度只能責怪它們自己。邱吉爾在四月十一日對下院說：

我相信，這個事實將會得到其他國家的反覆思量，這些國家也許在明天，也許在一星期之後，也許在一個月之後，會發現自己已成為一個處心積慮制定出來的軍事計畫的受害者，遭到毀滅和奴役的命運[45]。

顯然，他心中指的是荷蘭和比利時。但是它們雖然有一個月的時限，卻並沒有開始做什麼思量。瑞典夾在佔領芬蘭和波羅的海諸國的俄國同佔領鄰邦丹麥和挪威的德國之間，經過再三思量之後，認為除了堅守它不穩定的中立和萬一遭到攻擊則奮起戰鬥以外，別無選擇。他們拒絕盟國部隊取道瑞典開往芬蘭，以此來討好蘇聯，而現在，在重重壓力之下，它又得去討好德國。瑞典雖然曾給芬蘭一批可觀的軍火，但當挪威被進攻的時候，它卻拒絕給挪威軍火，也不給它汽油。四月間，德國人屢次要求瑞典准許它的部隊過境到納爾維克去給狄特爾解圍，但在戰事結束以前，一直遭到拒絕，只有一列滿載醫療人員和藥品的火車曾被准予通過。六月十九日，由於害怕受到德國的直接進攻，瑞典只好向希特勒的壓力屈服，准許納粹軍隊和作戰物資通過瑞典鐵道到挪威去，但附有一個條件，就是來去的軍隊人數要相等，以免德國駐挪威的部隊會因此增加兵力。這對德國是大有幫助的。由於通過瑞典從陸路運輸生力軍和作戰物資，希特勒避免了它們在海上被英國擊沉的危險。在協定實施後的最初六個月中，在挪威的德軍大約有十四萬人換了防，同時德軍由於得到供應也大大加強了。後來，在德國向俄國進攻以前不久，瑞典允許納粹把整整一個全副武裝的師，從挪威經過瑞典開到芬蘭，以便進攻蘇聯。瑞典在一年前拒絕盟國的事，現在卻答應了納粹德國（要知道德國對瑞典施加壓力的詳細情況和希特勒同瑞典國王古斯塔夫五世〔Gustav V〕交換信件的內容，可參看《德國外交政策文件彙編》〔*Documents on German Foreign Policy*〕第九卷。筆者也在《斯堪地納維亞的挑戰》一書中比較詳細地談到這個問題）。

人們從希特勒用閃電方式征服斯堪地納維亞兩個國家的事件中，也可以在軍事方面得到一些教訓。最重要的是空軍的重要意義，尤其是當轟炸機和戰鬥機的陸上基地就在附近的時候，空軍對海軍所佔有的優勢。還有一個其重要意義不亞於這個教訓的老教訓是，勝利常常屬於膽大心狠、出奇制勝的一方。德國的海軍和空軍具有這兩個特點，而狄特爾在納爾維克則顯示了德國陸軍具有盟軍所缺少的機智謀略。

在斯堪地納維亞的冒險中，有一個軍事上的後果當時不能立即判定，這也許是因爲誰也不能看到遙遠的未來。在挪威的戰爭中，雙方人員的損失都有明確的數字。德國方面死一千三百一十七人，失蹤二千三百七十五人，負傷一千六百零四人，總共傷亡五千二百九十六人；挪威、法國和英國方面的傷亡約近五千人。英國損失航空母艦一艘、巡洋艦一艘和驅逐艦七艘，波蘭和法國則各損失驅逐艦一艘。德國海軍的損失比較嚴重得多：二十艘驅逐艦中損失了十艘，八艘巡洋艦中損失了三艘，主力巡洋艦沙恩霍斯特號（Scharnhorst）和格奈斯瑙號（Gneisenau）及袖珍戰艦盧佐夫號都負了重傷，結果幾個月都不能參加作戰。希特勒在即將到來的夏季戰役中，已經沒有值得一提的艦隊可以使用了。當不久之後入侵英國的時候到來時，這就成了一個不能克服的困難。

到了五月初，雖然丹麥、挪威已經列進他一長列征服名單中，希特勒和他的熱心的將軍們——將軍們去年秋天的疑懼情緒如今已一掃而光——也正爲他們確信將成爲最大征討的軍事行動進行最後準備，但希特勒絲毫也沒有考慮到德國海軍嚴重失去戰鬥力所可能造成的後果。

第二十一章　西線的勝利

一九四〇年五月十日，是一個風和日麗的春日，天剛破曉不久，駐柏林的比利時大使和荷蘭公使被召到外交部。他們得到里賓特洛甫的通知，德國部隊即將開入他們的國家，以保衛他們的中立，抵禦英法軍隊即將進行的進攻——這正是一個月以前對丹麥和挪威所提出的同一個站不住腳的藉口。德國發出的一份正式最後通牒，要求兩國政府不要進行任何抵抗。若有抵抗，一定會遭到粉碎，而流血的責任，「完全要由比利時王國和荷蘭王國的政府負責」。

在布魯塞爾和海牙，正如以前在哥本哈根和奧斯陸一樣，德國使節分別將同樣內容的電報送交各駐在國的外交部。十分有諷刺意義的是，在海牙遞交最後通牒的是德國公使齊希－布爾克斯羅達（Julius von Zech-Burkersroda）伯爵，此人正好就是德皇首相貝特曼－霍爾維格（Theobald von Bethmann-Hollweg）的女婿；一九一四年霍亨佐倫帝國破壞比利時的中立時，貝特曼－霍爾維格便把先前德國對比利時的保證叫作「一張廢紙」。

在布魯塞爾的外交部，當德國轟炸機在頭上呼嘯，炸彈在附近機場爆炸，把窗戶震得咯咯作響的時候，德國大使貝勞－許汪特踏進外交大臣的辦公室，正從自己的衣袋裡取出一張紙來。保羅－亨利·斯巴克阻止了他。

「我請你原諒，大使先生，讓我先說。」斯巴克一點也不打算壓住他的憤怒感情說：

德國軍隊剛剛進攻了我們的國家。德國對中立的、忠實的比利時進行罪惡的侵略，這在二十五年之中，已經是第二次了。目前發生的事情，較之一九一四年的侵略，也許甚至更加可惡。既沒有向比利時政府提出最後通牒，也沒有提出照會或任何抗議。比利時是透過進攻本身才知道德國已經違反了它自己承擔的義務……歷史將追究德國的責任。比利時已下定決心要保衛自己。

接著，這個爲難的德國外交官開始宣讀德國正式的最後通牒，但是斯巴克打斷了他的話。「把文件交給我，」他說：「我願意免掉你這個痛苦的任務。」[1]

第三帝國對於這兩個低地小國的中立曾做過無數次保證。比利時的獨立和中立，曾經在一八三九年得到歐洲五大強國「永久」保證，到一九一四年德國撕毀爲止，這個條約被遵守了七十五年。威瑪共和國曾答應絕不進攻比利時，希特勒在上臺以後也繼續重申過這個政策，並且也給了荷蘭同樣的保證。一九三七年一月三十日，這位納粹總理在廢除了羅加諾公約以後公開宣稱：「德國政府已經向比利時和荷蘭進一步保證，它願意承認和保證這兩國領土的不可侵犯和中立。」

比利時在一九一八年以後曾明智地放棄過中立。到了一九三六年，由於第三帝國的重新武裝和它在一九三六年春天重新佔領萊茵地區，比利時感到恐慌，又要用中立來保護自己了。一九三七年四月二十四日，英法兩國解除了它對羅加諾公約承擔的義務，同年十月十三日，德國也嚴正地肯定它自己的決心：「我們在任何情況下，都不會破壞比利時不可侵犯的領土完整，我們在任何時候都將尊重比利時的領土……如果比利時受到進攻，就準備給予援助……。」

從那一天起，在希特勒對於低地國家的嚴正公開保證與他對將領們的私下談話之中，就出現了一種我們現在已很熟悉的口是心非現象。一九三八年八月二十四日，他在談到他草擬的進攻捷克斯洛伐克「綠色方案」時說，如果佔領比利時和荷蘭，那對德國就「非常有利」，他並向軍方徵求意見：「在什麼條件下才可以完成佔領這個地區以及需要多長時間。」一九三九年四月二十八日，希特勒在答覆羅斯福時，再次強調他給予荷蘭和比利時「有約束力的聲明」。但是，我們前面談到，過了不到一個月，五月二十三日，元首卻對他的將領們說：「必須以閃電的速度……用武裝力量佔領荷蘭和比利時的空軍基地。無需考慮中立聲明。」

他當時雖然還沒有發動戰爭，但計畫已經準備好了。八月二十二日，在他開始進攻波蘭從而挑起戰爭的前一個星期，他和將領們商量了破壞荷蘭和比利時中立的「可能性」問題。他說：「英國和法國不會破壞這兩個國家的中立。」四天以後，八月二十六日，他命令駐在布魯塞爾和海牙的使節通知各駐在國政府，一旦爆發戰爭，「德國絕不會破壞比利時和荷蘭的不可侵犯性」。波蘭戰爭結束之後，他在十月六日又曾公開重申過這個保證。第二天，十月七日，布勞希契將軍在希特勒的推動下，指示他的各個集團軍司令：「做好準備立刻進攻荷蘭和比利時領土，如果政治形勢有此要求的話。」[2]

兩天以後，十月九日，希特勒在第六號指令中說：

做好……通過盧森堡、比利時和荷蘭發動進攻的準備。這次進攻必須盡可能迅速有力地進行……目標在於奪取荷蘭、比利時和法國北部的廣大地區[3]。

當然，比利時人和荷蘭人並不知道希特勒的祕密命令。但是，未來將會發生怎樣的事件，他們還是接到過一些警告。有一些警告，本書前章已經談到過：反納粹分子奧斯特上校曾於十一月五日向荷蘭和比利時駐柏林武官提出警告，德國將於十一月十二日開始進攻，這是當時預定的日期。十月底，另一個密謀分子戈德勒在威茲薩克的指使下到布魯塞爾去警告比利時人，德國的進攻已迫在眉睫。一九四〇年新年後不久的一月十日，一名攜帶希特勒西線進攻計畫的軍官在比利時緊急降落，這個計畫於是落到比利時人的手中（見上一章）。

這時，荷蘭和比利時參謀總部也已從邊境來的情報中得知，德國人正在他們的邊境集中大約五十個師的兵力。他們在德國首都還有一個不尋常的情報來源。這個「來源」就是荷蘭駐柏林的武官沙斯上校。沙斯是奧斯特上校的好友，經常在偏僻的齊侖道夫（Zehlendorf）郊區奧斯特家裡吃飯。戰爭爆發以後，由於燈火管制，這就更加方便了，燈火管制的掩護使當時在柏林不少德國人和外國人能夠進行各種隱祕活動而用不著擔心被人發現。沙斯早在十一月間就從奧斯特那裡得知德國定於十一月十二日發動進攻，奧斯特在一月間又向這位武官提出新的警告。但德國人的兩次進攻都沒有如期舉行，這就使海牙和布魯塞爾對沙斯情報的信賴多少有些減低。當時海牙和布魯塞爾自然都不知道，希特勒的確兩次安排了進攻的日期，只不過後來推遲了而已。但是，沙斯透過奧斯特得到另一個消息，在德國侵犯丹麥和挪威十天前準確地提出警告，這才恢復了他在國內的信譽。

五月三日，奧斯特直率地告訴沙斯，德國人將在五月十日開始通過荷蘭和比利時在西線發動進攻，這位陸軍武官立即通知了他的政府。第二天，海牙又從它駐梵蒂岡公使那裡得到情報證實這個消息。荷蘭人立刻就將這個消息告訴了比利時人。五月五日是星期天，這個星期一開始，我們在柏林的人就都清楚看出，對西線的攻擊在幾天之內就要開始了。首都的緊張氣氛日益增長。五月八日，我打電報給我的紐約辦事處，要求留一個我們的記者在阿姆斯特丹，而不要派他到挪威去，反正那裡的戰事已經結束了。當天晚上，軍方新聞檢察官允許我在廣播中暗示，西線即將開始有軍事行動，荷蘭和比利時也算在內。

五月九日晚上，奧斯特和沙斯在一起吃最後一次晚飯。這個德國軍官肯定地說，第二天拂曉向西線發動進攻的最後命令已經下達。奧斯特在晚飯後到班德勒街的最高統帥部去了一次，以便弄清楚是否會有最後一分鐘的變更。結果並沒有變更。「豬玀已經到西線去了」，奧斯特告訴沙斯。「豬玀」指的是希特勒。沙斯通知了比利時陸軍武官，隨即到自己的公使館，接通了海牙的電話。在這種時候適用的密碼早就安排好了。沙斯說了一些聽起來似乎極普通的話，把消息傳了過去：「明天拂曉。抓緊！」[4]

奇怪得很，西方兩大強國英國和法國，這時卻在睡大覺。它們的參謀總部不相信布魯塞爾和海牙傳來的警報。倫敦方面當時正忙於應付持續了三天的內閣危機。五月十日晚，邱吉爾接替張伯倫出任首相，這個危機才解除。一直等到德國轟炸機在頭上的咆哮聲和斯圖卡式俯衝轟炸機的刺耳尖叫聲衝破了春天黎明前的寧靜時，英法兩國的總部才得知德國的進攻。過了一會兒，天大亮了，又從荷蘭和比利時政府那裡收到拼命求救的呼籲，後者曾把盟國疏遠了八個月之久，而沒有同它們採取一致步調，進行共同的防禦措施。

儘管如此，盟國在比利時境內迎擊德國主力的計畫，在最初兩天進行得相當順利。一支強大的英法聯軍從法比邊境向東北方向推進，以便在布魯塞爾以東代爾（Dyle）和馬斯兩河沿岸的比利時主要防線上部署兵力。結果表明，這種部署恰好正是德國最高統帥部所求之不得的。這支龐大盟軍的迂迴運動，正好幫了它的大忙。雖然英法聯軍自己並不知道，但是他們正好迅速投入了陷阱，只要機關一動，就會遭到全軍覆沒之禍。

雙方的作戰計畫

自從一月間德國原來的進攻西線計畫落到比利時人的手中，並且正如德國人所懷疑的，也落入了英法的手中之後，這個計畫已經有了重大的變更。這個叫做「黃色方案」的行動計畫，是早在一九三九年秋天在希特勒的催逼下，由陸軍總司令部匆忙制訂出來，要在十一月中旬在西線發動進攻。它是否就是原先施利芬計畫（Schlieffen Plan，編按：一戰時德國所研擬的東西作戰計畫，東面為俄國，西面為法國）的修正翻版，這一點在軍事史學家和德國將軍們之中有很多爭論。哈爾德和古德里安就認為是這樣的。這個計畫要求把德國的主力放在右翼，通過比利時和法國北部，目標在於佔領英吉利海峽各港口。這個計畫要達到的目的比著名的施利芬計畫尚有一段距離。施利芬計畫在一九一四年功敗垂成，它的目的不僅要佔領英吉利海峽各港口，而且還要繼續進行一個大規模的迂迴運動，使德國的右翼軍隊通過比利時和法國北部，越過塞納河，在巴黎以南折向東方，形成一個包圍圈，殲滅法國的殘餘部隊。這樣做的目的是爲了迅速結束法國的武裝抵抗，使德國在一九一四年能把大部分軍事力量掉過頭來對付俄國。

但是，希特勒在一九三九至一九四〇年則無需爲俄國戰線操心。儘管如此，他的目標更加有限。至少在戰役的第一階段，他並不打算擊潰法軍，只求把它擊退，佔領英吉利海峽沿岸，從而切斷英國和它盟國的聯繫，同時取得海空軍基地，以便不斷騷擾和封鎖不列顛群島。從這個時期他對將領們長篇大論的講話中，可以明顯看出，他認爲英法遭到這樣的失敗以後將會向他求和，然後他就可以再把注意力轉到東方而無後顧之憂。

甚至在黃色方案的原來計畫落入敵方手中之前，盟軍最高統帥部就已料到這一著了。十一月十七日，盟國最高軍事會議在巴黎開會，通過了「D計畫」，這個計畫規定萬一德國取道比利時發動進攻，就要法國第一軍團和第九軍團與英國遠征軍馳往比利時，到達在代爾和馬斯兩河沿岸從安特衛普，經魯汶、那慕爾（Namur）和吉維特（Givet）到梅濟耶爾（Mézières）的主要防線。幾天之前，法國和英國的參謀總部在同比利時總司令部召開的一系列祕密會議中曾得到後者的保證：要加強這條戰線的防禦措施，並在這條戰線上大力抵抗。但比利時還迷戀著中立的幻想，仍舊希望也許可以不必捲入戰爭，因此不願採取更多的措施。英國的參謀長們認爲，德國一旦開始進攻，就來不及把盟軍調動得那麼遠。但他們在甘末林將軍的催促下，終於同意了「D計畫」。

十一月底，盟軍又增加了一項計畫，把亨利．季勞德（Henri Giraud）的第七軍團開到英吉利海峽沿岸，如果荷蘭受到進攻，就在安特衛普以北援助荷蘭。這樣一來，德軍企圖橫掃比利時——或者還有荷蘭——從側面進擊馬奇諾防線的打算，從戰事初期起就會遇到全部英國遠征軍、法軍主力、比利時二十個師和荷蘭十個師的抵抗，後來的事實證明，這是一支在人數上與德軍勢均力敵的軍隊。

為了避免這種正面的衝突，同時為了使急忙挺進到這麼遠的英法軍隊陷入圈套，西線倫德斯泰特率領的A集團軍參謀長曼施坦因將軍（Erich von Manstein）建議徹底改變黃色方案。曼施坦因是一個富有天才和謀略的軍階較低的參謀軍官，到了冬天的時候，他終於克服了布勞希契、哈爾德和其他將領的反對，把自己有膽識的主張上送達給希特勒。曼施坦因的建議是：德國的主要矛頭應放在中央，用龐大的裝甲部隊突破亞爾丁森林（Ardennes），然後在色當的北方跨過馬斯河，突入開曠地區，直趨海峽上的阿布維爾（Abbeville）。

希特勒向來喜歡大膽的甚至輕率的設想，因此他對這個計畫也甚感興趣。倫德施泰特之所以毫不猶疑地推薦這個計畫，不僅是因為他相信它，而且還因為如果執行這個計畫，他的A集團軍就可以在進攻時擔任主要任務。由於哈爾德個人討厭曼施坦因，以及在一些比曼施坦因軍階較高的將領們中存在著某種職業上的妒忌，曼施坦因在一月底被調去指揮一個步兵軍。儘管如此，他在二月十七日柏林招待一批新任軍長的宴會上，還是找到機會親自向希特勒陳述了自己打破正統的觀點。他認為，用一支裝甲部隊突破亞爾丁森林，一定可以出其不意地給盟軍沉重的打擊，因為他們的將領像大多數德國人一樣，很可能認為這個多山的森林地帶不適於使用坦克。德軍右翼進行佯攻，就可以使英法聯軍慌亂地馳赴比利時。然後，在色當突破法軍的陣地，再沿索姆河（Somme）北岸直趨英吉利海峽，這樣德軍就可以使大部分英法聯軍和比利時軍落入羅網。

正如包括約德爾在內的幾個將領所強調指出的，這是一個大膽的、不無危險的計畫。但現在已把自己看成是一個軍事天才的希特勒，眞的認為這就是他自己的主意，因此熱情愈來愈高。哈爾德起初把它看做瘋人的狂想，未予理會，現在也開始贊成它了，而且透過參謀總部軍官的幫助，對計畫作了很大的改進。一九四〇年二月二十四日，最高統帥部發布一道新的指令，正式採納這個計畫，並命令所有的將領在三月七日以前重新部署好自己的部隊。一九三九年十月二十九日重訂黃色方案時，曾取消佔領荷蘭的計畫；但在十一月十四日，由於空軍的要求，又把這個計畫恢復了。空軍需要荷蘭機場，用以對付英國，它願意給這次規模不大但又相當複雜的作戰行動提供一大批空運部隊。小國的命運往往就是根據這種考慮來決定的[5]。

這樣，在挪威戰役接近勝利結束，五月初天氣轉暖時，德國人部署了世界上從來沒有見過的強大兵力，在西線待命進攻。單從數量上來看，雙方勢均力敵——德國一百三十六個師，法、英、比、荷一百三十五個師。守方有著廣大的防禦工事這一有利條件：南方有難以超越的馬奇諾防線，中間有綿亙不斷的比利時要塞，北方有荷蘭的水上防線。即使在坦克的數量方面，盟軍也足與德軍匹敵。但他們並沒有像德軍一樣把坦克集中起來。同時由於比利時和荷蘭拘泥於恪守中立，他們沒有舉行聯合參謀會議，以致守方不能充分協調自己的計畫和力量。德國的有利條件則是：有一個統一的指揮部，操有進攻的主動權，對侵略行動沒有道德上的顧忌，上上下下信心十足，還有一個大膽的計畫。他們還有在波蘭作戰的經驗，他們在那裡的戰鬥中已經嘗試過自己的新戰術和新武器。他們知道俯衝轟炸機和大量使用坦克的價值。同時他們還知道，正如希特勒一直不斷指出的，法國人雖然會保衛自己的國土，但對未來的發展卻毫無信心。

德國最高統帥部雖然有信心也有決心，但正如祕密記錄所表明的，在即將發動進攻時，也曾經心驚膽戰過一陣——至少作為最高統帥的希特勒是這樣的。約德爾將軍在日記中曾記下了這一點。希特勒對於開始進攻的時刻，曾幾度做最後一分鐘的推遲。他在五月一日確定在五月五日發動進攻。五月三日他把它推遲到五月六日，這是由於天氣的關係，但也許有一部分原因在於外交部認爲他所提出的侵犯比利時和荷蘭中立的理由不很充分。五月四日他確定五月七日爲進攻日；次日又把它推遲到星期三，即五月八日。約德爾寫道：「元首已經決定了黃色方案的藉口。」比利時和荷蘭將被指責完全沒有遵守中立原則。約德爾的日記繼續寫道：

五月七日，元首的火車定於十六時三十八分離開芬肯克魯格（Finkenkrug）。但天氣情況還沒有弄清楚，因此進攻的命令取消了……元首對於再次延期甚感不安，因爲怕有人洩露風聲。比利時駐梵蒂岡公使與布魯塞爾方面進行的商談，引起了一種推測：有一個在四月二十九日離開柏林到羅馬去的德國人士，已經犯了叛國罪行……。

五月八日，從荷蘭傳來令人震驚的消息。那邊已取消休假、進行疏散、設置路障，並採取了其他動員措施……元首不願再等下去了。戈林要求至少推遲到十日……元首非常焦急不安；後來他終於同意推遲到五月十日，他說，這違反他的直覺。但是，不能再往下拖延了……。

五月九日，元首決定，一定要在五月十日發動進攻。十七時與元首同車離開芬肯克魯格。在得到十日天氣情況有利的報告以後，在二十一時發出代號「但澤」的命令。

希特勒由凱特爾、約德爾和最高統帥部其他人員陪同，於五月十日天剛破曉時，到達了明斯特艾弗爾（Münstereifel）附近、他稱之爲「鷹巢」的大本營。德軍在西面二十五英里之外的地方，正在越過比利時邊界長驅直入。在從北海到馬奇諾防線之間的一百七十五英里戰線上，納粹的部隊已突破了三個中立小國荷蘭、比利時和盧森堡的邊境，粗暴地違反了德國人曾經嚴正地一再做出的保證。

六星期戰爭：一九四〇年五月十日至六月二十五日

就荷蘭方面說，這只是一場五天的戰爭。至於比利時、法國以及英國遠征軍，也在這短促的期間決定了命運。就德國方面說，在戰略和戰術的執行上，一切都是按計畫行事的，甚至執行得比預定的計畫還要好。他們的成就超過了希特勒的最高希望。他的將領們都被自己勝利的閃電速度和程度弄得亂了章法。就盟軍的領袖們來說，他們被一點兒也沒有料到的事態發展弄得不知所措，在一片慌亂之中感到事態不可理解。

在戰鬥的第一天剛剛接任首相的邱吉爾本人也被弄得目瞪口呆。他在五月十五日早晨七點半鐘被巴黎的保羅・雷諾（Paul Reynaud）總理打來的電話叫醒了，雷諾用激動的聲音告訴他：「我們打敗了！我們打敗了！」邱吉爾不相信，偉大的法蘭西軍隊一週之間就打敗了？這是不可能的。他後來寫道：「我簡直弄不明白，運用大量快速裝甲部隊進行襲擊這種戰術在上次大戰以來會引起這樣劇烈的變革。」[6]

坦克，七個師的坦克，集中在西部防禦陣地最薄弱的一點上進行突破，這一仗就是這樣打的。用的是坦克、斯圖卡式俯衝轟炸機、傘兵和空降部隊，後者在盟軍防線後方或者在看來似乎固若金湯的堡壘頭頂上降落，造成了極大混亂。

但是，我們在柏林的人都很奇怪，盟軍領袖們怎麼會一點兒也沒有料到德國人會採取這樣的戰術。希特勒的部隊在波蘭戰役中不是已經顯示了這種戰術的效能了嗎？在波蘭，在一週之內包圍或殲滅波蘭部隊的大規模突破，就是先用斯圖卡式俯衝轟炸機削弱抵抗力，再集中裝甲兵力取得勝利。在波蘭，傘兵和空降部隊，即使用在規模極小的戰鬥中也沒有發揮多少作用，他們想完整地奪取一些主要橋樑也沒有成功。但是，在西線進擊的前一個月，他們在挪威獲得了巨大的成就，奪取了奧斯陸以及所有的機場，爲在斯塔萬格、卑爾根、特隆赫姆和納爾維克登陸的孤立小批部隊提供增援，從而使他們能夠堅持下去。盟軍司令官們難道沒有研究這些戰役，從中吸取教訓嗎？

征服荷蘭

德國人只能騰出一個裝甲師的兵力用於征服荷蘭的戰役。這次戰役主要是由傘兵和空運部隊降落到廣大的洪水防線後面而取得成功的。這些防線，柏林方面許多人士曾經認爲可以抵抗幾個星期。嚇得驚惶失措的荷蘭人所經歷的是戰爭史上第一次大規模空運部隊的進攻。他們對於這樣一種嚴峻的考驗事前毫無準備，對於這次襲擊也完全沒有料到，從這些情況看來，他們的表現比人們當時設想的要好一些。

德國人的第一個目標是以一支強大的部隊從天而降，在海牙附近的機場著陸，立即佔領首都，俘虜女王和政府人員，跟一個月前進攻挪威的計畫一樣。但是，在海牙，正如在奧斯陸一樣，這個計畫失敗了，雖然原因有所不同。荷蘭的步兵從初期的驚惶和混亂中清醒過來，到五月十日晚上，在炮兵的配合下，終於能夠把德國兩團之眾的軍隊驅逐出海牙周圍的三個機場。這樣就暫時挽救了首都和政府，但卻使後備部隊牽制住，不能調到其他迫切需要的地方去。

德國計畫的關鍵在於用空運部隊奪取鹿特丹南方的新馬斯河（Niuewe Mass）上和東南方馬斯河在多德雷赫特（Dordrecht）和莫爾狄克（Mördijk）兩處出海口上的幾座橋樑。庫希勒將軍的第十八軍團從大約一百英里之外的德國邊境向前推進，希望通過這些橋樑攻入設防的「荷蘭要塞」。荷蘭要塞包括海牙、阿姆斯特丹、烏德勒支、鹿特丹和萊頓（Leyden）在內，設有重重水道防線，如不通過這些重要橋樑，是不可能輕易迅速地奪取這個「要塞」。

五月十日清晨，空運部隊（包括從舊式水上飛機降落在鹿特丹河上的一個連），在那些冷不及防的荷蘭守軍還來不及炸毀以前，就奪下了這些橋樑。臨時拼湊起來的荷蘭部隊曾奮不顧身地企圖擊退德軍，他們眼看就要成功了。但是德國人竭力撐持到五月十二日早晨，這時，庫希勒的一個裝甲師，在突破了格萊伯－皮爾（Grebbe-Peel）防線以後趕到這裡。格萊伯－皮爾防線是荷蘭東部一條用許多條水道所加固的陣地，荷蘭人原來希望在這條戰線上固守幾天。

再一個希望是：法國季勞德將軍的第七軍團可能會把德國人阻止在莫爾狄克的橋頭。第七軍團正從英吉利海峽兼程前進，五月十一日下午抵達提爾堡（Tilburg）。但是這支法軍，也像被圍困的荷蘭人一樣，沒有空軍支援，缺少裝甲車、反坦克炮和高射炮，一下子就被擊退到布雷達（Breda）去了。這就給德國第九裝甲師讓開一條通道，使他們得以通過莫爾狄克和多德雷赫特的橋樑，在五月十二日下午進抵鹿特丹對面的新馬斯河南岸。鹿特丹那裡的橋樑，還一直掌握在德國空降部隊的手裡。

但是，坦克通不過鹿特丹那些橋樑。原來荷蘭人這時已經封鎖了橋樑的北端。五月十四日清晨，荷蘭人的情況非常危急，但還沒有絕望。荷蘭要塞還沒有被突破。海牙周圍的德國強大空降部隊，不是被俘就是潰散到附近村莊裡去了。鹿特丹還未失守。德軍最高統帥部急於想從荷蘭撤出裝甲師和支援部隊，以便利用剛在南方法國那裡出現的新機會，他們對於這種情況並不感到如意。因此，希特勒在十四日早晨發出第十一號指令：「荷蘭軍隊的抵抗力已經證明比預料爲強，由於軍事上和政治上的考慮，必須迅速粉碎這種抵抗。」辦法何在？他命令從比利時前線的第六軍團調來一些空軍部隊，「以便加速奪取荷蘭要塞」[7]。

他和戈林發布特別命令，猛炸鹿特丹。荷蘭人嘗到了納粹的恐怖滋味後一定會被迫投降的。去年秋天圍攻華沙時使用的就是這個法寶。

五月十四日早晨，德國第三十九軍一個參謀軍官，打著一面白旗跨過鹿特丹橋，要求該市投降。他警告說，如不投降，就要遭到轟炸。當投降談判還在進行的時候——一名荷蘭軍官到了離橋不遠的德軍司令部討論詳細條款並且正把德軍條件帶回來的時候，轟炸機就出現了，炸平了這個大城市的中心。大約八百人死於非命，幾乎全是平民，幾千人受傷，七萬八千人無家可歸（根據最初的報告——長期以來人們都信以爲眞，荷蘭死亡人數在兩萬五千到三萬，《大英百科全書》一九五三年版用的是這個數字。但在紐倫堡審判時，荷蘭政府提出的數字是八百一十四人死亡[8]）。這種背信棄義的舉動，這種蓄意的殘暴行爲，荷蘭人是不會忘懷的，雖然在紐倫堡審判中，負責空軍的戈林和凱塞林（Albert Kesselring）都辯稱，鹿特丹在荷蘭人堅守之下，是有防禦能力的城市。他們兩人都否認，當他們派遣轟炸機隊的時候，他們已經知道投降談判正在進行，雖然在德軍的檔案中，有充分的證據證明他們是知情的。紐倫堡並沒有對這次轟炸鹿特丹的行動判罪[9]。總之，德軍最高統帥部當時並未加以辯解。筆者就曾在五月十四日晚上柏林電臺上聽到過最高統帥部的特別公報：

> 在德國俯衝轟炸機的攻擊和德國坦克即將進攻的巨大壓力下，鹿特丹市已經投降，從而使該市免於被毀。

鹿特丹投降了，接著就是荷蘭武裝部隊的投降。威廉明娜女王（Queen Wilhelmina）和政府成員乘坐兩艘英國驅逐艦逃往倫敦。五月十四日黃昏時分，荷蘭武裝部隊總司令溫克爾曼（Henri Gerald Winkelmann）將軍命令他的部隊放下武器，次日上午十一時，他簽署了正式降書。只五天的工夫，就一切都結束了。但是結束的只是戰鬥。此後五年，野蠻的德國恐怖統治黑夜將一直籠罩著這個慘遭浩劫的文明小國。

比利時的陷落和英法聯軍落入陷阱

荷蘭既已投降，比利時和法國以及英國遠征軍的命運也就決定了。五月十四日，離發動進攻雖然還只有五天，這一天卻是決定命運的一天。前一天的晚上，德軍奪取了迪南特（Diant）到色當之間峻峭、林木繁茂的馬斯河對岸的四個橋頭堡，並且進佔了色當。這是一八七〇年拿破崙三世向毛奇投降的場所，也是結束法蘭西第二帝國的地方。這樣，盟軍防線的中央部分和英法兩軍的重要樞紐地點就受到了嚴重的威脅，精銳部隊無法迅速轉移到比利時。

次日，五月十四日，大規模的襲擊開始了。五月十日，一支在數量、集中程度、機動性和打擊力量等方面都是空前未有的坦克部隊，由德國邊境通過亞爾丁森林出發，其隊伍之長，即使分了三路縱隊還延展到萊茵河後面一百英里。現在它突破了法國第九軍團和第二軍團的防線，迅速地向在比利時盟軍背後的英吉利海峽推進。這是一股令人膽寒的巨大力量。一批又一批的斯圖卡式俯衝轟炸機首先削弱了法軍的防禦陣地；大批的戰鬥工兵布置橡皮船下水，架搭浮橋，準備渡河；接著就是配備有自動推進炮的裝甲師，每個裝甲師都有一個摩托化步兵旅；裝甲師後面緊跟著摩托化步兵師，佔領坦克開闢出來的陣地。這個強硬熾熱的勁旅，不是驚惶失措的守軍手中任何武器所能阻擋得住的。

在馬斯河上迪南特的兩側，法軍被赫爾曼·霍斯（Hermann Hoth）將軍的第十五裝甲軍擊敗了。這個軍的兩個坦克師之中，有一個坦克師是由一個名叫埃爾溫·隆美爾（Erwin Rommel）的年輕大膽的準將指揮的。在河的南面的蒙提梅（Montherme），格奧爾格—漢斯·萊因哈特（Georg-Hans Reinhardt）將軍的兩個坦克師組成的第四十一裝甲軍，也採取同樣戰術。

但是，法軍受到的打擊以在色當四郊最爲沉重，這對他們來說，眞是一個悲慘的記憶。五月十四日晨，古德里安將軍第十九裝甲軍的兩個坦克師，埃瓦爾德·馮·克萊施特（Ewald Christian von Kleist）將軍的裝甲部隊由萊因哈特和古德里安的兩個裝甲軍編成，它們擁有五個坦克師和三個摩托化步兵師。一蹦而過當晚才在馬斯河上匆促地搭起來的浮橋，向西挺進。法國軍隊和英國轟炸機雖然拼命企圖炸毀這座橋樑，但是，皇家空軍七十一架轟炸機在一次攻擊中就給打落了四十架，大部分都是給高射炮火擊落的，法國坦克則被擊毀了七十輛，結果並沒有炸毀這座橋樑。到了傍晚時分，德軍在色當的橋頭堡已經擴展到三十英里寬、十五英里深，防守在盟軍中央防線上的法軍已被擊潰了。沒有被圍和被俘的隊伍在倉皇後撤。北部的英法聯軍和比利時的二十二個師，都已陷於被截斷後路的極端危險境地。

最初兩天盟軍打得還相當順利，至少他們是這樣想的。在懷著新的熱情投入首相新職務的邱吉爾看來，「直到十二日晚上（他後來寫道），還沒有什麼理由認爲戰爭進行得不好」[10]。盟軍最高統帥甘末林對於當時的情況十分樂觀。前一天晚上，法軍的大部精銳部隊第一、第七和第九軍團與英國遠征軍哥特勳爵（John S. S. P. Vereker, 6th Viscount Gort）指揮下的九個師，根據預定計畫，已與比利時部隊會合。他們沿代爾河設置了一條堅固的防線：從安特衛普經過魯汶到瓦弗爾（Wavre），然後跨過讓布盧缺口（Gembloux）到那慕爾，再沿著馬斯河向南到達色當。在比利時堅強的那慕爾要塞和安特衛普之間，在短短六十英里的戰線上，盟軍的數量實際上已超過來犯的德軍，約爲三十六個師對賴歇瑙（Walter von Reichenau）第六軍團的二十個師。

比利時軍隊雖然在他們的東北邊境沿線上打得不壞，但並沒有支撐得像預期的那麼長久，更沒有像一九一四年那麼長久。他們也像在他們北面的荷蘭人一樣，無法對付德國國防軍的嶄新戰術。德國人在這裡，也如在荷蘭一樣，大膽地使用了特戰部隊，他們在黎明時由滑翔機上悄悄地著陸，去奪取重要的橋樑。在馬斯垂克（Maastricht）後面的艾伯特運河（Albert Canal）上有三座橋樑，他們制服了其中兩座橋的守軍，後者連扳動電鈕炸掉橋樑都沒有來得及。

他們在奪取艾本·艾美爾要塞（Fort Eben Emael）一役中，甚至取得了更大的成就。這個要塞控制著馬斯河和艾伯特運河的交叉點。盟軍和德軍雙方都認爲這一個現代化的、具有戰略地位的要塞是歐洲最難攻克的工事，它比法國在馬奇諾防線或德國在西壁防線建築的任何工事都更爲堅固。它是由一系列深入地下的鋼筋混凝土交通壕所構成，它的炮塔有厚甲板保護，共有一千兩百個人駐守。原來預計它可以無限期地抵抗住威力最大的炸彈和炮彈連續不斷地轟擊，但是卻在三十小時之內就落入由一名上士指揮的八十名德國士兵之手了。他們乘坐九架滑翔機，降落在工事的頂部，結果只有六人死亡，十九人受傷。我記得，柏林的德國最高統帥部曾給這場戰鬥蒙上一層十分神祕的色彩，他們在五月十一日晚發表特別公報宣稱，艾馬爾要塞已經被「一種新式進攻方法」攻克了。這個聲明引起了不少謠傳，戈培爾博士也樂於乘機到處散布，說什麼德國發明了一種非常厲害的新的「祕密武器」，可能是一種能夠使防守的人暫時麻痺的神經毒氣。

其實，實際情況卻要平凡得多。德國人以他們一貫的縝密作風，在一九三九至一九四〇年間的冬天，在希爾德斯海姆（Hildesheim）建築了艾伯特運河的橋樑和要塞的複製品，訓練了大約四百名滑翔部隊，教他們怎樣攻取。有三個小組負責攻打三座橋樑，第四小組去攻打艾馬爾要塞。這第四小組的八十個人後來在要塞的頂上著陸，把一個特製的「空心」彈安放在裝甲的炮塔裡，這不僅使炮塔失去作戰能力，並且使下面屋內滿布火焰和瓦斯。在炮門和瞭望口還使用了手提的火焰噴射器。一小時之內，德國人就進入了要塞的上層，使這個巨大要塞的所有輕炮和重炮都失去了作用，使它的瞭望臺煙霧密佈。要塞後面的比利時步兵無法打退這一小隊進攻者，自己反而被斯圖卡式轟炸機和增援的傘兵打退了。五月十一日早晨，跨過北方兩座完好橋樑疾馳而來的裝甲兵先頭部隊到達要塞，包圍了它。經過斯圖卡的繼續轟炸和地道白刃戰之後，到中午時分，一面白旗扯起了，一千兩百名驚惶失措的比利時守軍魚貫走出要塞投降[11]。

這次的奇襲成功、奪取橋樑，以及賴歇瑙將軍第六軍團的猛烈攻勢（由霍普納〔Erich Hoepner〕將軍麾下兩個坦克師、一個機械化步兵師編成的第十六裝甲軍支援），使盟軍最高統帥部深信，這次戰役跟一九一四年一樣，德軍攻勢的主要鋒芒是在右翼；他們也認爲爲了制止這個進攻，他們已經採取了適當的措施。結果，直到五月十五日晚上，比利時、英國和法國的部隊還堅守在從安特衛普到那慕爾的代爾河防線上。

這恰恰是德軍最高統帥部所求之不得的事。因爲這樣一來，就可以實現曼施坦因計畫，而在中路進行沉重的打擊。陸軍參謀總長哈爾德將軍，在五月十三日晚上，就已經清楚看到這種形勢以及他的機會了。他在日記裡寫道：

我們可以指望二十四個師左右的英法軍隊和十五個師的比利時軍隊，在那慕爾以北完成集中。爲了應付這種局面，我們的第六軍團在前線有十五個師，還有六個師的後備軍……我們有足夠的力量擊退敵人的任何進攻。用不著配備更多的部隊。在那慕爾以南，敵人的力量較弱，大約只有我們兵力的一半，對馬斯河進攻的結果，將決定我們是不是能夠利用這種優勢，在什麼時候利用以及在什麼地方利用。在這條戰線的後面，敵人並沒有一支值得一提的兵力。

在這條次日就被攻破的戰線後面，眞的沒有一支值得一提的兵力嗎？

五月十六日，邱吉爾首相飛往巴黎去探明這一點。下午，當他驅車到法國政府辦公處訪問雷諾總理和甘末林將軍的時候，德國的先頭部隊已經抵達色當以西六十英里的地方，在毫無防禦的平地上馳騁前進。在他們和巴黎之間，也可以說在他們與英吉利海峽之間，並沒有多少障礙。但是邱吉爾卻不知道這種情況。「戰略後備部隊在哪裡？」他問甘末林，還插進一句法語：「什麼地方有大量的人力？」盟軍總司令甘末林向他搖了搖頭，聳了聳肩回答說：「沒有！」（戰後，甘末林說，他的回答並不是「沒有」，而是「不再有了」。見一九四九年十一月二十一日巴黎出版的《震旦報》〔*L'Aurore*〕）。

「我奇怪得說不出話來」，邱吉爾後來追述道。從來沒有聽說過，一支大軍在受到攻擊的時候會不留些後備部隊的。「我承認，」邱吉爾說：「這是我一生中所碰到的最令我吃驚的事之一。」[12]

德國最高統帥部也同樣感到吃驚，至少對於希特勒和最高統帥部的將軍們來說是如此，也許哈爾德是例外。這次西線戰役是元首親自指揮的，他曾有過兩次遲疑不決，拿不定主意。第一次是五月十七日，他忽然神經極度緊張起來。那天早上，帶著他的裝甲軍到英吉利海峽去已經走了三分之一路程的古德里安，奉令停止前進。因爲空軍發來情報說，法國人即將大舉反攻，企圖截斷從色當切入向西前進力量薄弱的德國裝甲部隊。希特勒急忙同他的陸軍總司令布勞希契和哈爾德會商。他肯定地認爲南面會出現法軍的嚴重威脅。突破馬斯河的主力、A集團軍司令倫德施泰特，在那天晚些時候會見他時支持他這種看法。倫德施泰特說，他估計「強大的法軍會從凡爾登（Verdun）和馬恩河畔沙隆地區（Châlons-sur-Marne）發動一次出人意料的有力反攻」。希特勒忽然擔心起來，生怕出現第二次馬恩河事件。「我正在注意這件事，」第二天他寫信給墨索里尼說：「一九一四年馬恩的奇蹟絕不能重演！[13]」五月十七日晚上，哈爾德在日記裡寫道：

一個非常不愉快的日子。元首神經緊張透了。他擔心自己能否取得成功，不願冒什麼險，堅決抑制我們。他爲自己辯解說，這都是由於他擔心左翼……他帶來的只是惶恐和懷疑。

儘管第二天法軍崩潰的消息不斷傳來，這個納粹統帥的神經緊張情況並沒有什麼好轉。哈爾德在五月十八日的日記中記錄了這種神經緊張的情況：

元首對於南翼有一種莫名其妙的焦慮，他大發雷霆，叫喊著說，我們會使整個行動毀掉，我們有遭到失敗的危險。他不願繼續西進，更不必說西南方面，只是堅持向西北推進。這就是以元首爲一方、布勞希契和我爲另一方之間所發生的最不愉快的爭論。

最高統帥部的約德爾將軍總是認爲元首是對的，他也記錄了最高領導間的分歧。他在十八日寫道：

極度緊張的一日。陸軍總司令（布勞希契）沒有打算盡快在南方建立一個新側翼陣地……把布勞希契和哈爾德立刻召來，嚴命他們立即採取必要的措施。

但哈爾德是對的：法國並沒有可以從南方進行反攻的部隊。這時裝甲師正等得手癢難耐，一接到只許進行「大規模偵察」的命令，便不管三七二十一，向英吉利海峽推進。一支由七個裝甲師組成的強大鉗形隊伍，無情地在索姆河北岸向西挺進，經過第一次大戰的著名戰場，於五月十九日早晨進抵離英吉利海峽只有五十英里的地方。使希特勒總部驚訝的是，第二裝甲師已於五月二十日晚上到達索姆河口的阿布維爾了。比利時軍隊、英國遠征軍和法國的三個軍團已經陷入了重圍。約德爾那天晚上在日記上寫道：

> 元首高興得忘乎所以。他對德軍和它的領導倍加讚揚。他已在準備和約，主要內容爲：歸還最近四百年來從德國人民手中奪去的領土和其他有價值的東西……。
>
> 一份特別的備忘錄已存入檔案中，內容記錄著當元首接到陸軍總司令攻下阿布維爾的電話報告時激動得語不成聲的話。

盟軍從這個後果不堪設想的包圍圈逃出來的唯一希望在於，在比利時的軍隊立即轉向西南，擺脫正在向自己進攻的德國第六軍團，突破那伸入法國北部到達海邊的德國鉗形裝甲部隊，殺出一條血路，從而與從索姆河向北推進的法國生力軍會合。這實際上正是甘末林將軍在五月十九日晨下達的命令。但是那天晚上，馬克西姆·魏剛（Maxime Weygand）將軍接替了他的職務，立即取消了這道命令。魏剛在第一次世界大戰時，曾在軍事上獲得很高的聲譽。他希望同比利時的盟軍指揮官進行會商之後再決定採取行動。結果，等到魏剛決定採取與他的前任完全相同的計畫時，三天的時間已經錯過了。這樣延誤時機花費了巨大的代價。此時法國、英國和比利時還有四十個具有作戰經驗的師在北部，如果他們遵照甘末林的命令，於五月十九日向南突進，衝過兵力薄弱的德國裝甲部隊防線，突圍可能已經成功了。但是到他們轉移的時候，盟國各指揮部之間的交通陷於一片混亂，各軍在遭到壓力之下，行動也亂成一團。總之，魏剛將軍的計畫只存在於他自己的心中；實際上法國部隊並沒有從索姆河北上。

同時，德軍最高統帥部已把所有能用得上的步兵都投入戰鬥，以鞏固並擴大裝甲部隊突破的缺口。五月二十四日，從阿布維爾向英吉利海峽推進的古德里安坦克部隊，分別攻佔布隆（Boulogne），包圍加萊（Calais）這兩個主要港口，並進抵格拉夫林（Gravelines），這個地方在離開敦克爾克（Dunkirk）約二十英里的海岸上。比利時戰線已經向西南轉移了，因為盟軍試圖在那裡脫身出來。二十四日，英國、法國和比利時在北部的軍隊被迫退到一個很小的三角形地帶，這個三角形的底部在從格拉夫林到特納森（Terneuzen）的英吉利海峽沿岸，頂端在距海岸約七十英里的瓦倫西納（Valenciennes）。現在突圍的希望已經沒有了。唯一的希望——這看來是微乎其微的——就是由敦克爾克從海上撤退。

五月二十四日，德國裝甲部隊已經望見敦克爾克，並且沿阿運河（Aa Canal）在格拉夫林和聖奧美爾（Saint Omer）之間擺好陣勢，準備投入最後廝殺。正在這個時候，接到一個奇怪的命令，要他們停止前進，這對於在戰場上的士兵來說是費解的。這是第二次大戰中德軍最高統帥部犯的第一個大錯誤。在誰應負責和究竟為什麼原因的問題上，不僅在德國將領們之間，而且在軍事歷史學家們之間，都曾引起劇烈的爭論。關於這個問題，我們在後邊將根據目前擁有的大量資料談到。這道停止進攻的命令，不論是根據什麼理由發出的，都給盟軍，尤其是英軍，一個意外的喘息機會，導致了敦克爾克的奇蹟。但比利時軍隊並沒有因此獲救。

利奧波德國王的投降

比利時國王利奧波德三世於五月二十八日清晨投降。這位剛愎自用的年輕統治者，曾經使自己的國家退出同英法的聯盟，採取愚蠢的中立，甚至當他獲悉德國準備越過自己邊界大舉進攻的時候，還拒絕恢復聯盟的關係；直到希特勒進攻以後，他才在最後一分鐘向英法呼籲軍事援助，並接受了援助。現在他又在絕望的時刻，拋棄了英法，打開了大門，讓德國軍隊在已經受很大壓力的英法部隊側翼長驅直入。再說，他這樣做的時候，正如邱吉爾六月四日在下院所說：「事先未經協商，臨時才片面通知，也沒有和他的大臣們商量，只憑他個人自作主張。」

實際上，他是不顧政府的一致勸告這麼做的，雖然他曾經按照憲法宣誓要聽從政府的意見。五月二十五日上午五時，在國王的大本營裡，舉行了一次國王和包括首相、外交大臣在內三個閣員的攤牌會議。他們最後一次勸告國王自己不要投降，做德國人的俘虜，因為他如果這麼做，「就會落到像布拉格的哈查（Emil Hacha）那樣的地位」。他們還提醒他，他不但是總司令，還是國家的元首，萬不得已時，他可以像荷蘭女王和挪威國王那樣，在流亡中執行國王職務，直到盟國取得最後勝利。

「我已決定留下來，」利奧波德回答：「盟國的事業已經沒有指望了。」[14]

五月二十七日下午五時，他派遣比利時參謀總部的副參謀長德羅騷將軍到德軍那裡，要求休戰。十時，這位將軍帶回德軍的條件：「元首要求無條件放下武器。」晚上十一時，國王決定無條件投降，並建議於清晨四時停止戰鬥，結果就在那時候停止了戰鬥。

法國總理雷諾發表了一篇言詞激烈的廣播，憤怒譴責利奧波德的投降。比利時首相皮埃洛特（Hubert Pierlot）也在巴黎做了廣播，不過語氣比較得體一些，他對比利時人民說，國王的行動違反政府的一致意見，他這樣做是自絕於人民，他已不可能繼續執政，比利時流亡政府將繼續奮鬥。五月二十八日，邱吉爾在下院發言的時候，對利奧波德的行動未加判斷，但在六月四日也同大家一起批評他的不當。

直到戰爭結束以後很久，爭論還是很激烈的。在比利時國內外，替利奧波德辯護的人爲數都很多，他們相信他在與比利時軍民患難與共這一點上，做了一件正確而光榮的事情。他們一再聲稱，他並不是作爲國家的元首而是作爲比利時軍隊的總司令投降的。

到五月二十七日，被打得焦頭爛額的比利時軍隊已經陷於絕境，這一點是無可爭辯的。他們爲了使英法軍隊可以脫身向南突圍，曾英勇地同意延長自己的戰線。比利時軍隊雖頑強奮戰，但是所延長的戰線還是迅速崩潰了。利奧波德也沒有得悉關於哥特勳爵的消息，他在五月二十六日已經接到倫敦的命令，準備向敦克爾克撤退並盡量挽救英國遠征軍。這是一方面的論點，但另一方面也有他們的論據。他們說，比利時軍隊是由盟軍統一指揮的，而利奧波德進行單獨媾和，事先並沒有與盟軍協商過。有人替他辯護時指出：在五月二十七日中午十二時半，他曾打電報告訴哥特，他馬上就「得被迫投降，以避免崩潰」。但是這位英軍司令官正忙得不可開交，而且時常在移動，因此沒有接到這個電報。他後來證實他是在五月二十七日晚上十一時以後不久才聽到投降的消息，發現自己「在伊普萊斯（Ypres）和大海之間突然面臨一個二十英里寬的缺口，敵人的裝甲部隊可以通過這裡到達海濱」[15]。至於國王的上級軍事指揮官魏剛將軍，則是在下午六時以後從法國駐比利時大本營聯絡官發來的電報中得到這個消息的。他後來說，這個消息對於他「像晴天霹靂，事先一點兒也不知道」16。

最後，利奧波德雖然身爲武裝部隊的總司令，但在這個立憲民主的王國，應該有義務接受政府的意見。他不論作爲總司令或作爲國家元首，都無權擅自投降。最後還是比利時人民通過了對自己君主的判決，他們這樣做是正確的，那就是一直沒有請他回來復位。他在戰爭結尾時在瑞士避難，戰爭結束後過了五年，一九五〇年七月二十日舉行公民投票，百分之五十七的票贊成他回來，這在群眾中還引起了十分激烈的反應，幾乎引發內戰。他於是立即讓位給他的兒子。

不論對利奧波德的行爲有怎樣的評價，對於他軍隊的英勇戰鬥卻是不應該有什麼不同意見的——雖然也曾經有過不同意見。不同的意見來自亞倫·布魯克（Alan brooke）將軍等人。布魯克曾經指揮英國第二軍，後來成爲帝國參謀總長、陸軍元帥亞倫布魯克勳爵（參看亞瑟·布萊恩〔Arthur Bryant〕爵士根據布魯克的日記所寫的《形勢的轉變》〔*The Turn of The Tide*〕）。五月間，我曾有幾天跟隨賴歇瑙的第六軍團經過比利時，我親自看到比利時人在敵我力量極爲懸殊的條件下頑強作戰。在德國空軍殘酷無情、肆無忌憚的轟炸下，或者當德國裝甲部隊企圖截斷他們的時候，他們從來沒有屈服過。對於這次戰役中其他一些盟國部隊，就不能這麼說了。比利時軍隊堅持了十八天，如果他們沒有同英國遠征軍和法國的北部軍隊一起陷入重圍，他們本來是可以支持得更久的，何況陷入重圍並不是他們的過失。

敦克爾克的奇蹟

自從五月二十日古德里安的坦克部隊突破盟軍防線進抵海邊的阿布維爾以後，英國海軍部就根據邱吉爾親自下的命令調集船隻，爲英國遠征軍和其他盟國軍隊可能撤出海峽上的各處港口做準備。非戰鬥人員和其他「用不著的人」立即開始渡過這個狹窄的海面前往英國。到五月二十四日，我們上面已經談到，北面的比利時前線已接近崩潰，在南方，從阿布維爾沿海岸向北猛撲的德國裝甲部隊，在攻克布隆包圍加萊以後，已經到達距離敦克爾克只有二十英里的阿運河。比利時軍隊、英國遠征軍九個師和法國第一軍團的十個師都被夾在中間了。雖然在包圍圈南端，運河、溝渠和氾濫地區縱橫交錯，地形不利於坦克的行動，但古德里安和萊因哈特的裝甲軍已經在阿運河彼岸建立了五座橋頭堡，這是海岸邊的格拉夫林到聖奧美爾之間的主要障礙，以此徹底打擊盟軍，使他們受到從東北方推進過來的德國第六軍團和第十八軍團的夾攻，從而完全消滅他們。

五月二十四日晚上，最高統帥部突然發來緊急命令，這道命令是在倫德施泰特和戈林慫恿之下，不顧布勞希契和哈爾德的激烈反對，由希特勒堅持發出的。命令要坦克部隊停在運河一線，不要再向前推進。這就給了哥特動爵一個意外的、重要的喘息機會，他和英國海軍及空軍都充分利用了這個機會。倫德施泰特後來體會到這一點，他說，這個喘息機會導致了「戰事中幾個重大轉折點之一」。

德國在眼看就要取得這次戰役中最大勝利的時候，怎麼會發出這道難於解釋的命令呢？下這個命令的原因是什麼？誰應該負這個責任？這些問題在有關的德國將領中和歷史學家中，曾引起過一場大辯論。以倫德施泰特和哈爾德爲首的將領，把責任完全推在希特勒身上。邱吉爾在大戰回憶錄第二卷中，爲這場爭論火上加油，他認爲這個命令出自倫德施泰特，而不是希特勒，他引述了倫德施泰特司令部的戰爭日誌作爲論證。在一大堆互相矛盾、眾說紛紜的證詞之中，要弄清楚事實眞相是很難的。在準備寫這一章的過程中，筆者曾寫信給哈爾德將軍本人請他闡明，不久就接到一封有禮貌的詳細回信。根據這封信和其他許多現在能夠得到的證據，也許可以得出一定的結論平息爭論，即使這不是最後的結論，但至少也是有相當說服力的。

說到這道著名命令的責任問題，不管倫德施泰特後來怎樣辯解，他必須與希特勒分擔責任。元首在五月二十四日早晨，曾到倫德施泰特將軍設在查理維爾（Chareville）的A集團軍總司令部去過，倫德施泰特建議在離敦克爾克不遠的運河一線上的裝甲師應當停止前進，等候更多步兵部隊的接應（儘管這個事實是根據倫德施泰特司令部的記錄所確定的，但是這位將軍在戰後還是發表多次談話，把責任完全推給希特勒。他曾告訴加拿大情報官米爾頓·許爾曼〔Milton Shulman〕少校：「如果我當初按照我自己的意思行事，英國人在敦克爾克就不會那麼輕易地脫身了。但我的手給希特勒的直接命令束縛住了。當英國人在海邊上船的時候，我只能在港口外面按兵不動……我只能在這個小鎮外坐著，眼看著英國人逃走，而我的坦克和步兵被禁止採取行動。這種難以置信的錯誤，應歸咎於希特勒自以爲是的個人指揮。」見許爾曼：《西方的潰敗》〔*Defeat in the West*〕，頁四二至四三。一九四六年六月二十日，倫德施泰特又在紐倫堡國際軍事法庭上對一個委員會說：「那是統帥的一個大錯誤……當時我們所有將領的憤怒，是無法形容的。」。倫德施泰特也曾對利德爾·哈特〔Liddell Hart〕在「美國控告李布〔Wilhelm Ritter von Leeb〕」案件中對紐倫堡軍事法庭做了同樣的聲明。

見《德國將領談話錄》〔*The German Generals Talk*〕頁一一二至一一三。特爾福德．泰勒〔Telford Tayloar〕在《征服的進軍》〔*The March of Conquest*〕一書和艾利斯〔L. F. Ellis〕少校在《一九三九至一九四〇年法蘭西和法蘭德斯之戰》〔*The War in France and Flanders, 1939-1940*〕一書中都曾分析德軍關於這一事件的記錄，並做出有點不同的結論。艾利斯的書是英國關於這一戰役的官方報告，載有英國和德國雙方的文件；而泰勒則曾在紐倫堡審判時擔任美國檢察官四年，是德國文件的權威專家）。希特勒同意了這個建議，並且認爲裝甲部隊應當保存下來，留待進攻索姆河以南的法國軍隊時使用。他還說，如果盟軍陷入的袋形地帶縮得太小，就會妨礙空軍的活動。停止前進的命令可能是倫德施泰特獲得元首的批准以後立即發出的。因爲據邱吉爾說，英國遠征軍曾截獲到德國那天早晨十一點四十分下達那個命令的無線電報[17]。而希特勒和倫德施泰特當時正在開會。

總之，那天晚上希特勒從最高統帥部發出了正式的命令，這在約德爾和哈爾德兩人的日記上都有記載。參謀總長極感不快，他在日記裡寫道：

> 我們由裝甲部隊和摩托化部隊組成的左翼，由於元首的直接命令，都將因此完全停止下來！消滅包圍中的敵軍，要留給空軍去幹！

這個表示輕蔑的驚嘆號表明，戈林參與了希特勒的決定，現在我們知道他的確是參與了。他曾建議由他的空軍單獨來消滅被包圍的敵軍！哈爾德在一九五七年七月十九日給筆者的信中舉出了他所以做出這個野心勃勃、不自量力的建議的理由：

在以後的幾天中（即五月二十四日以後），終於弄明白希特勒的決定，主要是受戈林的影響。陸軍的迅速行動，對於這個獨裁者說來，幾乎變成了不祥的事情，因爲他缺乏軍事訓練，毫不瞭解這一行動究竟有多少危險性和它成功的可能性。他常常有一種憂慮的情緒，覺得會出現不利的情況……。戈林很瞭解他的元首，因此就利用了這種憂慮情緒。他建議單獨用他的空軍來收拾這一個大包圍戰的殘局，這樣就可以毋須冒險必須使用寶貴的裝甲部隊。他提出這個建議……有一個理由，這個理由說明了野心勃勃、不擇手段的戈林的特性。在陸軍一帆風順的作戰以後，他要爲他自己的空軍在這次大戰役中取得最後決戰的機會，從而在整個世界面前獲得成功的榮譽。

哈爾德將軍接著在來信中談到了布勞希契一九四六年一月在紐倫堡監獄中同空軍將領米爾契（Erhard Milch）和凱塞林談話以後，對他所做的一個說明。據說這些空軍軍官宣稱：

戈林當時（一九四〇年五月）對希特勒強調說，如果當時快要到手的偉大勝利的功勞完全被陸軍將領得去的話，那麼元首在德國國內的威望就會遭到無法彌補的損失。只有一個方法可以防止這一情況，那就是由空軍而不是由陸軍來完成決戰。

事實至此已很清楚：希特勒在戈林和倫德施泰特的慫恿下、但遭到布勞希契和哈爾德竭力反對的計畫，是讓空軍和波克的B集團軍去掃蕩陷入重圍的敵軍。B集團軍談不上有什麼裝甲部隊，他們這時正在慢慢地把比利時軍隊和英國軍隊驅到海峽西南地區。而擁有七個坦克師在敦克爾克西面和南面運河線上停止前進的倫德施泰特的A集團軍卻要在原地不動圍住敵人。結果是，不論空軍或波克的集團軍都沒有達到他們的目標。五月二十六日早晨，哈爾德在日記中憤怒地說：「從最高統帥部發來的這些命令眞是莫名其妙……坦克都像癱瘓似地停在那裡不動。」

最後，五月二十六日夜間，希特勒取消了停止前進的命令，並同意這樣的意見：由於波克的部隊在比利時進展遲緩和海岸附近運輸艦活動頻繁，裝甲部隊可以繼續向敦克爾克前進。但到了這個時候已經太遲了；被圍的敵人已經得到加強自己防務的時間，一邊抵禦，一邊開始偷偷地逃到海裡去了。

現在我們知道希特勒所以發出這個命運攸關的命令，也是有其政治原因的。五月二十五日，據哈爾德說，這一天一開始，「布勞希契和元首之間在包圍戰中下一步行動的問題上就發生了一次令人痛心的爭吵」，他在這一天日記中寫道：「現在政治當局已經形成了一種固定的觀念，認爲決戰要在法國北部而不應在法蘭德斯一帶進行。」

這一則日記曾使我感到大惑不解。因此我寫信給這位前參謀總長，問他是否能夠回憶一下希特勒要求在法國北部而不在比利時結束這一戰役的政治原因是什麼。哈爾德記得很清楚。「根據我現在還是栩栩如生的記憶，」他回答道：「在當時我們的談話中，希特勒用兩個主要考慮來支持他停止前進的命令。第一個考慮是軍事上的理由：地形不適於坦克的活動，由此而造成很大的損失，將會削弱即將對法國其他地方進行的進攻等等。」然後，哈爾德寫道，元首舉出了第二個理由：

他知道，我們作爲軍人是不能反駁這個理由的，因爲這是政治上的，而不是軍事上的理由。這第二個理由是，爲了政治的理由，這個不可避免地會造成居民重大損失的最後決戰，他不希望發生在法蘭德斯人居住的地方。他說，他想把這個日耳曼後代法蘭德斯人居住的地方變成一個獨立的國家社會主義區域，從而使他們和德國緊緊地結合在一起。他在法蘭德斯地區的支持者，爲此已經做了長期的活動。他已經答應他們，使他們的國土不致遭到戰爭的破壞。如果他現在不實踐諾言，那就會嚴重損害他們對他的信任。這對於德國將是一件政治上的損失，這是他作爲政治上負責的領袖所必須盡力避免的。

荒唐嗎？如果說這看來好像是希特勒又一次突然發生神經錯亂（哈爾德寫道，他和布勞希契「沒有被這種理由說服」），那麼，他對另一些將領透露的另一個政治上的考慮，卻是比較合理而且重要的。倫德施泰特的作戰處長布魯門特里特（Güenther Blumentritt）將軍在戰後對英國軍事作家利德爾．哈特追述希特勒五月二十四日和倫德施泰特的會晤時說：

希特勒當時的心情很好……並且告訴我們，他認爲戰爭在六個星期之後就可以結束。他希望戰事結束後，能和法國締結一個合理的和約，這樣和英國達成協議的道路就打開了……。

後來，使我們覺得驚異的是，他竟用欽佩的口吻談到大英帝國，談到它存在的必要性，談到英國給世界帶來的文明……他說，他所要求於英國的，不過是它應當承認德國在大陸的地位。德國如果能夠重新獲得它的殖民地，那當然最好，但也並不是非如此不可……他最後說，他的目的是，在一個英國認爲可以接受而並不有損自己尊嚴的基礎上和英國媾和[18]。

希特勒在以後的幾個星期中常常向他的將領們、向齊亞諾和墨索里尼表示這種想法，並且最後公開地做了表示。齊亞諾在一個月以後發現，這個納粹獨裁者當時正處在成功的頂點，竟反反覆覆地提到保持大英帝國作為「世界均勢的一個因素」的重要意義，他不禁感到驚異[19]。七月十三日，哈爾德在日記中談到元首對於英國沒有接受和平感到非常迷惑不解。那一天，他對他的將領說，用武力迫使英國投降，「對德國沒有什麼好處……只對日本、美國和別的國家有好處」。

因此，可能是（雖然還有人懷疑）希特勒把他的裝甲部隊遏止在敦克爾克的前面，目的在於想使英國避免一場奇恥大辱，從而促進和平解決。而這個和平解決，照他的說法，必須是這樣的：英國讓德國放心地重新掉頭東向，這一次是進攻俄國。他還說，倫敦必須承認第三帝國獨霸大陸的地位。在以後兩個月之中，希特勒深信，這種和平已在他的股掌之中了。他現在和過去幾年一樣不瞭解英國民族的特性，不瞭解它的領袖和它的人民要不惜犧牲作戰到底加以保衛的是哪種世界。

過去和現在對於海洋都缺乏瞭解的希特勒和他的將領們，做夢也想不到熟習海洋的英國人竟能夠從一個設備已蕩然無存的小小港口和暴露在他們鼻尖下面的沙灘上撤退了三十多萬人。

五月二十六日晚上七時差三分，在希特勒取消停止前進的命令以後不久，英國海軍部發出通知，開始執行「發電機計畫」（Operation Dynamo），這是敦克爾克撤退計畫的代號。那天晚上，德國裝甲部隊恢復了從西面和南面對這個海港的進攻，但現在裝甲部隊發現進攻很困難。哥特勳爵已經有時間部署了三個步兵師，在重炮的配合下，抵抗他們的進攻。坦克的進展遲緩。就在這個時候，撤退工作開始了。由八百五十艘各種類型、各種動力的大小船隻編成的艦隊，從巡洋艦、驅逐艦到小帆船和荷蘭小船（其中有許多都是由英國濱海城市的人民志願駕駛的）集中在敦克爾克。第一天，五月二十七日，他們撤走了七千六百六十九人，第二天一萬七千八百零四人，第三天四萬七千三百一十人；五月三十日五萬三千八百二十三人，頭四天總共撤退了十二萬六千六百零六人。這大大超過了海軍部原來希望撤出的人數。當撤退開始的時候，海軍部以為只能有兩天的時間，只指望能撤退四萬五千人。

一直到發電機計畫執行到第四天即五月三十日的時候，德軍最高統帥部才發現發生了什麼事情。四天來，德軍最高統帥部的公報一直在重申，被圍敵軍的命運已經注定了。我的日記中記錄的五月二十九日一份公報斷然說道：「在阿托瓦（Artois）的法軍命運已經決定了……被迫退入敦克爾克周圍地區的英軍在我們集中進攻之下也在走向毀滅。」

但英國軍隊並沒有走向毀滅，他們是在走向海上去。當然，他們沒有帶走重武器和裝備，但是可以肯定，這些人將會活下來，有朝一日再投入戰鬥。

一直到五月三十日早晨，哈爾德還在日記中蠻有信心地寫道：「我們所包圍的敵人正在繼續崩潰。」他承認，有的英國人「打得很猛」。其他的人則「逃至海濱，想用不管是什麼漂浮在海上的東西渡過英吉利海峽。*Le Débâcle*」，他最後的一句話，顯然指的是左拉的著名小說《崩潰》，內容描寫的就是普法戰爭時法國的崩潰。

下午，在與布勞希契會議以後，參謀總長終於發覺這許多運載英軍逃跑小得可憐的船隻的意義：

布勞希契很為惱火……要是我們的裝甲部隊沒有被阻止的話，早已在海岸邊把袋形陣地的口封上了。惡劣的天氣使空軍無法出動。現在我們只有站在一旁，眼看成千上萬的敵人在我們鼻尖底下逃到英國去。

事實上，這就是他們所看到的情況。不管德國人在袋形陣地各邊立即增加多麼大的壓力，英國的防線還是屹然不動，撤退的部隊更多了。第二天，五月三十一日，是撤退人數最多的一天，有六萬八千人上了船到英國去，其中三分之一是從海灘撤退的，三分之二是從敦克爾克港撤退的。現在總共已經撤退了十九萬四千六百二十人，較原來估計能撤出的人數多出三倍多。

著名的德國空軍到哪裡去了呢？據哈爾德記述，它有一部分時間是由於惡劣的天氣不能出動。其餘的時間則是遭到英國皇家空軍意外的抗擊，後者從海峽對面的基地起飛，第一次成功地向德國空軍挑戰（沙灘上許多疲憊不堪的、正在遭到猛烈轟炸的英國兵，卻沒有注意到發生空戰，因爲空戰往往是在雲端或遠處進行的。他們只知道，他們從比利時東部到敦克爾克，沿途一直遭受轟炸和掃射。他們覺得他們的空軍把他們拋下不管了。他們到達本國的港口以後，有人看見身穿藍制服的皇家空軍人員就進行辱罵。邱吉爾對此事很爲不安，他於六月四日在下院演講時還特地進行解釋。他說，敦克爾克的脫險「得力於空軍」）。英國新式的噴火戰鬥機（Spitfire）雖然在數量上居於劣勢，但證明勝過梅塞史密特式，他們擊落了笨重的德國轟炸機。有少數幾次，戈林的飛機乘英機未來的間隙飛到敦克爾克上空，使這個港口受到很大的損失，一時無法使用，部隊不得不從海灘上船。德國空軍對船隻也進行了幾次強襲，在八百六十一艘中有兩百四十三艘沉沒，其中大部分是德國空軍炸沉的。但戈林向希特勒許下的殲滅英國遠征軍的諾言，卻沒有實現。六月一日，德國空軍進行最大的一次攻擊（也受到最沉重的一次損失——雙方都損失飛機三十架），炸沉了英國驅逐艦三艘和一些小型運輸艦，但這一天撤退人數僅次於最高的那一天，共撤退了六萬四千四百二十九人。到第二天黎明時分，只有四千名英國部隊還留在包圍圈中，由當時守住防線的十萬名法國部隊保護著他們。

這時德軍中程炮已到達射程以內，聯軍白天不得不停止撤退工作。當時德國空軍在天黑之後並不進行活動，六月二日、三日夜間，餘下的英國遠征軍和六萬名法軍成功地撤出來了。一直到六月四日早晨，敦克爾克仍在四萬名法軍的固守之中。到那一天爲止，一共有三十三萬八千二百二十六名英法士兵逃出了德軍的虎口。他們已經潰不成軍。絕大部分部隊當時的狼狽情況是可以想像得到的。但他們都經歷了戰鬥的考驗；他們知道，如果得到適當的裝備和充分的空軍掩護，他們是能夠抵抗德國人的。他們大多數人，當裝備方面能與德軍並駕齊驅的時候，終於證明能夠做到這一點——而且就是在離他們被救出來的沙灘上不遠的英吉利海峽海岸上。

敦克爾克救了英國部隊。但是邱吉爾六月四日在下院提醒他們說：「戰爭不是靠撤退來打贏的。」英國的處境的確是嚴重的，比較近一千年前諾曼人登陸以來任何時候都要危險。它沒有陸軍保衛島嶼，空軍力量在法國已受到很大的削弱。剩下的只有海軍。挪威戰役已經表明，大型戰艦是很容易遭到以陸地爲基地的空軍攻擊的。現在德國轟炸機從基地飛過狹窄的英吉利海峽，只需五分鐘到十分鐘的時間。當然，法國還堅守在索姆河和安納河（Aisne）以南的地方，但是，它最精銳的部隊和最精良的裝備已經在比利時和法國北部損失殆盡，它的數量不多、陳舊過時的空軍也已大部分被毀了。它兩個最著名的將軍——貝當元帥和魏剛將軍，現在要開始領導那個搖搖欲墜的政府。他們已經不再想和這樣一個優勢的敵人打下去了。

當一九四〇年六月四日，邱吉爾在下院起立發言的時候，這些慘淡的事實，使他的心頭十分沉重。當時，從敦克爾克開回來的最後一批運輸艦正在把人員卸下來。正如同他後來所寫的那樣，這時他已下定決心不僅向本國人民，而且也向全世界——尤其是美國——表明，「我們決定繼續戰鬥是有重要理由的」。正是在這個時刻，他發表了他那著名的令人久久不能忘懷的演說，這篇演說必然可以和有史以來最偉大的演說相媲美：

歐洲大片大片的土地和許多古老著名的國家雖然已經陷入祕密警察和納粹政體兇惡的統治魔掌之中，但是我們絕不氣餒認輸。我們將戰鬥到底，我們將在法國戰鬥，將在海洋上戰鬥，我們將以不斷增長的信心和不斷增長的力量在空中戰鬥。不論代價多麼大，我們都將保衛我們的島嶼，我們將在海灘上戰鬥，我們將在登陸上戰鬥，我們將在農田和街道上戰鬥，我們將在山中戰鬥。我們絕不投降，即使這個島嶼，或者它的一大部分土地已被征服，或者挨凍受餓——我一點也不相信會發生這種情況——我們這個由英國艦隊所武裝和保衛的海洋帝國，也將戰鬥下去，直到新世界在上帝認爲適當的時機挺身而出，用它的全部力量把舊世界援救和解放出來。

法蘭西的崩潰

英國繼續戰鬥的決心，似乎並沒有使希特勒感到不安。他確信在他把法國幹掉以後，他們就會改變主意，而他現在就要幹掉法國了。六月五日，在敦克爾克陷落後的第二天早晨，他們在索姆河上發動了大規模的進攻，隨即以壓倒的力量從阿布維爾到萊茵河上游這整個四百英里寬橫貫法國的戰線上採取攻勢。法國的命運已注定了。他們只能用六十五個師（其中大部分還是第二流的），去抵抗包括十個裝甲師在內德軍一百四十三個師的兵力，因爲最優秀的部隊和大部分裝甲部隊都在比利時消耗掉了。力量薄弱的法國空軍也所剩無幾。英國能夠派出來的只有駐在薩爾的一個步兵師，另外還有一個裝甲師的部分人員。英國皇家空軍除非把不列顛群島置於不顧，否則它能爲這場戰鬥提供的飛機極爲有限。再說，現在在貝當和魏剛的控制下，法軍最高統帥部已經浸透了失敗主義情緒。雖然如此，有些法國部隊還是極爲勇敢和頑強地戰鬥著，在一些地方甚至暫時阻止住了德軍裝甲部隊，並且堅決地不向德國空軍的不斷轟炸屈服。

但這是眾寡懸殊的戰鬥。特爾福德．泰勒描寫得很恰當，德軍在「勝利的混亂」中，像潮水一般地湧過法國。混亂的發生是因爲他們的人數那麼多，行動那麼迅速，路線又常常互相衝突[20]。六月十日，法國政府匆忙地離開巴黎。六月十四日，這個未設防的偉大城市，法蘭西的光榮，被庫希勒將軍的第十八軍團佔領了。巴黎鐵塔上立即高懸起萬字旗。六月十六日，雷諾辭職，他的政府已經逃到波爾多，貝當接任總理，貝當在任職的第二天，就透過西班牙大使向德國要求停戰（一九四〇年六月十七日這天，在放逐中的德皇從佔領下的荷蘭多爾恩〔Doorn〕向希特勒發了一封賀電。雖然他長期以來一直嘲諷希特勒是一個粗俗的暴發戶。這封電報是在繳獲的納粹文件中發現的：「法國的投降使我深受感動，我祝賀你和全體國防軍獲得了偉大勝利，這是上帝的恩賜。用威廉大帝在一八七〇年的話來說：『天意助人，怎樣翻天覆地的事業也能完成。』」在全體德國人的心裡，都響起了偉大國王的士兵、魯騰戰役〔Leuthen，一七五七年十二月五日，普魯士軍隊在此大敗奧地利軍隊〕的勝利者所唱的魯騰讚歌：『現在我們大家一齊感謝上帝！』」但希特勒認為偉大的勝利主要應歸功於己、其次才是上帝，他曾草擬一封克制的覆信，但這封信是否寄出去了，文件中沒有談到[21]。早些時候，當元首得知佔領多爾恩的一支德國部隊派了儀仗隊駐在被放逐的皇帝住宅周圍，他非常生氣。希特勒下令把儀仗隊撤走，所有的德國士兵，不得違令進入多爾恩。威廉二世在一九四一年六月四日死於多爾恩，即葬於該地。哈塞爾在日記裡寫道：他的死，在德國「幾乎沒有引起人們注意」。這是希特勒和戈培爾有意使他的死不引起注意）。希特勒於同一天答覆說，他首先要和他的盟友墨索里尼商量。墨索里尼這個趾高氣揚的鬥士，在弄清楚法國軍隊已經受到絕望的打擊以後，就像鷹犬一樣在六月十日投入戰爭，企圖分得戰利品。

墨索里尼在法國背上扎進一小刀

希特勒儘管正在為西線戰事的開展忙得不可開交，但仍接二連三地抽暇寫信給墨索里尼，把德國連連取得勝利的消息告訴他。

五月七日第一封信通知義大利領袖，他正在進攻比利時和荷蘭，以「保證它們的中立」，並說他將使他的朋友知道他的進展，以便他的朋友得以及時做出決定。後來，在五月十三日、十八日和二十五日，又接連寫了幾封信，這些信寫得一封比一封詳細、熱情。雖然正如哈爾德日記所證實的，將領們對義大利的動向——參戰或者不參戰——毫不關心，但是，元首為了某種原因，很重視義大利的參戰[22]。一等到荷蘭、比利時已經投降，北路的英法軍隊一敗塗地，英軍殘部在敦克爾克開始登船的時候，墨索里尼決定參加戰爭。他在五月三十日寫信給希特勒說，參戰的日期將是六月五日。希特勒立即回答說，他「深受感動」。希特勒在五月三十一日的信裡寫道：

在這次戰爭的勝利結局方面，如果說還有什麼可以加強我不可動搖的信心的話，那就是你的聲明了……僅僅你參戰這一事實本身，就足以使我們敵人的戰線受到沉重打擊。

但是元首要求自己的盟友把日期推遲三天，他說，他要先把殘餘的法國空軍擊潰。而墨索里尼卻好意推遲了五天，到六月十日。墨索里尼說，戰鬥將在第二天開始。

這些戰鬥簡直算不了什麼。到六月十八日，當希特勒召喚他的小夥伴到慕尼黑來討論與法國停戰問題的時候，義大利大約三十二個師已進行了一週的「戰鬥」。但他們在阿爾卑斯山前線和南方海岸一帶，絲毫沒有迫使力量單薄的法國六個師後退一步，雖然守方此時正遭受到在隆河流域掃蕩的德軍從背後攻擊的威脅。失敗主義的法軍統帥部禁止向義大利發動任何攻勢。六月十四日，一個法國海軍分遣艦隊炮轟了熱那亞附近的工廠、油庫和煉油廠，但法國海軍上將達爾朗（François Darlan）嚴禁再採取這種行動。當英國皇家空軍的轟炸機試圖從馬賽機場起飛以襲擊米蘭和都靈（Turin）的時候，法國人把卡車開到機場上，阻止飛機起飛。齊亞諾在六月二十一日的日記中寫道：

墨索里尼十分丟臉，因為我們的部隊還沒有前進一步。甚至直到今天他們也沒有能夠向前推進，還停在進行抵抗的法國第一道防禦工事的陣地前[23]。

墨索里尼曾大吹大擂自己的軍事力量，但從參戰一開始就暴露出是虛張聲勢。因此，當這位洩了氣的義大利獨裁者和齊亞諾在六月十七日晚上乘火車去同希特勒會商對法停戰的時候，他的心情是沉鬱的。齊亞諾在日記裡寫道：

墨索里尼頗爲不滿。突如其來的和談，使他感到不安。在旅途中，我們做了詳細的談話，以便弄清與法停戰要提出哪些條件。領袖……想佔領整個法國領土，要求法國艦隊投降。但他知道，他的意見只有參考的價值。戰爭是希特勒贏得的，義大利並沒有參加任何積極的軍事行動。有最後決定權的只有希特勒一個人。這當然會使墨索里尼感到憂鬱不安。

當他們在慕尼黑元首府裡與希特勒進行會談的時候，元首的「最後決定」相當溫和，使義大利人感到特別驚訝。這個官邸正是不到兩年以前張伯倫和達拉第就捷克問題對這兩個獨裁者妥協的地方。德國方面關於這次會談的祕密備忘錄清楚表明：希特勒認定，最重要的問題是不讓法國艦隊落到英國的手裡。他還擔心法國政府逃到北非或倫敦去繼續戰鬥[24]。由於這個理由，停戰條件——最後的和平條件，也許又當別論——一定得溫和一點，要能保持「一個在法國本土行使職權的政府」，並且使「法國艦隊中立化」。他斷然拒絕了墨索里尼，後者建議由義大利佔領包括土倫（Toulon，法國在地中海的一個重要海軍基地，絕大多數艦隻都集中在那裡）和馬賽在內的隆河流域，並使科西嘉、突尼西亞和吉布地（Djibouti）提解除武裝的要求。上述最後一個城市（編按：吉布地已於一九七七年獨立爲國家），是通往義大利侵佔的衣索比亞的門戶，據德國方面的文件透露，這是齊亞諾「低聲」提出來的。

齊亞諾發現，甚至好鬥成性的里賓特洛甫，也「異常溫和而沉靜，並且主張和平」。這位女婿寫道，墨索里尼「感到非常難爲情」：

他覺得自己扮演的是二等角色……領袖實在擔心和平時刻的日益迫近，並且擔心他再度失去他平生未能實現的美夢：戰場上的光榮[25]。

墨索里尼甚至沒有能使希特勒同意他參加與法國進行的停戰談判。元首並不想在一個歷史上富有盛名的地點（他不把地名告知他的朋友），與這個遲到的夥伴分享他的勝利。但他答應墨索里尼，在法國和義大利也簽訂一個停戰條約以前，他和法國之間的停戰條約將不生效。

墨索里尼灰心喪氣地離開了慕尼黑，但齊亞諾對於希特勒的態度，卻留下非常好的印象。他在日記中清楚指出，這個方面是他從來沒有看到或想到的。他們回到羅馬以後，他在日記裡寫道：

從希特勒所說的一切看來，他顯然要想早日結束戰爭。希特勒現在是一個贏得了一大筆錢的賭徒，他想從桌邊站起來，不再冒險了。今天他的話說得謹愼而聰明，在獲得這樣大的勝利以後能夠這樣，這實在是令人驚異的。我這個人是不能說對他有特別好感的，但今天我確實佩服他[26]。

貢比涅的第二次停戰

那年六月，我隨德國軍隊進入巴黎。在這個富麗堂皇的首都，六月總是最可愛的一個月份，但如今卻是一片驚慌。六月十九日，我獲悉希特勒將在什麼地方提出停戰條件。停戰是貝當在兩天以前提出要求的。這個地方就是一九一八年十一月十一日德意志帝國向法國及其盟國投降的地方；貢比涅（Compiégne）森林中的一塊小小空地。希特勒將在這兒報仇雪恥，因爲這個地方本身會增加他報仇雪恥的甜美滋味。他想出這個主意是在五月二十日，即在西線發動總攻勢僅僅十天以後，也就是德國坦克打到阿布維爾的那一天。約德爾在那天的日記上寫道：「元首正在草擬和約……初步談判將在貢比涅森林中進行。」六月十九日傍晚，我驅車到貢比涅，看見德國工兵正在拆毀一座博物館，那裡頭還保存著福煦（Ferdinand Foch）元帥的舊臥車，一九一八年的停戰條約就是在那個車廂裡簽訂的。我離開的時候，德國工兵已經用鑽子把牆壁推倒，把車子推到空地中間的軌道上。他們說，一九一八年十一月清晨五時，德國使節遵照福煦的命令在停戰協定上簽字時，車子就放在那裡。

六月二十一日下午，我站在貢比涅森林的邊上，觀看了希特勒最新和最大勝利的場面。這種場面，由於工作關係，在最近幾年擾攘的歲月裡我已經見過多次了。這是我所能記得的法國最美麗的一個夏日。六月的陽光暖洋洋地照著壯麗的樹木——榆樹、橡樹、絲柏和松樹——把一片令人神爽的陰影投在通往小小圓形空地的林蔭道上。下午三時十五分正，希特勒乘著他的賓士汽車來了。同行的有戈林、布勞希契、凱特爾、雷德爾、里賓特洛甫和赫斯（Rudolf Hess），他們都身穿各種各樣的制服。獨一無二的帝國元帥戈林，手裡還拿著他的陸軍元帥節杖。他們在離空地大約兩百碼的阿爾薩斯－洛林紀念碑前走下汽車。紀念碑用德國軍旗覆蓋著，爲的是不讓元首看到紀念碑上的那把大劍（我以前來參觀過，所以還記得）。那是一九一八年獲得勝利的盟國的大劍，插在一隻有氣無力的鷹身上，這鷹代表霍亨佐倫王朝的德意志帝國。希特勒向紀念碑投了一瞥，繼續大踏步地走去。我在日記中寫道：

我觀察了他的臉：嚴肅、莊重而充滿了復仇的神情。從他的臉上，正如從他輕快的步伐裡一樣，可以看出一副勝利的征服者、世界的挑戰者的神氣。還有……一種傲然的內心快樂，這是因爲他目睹命運起了地覆天翻的變化——而這種變化又是他親自創造出來的。

他走到這塊小小的林間空地以後，空地中央升起了他的最高統帥旗。他的注意力給離地約三英尺高的一大塊花崗石吸引住了：

希特勒後面跟著一些人，慢步走上前去，讀著石頭上用法文刻下的大字碑文：「一九一八年十一月十一日，德意志帝國在此屈膝投降——被它企圖奴役的自由人民所擊敗。」

希特勒讀著，戈林也讀著。大家站在六月的陽光的一片沉靜中讀完了它。我觀察著希特勒臉部的表情。我離他只有五十碼，從我的望遠鏡裡看他，好像他正站在我面前一樣。我曾經在他生命中偉大時刻裡多次看見過那張臉孔。但是今天啊！他臉上燃燒的是蔑視、憤怒、仇恨、報復和勝利。

他離開了紀念碑，極力用他的姿態表現出他的蔑視。他回頭看了一下，表情輕蔑而憤怒——人們幾乎可以感覺到這種憤怒，因爲他不能用他的普魯士高統靴一腳踏去這些可惡的、挑釁的字句（三天以後，根據希特勒的命令，這個紀念碑被炸掉了）。他慢慢地向空地四周掃了一眼，這時，當他的目光和我們的目光相遇的時候，誰都可以體會到他仇恨的深度。這種仇恨是和勝利混在一起的——一種報復的、勝利的仇恨。突然，他好像感到自己的臉部表情還沒有完全表達出他的感情似的，他把整個身子擺出一副與他的心情相協調的姿態。他迅速地用兩手搭在臀部，兩肩聳起，兩腳分得很開。這是一種不可一世的挑戰姿態。這種姿態是一種極端蔑視，不僅是針對現在這個地方，也是對它二十二年來所代表的一切，因爲這個地方見證了德意志帝國受辱的一刻。

然後，希特勒及其隨行人員走進停戰談判的車廂，元首坐在一九一八年福煦坐過的那把椅子上。五分鐘以後，法國代表團來了。這個代表團以色當的第二軍團司令查理．亨茨格（Charles Huntziger）將軍爲首，成員有一個海軍將領、一個空軍將領和一個文職官員利昂．諾爾（Léon Nöel）。諾爾曾任駐波蘭大使，他現在正親身經歷著德軍造成的第二次崩潰。他們看起來都精神頹喪，但還保持著一種悲慘的尊嚴。他們事先並不知道會受這樣一種屈辱，把他們帶到法國人引爲驕傲的這個聖地。他們的這種震驚，無疑正是希特勒所期望的。哈爾德在聽了布勞希契對他講述了當場看到的情況以後，那天晚上在日記裡寫道：「法國人事先沒有得到通知，要他們在一九一八年談判的地方接受條件。這種安排顯然使他們大爲驚訝，在開始的時候並且有點不高興。」

甚至像哈爾德或布勞希契這樣有教養的德國人，也把法國人的尊嚴神情誤認爲不高興，這是不足爲怪的。我們立即看到，法國人確實感到茫然不知所措。但是，與當時報導的情況相反，他們曾經企圖使元首所提條件中比較苛刻的部分放寬一些，並且取消那些他們認爲屈辱的條件。他們的企圖失敗了。從繳獲的納粹祕密文件中，根據德國的官方會議記錄，我們才得知這件事[27]。

在凱特爾將軍對法國人宣讀了停戰條款的序文以後，希特勒和他的隨行人員馬上離開了車廂。談判工作交由最高統帥部長官繼續進行，但對於他親手所擬訂的條件沒有留出絲毫的迴旋餘地。

凱特爾把這些條款讀完以後，亨茨格馬上對德國人說，條件太「冷酷無情」了，比一九一八年法國在這裡向德國提出的條件壞得多。而且，「如果阿爾卑斯山那一邊的、一個沒有打敗法國的國家（亨茨格很看不起義大利，甚至不願提它的名字）也提出類似的要求，法國絕不投降。它將戰鬥到底……因此，他不能在德國停戰協定上簽字」。

當時臨時主持會議的最高統帥部第二號人物約德爾將軍，沒有料到一個被打得走投無路的敵人，竟會說出這樣倔強的話。他回答說，雖然他能「理解」亨茨格關於義大利人的看法，但他無權改變元首提出的條款。他說，他所能夠做的，只是「提供一些說明和對不清楚的地方做些解釋」而已。法國人要麼原封不動地接受停戰條款，要麼就全部不接受。

德國人感到惱怒的是：法國代表團除非得到在波爾多的政府的明確同意，否則無權簽訂停戰協定。也許是技術上的奇蹟，也許是運氣好，雖然前線還在戰鬥，他們居然能在這輛舊臥車上與波爾多直接建立電話聯繫。法國代表團被允許用電話將停戰條款的全文發回去，並和他們的政府進行磋商。擔任翻譯的施密特博士，被指派在樹林後面幾碼遠的地方，在軍用通訊車裡偷聽談話內容。第二天，我自己設法聽到了德國人記錄的亨茨格和魏剛將軍談話的部分錄音。

魏剛對於法國的失敗主義情緒、最後投降和與英國決裂都負有重大責任，但是他至少在抗拒德國的許多要求這一點上，曾做過不屈不撓的努力。這是應該記載下來的。在德國人提出的條件中，最惡毒的一條就是強迫法國把法國本土和海外屬地上的反納粹德國流亡人士全部交給希特勒帝國。魏剛認爲，從法國尊重避難權的傳統來看，這樣做是可恥的。但是當第二天討論到這個問題的時候，傲慢自大的凱特爾一點也不肯取消這個要求。他大聲說道，「德國的流亡者是最大的戰爭販子」，他們已經「背叛了自己的人民」，必須「不惜任何犧牲」把他們移交出來。法國對於這樣一條也沒有提出抗議：凡是與別國聯合對德國作戰的法國人，被捕以後將按法國義勇軍處理——就是說，立即槍決。這其實是指戴高樂，他已經開始在英國組織一支自由法國軍隊了。魏剛和凱特爾都知道，這一條條款粗暴地違反了戰爭的基本原則。條款中還有這樣一條：所有戰俘都將被拘留到簽訂和約爲止，對於這樣一段文字，法國方面也沒有提出異議。魏剛肯定地認爲，英國在三個星期之內將被戰敗，到那個時候，法國戰俘即可釋放了。事實上，他使一百五十萬法國人在戰俘營中待了五年。

停戰條約中最難處理的是法國海軍問題。在法國將要崩潰的時候，邱吉爾曾經表示，法國如果把海軍開到英國來，法國便可以和德國單獨媾和。希特勒決心不讓這件事情實現。他在六月十八日對墨索里尼說，他充分認識到，這將大大加強英國的力量。由於此事關係重大，他不得不對這個被打敗了的敵人做一些讓步，或者至少給一點保證。停戰協定規定，法國艦隊必須復員、解除武裝並把艦艇停泊在本國港口廢置不用。對這個行動的報酬是：

德國政府對法國政府嚴正地宣布，它無意使用在德國監督下的港口所停泊的法國艦隊來爲自己作戰。而且，德國政府還嚴正而明確地宣布，在簽訂和約的時候，他們無意對法國艦隊提出任何要求。

正如希特勒的幾乎全部諾言一樣，這個諾言也是要違背的。

最後，希特勒給法國政府一塊未佔領區，它在法國的南部和東南部，表面上可以自由治理。這是一種狡猾的手段。這不僅可以從地理上和行政上分裂法國，還可以使法國流亡政府難以成立；並且可以打消在波爾多的政治家們想把政府遷往北非的任何計畫——這個計畫幾乎得到成功，結果卻失敗了，破壞它的不是德國人，而是法國失敗主義者：貝當、魏剛、賴伐爾（Pierre Laval）及其支持者。還有，希特勒明白，目前在波爾多控制法國政府的這批人是法蘭西民主的敵人，可以期望這些人與他合作，幫助他在歐洲建立納粹新秩序。

但是，在貢比涅舉行停戰會談的第二天，法國代表還在繼續拖延和爭論。拖延的原因之一是，亨茨格堅持說，魏剛並沒有給他簽字的權力，而只是給他一項命令——在法國，誰也不肯負這個責任。最後，下午六時半，凱特爾發出了最後通牒。法國必須在一小時之內接受或者拒絕德國的停戰條件。在這一小時之內，法國政府屈服了。一九四〇年六月二十二日下午六時五十分，亨茨格和凱特爾在停戰協定上簽了字。協定規定在法義停戰協定簽字以後立即生效，並在協定簽字六小時後停止敵對行動。

我曾從臥車上祕密的麥克風裡聽到這最後一幕的情況。這位法國將軍在簽字以前，以顫抖的聲調說，他想發表一項個人聲明。在他說話的時候，我用法文記下他的話：

我宣布，法國政府已經命令我在這些停戰條款上簽字……法國由於武力所迫，不得不停止與盟國並肩作戰。它認爲，加在自己身上的條件是苛刻的。法國有權希望在未來的談判中，德國能表現合作精神，容許兩個相鄰的大國在和平中共同生活和工作。

那些談判永遠也不會舉行。不久後，第三帝國對法國統治的日漸殘酷，對卑躬屈膝的貝當政府日益增加壓力，納粹表現的是怎樣的精神已很清楚了。法國現在已經注定要成爲德國的屬國，貝當、魏剛、賴伐爾顯然已看到這一點——並且也已接受了這一點。

當代表們從停戰談判的車廂裡出來乘車離開的時候，開始下起霏霏的細雨。在森林裡的一條路上，人們可以看見有成群結隊的難民。他們拖著疲憊的步伐，在回家的路途上走著。還有騎著自行車的，有坐在大車上的，有幾個運氣好的坐在舊卡車上。我走到空場上。一群德軍工兵正起勁地叫著，開始移動那輛老臥車。

「到哪裡去？」我問。

「到柏林去。」他們說。這輛車於七月八日運到柏林。但有諷刺意味的是，後來在盟軍轟炸柏林的時候，這輛車被炸毀了。

兩天以後，法國─義大利停戰協定在羅馬簽字。墨索里尼只能佔領他的部隊攻克的地方，這就是說，佔領法國幾百碼的領土，另外在法義邊境和突尼西亞設置五十英里長的非軍事區。這個停戰協定在六月二十四日下午七時三十五分簽了字，六小時以後，法國全境的炮聲停止了。

在上一次戰爭中，曾經有四年之久堅持不敗的法蘭西，在這次戰爭爆發六週以後就退出了戰爭。

德國軍隊駐守著歐洲的大部分地區，從北極圈內的北角到波爾多，從英吉利海峽到波蘭東部的布格河。希特勒已經到達了頂峰。這個第一次把德國人統一在一個眞正民族國家中的前奧地利流浪漢，這個第一次世界大戰時的下士，現在已經成了德國征服者中最偉大的人物了。阻撓他在歐洲建立德國霸權的，現在只有一個拒不屈服的英國人——那就是邱吉爾——和在他領導下的意志堅決的人民。他們拒不承認面臨失敗，他們差不多是赤手空拳地孤軍作戰，他們的島國正遭到有史以來最強大軍事力量的圍攻。

希特勒玩弄和平

當德國在西線發動進攻十天以後，德國的坦克到達了阿布維爾的那個晚上，約德爾將軍在日記裡對元首怎樣「欣喜若狂」做了一番描述，之後他又寫道，元首「……正在草擬和約……英國在把殖民地歸還德國以後，隨時都可以單獨媾和」。這是五月二十日的事。在隨後的幾週之中，看來希特勒已肯定地認爲，由於法國的屈服，英國一定會急於求和。從德國的觀點看來，由於英國在挪威和法國受到嚴重打擊，他所提出的條件似乎很寬大了。他在五月二十四日對倫德施泰特將軍詳細地說明這些條件。他表示，他對英帝國是欽佩的，並且強調指出英帝國有它存在的「必要」。他說他只希望倫敦讓他在大陸有行動的自由。

他非常肯定地認爲英國一定會同意這一點，甚而至於在法國戰敗以後，仍然沒有訂出繼續對英國作戰的計畫。而驕矜自負的參謀總部向來被認爲具有普魯士人的縝密作風，對各種可能情況都是事先有周密的籌畫，但這次也沒有爲他提供出什麼計畫。在這期間，參謀總長哈爾德在他成本成本的日記裡，也沒有談到這個問題。他對於俄國在巴爾幹和波羅的海的威脅，比對英國的威脅更感到不安。

可不是嗎，爲什麼英國要在這毫無希望的劣勢中單獨打下去呢？特別是當它看到自己同法國、波蘭以及其他一切戰敗國家的處境不同，它可以在不受損傷、完整無缺和保持自由的情況下獲得和平。既然可以擺脫戰禍爲什麼偏要打下去呢？除了唐寧街以外，到處都在提出這樣的問題。據邱吉爾後來透露，唐寧街從來也沒有討論過這個問題，因爲答案是可想而知的[28]。但德國獨裁者並不懂得這一點，而當邱吉爾開始公開宣布英國不放棄作戰的時候，希特勒顯然不相信眞的會如此。甚至在六月四日英國軍隊已從敦克爾克撤退，首相做了關於在山上、在灘頭繼續作戰的有名演說以後，他還是不相信；在貝當已經要求簽訂停戰條約以後，邱吉爾在六月十八日在下院重申英國「繼續作戰不可動搖的決心」，並在他另一篇動人的、令人難忘的演說中說了如下的話以後，他還是不相信：

因此，讓我們振起精神，負起我們的責任來，讓我們這樣要求自己：如果大英帝國及英聯邦能延續千年之久，人們將要這樣說：「現在是他們最美好的時刻。」

自己是一個誇誇其談的演說家的希特勒，想必認爲，這只不過是一個天才演說家的打氣話而已。中立國家的試探和要求結束戰爭想必讓希特勒大受鼓勵。六月二十八日，希特勒收到教皇發給他的一封密電——墨索里尼和邱吉爾也收到類似的電報。電報說，他願意爲「公平而體面的和平」進行調解，並宣布在著手這一步驟以前，他希望私下瞭解一下這個建議將會受到怎樣的對待[29]。瑞典國王也積極地向倫敦和柏林雙方建議舉行和談。

在美國，德國大使館在代辦漢斯．湯姆森（Hans Thomsen）的領導下，正在把他們得到的每一塊錢都花在支持孤立主義者身上，使美國能夠繼續不參加戰爭，從而使英國喪失繼續作戰的信心。在繳獲的德國外交部文件中有很多函電，內容是湯姆森報告大使館在如何致力於操縱美國輿論使其對希特勒有利。那年夏天，美國政黨舉行代表大會，湯姆森集中一切力量影響各黨的外交政策綱領，特別是共和黨的外交政策綱領。

例如，在六月十二日，他向柏林發出了特急極機密的密碼電報，說有一個和德國大使館「密切合作的「著名的共和黨國會議員」願意邀請五十個孤立主義議員參加共和黨代表大會，「使他們能夠對代表下工夫，讓他們贊成孤立主義者的外交政策」，他要的代價是三千美元。湯姆森的報告說，同一個人還要求給他三萬美元，以支付美國報紙的廣告費，這些廣告將刊登整版篇幅，其標題爲〈別讓美國參加戰爭！〉這樣一種廣告在一九四〇年六月二十五日的《紐約時報》上出現過[30]。

第二天湯姆森打電報到柏林報告一項新的計畫。他說，透過一個美國文藝界的經理人，他找到五個著名的美國作家，寫幾本「希望能起到巨大效果」的書。他需要兩萬美元以進行這項計畫。幾天以後，里賓特洛甫就同意撥出這筆款子[31]。到一九四〇年七月五日，湯姆森開始對他付出的款項擔心起來，因此，他打電報給柏林，請求准許他銷毀一切收據和帳目：「這些款項……都是透過可靠的中間人交給收款人，但在目前這種情況下，顯然難望得到收據……如果大使館遭到美國當局突然查封，這些收據或記載將會落入美國特務機構的手中。不管怎樣掩飾，光是它們的存在，就會造成不利的結果，對於我們政治上的朋友會產生嚴重後果。這些文件可能會把他們暴露給我們的敵人……因此，我要求授權大使館銷毀這些收據和記載，並且要求今後免掉這些手續以及付款的帳目。這份電報報告已經銷毀[32]。」

希特勒希望與英國進行和談的最初公開言論之一，是對赫斯特（Hearst）系報紙記者卡爾・馮・維岡（Karl von Wiegand）的談話。它發表於六月十四日紐約的《美國人報》（*Journal -American*）上。兩週以後，湯姆森通知德國外交部，他已把這篇訪問記加印了十萬份。他說：

我能夠進一步透過一個祕密代理人勸使孤立主義眾議員蒙大拿州的共和黨員托克爾森把元首訪問記載入六月二十二日的《國會記錄》中。這就再一次保證訪問記能得到最廣泛的傳播[33]。

華盛頓的納粹大使館抓住了每一根稻草。這年夏天的某一個時候，大使館的新聞參事轉來了據他說是電臺評論員富爾頓・路易斯二世（Fulton Lewis Jr.）的一項建議。新聞參事把他說成是「德國和元首的崇拜者，是一個很受尊敬的美國新聞記者」。

元首應該致電給羅斯福……內容大致如下：「您，羅斯福先生，曾經一再向我呼籲，並且經常表示希望避免流血的戰爭。我並沒有對英國宣戰；恰恰相反，我經常強調我並不想毀滅大英帝國。我曾一再要求邱吉爾理智一些，要求他達成一個體面的和約，但這個要求卻給邱吉爾頑固地拒絕了。我意識到，如果我發出命令向不列顛諸島進行全面戰爭，英國是會遭到嚴重損失的。因此，我要求您與邱吉爾聯繫，說服他放棄他那無謂的固執。」路易斯補充說，當然，羅斯福會做出一個無禮的、惡意的答覆；不過那沒有什麼關係。這樣一種呼籲，必然會在北美人民中，特別會在南美造成深刻的印象……[34]。

希特勒並沒有採納路易斯先生的建議，但柏林的外交部卻打電報來詢問這位電臺評論員在美國有怎樣的重要地位。湯姆森回答說，路易斯「最近取得了特殊的成就……但是另一方面，和一些有名的時事評論員比起來，他在政治上卻並沒有什麼重要地位」[35]。

據《德國外交政策文件彙編》上的那些函電表明，華盛頓的德國大使館在這期間的所做所爲，材料之多，足可以寫成一本極富爭議性的書。人們得到深刻印象的是，德國外交官有一種傾向，對這個納粹獨裁者專談他喜歡聽的話，這是極權國家外交代表的共同做法。最高統帥部的兩個軍官在柏林告訴我，最高統帥部，或者至少參謀總部，十分懷疑從華盛頓大使館發來的報告的客觀性，他說他們已經在美國建立了自己的軍事情報網。如果人們能夠根據收集在《德國外交政策文件彙編》中的函電進行判斷的話，那就可以看出，在華盛頓的德國陸軍武官弗雷德里希·馮·波提徹爾（Friedrich von Böttícher）將軍爲最高統帥部和參謀總部所做的工作並不出色。他不知疲倦地打電報警告最高統帥部和陸軍、空軍的參謀總部，說美國完全控制在猶太人和共濟會的手裡，而這正是希特勒的想法。

波提徹爾還過高地估計孤立主義者在美國政治上的影響，特別是錯估了林白上校。他在函電中，簡直把林白看作是偉大的英雄人物。這裡舉出一、兩封函電的摘要，從中可以看出他的報告的主要內容：

「一九四〇年七月二十日……羅斯福作爲猶太人的代表（猶太人主要透過共濟會控制美國廣大

人民），需要英國人繼續打下去，延長戰爭……以林白爲中心的一批人，清楚知道這種情況，現在正在努力至少要阻止猶太人對美國政策的致命控制……我曾再三報告有人對林白進行卑鄙惡毒的攻擊，猶太人懼怕他，認爲是他們最大的敵人……。」（《德國外交政策文件彙編》第十卷，頁二五四至二五五）

「一九四〇年八月六日……關於林白在公眾中重新出現的背後原因和反對他的勢力。猶太分子在上週讓一些逢迎拍馬的人充任陸軍部長、陸軍部部長助理和海軍部長，還讓一個有勢力的猶太領袖阿德勒（Julins Ochs-Adler）「上校」當上陸軍部長祕書，現在他們已經控制美國軍隊的關鍵職位了。我在報告中已經談過美國的反猶勢力和美國目前的政策，也談到過參謀總部的重要作用。了不起的天才人物林白社會關係很廣，是反猶勢力中最重要的人物。猶太分子和羅斯福都害怕這個人精神上的特別是道德上的優越和純潔。星期日（八月四日）林白對猶太人發動了一次足以傷害他們的攻擊。他強調說，美國爲了和平與保存西方文化，應努力與德國進行眞誠合作。幾小時以後，長期以來一直是羅斯福手中，也就是猶太人手中玩偶的老潘興（John Pershing）將軍，在電臺發表了他的牽線人塞給他的一個聲明，大意是說，美國將因英國的戰敗而陷於危險…猶太分子的唱和，使林白在報刊上受到懷疑，並且受到一個參議員的指責……盧卡斯（Scott W. Lucas）在羅斯福的命令之下，於星期一晚上在無線電廣播中攻擊林白，說他是一個「第五縱隊隊員」，這就是說，一個賣國賊。這不過進一步表明他們恐懼這個人的精神力量，對於這個人，我在戰爭一開始的時候就已經報告了他的進步；並且報告說，我信任他在未來德美關係上的重要作用。」（《德國外交政策文件彙編》第十卷，頁四一三至四一五）

九月十八日，湯姆森在另一份報告中，詳述了林白和美國參謀總部幾個軍官進行祕密談話的內容。林白在談話中表示了自己的意見，認爲英國在德國空軍的襲擊下，不久就會崩潰。但參謀總部的軍官則認爲德國的空軍力量，並不足以迫使別人做出投降的決定（《德國外交政策文件彙編》第十卷，頁四一三至四一五）。

一九三八年十月十九日，在慕尼黑協定達成後的第三個星期，林白被授予——並且已經接受了——一枚德國星鷹服役勳章。我想那是德國的二級最高勳章，通常是授給在獎狀中所稱的「對第三帝國有功」的著名外國人士。

邱吉爾自己，正如他後來在回憶錄中所說，對於透過瑞典、美國和梵蒂岡發出來的和平試探頗感爲難。同時，他深信希特勒在試圖盡力利用他們，於是採取了嚴厲的對策。在得知德國代辦湯姆森企圖在華盛頓與英國大使會談的消息以後，他發了一封電報說：「應告知洛提安勳爵（Philip Henry Keer, Lord Lothian）絕不能給德國代辦任何答覆。」[36]。

瑞典國王曾勸說英國接受和平解決，因此這位堅決的首相寫了一封措辭強硬的覆信：

……對於這種要求或建議做任何考慮以前，德國必須用事實而不是用空話做出確實的保證。它必須保證恢復捷克斯洛伐克、波蘭、挪威、丹麥、荷蘭、比利時，特別是法國的自由和獨立生活[37]（在《德國外交政策文件彙編》裡的幾封致德國外交部的函電中，談到同英國外交官員和私人進行實際接觸的情況，這些接觸，有些是直接進行的，有些是透過中立國家如西班牙進行的。蘇臺德區的德國人、親英分子霍亨洛〔Max von Hohenlohe〕親王，曾向柏林報告同英國駐瑞士公使大衛．凱利

〔David Kelly〕爵士和阿加・汗〔Aga Khan〕談話的情況。他說後者曾經要求他把下面信件轉給元首：「埃及國王也在這裡，曾和他約定，元首住在溫莎的那一天，他們將一起喝一瓶香檳……如果德國或義大利想接管印度，那麼，他願供我們驅使……對英國的作戰，並非反對英國人民，而是反對猶太人。邱吉爾已經被他們雇用多年了。國王太軟弱，而且受到限制……如果他懷著這樣的主意到英國去，邱吉爾會把他關起來……。」〔《德國外交政策文件彙編》第十卷第頁二九四至二九五〕這裡必須記住，這些都是德國的報告，也許一點都不眞實。但這些都是希特勒所據以繼續行動的依據。納粹想利用溫莎公爵，並陰謀把他綁架起來然後利用他。這在德國外交部的祕密文件中有過透露，以後再做說明）。

這就是邱吉爾的主要立場。在倫敦顯然沒有一個人會夢想違反這個立場而簽訂和約，只保住英國而讓那些已被希特勒征服的國家永遠遭受奴役。但是柏林並不明白這一點。據我回憶，那年夏天，柏林的每一個人，尤其是威廉街和班德勒街的那些人，都深信戰爭幾乎已經過去了。

六月的整整下半個月和七月初，希特勒都在等待倫敦發來的消息，通知他英國政府表示認輸並準備簽訂和約。七月一日他對義大利的新任大使狄諾・阿爾非里（Dino Alfieri，這年五月，由於里賓特洛甫的指使，阿爾非里接替了阿托利科的職務）說，他「不能想像英國還有什麼人當眞相信能獲得勝利」[38]。最高統帥部仍然沒有準備任何繼續對英作戰的行動。

但是第二天，七月二日，最高統帥部終於發出了第一道關於繼續對英作戰的指令。這是一道猶豫不決的命令。

元首兼最高統帥已經決定：

如果能取得空中優勢並具備其他一些必要條件的話，登陸英國是可能的。開始登陸的日期還沒有決定。一切準備工作須立即開始。

希特勒對於這項軍事行動勁頭不大，他認為沒有必要採取這一行動，這反應在指令的最後一節：一切準備工作都必須在這樣的基礎上進行：入侵仍然僅僅是一個計畫，還沒有做出什麼決定[39]。

七月七日齊亞諾在柏林會見元首。他得到的印象是，這位納粹統帥很難下定決心。他在日記中記下了這一點：

他頗傾向於繼續作戰，用憤怒和鋼鐵的風暴襲擊英國。但最後決定還沒有做出，也正因為如此，他推遲了他的演說，據他自己說，他要權衡演說中每一個字的分量[40]。

七月十七日，希特勒開始在上薩爾斯堡召集他的軍事首領，聽取他們對於這個問題的意見。如果進攻英國，海軍就要負責運送入侵部隊渡海。雷德爾海軍元帥這一天和元首做了一次長談。他們之中誰也沒有興趣詳談這個問題——事實上，他們花了大部分時間討論是否要在挪威的特隆赫姆和納爾維克擴充海軍基地。

從雷德爾的會議祕密備忘錄判斷，最高統帥的心情是低沉的。他問這位海軍元帥是否認爲他計畫中的國會演說「會發生效果」[41]。雷德爾回答說，會發生效果，特別是如果在演說之前能對英國做一次「密集」轟炸。海軍元帥提醒他的上司注意，英國皇家空軍正對威廉港、漢堡和基爾等德國主要的海軍基地進行「破壞性的轟炸」，他認爲德國空軍應當立即動手對付英國。但在入侵的問題上，這個海軍總司令顯然很冷淡。他急切建議只能把入侵「當作迫使英國乞求和平的最後一著」：

雷德爾深信，只要用潛水艇作戰，空軍對護航隊進行襲擊，並在英國主要城市進行猛烈轟炸，以截斷英國的進口貿易，就能夠迫使英國求和。因此，海軍總司令（雷德爾）本人與在挪威戰爭中的態度不同，他不能贊成入侵英國。

於是這位海軍元帥就有關入侵的一切困難情況，做了長時間的詳細說明。這必然使希特勒感到非常氣餒。氣餒是不在話下的，但是也許也相信他的說法。因爲雷德爾報告說，「元首也認爲入侵是最後一著」。

兩天以後，七月十三日，將軍們到了貝希特斯加登（Berchtesgaden）山上的伯格霍夫，與最高統帥進行商談，他們發現英國人仍然使他感到難以理解。哈爾德在那天晚上的日記中寫道：「元首仍然一心在想英國爲什麼還不走和平的道路。」但是，現在他第一次開始明白其中的一個原因。哈爾德這樣寫道：

他和我們一樣看到，問題的答案在於英國仍然把希望寄託在俄國方面。因此他也認爲對英國將不得不用武力迫其求和，雖然這樣做是他所不願意的。道理在於：如果我們用武力擊潰英國，大英帝國就會分崩離析。但這對德國並沒有什麼好處。我們德國人流血犧牲得到一些勝利，但獲得實惠的只是日本、美國及其他國家。

同一天，七月十三日，希特勒寫信給墨索里尼，婉言謝絕義大利領袖派部隊和飛機幫助入侵英國。從這封信裡可以明白地看出，元首終於開始打定主意了。英國人性格特別，對他們用講道理的辦法是不行的。他寫道：

我已經向英國提出許多有關協商、甚至合作的建議，但是卻受到難堪的對待。因此，我現在深信再做任何理智的呼籲，都會遭到同樣的拒絕。因爲，現在統治那個國家的並不是理智……[42]。

三天以後，七月十六日，希特勒終於做出了決定。他發出了「準備在英國登陸作戰的第十六號指令」[43]。

極機密

由於英國不顧自己軍事上的絕望處境，仍然毫無妥協的意願，我已決定準備在英國登陸作戰，如

> 果必要，即付諸實施。這一作戰行動的目的，是掃蕩英國本土，避免它成爲對德作戰的基地，並且在必要時，全部予以佔領。
>
> 元首大本營，一九四〇年七月十六日

這個進攻的代號將是「海獅」（Sea Lion）。準備工作定在八月中旬完成。

「如果必要，即付諸實施。」雖然他在直覺上越來越強烈地感覺有採取行動的必要，但正如指令所表明的那樣，他並沒有十分肯定。七月十九日晚上，當希特勒在國會中站起來向英國提出最後一次和談建議的時候，「如果」這兩個字，仍然佔著重要的地位。這是他在國會所做的最後一次重要演說，也是筆者這幾年來在國會所聽到的許多演說中的最後一次。這也是他的最精彩演說之一。就在這天晚上，我寫下了關於這次演說的印象：

> 今晚我們在國會裡看見的希特勒，是一個征服者，他自己也感覺到是一個征服者；但他同時又是一個十分了不起的演員，是一個能自由操縱德國人心理的人。他把征服者的充分自信和的謙遜巧妙地揉合在一起（這種謙遜常常使群眾點頭心服，尤其當他們知道這是一個領袖人物時）。今晚他的聲音低了一些，很少像平常那樣大叫大嚷；他一次也沒有像我從前見到的那樣在這個講臺上歇斯底里地大聲叫喊。

不用說，他的長篇講演充滿了歷史的僞造和對邱吉爾個人的恣意攻擊。但與當時光輝燦爛的場面相形之下，語調是溫和的。目的是不僅想狡猾地贏得本國人民的支持，還想贏得中立國家人民的支持，同時還要給英國群眾一些值得考慮的東西。他說：

現在我從英國只聽到一個呼聲：戰爭必須進行下去！但這不是人民的聲音，而是政客的聲音。我不知道這些政客對於這場戰爭繼續下去會有什麼結果，是否有了一個正確的概念。他們的確宣布過，他們將繼續打下去，並且說即使英國滅亡了，他們也要到加拿大繼續進行戰爭。我不能相信他們的意思是說英國人民也將遷到加拿大去。大概是只有那些熱衷於把這個戰爭繼續打下去的紳士才遷到那裡去。恐怕人民將不得不留在英國，他們看待戰爭的角度，與那些要去加拿大的領導人鐵定不同。

請相信我吧，先生們，我對於這種毀滅整個國家的無恥政客，是深感嫌惡的。這些人早已把房屋糟蹋得東倒西歪了，而命運卻安排我來給予最後一擊，每想到這裡，我就感到十分難受……邱吉爾先生……無疑將會去加拿大，那些特別熱衷於戰爭的人們的金錢和子女早就送到加拿大去了。但是千百萬人民將開始遭受大災大難。邱吉爾先生這一次也許會相信我的預言：一個偉大的帝國——一個我從來也不想毀滅甚至不想傷害的偉大帝國，將遭到毀滅……。

對這個頑強的首相進行了這樣攻擊，並試圖對他和英國人民的關係進行挑撥離間後，希特勒接著開始談到這個長篇演說的中心問題：

現在，我覺得在良心上有責任再一次向英國和其他國家呼籲，應該拿出理智和常識來。我認爲我是有資格做這種呼籲的，因爲我不是乞求恩惠的被征服者，而是以理智說話的勝利者。

我看不出有繼續打下去的任何理由……（希特勒突然中止他的演說，向十二名將領授予陸軍元帥節杖並授予戈林一支特大號節杖，這時出現了一個在德國歷史上是空前精彩的場面。戈林獲得了德國新創的「大德意志帝國帝國元帥」的軍銜，這就使他位居於其他元帥之上。他還獲得鐵十字的大十字勳章，這在整個大戰期間只發過一次。哈爾德在這一批陸軍元帥授銜中沒有列進名單之內，他只被提升了一級，從陸軍中將升到陸軍上將。這種濫授陸軍元帥軍銜的做法——德皇在第一次世界大戰期間只在軍官團中授予五個人陸軍元帥的軍銜，甚至連魯登道夫〔Erich Ludendorff〕都沒有得到——無疑有助於防止將領中任何潛在的反對希特勒陰謀。而過去至少曾發生過三次企圖推翻希特勒的陰謀。希特勒於是用這種手腕，提升這麼許多將領爲元帥而貶低最高陸軍軍銜的價值，以此達到了這個目的，鞏固了他對這批將領的控制。提升爲陸軍元帥的有九名陸軍將領：布勞希契、凱特爾、倫德施泰特、波克、李布、李斯特、克魯格〔Günther von Kluge〕、維茨萊本和賴歇瑙。還有三個空軍軍官：米爾契、凱塞林和史培勒〔Hugo Sperrle〕）。

他沒有更明確地說下去。他對於和平條件沒有提出什麼具體建議，也沒有提到在被征服國家中納粹統治下的千百萬人民會面臨如何的命運。但是那天晚上，在國會裡幾乎沒有人認爲有必要在這個時候詳細地說明。在會議結束的時候，我曾與許多文武官員混在一起，他們之中沒有一個人有絲毫的懷疑，都認爲英國一定會接受元首的建議。他們眞的相信，元首的建議是十分寬大的，甚至是豪爽的。但是，他們是不會長期受騙下去的。

我直接驅車到廣播大廈，把這篇演說用無線電報告到美國去。剛到廣播電臺，就聽到倫敦英國廣播公司的德語廣播。還不到一小時，英國就答覆希特勒了。回答是一個堅決的「不！」（邱吉爾後來說，這個對希特勒的和平建議立即的、毫不客氣的拒絕，是「英國廣播公司在收聽到希特勒的演說以後立即表示的，它並沒有得到英國政府的任何提示」。見邱吉爾：《他們最美好的時刻》〔*Their Finest Hour*〕，頁二六〇）。

從最高統帥部來的下級軍官和從各部來的官員們，正圍坐在屋子裡，全神貫注地傾聽著。他們的臉變了色，不能相信自己的耳朵。「你說這是怎麼一回事？」有一個人大聲問我。他好像被弄得莫名其妙了。「你能理解那些英國傻瓜嗎？」他繼續大聲說：「現在還拒絕和平？他們發瘋了！」

同一天晚上，義大利外相齊亞諾在柏林聽到某些人對於「發瘋」的英國人的反應，這些人的身分地位比我接觸的還要高（齊亞諾在德國國會開會期間，舉止活像一個丑角。每當希特勒停下來歇一口氣的時候，他就像一個彈簧玩具人一樣，突然站起來行法西斯敬禮。我也注意到吉斯林，一個小眼睛的矮個子，縮在樓廳角落的一張座位上。他到柏林來是爲了向元首請求恢復他在奧斯陸的權勢）。他在日記裡寫道：「深夜，當英國人對於演講的第一個冷冰冰的反應傳來的時候，在德國人中間蔓延著一種掩蓋不住的失望情緒。」據齊亞諾說，墨索里尼的反應則恰恰相反：

他說這是「一個十分狡猾的講演」。他擔心英國人會從這裡找到開始談判的藉口。這對於墨索里尼是可悲的，因爲他現在比任何時候都更希望戰爭[44]。

正如邱吉爾後來所說，墨索里尼「其實不必擔憂。不管他要想打什麼仗，沒有人會拒絕他的」[45]。

那天晚上我在日記裡寫道：「作爲團結德國人民對英國作戰的一種策略，希特勒的演說是一篇傑作。因爲德國人民現在會說：『希特勒向英國建議和平，並且不附帶什麼條件。他說他看不出有把這場戰爭進行下去的任何理由。如果戰爭進行下去，那是英國的過失。』」

在發出了準備入侵英國的第十六號指令的第三天，他發表了這個演說，主要原因難道不就在於這個嗎？他在事前就向兩個義大利人阿爾非里和齊亞諾私下承認了這一點。七月一日他告訴大使：

……使德國和外國的輿論認爲事件未來發展的責任，完全在於敵人方面，這總是一種很好的策略。這樣就可以增強自己的鬥志，打擊敵人的士氣。德國正在計畫中的軍事行動是要做出重大犧牲的……因此，我們必須使輿論相信，爲了避免這種慘禍，已經做了一切努力……。

他在十月六日的演說中（當時他向西方建議在波蘭戰爭結束的時候談和），同樣地爲這樣的思想所支配：把一切後果都推給對方負責。這樣，在戰爭眞正開始以前，他似乎就已經取得了勝利。現在他爲了心理上的理由，又想鼓勵士氣，以迎接行將採取的行動[46]。

一週以後，七月八日，希特勒對齊亞諾透露：

他要再做一次表示，以便在戰爭必須繼續下去的時候——他認爲這可能才是眞正要擔心的問題——他可以在英國人民中取得心理上的效果……也許，透過對於英國人民的巧妙呼籲，有可能使英國政府在英國更加孤立[47]。

這並沒有證明是可能的。七月十九日的演說，打動的是德國人民，而不是英國人民。七月二十二日，哈利法克斯勳爵在廣播中正式拒絕了希特勒的和平建議。這雖然是意料之中的事，但是使威廉街多少受到一些震動。我在那天下午，看到那裡許多人都是滿面怒容。政府發言人告訴我們：「哈利法克斯勳爵已拒絕接受元首的和平建議。先生們，將要打仗了！」

說起來容易，做起來難。事實上，希特勒和最高統帥部以及陸、海、空軍的參謀總部都沒有認眞考慮過同英國的仗怎麼打和怎麼取得勝利。現在，在一九四〇年仲夏，他們對自己輝煌的成就感到不知所措；他們沒有什麼計畫，更談不上想利用他們這個軍事化國家的空前軍事勝利。這是第三帝國的最大矛盾之一。希特勒已達到他軍事力量的頂峰。歐洲大部分的土地都在他的踐踏之下。他的勝利軍隊從庇里牛斯山直到北極圈，從大西洋直到維斯杜拉河以東，現在在養精蓄銳，準備下一步的行動。但是也正在這個時候，他卻不知道怎樣繼續行動，怎樣使戰爭勝利結束。他的將領們也同樣不知道（其中有十二個還授予了陸軍元帥的節杖）。

當然，這裡是有原因的，不過當時我們並不清楚罷了。德國人儘管自吹有軍事天才，但是缺乏雄才大略的戰略思想。他們的天地只限於——而且常常如此——在歐洲大陸進攻鄰國的陸上戰爭（希特勒自己怕海，他有一次對倫德施泰特說：「我在陸地上是英雄，但在水上卻是懦夫。」見許爾曼：《西方的潰敗》，頁五〇）而他手下的重要軍事將領，對海則幾乎一竅不通。他們的心上只有陸地，沒有海洋。雖然，德國軍隊只要能抓得到英國陸軍，他們就能在一週之內擊潰英國軟弱無力的陸軍，但是，當壯麗的夏天開始消逝時，把他們隔開的多佛（Dover）海峽狹窄的水面——狹到可以看清對岸，卻像一個他們不知如何才能越過的障礙一樣，使他們惴惴不安。

自然，在德國人面前，還有另一個選擇途徑。他們可以和他們的盟國義大利橫渡地中海，西取地中海的門戶直布羅陀，東從義大利在北非的基地直趨埃及，跨過蘇伊士運河而至伊朗，截斷英帝國的一個主要生命線，以此來搞垮英國。但這就需要遠離本國基地，在海外廣大地區進行軍事行動，而在一九四〇年，這對德國似乎是無法想像的。

因此，在這目眩頭暈的勝利頂峰，希特勒和他的將領們猶豫不決了。他們沒有策畫下一著，也沒有想出走下一步的辦法。事實證明，這個致命的疏忽，是這場戰爭巨大轉折點之一，而且也扭轉了第三帝國短促的生命和希特勒曇花一現的事業。他們在取得了許多偉大的勝利之後，現在失敗開始了。但是，當然，這是難以預見的，因爲當時在圍困之中的英國正在孤軍堅持作戰，爲了準備應付德軍在夏末的進攻，把手頭一切可以使用的力量都用上了。

第二十二章　海獅計畫：入侵英國的失敗

德國最高統帥部作戰局局長約德爾將軍在一九四〇年六月三十日寫道：「德國對英國的最後勝利，現在只是一個時間問題，敵人再也不可能進行大規模的進攻作戰了。」

希特勒寵信的這個戰略家感到信心十足，頗爲自滿。法國在一週前已經投降，丟下英國單獨作戰，顯然已孤立無援。六月十五日，希特勒通知將領們，他要讓一部分陸軍軍人退伍——從一百六十個師減到一百二十個師。哈爾德在那一天的日記裡寫道：「這一措施所根據的假定是，陸軍的任務已經完成。空軍和海軍將單獨擔負起對英作戰的任務。」

事實上，陸軍對於對英作戰並不感興趣。元首自己對此也並不怎樣關心。六月十七日，約德爾的副手瓦爾特·華里蒙特（Walter Warlimont）上校通知海軍說：「關於登陸英國的問題，元首……至今還沒有表示過有這種意圖……因此，最高統帥部直到現在還沒有完成任何準備工作。」[1] 四天以後，六月二十一日，就在希特勒步入貢比涅停戰談判車廂使法國人受辱的時候，海軍接到通知說：「陸軍參謀總部對於英國問題並不感興趣。它認爲不可能實施這種行動。它不知道怎麼能從南部地區採取行動……參謀總部反對這個行動。」[2]

在德國陸海空三軍中，沒有一個有才能的戰略家知道如何進攻英國，雖然，首先是讓海軍對這個問題有所考慮，這也是很自然的事。早在一九三九年十一月十五日，當希特勒枉費心機地試圖鼓勵他的將軍們在西線進攻的時候，雷德爾就曾指示海軍作戰參謀部研究一下「入侵英國的可能性，如果戰爭繼續發展下去，某些條件具備了，這種可能性會日漸增加」[3]。德國的軍事參謀部被要求對這種軍事行動進行研究，這在歷史上還是第一次。雷德爾所以採取這一步驟，看來好像主要是因為他想免得他變幻莫測的領袖會突然亂出主意。這件事情是否和希特勒商量過，或者他是否知情，沒有記錄可以查考。希特勒當時所想到的充其量不過是在荷、比、法取得機場和海軍基地，以便加強對不列顛群島的封鎖而已。

到一九三九年十二月，陸軍和空軍總司令部對入侵英國的問題，也曾做過一些研究。陸海空三軍曾互相交換一些非常含混的意見，但並沒有什麼結果。一九四〇年一月，海軍和空軍拒絕了陸軍提出的計畫，認為它不現實。海軍認為，這個計畫沒有把英國的海軍力量估計在內；空軍則認為它把英國皇家空軍估計過低了。空軍參謀總部在給陸總的公函中說：「總之，必須放棄以在英國登陸作為目標的聯合作戰計畫。」[4]後來，正如我們將要談到的，戈林和他的副手們卻要採取一種完全相反的觀點。

在德國的文件記錄裡，第一次提到希特勒認為有可能進攻英國的是在五月二十一日，就是裝甲部隊在阿布維爾打到海岸的這天。雷德爾和元首「私下」討論了「將來在英國登陸的可能性」。這個情報來源是海軍元帥雷德爾[5]。雷德爾的海軍沒有分享到陸、空軍在西線獲得驚人勝利的光榮，因此，他當然也要找尋門路使自己的海軍獲得光彩。但希特勒卻在考慮北邊的圍攻戰和當時正在南邊形成的索姆戰線。除了這兩個緊急任務，他沒有再讓別的任務來使他的將領們傷腦筋。

但是海軍軍官無事可做，仍在繼續研究進攻英國的問題。到五月二十七日，海軍作戰參謀部作戰處處長弗立克（Wilhelm Frick）海軍少將提出了一個新的計畫，叫做「英國研究」。初步的準備工作，如集中船舶和建造登陸艇，都已經開始了。德國海軍當時連一艘登陸艇都沒有。在這一方面，經濟學怪物費德爾（Gottfried Feder）博士提出一個叫做「戰爭鱷魚」的計畫（此人在慕尼黑早期時代曾幫助希特勒草擬過黨綱，現在在經濟部擔任國務祕書，他的種種奇怪主意在那裡毫無用武之地）這是一種用水泥製成的自動推進駁船，可以裝載全副武裝的兩百人連隊，或者裝幾輛坦克，或者幾門大炮，登上任何海灘，掩護登陸的部隊和車輛。海軍司令部非常重視這個計畫，甚至哈爾德也很重視。他曾在日記裡提到過。六月二十二日希特勒和雷德爾也曾詳細討論過這個計畫。但結果並沒有下文。

快到六月底的時候，那些海軍將領們，對於進攻不列顛群島的問題似乎並沒有得出什麼結論。六月二十一日，希特勒在貢比涅露面以後，曾和一些老友到巴黎做過一次短暫的遊覽，他在榮軍院（Les Invalides）看了拿破崙墓。他對他的忠實攝影師海因里希·霍夫曼（Heinrich Hoffmann）說：「那是我一生中最偉大、最美好的時刻。」同時也參觀了戰場——是第一次大戰的，而不是這次大戰的戰場。他曾在這裡當過傳令兵。同他一起去的是他當時那厲害的班長馬克斯·阿曼（Max Amann，現在已成了擁有百萬財富的納粹出版商）。他對戰爭的未來發展，特別是怎樣繼續對英作戰，似乎並不怎麼關心，也許只是因爲他認爲這件小事已經解決，因爲現在是英國恢復「理智」而求和的時候了。

希特勒直到六月二十九日才回到他在坦能堡新建立的大本營去，它坐落在「黑色森林」中的弗洛伊登斯塔特（Freudenstadt）西面。第二天，他又回到現實中來，閱讀了約德爾所寫的關於下一步怎麼辦的報告，反覆思考著問題。這個報告的題目是〈繼續對英作戰〉[6]。雖然約德爾對希特勒的天才的盲信，在最高統帥部中僅次於凱特爾；但在他一人獨自思考問題的時候，他往往是一個精明的戰略家。但是他現在卻和最高統帥部中的一般看法一樣，認爲戰爭已經贏定了，差不多要結束了。如果英國還沒有認識到這一點，那必須要再用一點武力來提醒它。爲了「圍困」英國，他在報告中建議採取三個步驟：加強德國空軍和海軍對英國船舶、倉庫、工廠和皇家空軍的打擊；「在居民集中的地方，進行恐怖轟炸」；「部隊登陸，以佔領英國爲目的」。

約德爾認爲，「對英國空軍的作戰應當佔最優先的地位」。但是他認爲，就整個來說，進攻英國空軍也如其他方面的進攻一樣，進行起來不會有什麼困難：

> 食品供應標準的不斷降低，加上宣傳影響和宣布作爲報復手段的定期恐怖轟炸，將麻痺並最後瓦解人民的抗戰意志，從而強迫他們的政府投降。

至於登陸：

> 只能在德國獲得制空權以後才可考慮。因此，登陸絕不能以軍事征服英國爲目的，這一個任務可以交給空軍和海軍。登陸的目的，是對經濟上已經陷於癱瘓再也沒有能力進行空戰的英國進行致命的打擊（約德爾還曾暗示有「擴大戰爭範圍」的可能性——就是說，不僅要義大利，而且還要日本、西

班牙和俄國都來幫助進攻英帝國)。

但是，約德爾也認爲，所有這些或許都是不必要的：

因爲英國打下去再也不是爲了取得勝利，而只不過是爲了保持自己的屬地和世界威望。因此，根據各種情況判斷，在看到現在還可以用相對較小的代價就能夠保持它們的時候，它一定會同意和平解決。

這也是希特勒的想法，他於是立即準備在國會做和平演說。與此同時，正如前面所說，他也命令(七月二日)制定一些登陸的初步計畫，到七月十六日，當倫敦沒有做出什麼「理智」的答覆時，他就發出關於海獅計畫的十六號指令。經過了六個多星期的遲疑以後，他終於決定「如有必要」就進攻英國。希特勒和他的將領們終於開始明白(但時間已晚)，這一場大戰不是沒有危險的，要取得勝利，全靠空軍和海軍能否勝過遠佔優勢的英國海軍和不可輕視的空軍而爲陸軍開道。

「海獅」是一個認眞的計畫嗎？當初是認眞地要求貫徹執行嗎？

直到今天還有許多人做這樣的懷疑。而他們的這種意見，也由於德國將領在戰後的齊聲否認而顯得有力起來。當時指揮這次入侵的倫德施泰特，在一九四五年對盟國的提審人員說：

入侵英國的計畫完全是胡來，因爲沒有足夠的船隻……我們把整個事情看作是開玩笑，因爲我們的海軍沒有力量掩護渡海或運輸增援部隊，入侵顯然是不可能的。如果海軍失敗了，空軍也沒有能力擔當起這些任務……我總是十分懷疑這整個事情……我覺得元首從來沒有眞的要打算入侵英國。他根本沒有過足夠的勇氣……他肯定希望英國會求和……[7]。

倫德施泰特的作戰處長布魯門特里特在戰後也曾向利德爾．哈特表示過同樣的看法。他說：「我們彼此談論到它（海獅）的時候，把它當作是一種虛張聲勢」[8]。

這年八月中旬，我自己曾在英吉利海峽度過了幾天，從安特衛普到布隆，來來去去尋找入侵部隊。八月十五日，在加萊和格里斯－尼茲角（Cap Gris-Nez），我們看見幾群德國轟炸機和戰鬥機通過海峽上空，向英國飛去，後來才知道它們是進行第一次大規模空襲。雖然空軍顯然是在全力出動，但後方缺乏船隻，尤其在港口、運河和內河都缺乏駁船。這就給我一個印象：德國的確是在虛張聲勢。就我所知，他們根本沒有運送軍隊渡過海峽的工具。

但是一個採訪記者在一場戰爭中，是看不到多少東西的。現在我們知道德國人到九月一日才開始把準備入侵的艦隊集中起來。至於將領們，任何一個讀過他們口供或在紐倫堡審判中聽過他們受盤詰的人，都知道對他們戰後的證詞是要打折扣來聽的。甚至像利德爾．哈特這樣精明的軍事評論家，也常常疏忽了這一點。這樣的疏忽使他的《德國將領談話錄》一書有了美中不足之處。他們的確談過話，但談話時並不總是記性很好，或者態度很老實的。人的記憶力到底是很靠不住的，德國將領們也不例外。同時，他們還有許多其他的打算。其中最主要的就是把希特勒的軍事領導才能說得一錢不值。的確，他們在回憶錄中，在口供中和證詞中不厭其煩地加以說明的主要論調不外是：如果讓他們來做決定，希特勒就不可能把第三帝國弄到一敗塗地。

對於他們說來是不幸的，但對於後代和眞理卻很幸運的是：大批德國的軍事祕密檔案使我們清楚看到，希特勒在一九四〇年初秋的侵英計畫是非常認眞地制定出來的，而且，儘管多次猶豫不決，但只要有一點成功的機會，這位獨裁者就要認眞地付諸實施。這個計畫的最後命運，不是決定於缺乏決心或努力，而是決定於戰爭的運氣，這種運氣現在第一次對他不利了。

七月十七日，即發布準備入侵的第十六號指令後一天，也是元首在國會發表「和平」演說前兩天，陸軍總司令部就部署了執行海獅計畫的部隊，並且命令十三個精銳師開到海峽沿岸的出擊地點，以便作爲頭一批登陸部隊。同一天，陸軍總司令部完成了詳細的計畫，準備在英國南部海岸廣闊的前線登陸。

正如法國戰役一樣，執行主要進攻任務的是A集團軍司令倫德施泰特陸軍元帥。恩斯特·布希（Ernst Busch）將軍第十六軍團的六個步兵師從加萊海峽乘船進攻拉姆斯蓋特（Ramsgate）和貝克斯希爾（Bexhill）之間的海灘。施特勞斯（Adolf Strauss）將軍第九軍團的四個師從勒哈佛地區（Le Havre）橫渡海峽，在布萊頓（Brighton）和懷特島（Isle of Wight）之間登陸。再往西一點的地方，有賴歇瑙陸軍元帥第六軍團的三個師（屬波克陸軍元帥的B集團軍）從瑟堡半島（Cherbourg）出發，將在威茅斯（Weymouth）和萊姆里傑斯（Lyme Regis）之間的萊姆灣（Lyme Bay）上岸。總共九萬人組成了第一批登陸部隊；陸軍總司令部計畫到第三天總共登陸二十六萬人。空運部隊將在萊姆灣（Lyme Bay）和其他地區著陸，以做增援。一支不少於六個裝甲師的裝甲部隊，由三個摩托化師支援，將作爲第二批。計畫在幾天之內，將總共登陸三十九個師和二個空運師。

他們的任務如下：在取得橋頭堡以後，東南方A集團軍的各師部隊將推進至第一目標，即在格拉夫森（Gravesend）和南安普敦之間的一線。賴歇瑙的第六軍團將北進至布里斯托（Bristol），切斷德文（Devon）和康沃爾（Cronwall）。第二個目標是東海岸泰晤士河口之北的馬爾頓（Maldon）與塞汶河（Severn）之間的一線，以封鎖威爾斯。大約在德國人達到他們第一個目標的時候，預計將會「與強大的英軍發生大戰」。但大戰必然會馬上取勝，倫敦將被包圍，這時德軍就繼續向北推進[9]。布勞希契在七月十七日對雷德爾說，整個戰役將於一個月內結束，並且是比較容易的事[10]。

德國情報機關在整個七、八、九三個月的時間中，對英國陸軍的實力估計過高，大約多估了八個師。七月初德國參謀總部估計英國具有「戰鬥價值」的部隊可能有十五個到二十個師。實際上，這時英國有二十九個師，但是有很大「戰鬥價值」的，不超過六個師，因爲他們實際上沒有裝甲車和大炮。但與當時普遍流行的而且直到今天還有人這樣看的看法相反，英國陸軍在九月中旬可與當時德國部署入侵第一批的部隊勢均力敵。那時候，它可有十六個訓練有素的師（其中有三個裝甲師），用以抵禦南海岸的襲擊，而在泰晤士河至沃希河（Wash）的東海岸則有四個師和一個裝甲旅。這表明，在敦克爾克潰敗之後，英軍的力量已經有了顯著的恢復。這次潰敗曾使英國在六月間處於在陸上毫無抵抗能力的狀況。英國關於德國計畫的情報是有嚴重缺點的。而在入侵威脅最初三個月的情報，則幾乎完全錯誤。整個夏天，邱吉爾和他的軍事顧問都一直認爲德國人將在嘗試在東海岸登陸，因此九月以前，大部分英國地面部隊都集中在這裡。

但雷德爾和海軍總司令部對此感到懷疑。在這樣一條廣闊的戰線上進行這樣大規模的戰鬥——從拉姆斯蓋特至萊姆灣延伸了兩百多英里——是完全超出德國海軍的運輸和掩護能力。兩天以後，雷德爾向最高統帥部報告了這一點。七月二十一日，當希特勒召集他、布勞希契和耶舒恩內克將軍（Hans Jeschonnek，空軍參謀總長）在柏林開會的時候，他再次提出這一點。元首對於「英國當時的情況」還是不清楚。他承認海軍的困難，但強調盡快結束戰爭的重要意義。他說，入侵英國須用四十個師，並且「主要戰役」一定要在九月十五日以前結束。從總體來看，這位統帥非常樂觀，儘管邱吉爾在這個時候拒絕響應他的和平呼籲。

哈爾德記錄希特勒的話說：「英國的處境是沒有希望的。我們已經贏得了這場戰爭。成功的前景不可能被扭轉過來。」[11]

可是，在強大得多的英國海軍和還很活躍的敵人空軍面前，要把一支大軍送過白浪滔天的海峽，海軍面對著這樣嚇人的任務並沒有多大把握。七月二十九日，海軍作戰參謀部起草了一份備忘錄，主張「不要在今年進行作戰」，並且建議：「至一九四一年五月或者更晚一些時候再做考慮。」[12]但是，希特勒卻堅持要在一九四〇年七月三十一日考慮這個問題。那一天他再度召集了他的軍事首腦，這一次開會地點在他的上薩爾斯堡別墅。出席會議的除了雷德爾以外，還有代表最高統帥部的凱特爾和約德爾，以及代表陸軍總司令部的布勞希契和哈爾德。現在當上了海軍元帥的雷德爾，說話最多。他並不是抱很大希望。

他說，九月十五日將是開始執行海獅計畫的最早日期，並且說，只有屆時沒有「由於天氣或者敵人的原因而出現不測的情況」，才開始執行。當希特勒問到天氣問題的時候，雷德爾就發表了長篇大論的講話，說得越來越雄辯有力，而且說得相當可怕。他解釋說，海峽和北海的天氣，除了十月上半月以外，「一般都是惡劣的」。十月中開始有薄霧，到月底就有濃霧了。但這只是天氣問題的一部分。他說，「只有海上風平浪靜，才能夠執行作戰計畫」。如果波濤洶湧，駁船就會沉沒，甚至大船也將無能為力，因為它們不能卸下補給品。這位海軍元帥在考慮到未來時，愈來愈悲觀。他繼續說：「即使第一批部隊在天氣有利的條件下渡海成功，還是不能保證第二批第三批部隊，也能夠有同樣有利的天氣……事實上，我們必須認識到，在一些港口可供利用之前，有好幾天是不能運送比較大量的物資。」

這種情況就會使得陸軍陷入困境：他們會被擱在海灘上，沒有補給，也沒有援軍。雷德爾現在談到了海軍和陸軍之間的主要分歧。陸軍需要一條從多維爾海峽到萊姆灣的廣闊戰線。但預料英國海空軍必將進行強大反擊，在這種情況下進行這樣規模的作戰，海軍根本提供不出所需的船隻。因此，雷德爾強烈地主張縮短戰線——只能從多維爾海峽到伊斯特本（Eastbourne）。這位海軍元帥有力的結論是留在最後說的。

「從一切情況考慮，」他說：「最有利的作戰時間將是一九四一年五月。」

但希特勒不願等待那麼久。他承認，對於天氣，他們自然沒有什麼辦法可想。但他們也不能不考慮坐失時機的後果。德國海軍到來年春天也仍然不會是英國海軍的對手。而英國陸軍在目前這個時候卻是微不足道的。如果給英國陸軍八個月到十個月的時間，它就將有三十至三十五個師的兵力，擺在預定入侵的有限地區，就成了可觀的力量了。因此，他做出如下的決定（根據雷德爾和哈爾德兩人所做的祕密記錄）[13]：

應該考慮在非洲進行牽制戰。但是只有對英國進攻才能獲得決定性的結果。因此必須設法為一九四〇年九月十五日開始的作戰行動進行準備工作……至於這次作戰行動是在九月進行，還是推遲到一九四一年五月進行，將在空軍對英國南部進行一個星期的密集轟炸之後做出決定。如果空襲的效果很好，敵人的空軍、港口和海軍等等遭受重創，那麼海獅計畫將在一九四〇年進行。否則將推遲到一九四一年五月。

現在一切取決於德國空軍了。

因此，希特勒在第二天，即八月一日，從最高統帥部發出了兩個指令，一個由他本人簽字，另一個由凱特爾簽字。

極機密

關於對英進行海空作戰的第十七號指令

爲了爲最後征服英國創造必要的條件，我打算對英國本土繼續進行比過去更加猛烈的海空戰爭。爲此目的，我發布如下命令：

一、德國空軍應盡快以其所有的力量打敗英國空軍……。

二、在獲得暫時的或局部的空中優勢之後，應對港口，特別是對與糧食供應有關的設施進行空襲……對英國南部沿海港口的襲擊應在盡可能小的規模上進行，以利於我們所計畫的作戰行動……。

四、空軍主力應整裝待命，準備參加海獅計畫。

五、關於以恐怖空襲作爲報復手段，由我做最後決定。

六、可以於八月六日或在這個日子以後開始加強進行空戰……海軍已授權同時開始加強進行計畫中的海戰。

阿道夫・希特勒
元首大本營一九四〇年八月一日[14]

同日由凱特爾代表希特勒簽署的指令的部分內容如下：

極機密

海獅計畫

海軍總司令於七月三十一日報告，爲「海獅」進行的必要準備工作不能在九月十五日以前完成，因此元首命令：

陸軍和空軍應繼續進行海獅計畫的準備工作，並在九月十五日以前完成。

計畫在八月五日前後開始對英國進行空中攻勢，在發動這次攻勢之後八天到十四天內，元首將決定是否在今年發動入侵；他的決定在很大程度上將取決於空中攻勢的結果……。

儘管海軍警告說它只能保證防衛一條狹長的海岸地帶（最西到伊斯特本），但仍應按原定計畫爲在廣闊基礎上進行的攻擊繼續進行準備工作……[15]。

上面最後一段話，只能加劇陸軍和海軍之間在進攻戰線應長應短的問題上爭吵。兩星期以前，海軍作戰參謀部曾估計，為了滿足陸軍在第一次進攻中的要求，運送帶著裝備和補給的十萬人從拉姆斯蓋特到萊姆灣這條兩百英里長的戰線上登陸，需要徵集一千七百二十二艘駁船、一千一百六十一艘汽艇、四百七十一艘拖輪和一百五十五艘運輸船。雷德爾於七月二十五日對希特勒說，即使聚集這樣大量的船隻是可能的，也將破壞德國的經濟，因為調走那麼多的駁船和拖船，將摧毀國家經濟，破壞其所依賴的整個內河運輸[16]。雷德爾表明，要保護在這麼長的戰線上負責補給的船隊，使其不受英國海軍和空軍的攻擊，無論如何是德國海軍能力所不及的。海軍作戰參謀部一度還警告陸軍，如果陸軍堅持很長的戰線，海軍可能喪失全部船隻。

但是陸軍仍然堅持它的主張。由於過高估計英國的力量，陸軍認為在一條短短的戰線上登陸，將使進攻部隊遭到「佔優勢的」英國陸軍的攻擊。八月七日，當哈爾德碰到海軍作戰參謀長施尼溫（Otto Schniewind）海軍上將時，這兩個軍種之間攤牌了，發生了一場尖銳的激烈衝突。陸軍參謀總長通常是很平心靜氣的，這時他發火說：「我完全不同意海軍的建議。從陸軍觀點看來，我認為這簡直是自殺。我還不如把登上陸的軍隊直接放進絞肉機裡去！」

根據海軍作戰參謀部的會議記錄，施尼溫回答說，「鑒於英國海軍的優勢」，如果像陸軍所希望的那樣，試圖為那樣長的戰線運送軍隊，也將「同樣是自殺」。

在哈爾德那天晚上的日記裡，他並沒有像上面那樣記載自己的話。但是他說，「雙方談話只不過肯定了一個無可彌補的分歧」。他說：海軍「害怕英國遠洋艦隊」，並且堅持認為德國空軍不可能對付這種危險。顯然，這時德國海軍——如果不是陸軍的話——對戈林空軍的打擊力量不抱什麼幻想。

這是一個極為嚴重的左右兩難局面。如果試圖用大量軍隊來部署一條很長的戰線，那麼德國的全部遠征軍可能被英國海軍擊沉於海底。如果用較少的軍隊開闢一條短短的戰線，那麼入侵部隊又可能被英國陸軍趕到海裡。八月十日，陸軍總司令布勞希契通知最高統帥部說，他「不能同意」在福克斯頓（Folkestone）和伊斯特本之間進行登陸。但是他仍然表示願意，雖然「很勉強」，放棄在萊姆灣登陸，以便縮短戰線，遷就海軍的意見。

固執己見的海軍將領們並不以此爲滿足。他們謹愼和堅決的態度開始對最高統帥部發生了影響。八月十三日，約德爾草擬了一份評估形勢的文件，規定了海獅計畫取得成功所需要的五個條件。陸軍和海軍將領們看來對這些條件一定感到荒唐可笑，如果他們的左右爲難境地不是那樣嚴重的話。他說，第一，應從南海岸把英國海軍消滅；第二，應當從英國上空把皇家空軍消滅。其他條件規定要以大量軍隊迅速登陸，而其規模和速度顯然不是海軍力量所能做到的。如果這些條件不能實現，他認爲登陸「就是一個只有在萬不得已的局勢下才應採取的萬不得已的行動，但是我們目前沒有理由採取這種行動」[17]。

如果說海軍的擔心正擴大到約德爾，那麼最高統帥部這位作戰局局長的猶豫不決也在影響希特勒。在整個戰爭期間，元首對約德爾要比對沒有骨氣、頭腦遲鈍的最高統帥部長官凱特爾更加倚仗得多。因此這就難怪，當雷德爾八月十三日在柏林會見最高統帥並要求就戰線長短做出決定時，希特勒便傾向於同意海軍所主張的較小規模行動。他答應在第二天會見陸軍總司令以後做出明確的決定[18]。希特勒於十四日聽取了布勞希契的意見之後，終於做出了決定。十六日，由凱特爾簽署的一項最高統帥部指令說，元首已決定放棄原定由賴歇瑙第六軍團執行的在萊姆灣登陸的計畫。關於九月十五日在比較短的戰線上登陸的準備工作仍要繼續進行，但是現在元首自己的懷疑第一次在祕密指令裡出現了。這項指令又說，「在局勢明朗以前將不發出最後命令」。然而新命令多少是一種妥協。因爲那一天發出的另一項指令就擴大了這個較長的戰線：

橫渡海峽主要在較短的戰線上進行。但同時要用四千到五千人的軍隊乘汽艇在布萊頓登陸，並且空運同樣數目的傘兵在迪爾（Deal）—拉姆斯蓋特著陸。此外，在登陸前一日，空軍將對倫敦進行猛烈轟炸，這將使居民逃離這個城市，從而堵塞道路[19]。

儘管哈爾德八月二十三日用速記在日記裡草草寫道，「在這個基礎上，今年進行攻擊沒有成功希望」，但是八月二十七日由凱特爾簽字的一項指令，仍然制定了最後的計畫，打算在福克斯頓和塞爾西比爾角（Selsey Bill，在普茲茅斯〔Portsmouth〕東面不遠）之間南部海岸的四個主要地區進行登陸，而且和以前一樣，第一個目標是，一俟灘頭陣地連成一片、組織起來，軍隊能夠向北進攻之後，便立即推進到從普茲茅斯到倫敦以東泰晤士河上的格拉夫森一線。同時還下令準備好進行若干迷惑性的調動，其中主要的是「秋季旅行」（Herbstreise），計畫對英國東海岸進行大規模的佯攻。前面已說過，邱吉爾和他的軍事顧問們仍在預料主要的入侵將在東海岸。爲此目的，在登陸前兩天，將從挪威南部一些港口和黑爾格蘭灣（Heligoland Bight）駛出包括德國最大郵船歐羅巴號和不來梅號在內的四艘大郵船和十艘運輸艦，由四艘巡洋艦護航，開往亞伯丁（Aberdeen）和紐卡索（Newcastle）之間的英國海岸。運輸艦隻都是空船，天黑以後便全部返航，第二天再進行同樣的調動[20]。

八月三十日，布勞希契發出一份詳盡的登陸指示，但是收到這項指示的將領們必然懷疑，這位陸軍首腦現在對登陸這件事究竟有多大的熱忱。他把這項指示叫做《關於海獅計畫準備工作的指示》——他前已下令這個計畫必須在九月十五日以前執行，如今才發出準確的命令未免太晚了。他還說，「執行這一計畫的命令取決於政治局勢」——這個條件必然使不懂政治的將領們感到大惑不解[21]。

九月一日，船隻開始從德國北海一些港口向英吉利海峽上一些出航港口移動。兩天後，九月三日，最高統帥部又發出一項指令：

> 進攻艦隊啓航的最早日期已定爲九月二十日，登陸的最早日期已定爲九月二十一日。
> 發動攻擊的命令將在登陸前十天下達，因此大概在九月十一日。
> 最後的命令至遲將在登陸前三天的中午下達。
> 一切準備工作在預定開始行動前二十四小時仍然有取消的可能。
>
> 凱特爾[22]

這個指令看起來好像挺認眞，但是文字是靠不住的。九月六日，雷德爾和希特勒又舉行了一次長時間的會議。這位海軍元帥當晚在海軍作戰參謀部的日記上寫道：「元首關於在英國登陸的決定仍然沒有確定，因爲他堅信，甚至不『登陸』也能把英國打敗。」實際上，雷德爾關於這次會談的長篇記錄表明，元首在長時間的談話中幾乎談到了所有的問題，就是沒有談「海獅」。他談到挪威、直布羅陀、蘇伊士、「美國問題」、法國一些殖民地的處理以及關於建立「北德意志聯邦」等異想天開的想法[23]。

關於這次值得注意的會議，如果邱吉爾和他的軍事首腦們聽到了一點點風聲，那麼也許就不會在第二天（九月七日）晚上在英國發出「克倫威爾」（Cromwell）這個代號。這個代號表示「入侵在即」，它引起了莫大混亂；它使英國國民警衛隊不斷敲著教堂的鐘，使皇家工兵炸毀了好幾座橋樑，並使一些人由於誤觸匆忙埋設的地雷而遭到不必要的傷亡。邱吉爾說，他和他的參謀長們都不「知道」這個決定性的代號「克倫威爾」已經發出。它是由國內駐防軍總部發出的（見《他們最美好的時刻》，頁三一二）。但是四天以後，九月十一日，首相在廣播中確曾發出警告：如果他們要進行入侵，他們不會「長期推遲下去」。他說：「因此，我們必須把下一週左右的時間視爲我們歷史上很重要的時期。它可以同以下這些日子相比：西班牙艦隊接近英吉利海峽的時候，德雷克（Francis Drake）正在打完他滾球戲的時候（編按：德雷克是十六世紀英國航海英雄，當西班牙艦隊來犯時，他從容地說先等他的滾球遊戲結束），或者納爾遜（Harotio Nelson）站在我們和拿破崙在布隆的大軍之間的時候。」

但是在九月七日星期六傍晚，德國人用六百四十八架戰鬥機掩護著六百二十五架轟炸機，開始對倫敦進行首次大規模轟炸。這是到那時爲止對一個城市進行最猛烈的空襲——對比之下，華沙和鹿特丹遭到的轟炸就像小巫見大巫一樣——那天黃昏，這個大城市的整個碼頭地區成了一片火海，在它南面，對防禦入侵十分重要的每條鐵路都堵塞了。在那種情況下，倫敦有許多人認爲這種猛烈的轟炸是德國即將登陸的前奏，主要就是由於這一點，才發出了「入侵在即」的警報。但下文即將表明，九月七日對倫敦進行的野蠻轟炸，儘管促使警報過早發出並造成很大損害，但是它也標誌著當時正在迅速接近最高潮的不列顛戰役——這個地球上從未經歷過的第一次空中大決戰——已達到一個決定性轉折點。

希特勒必須做出他是否發動入侵這個重大決定的時刻也接近了。按照九月三日指令的規定，這一決定應於九月十一日做出，給國防軍十天的時間來進行準備工作。但是到了十日，希特勒又決定把推遲到十四日再做出決定。推遲的原因看來至少有兩個。一個原因是，最高統帥部認爲轟炸倫敦對英國人的財產和鬥志造成了很大的破壞，入侵可能不再需要了。德國人對駐華盛頓大使館發來的報告印象很深，大使館傳遞了在華盛頓從倫敦得到的消息並加以誇大。據說美國參謀總部認爲英國堅持不了多久。據洛斯堡（Bernhard von Lossberg）中校說（見《國防軍參謀總部》〔*Im Wehrmacht Führungsstab*〕，頁九一），希特勒眞的指望英國會爆發一次革命。洛斯堡是陸軍在最高統帥部中的代表。

另一個原因是德國海軍在聚集它的船隻方面開始感到困難。此外，據海軍當局在九月十日報告，天氣「非常不正常和不穩定」，而戈林保證要摧毀的皇家空軍以及英國海軍不斷干擾入侵艦隊的準備工作。同一天，海軍作戰參謀部發出警告，英國空軍和海軍將會攻擊調動中的德國運輸艦隻，它還說，英國人的攻擊「無疑已經獲得成功」。兩天後，在九月十二日，海軍西部艦隊司令部向柏林拍發了一個不祥的電報：

> 由於敵人空軍造成的阻礙，長距離大炮和輕型海軍艦艇第一次具有重大意義。由於有遭到英國轟炸和炮擊的危險，在奧斯坦德（Ostend）、敦克爾克、加萊和布隆的港口都不能供船隻在夜間停泊

之用。英國海軍艦隻現在能夠幾乎不受阻撓地在海峽活動。由於這些困難，預料集結入侵艦隊的工作將再度延遲。

第二天情況變得更壞。英國海軍輕型艦艇轟擊了海峽內供發動入侵用的主要港口奧斯坦德、加萊、布隆和瑟堡，英國皇家空軍還在奧斯坦德港炸沉了八艘駁船。這一天，希特勒在柏林和他的軍事首腦們舉行午餐會議。他認爲空戰進行得很好，並說他無意冒險發動入侵[24]。事實上，約德爾從元首講話中獲得的印象是：他已「顯然決定完全放棄海獅」，這個印象在那天來說是正確的，因爲希特勒在第二天證實了這一點，可是就在那一天，他又改變了主意。

九月十四日，元首和他的總司令們在柏林會談時，雷德爾和哈爾德二人都記下了關於會議情況的祕密記錄[25]。會議開始以前，那位海軍元帥設法遞給希特勒一個備忘錄，陳述海軍的意見認爲：「目前空中形勢並沒有爲執行海獅計畫提供條件，因爲風險仍然太大。」

在會議開始的時候，這個納粹統帥表現出一種消極情緒，他的思想充滿矛盾，無所適從。他既不願下令發動入侵，又不願取消入侵，因爲據雷德爾在海軍作戰日誌上所記的，「他顯然計畫在九月十三日下令」。

他最後這次改變主意是什麼原因呢？哈爾德比較詳細地記錄了這些原因：

元首認爲成功登陸之後就接著再加以佔領，將可在短時間內結束戰爭。英國將遭受饑荒。登陸並不一定要在特定時間內進行……但是進行長時間的戰爭是不可取的。我們已經完成了我們所需要的一切。

希特勒說，英國對俄國和美國的希望沒有實現。俄國不準備為英國流血。美國的重整軍備工作要到一九四五年才能充分發生效果。至於目前，「最快的解決辦法是在英國登陸。海軍已經完成了必要的條件。空軍的行動是最值得讚揚的。四五天的好天氣將取得決定性的結果……我們使英國屈服的可能性很大」。

那麼問題在哪裡呢？為什麼還要遲疑而不發動入侵呢？

希特勒承認，困難在於：「敵人不斷恢復實力……敵人的戰鬥機還沒有完全被消滅。我們的成功報告並不能使人完全放心，雖然敵人已遭受重創。」

接著，希特勒說，總體說來，「儘管我們取得這一切成就，但是進行海獅計畫的必要條件還沒有實現」。

希特勒把他的考慮總結為：「第一，登陸成功就意味著勝利，但是要做到這一點，我們必須取得空中的完全優勢。第二，惡劣的天氣至今使我們未能獲得空中的完全優勢。第三，所有其他的因素都是良好的。因此決定：還不放棄這個計畫。」

在做出這種消極的結論以後，希特勒於是就對空軍抱起奢望幻想來，以為它仍然可能取得可望而不可及的勝利。他說：「空襲到目前為止產生了巨大的效果，雖然這種效果主要或許是在心理方面。即使空中的勝利只保持十天或十二天以內，英國也可能會處於大規模歇斯底里狀態。」

為了使這個希望得以實現，空軍的耶舒恩內克請求准許轟炸倫敦的住宅區，他說，由於這些區域沒有受到轟炸，倫敦沒有「大規模恐怖情緒」的跡象。雷德爾海軍元帥積極地支持進行一些恐怖轟炸。但是希特勒認爲集中轟炸軍事目標更爲重要。他說，「爲了造成大規模的恐怖情緒而進行的轟炸必須留在最後進行」。

雷德爾之所以熱衷於恐怖轟炸，看來主要是由於他對登陸不熱心。他現在再次發言，強調登陸具有「巨大危險」。他指出，在九月二十四日到二十七日計畫登陸的日期以前，空中的形勢很難有所改善；因此必須放棄登陸，「直到十月八日或二十四日爲止」。

但是這實際上是取消入侵，希特勒是知道這一點的，因此他決定把他關於登陸的決定僅推遲到九月十七日——即三天以後——做出，以便仍有可能在九月二十七日進行登陸。如果到那時仍然不行，他將考慮十月的日子。於是最高統帥部發布了一項指令。

極機密

一九四〇年九月十四日，柏林

……元首已決定：海獅計畫再次延期。九月十七日以後將發出新命令。一切準備工作應繼續進行。對倫敦的空襲應繼續進行，空襲的目標將擴大到軍事和其他重要設備（例如火車站）。對純粹住宅區的恐怖空襲，保留作爲施加壓力的最後手段[26]。

希特勒雖然這樣把入侵的決定推遲了三天，但是並沒有放棄入侵。這樣給德國空軍多幾天時間來消滅皇家空軍和瓦解倫敦的士氣，接著便可進行登陸，這將帶來最後的勝利。因此，一切仍舊取決於戈林所吹噓的空軍。事實上，空軍將在第二天做出它最大的努力。

然而海軍對空軍的看法愈來愈壞了。在柏林召開決定性會議的那天晚上，德國海軍作戰參謀部報告，英國皇家空軍猛烈地轟炸了各個準備發動入侵的港口，從安特衛普到布隆：「……在安特衛普……運輸船只遭到很大的損失，在港內的五艘運輸輪遭受重創；一艘駁船沉沒，二架起重機被破壞，一列軍火火車被炸毀，幾處倉庫著火。」

第二天晚上，情況更糟。海軍報告，「敵人強大的空軍襲擊從勒哈佛到安特衛普的整個沿海地區」。海軍發出了緊急求救信號，要求派更多的高射炮來保護準備發動入侵的港口。海軍作戰參謀部九月十七日報告：「英國皇家空軍仍然絲毫未被擊敗，相反地，他們加強了攻擊海峽各港口和擾亂軍事集結的活動。」

據一個德國權威人士說，九月十六日，皇家空軍的轟炸機空襲了進行大規模入侵演習的部隊，使人員和登陸艦隻遭受到慘重的損失[27]。這造成在德國以及歐洲大陸其他地方流傳許多這樣的消息：德國人確已試圖登陸，但是被英國人打退了（見孚希特：《空戰》〔Georg W. Feuchter, *Geschichte des Luftkriegs*〕，頁一七六）。我於九月十六日晚上在瑞士日內瓦就聽到這樣一個「消息」，當時我正在那裡度幾天假。九月十八日和十九日，我看見兩長列救護火車，在柏林郊區抬下許多傷兵。從包紮的情況看來，我斷定這些傷大部分是燒傷。因爲在地面上已經有三個月沒有戰鬥了。九月二十一日，德國海軍的祕密文件記載，二十一艘運輸船和二十四艘駁船遭到損失或損壞，這個數量爲準備入侵的船隻總數的百分之十二（《海軍事務元首會議記錄》〔*Führer Conferences on Navel Affairs*〕，頁一〇二）。

那天晚上是滿月，進行夜襲的英國轟炸機充分地利用了這月明之夜。德國海軍作戰參謀部報告船隻遭到「很大損失」，因爲這些船隻當時擁塞在準備入侵的港口裡。在敦克爾克，有八十四艘駁船被擊沉或受到損害；又據海軍報告，從瑟堡到登赫爾德（Den Helder），傳來令人沮喪的消息：一個五百噸的軍火庫被炸毁，一所軍糧倉庫被焚毁，各種輪船和魚雷艇被炸沉，人員也遭到不少的傷亡。海軍作戰參謀部報告，由於這種猛烈的轟炸，再加上海峽那邊大炮的轟擊，有必要疏散已經集中在海峽的軍艦和運輸船，停止再把船隻調到發動入侵的港口。海軍作戰參謀部說：「否則，在敵人採取有力行動時，我們將遭到重大的傷亡，從而使按原定規模執行登陸，在任何情況下都成爲問題。」[28]

事實上事情已經到了這種地步了。

在德國海軍作戰日誌裡，九月十七日簡明地記著這樣一段：

> 敵人的空軍仍然一點也沒有被打敗。它的活動反而增加了。從天氣的總體情況看來，我們不能指望會有一個平靜的時期……因此元首決定無限期地推遲海獅計畫[29]。

希特勒在經過那麼多年的輝煌成功以後，終於遇到了失敗。在這以後的近一個月時間中，他一直佯稱仍有可能在秋天進行入侵，但這不過是爲自己壯膽而已。九月十九日，元首正式下令停止繼續集結入侵的艦隻，並疏散已在港內的船隻，「以使船隻遭受敵人空襲的損失減少到最低限度」。

但是，甚至要維持一個分散的艦隊，要維持爲了現在已無限期延遲的入侵而集結起來準備橫渡海峽的所有軍隊、大炮、坦克和補給，都已不可能了。哈爾德在九月二十八日的日記中驚呼：「把海獅計畫繼續拖下去，這種情況是令人難以忍受的。」十月四日，齊亞諾和墨索里尼在伯倫納隘口同元首會晤時，這位義大利外交大臣在日記裡寫道：「這次沒有再談到在不列顛群島登陸的問題。」希特勒遭受這種挫折，使他的夥伴墨索里尼產生了好久以來沒有過的那種愉快心情。齊亞諾還記道：「我很少見到領袖像今天在伯倫納隘口這樣高興……。」

海軍和陸軍已經在促使元首決定完全放棄海獅計畫。陸軍參謀總部向他指出，把軍隊留在海峽「會遭受英國空軍不斷的襲擊而不斷造成傷亡」。

終於在十月十二日，納粹統帥正式承認失敗，取消入侵，到來年春天再說。他發了一個正式指令。

極機密

元首已經決定，從現在起直到明年春天，「海獅」準備工作應繼續下去，這只是爲了保持對英國的政治和軍事壓力。如果一九四一年春天或初夏重新考慮入侵，重新進行作戰準備的命令以後將會發布……。

元首大本營，一九四〇年十月十二日

陸軍奉命調出它用於海獅計畫的部隊，「以便擔任其他任務或者部署到其他戰線上」。海軍則奉命「採取一切措施調出人員和艦隻」。但這兩個軍種不得暴露它們的調動情況。希特勒規定，「必須讓英國人繼續認爲我們正在準備在很長的戰線上發動進攻」[31]。

到底發生了什麼事情，使希特勒終於後退了呢？有兩件事：在空中進行的不列顛戰役的不利發展以及他的念頭再次轉向東方，轉向俄國。

不列顛戰役

戈林對英國大規模空中攻勢——「鷹計畫」——是在八月十五日發動的，其目的在於把英國空軍逐出空中，從而完成發動入侵的一個必要條件。現在已經成爲帝國元帥的肥胖戈林，對勝利毫不懷疑。在七月中旬，他深信傾全力進攻，能夠在四天內摧毀英國戰鬥機在英國南部的防禦，從而爲入侵開闢道路[32]。戈林對陸軍總司令部說，要完全摧毀英國皇家空軍則需要稍微長一點的時間：兩至四星期。事實上，這個勳章滿胸的德國空軍領袖認爲單靠空軍就能使英國屈膝，可能不需要用陸軍進攻。

他擁有三支龐大的航空隊可以實現這個巨大的目的：第二航空隊在凱塞林元帥指揮之下，從低地國家和法國北部進行活動，第三航空隊在史培勒元帥指揮之下，基地在法國北部，第五航空隊在施登夫（Hans-Jürgen Stumpff）將軍指揮之下，駐在挪威和丹麥。前兩個航空隊總共有戰鬥機九百二十九架，轟炸機八百七十五架，俯衝轟炸機三百一十六架；第五航空隊小得多，擁有轟炸機一百二十三架和雙引擎梅塞史密特一一〇型戰鬥機三十四架。爲了抵禦這支強大的空軍，英國皇家空軍在八月初保衛帝國本土的力量爲七百至八百架戰鬥機。

在整個七月裡，德國空軍對在海峽裡的英國艦隻和英國南部港口進行的攻擊日益頻繁。這是一種試探性的行動。儘管在入侵開始以前掃蕩峽隘海峽裡的英國艦隻是必要的，但是這些初步空中襲擊的目的在於引誘英國戰鬥機出來作戰。這個目的沒有達到。英國皇家空軍司令部機智地只出動了很小一部分戰鬥機來應戰，結果艦隻和一些港口遭到了很大的損失。四艘驅逐艦和十八艘商船被擊沉，但是這個初步交鋒使德國空軍付出的代價是兩百九十六架飛機被擊毀，一百三十五架被擊傷。皇家空軍喪失了一百四十八架戰鬥機。

戈林在八月十二日下令在第二天開始「鷹計畫」。作爲戰鬥的序幕，十二日對敵人的雷達站進行了猛烈的襲擊，五個雷達站被擊中並受到損壞，一個雷達站被炸毀。但是德國人這時還不瞭解雷達對英國的防禦多麼重要，因此沒有繼續襲擊這些雷達站。在十三日和十四日兩天，德國人出動了大約一千五百架飛機，主要是襲擊皇家空軍的戰鬥機機場，雖然德國人說已經「完全摧毀了」其中的五個，但是它們所受的損失實際上是微不足道的，德國空軍損失了四十七架飛機，皇家空軍損失了十三架（德國空軍宣稱英國飛機損失一百三十四架，自己損失三十四架。從那時起雙方都大大地高估了對方所受的損失）。

八月十五日展開了第一次大規模空戰。德國人從把他們所有的三個航空隊中的大部分飛機都投了進去，轟炸機出動了八百零一架次，戰鬥機一千一百四十九架次。從斯堪地納維亞出動的第五航空隊遇到了災難。德國人滿心以爲東北沿海是無防禦的，因此派出約八百架飛機對英國南部海岸進行大規模空襲。而只派一百架轟炸機由三十四架雙引擎梅塞史密特一一〇型戰鬥機掩護去襲擊東北沿海，但是這支隊伍在飛近太恩河畔（Tyneside）時，意外地碰上七個中隊的颶風式和噴火式機群，因此嚴重地受到打擊。三十架德國飛機（大部分是轟炸機）被擊落，而對方則一無損失。這是第五航空隊在不列顛戰役中的末日。它從此沒有重新參加這場戰役。

那天德國人在英國南部比較成功。他們發動了四次大規模的襲擊，有一次幾乎飛到倫敦。他們擊中了克羅伊登（Croydon）的四個飛機工廠並且損壞了皇家空軍五個戰鬥機機場。德國人總共損失了七十五架飛機，皇家空軍損失三十四架。在倫敦，那天晚上官方公報宣布擊落了一百八十二架德國飛機，另外還可能擊毀了四十三架。這對一般英國人，特別是對受到壓力的戰鬥機駕駛員的士氣，起了很大的鼓舞作用。按照這個比數，德國人雖然在數量上佔優勢，也很難把皇家空軍逐出空中。

戈林這時犯了他兩個戰術錯誤中的第一個。面對比它們更具攻擊力的德國空軍，英國戰鬥機司令部靠的是機智地運用雷達。德國飛機剛從西歐的一些基地起飛，它們的影子便在英國雷達的螢幕上顯示出來，它們的航程被精確地畫出來後，英國戰鬥機司令部完全知道在什麼地點和在什麼時候迎戰最爲有利。這是戰爭中的新發明，它使德國人感到迷惑，因爲在發展和運用這種電子裝置方面，德國人遠遠落後於英國人。德國著名戰鬥機駕駛員阿道夫．格蘭德（Adolf Galland）後來作證說：

我們意識到皇家空軍戰鬥機中隊一定受地面某種新裝置的控制，因爲我們聽到指揮噴火式和颶風式飛機同德國機隊作戰的命令是非常熟練和準確的……這種雷達和對戰鬥機的控制使我們感到意外，而且是非常慘痛的意外[33]。

但是在八月十二日使英國雷達站遭到巨大損失的攻擊並沒有繼續進行下去，八月十五日戈林受到第一次挫折後，便完全放棄這種攻擊。他說：「繼續攻擊雷達站是否還有任何意義是有疑問的，因爲受到攻擊的雷達站迄今爲止沒有一個失去作用。」

成功地保衛了英國南部上空的第二個關鍵是分區指揮所（sector station）。這是地下神經中心，這個中心根據從雷達、從地面觀察站和從空中駕駛員獲得的最新情報，用無線電話指導颶風式和噴火式飛機作戰。正如格蘭德指出的那樣，德國人能夠聽到分區指揮所和天上的駕駛員之間經常進行的無線電談話，並且終於開始認識到這些地面控制中心的重要性。八月二十四日，他們便改變戰術，去摧毀這種分區指揮所，其中七個分區指揮所設在倫敦四周各機場，它們對於保護英國南部和首都本身是十分重要的。這個戰術的改變對英國空中防禦是一個關鍵打擊。

直到那天為止，戰鬥看來對德國空軍不利。八月十七日，德國空軍損失了七十一架飛機，皇家空軍則損失了二十七架。曾在波蘭和在西線為陸軍勝利鋪平道路的緩慢的斯圖卡式俯衝轟炸機，受到英國戰鬥機的打擊時毫無招架之功。八月十七日，戈林把它們撤出了戰鬥，這樣便使德國轟炸機的力量削減了三分之一。八月十九日到二十三日，由於天氣惡劣，空戰停止了五天。戈林於十九日在柏林附近的鄉村別墅卡琳宮（Carinhall，以戈林的前妻為名）回顧了局勢後命令，等天氣一好，德國空軍立即集中力量專門攻擊英國皇家空軍。他說：「我們對英國的空戰已經進入了決定性的時期。最重要的任務是擊敗敵人的空軍。我們的第一個目標是摧毀敵人的戰鬥機。」34

為了完成這個目標，德國人從八月二十四日到九月六日每天平均派出一千多架飛機。這位帝國元帥這一回是正確的。不列顛戰役已經進入了決定性階段。皇家空軍駕駛員一個月來每天要出動好幾次，已經很疲勞了。他們雖然進行了英勇的戰鬥，但是德國方面在數量上的優勢開始發揮效力。英國南部的五個前線戰鬥機場遭到了巨大破壞，更糟的是，七個關鍵性的分區指揮所有六個受到十分猛烈的轟炸，整個通訊系統似乎已處於被摧毀的邊緣。這使英國面臨災難的威脅。

最糟糕的是，皇家空軍戰鬥機防禦力量開始變弱了。在八月二十三日到九月六日這個關鍵性的兩週中，英國被摧毀或受重傷的戰鬥機有四百四十六架，雖然他們當時並不知道德國空軍損失較少：損失三百八十五架，其中二百一十四架為戰鬥機，一百三十八架為轟炸機。而且，皇家空軍有一百零三名駕駛員被打死，一百二十八名受重傷——為當時全部駕駛員的四分之一。

正如邱吉爾後來所寫的那樣，「局勢已對戰術空軍不利……人們感到十分焦慮」。這種情況如果再繼續幾個星期，英國在天空就沒有有組織的防禦力量。入侵幾乎肯定是會成功的。

但是接著戈林又突然犯了他第二個戰術錯誤，這一錯誤的後果可與希特勒在五月二十四日停止用坦克進攻敦克爾克相比。它拯救了被打得暈頭轉向的皇家空軍，並且標誌著歷史上第一次大空戰的一個重大轉折點。

英國戰鬥機防禦力量在空中和地面遭受了嚴重損失，無法長期支撐下去，在這種情況下，德國空軍居然在九月七日轉而大規模夜襲倫敦。皇家空軍的戰鬥機因此而緩了一口氣。

這種戰術上的改變對野心勃勃的希特勒和戈林肯定會有非常致命的後果。德國陣營裡到底發生了什麼事情才使戰術做這樣的改變呢？答案是十分具有諷刺意味的。

首先，有十二名德國轟炸機駕駛員在八月二十三日晚上飛行時航向有一點錯誤。他們原來奉令對倫敦郊外的飛機工廠和油庫投彈，卻沒有擊中目標，而把炸彈投到首都中心，炸毀了一些住房，炸死了若干平民。英國人認為這是有意的，為了報復，第二天晚上他們轟炸了柏林。

轟炸本身沒有什麼了不起。那天晚上柏林上空籠罩著密雲，派出的八十一架皇家空軍轟炸機只有大約半數找到了目標。物質損失是微不足道的。但是對德國士氣的影響極大。因為柏林受到飛機轟炸還是第一次。第二天，八月二十六日，我在日記上寫道：

柏林人驚得目瞪口呆。他們沒有想到竟會發生這種事。當這次戰爭開始時，戈林曾向他們保證不可能發生這種事……他們相信了他。因此，他們今天感到的失望程度就更大了。你看看他們面部的表情就能衡量出這一點來。

保衛柏林的有裡外兩層高射炮。當飛臨的轟炸機在雲層（它使數以百計的探照燈搜尋不到轟炸機）上嗡嗡飛行三小時的時候，高射炮火之猛烈是我前所未見的，但是連一架飛機也沒有打下來。英國人還扔下一些傳單說：「希特勒發動的這場戰爭將繼續下去，希特勒要打多久就打多久。」這是很好的宣傳，但是炸彈的爆炸聲是更好的宣傳。

八月二十八日的夜間，英國皇家空軍派了更多的飛機襲擊柏林，我在日記上寫道，「第一次在德國的首都打死了德國人」。官方統計數字說炸死了十人，炸傷了二十九人。納粹的要人大為震怒。在第一次襲擊時，戈培爾曾命令報紙只用幾行字報導空襲消息，現在則大肆宣傳，指責英國飛行員「野蠻地」襲擊柏林手無寸鐵的婦孺。首都大部分報紙都用同樣的標題：〈懦怯的英國襲擊〉。過了兩個晚上，在第三次空襲之後，標題則為：〈柏林上空的英國空中強盜！〉九月一日，我在日記裡寫道：

一星期來英國連續不斷地進行夜間轟炸的主要作用，是在人民中引起普遍幻滅的情緒和在他們心裡播下懷疑的種子……實際上轟炸並不很厲害。

九月一日是戰爭開始的一周年。人們普遍睡眠不足，出乎意外的轟炸和可怕高射炮的響聲驚擾，使得人民精神耗弱，我在日記記下這些人們的心情：

德國軍隊在今年取得無與倫比的勝利，在這個侵略成性的軍國主義國家的軍事史上，也從不見這麼輝煌的戰果。然而戰爭並沒有過去，也沒有打贏。今日人民的所想的只有一件事：他們渴望和平。他們希望在冬季來到以前獲得和平。

九月四日，冬賑運動在體育館開幕這天，希特勒認為有必要向人民發表講話。但是一直保密到最後一分鐘，才對外公開他會出席。這顯然是擔心敵人的飛機可能利用雲層進行轟炸以破壞這次集會，雖然集會是在下午天黑以前一小時舉行的。

我很少看見這個納粹獨裁者有這一次那樣喜歡冷嘲熱諷，或者那樣喜歡說德國人民所認為的幽默話，雖然希特勒基本上是一個毫不幽默的人。他稱邱吉爾是「那個著名的戰地記者」。他說，像「達夫·古柏（Duff Cooper，英國保守黨政治家）這樣的人在普通的德文裡是找不到字來形容的。只有巴伐利亞人有一個字可以恰當地描寫這一類人，這就是「krampfhenne」，這個字可以譯為「一隻神經質的老母雞」。他還說：

邱吉爾先生或者艾登（Anthony Eden）先生的胡言亂語——為了尊老，這裡且不談張伯倫先生——對德國人民來說不起任何作用。這種胡言亂語充其量不過使他們發笑而已。

於是希特勒繼續使他的聽眾——大部分是女護士和社會工作者——發笑，隨後是歇斯底里地鼓掌。他需要答覆德國人民心中想得最多的兩個問題：什麼時候進攻英國，柏林和德國其他城市遭到夜襲時將採取什麼行動？關於第一個問題：

在英國，人們充滿了好奇心，他們一直在問：「他為什麼不來？」別著急，別著急。他就來了！他就來了！

他的聽眾覺得這句俏皮話很好笑，但是他們也相信這是毫不含糊的保證。至於轟炸問題，他首先捏造了典型的謊言，最後進行了可怕的威脅：

現在……邱吉爾先生正在顯示他想出的新主意——夜間空襲。邱吉爾先生進行這些空襲，並不是因為這些空襲很有效，而是因為他的空軍不能夠在白天飛臨德國上空……但是德國飛機則每天都飛臨英國領土上空……英國人看見一點亮光就扔下炸彈……扔在住宅區、農場和鄉村裡。

接著進行了威脅：

> 我三個月沒有回擊，因爲我認爲這種瘋狂行動會停止的。邱吉爾先生卻把這一點當作是示弱。現在我們要以夜襲來回答夜襲。
>
> 當英國空軍扔下二千、三千或者四千公斤炸彈時，我們將在一夜間扔下十五萬、二十三萬、三十萬或者四十萬公斤炸彈。

根據我的日記記載，希特勒說到這裡時不得不停下來，因爲德國婦女聽眾歇斯底里地鼓掌。

希特勒繼續說：「當他們說將加強對我們城市的襲擊的時候，我們將把他們的一些城市夷爲平地。」這時，我記載說，那些年輕婦女忘乎所以，狂熱鼓掌。在她們恢復平靜後，他又說：「我們將制止這些夜間空中強盜的行徑，願上帝幫助我們！」

我還記載說，在聽到這話時：「年輕的德國婦女跳了起來，挺起胸部，高喊她們贊成！」

希特勒最後說：「總有一天，我們兩個國家有一個會求饒，但這絕不會是國家社會主義的德國！」我最後記載說，這時「瘋狂般的婦女們才從狂喊亂叫轉爲齊聲高喊『絕不是！絕不是！』」

齊亞諾數小時後在羅馬聽到錄音廣播，他承認感到迷惑不解。他的結論是：「希特勒一定是神經有問題。」[35]

德國空軍在白天對皇家空軍的攻擊本來很順利，如今改爲大規模夜襲倫敦，這將造成致命的後果。希特勒之所以做出這個決定，他的精神狀態是一個因素。這既是一個軍事決定，也是一個政治決定，做出這一決定的部分原因，是爲了對柏林以及德國其他城市遭受的轟炸（這同德國空軍對英國一些城市的轟炸比較起來猶如小巫見大巫）進行報復，並且用夷平英國首都的辦法來摧毀英國人進行抵抗的意志。如果此舉成功的話，可能就不需要進攻英國，而希特勒和戈培爾是毫不懷疑此舉是會成功的。

因此，在九月七日傍晚，對倫敦的大規模空襲開始了。正如前面所說，德國人投入了六百二十五架轟炸機和六百四十八架戰鬥機。在那天星期六下午五點左右，第一批三百二十架轟炸機在德國所有戰鬥機的保護下，飛到泰晤士河上空，開始向瓦爾威治（Woolwich）兵工廠、各個煤氣廠、發電廠、倉庫以及幾英里長的碼頭扔下了炸彈。這一片廣大地區立即成爲火海。錫佛爾鎭（Silvertown）的居民被火包圍了，不得不從水路把他們撤出來。天黑以後，在八點十分，第二批兩百五十架轟炸機再次進行襲擊，接著一批又一批的飛機不斷前來轟炸，一直進行到星期天早晨四點三十分。第二天晚上七點三十分又來了二百架轟炸機，繼續炸了一整夜。據英國官方的歷史學家說，在最初這兩天夜裡約有八百四十二人死亡和二千三百四十七人受傷，這個大城市遭到了巨大的破壞。在整個下一星期中，天天晚上都遭到空襲[36]。這時，英國夜間的防衛體系還沒有完善，無法進行反擊，所以德國人的損失微不足道。

接著，德國空軍在勝利（或者說它自認爲的勝利）的鼓舞下，決定在白天對這個瘡痍滿目、大火焚燒中的首都進行大規模空襲。這便導致了這次戰爭中的一場決鬥性的戰鬥。九月十五日（星期天）大約中午時分，二百架左右的德國轟炸機在三倍的戰鬥機掩護下在海峽上空出現，飛向倫敦。英國戰鬥機司令部在雷達螢幕上注視著進攻者的聚集，並且做好了準備。德國人在逼近英國首都以前就遭到攔截，雖然有幾架飛機穿過去了，但是很多飛機被驅散了，另外一些還沒有把炸彈扔下就被擊落。兩小時後，一支甚至更爲強大的德國機隊來了，也被打得落花流水。儘管英國人宣稱擊落了一百八十五架德國空軍的飛機，戰後從柏林檔案中獲悉的實際數字要少得多——五十六架，但是其中有三十四架是轟炸機。英國皇家空軍僅喪失了二十六架飛機。

這一天的戰鬥表明，德國空軍至少在當時還不能成功地在白天對英國進行大規模的空襲，因爲它停止襲擊英國戰鬥機而改爲空襲倫敦，這使英國戰鬥機有一個星期的時間來恢復元氣。情況既然如此，要進行有效登陸的前景自然就暗淡了。因此，九月十五日這一天是不列顛戰役的一個轉折點，正如邱吉爾後來所下的評語，是不列顛戰役的「關鍵」。戈林在第二天下令改變戰術，規定白天使用轟炸機不再是爲了進行轟炸，而只是用它們來作英國戰鬥機的誘餌。他吹噓說，敵人的戰鬥機「應當在四五天內消滅」[37]。但是希特勒以及陸軍和海軍的司令們比他知道得更清楚。在決定性空戰之後兩天，即九月十七日，正如我們前面已經指出的，元首把海獅計畫無限期推遲了。

倫敦從九月七日到十一月三日連續五十七個夜晚遭到恐怖襲擊，每天平均有二百架轟炸機前來轟炸，以致在邱吉爾看來（他後來如此透露），這個城市不久肯定將成爲一片廢墟；同時英國其他大部分城市，尤其是科芬特里（Coventry），在整個秋天和冬天也要遭到巨大殘酷的破壞。儘管如此，英國的士氣並沒有瓦解，軍火的生產也沒有下降，而希特勒曾十分自信地認爲一定會如此。情況恰恰相反。作爲德國轟炸機首要目標之一的英國飛機工廠的產量，在一九四〇年實際上仍然比德國人多，其比數爲九千九百二十四架對八千零七十架飛機。希特勒在英國上空損失大量的轟炸機，一直沒有能恢復原來的數目。事實上，德國的機密檔案表明，德國空軍在夏末和秋天在英國上空遭受打擊之後，一直沒有能夠完全恢復。

德國海軍首腦們一直承認，海軍自從初春在挪威海面遭受嚴重損失以來，不能夠爲入侵英國提供海上的力量。沒有這種力量，沒有空中的優勢，德國陸軍要想橫渡這狹小的海峽是無能爲力的。戰爭發生以來希特勒第一次被制止住了，他的進一步征服計畫遭到了挫折，我們上面已經談到，而就在這時，他卻肯定認爲已經獲得了最後的勝利。

他從來沒有想到，到那時爲止也從來沒有別人想到，一次決定性的戰役能夠在空中決定勝負。或許他也沒有認識到，當陰暗的冬天籠罩著歐洲的時候，少數英國戰鬥機駕駛員由於阻撓了他的入侵，保全了英國，使它成爲一個日後從西方重新征服大陸的巨大基地。他的念頭不得不轉到別處，而事實上，我們在下面將要看到，他的念頭已經轉到別處了。

英國保全了。在將近一千年的時間內，英國成功地用海上的力量保衛了自己。英國領袖們儘管在兩次大戰之間做了種種蠢事（本書不乏這種記載），但他們之中終於有少數幾個人及時地認識到空軍已經成爲二十世紀中葉的決定性力量，小小的戰鬥機和它的駕駛員成了主要的防禦盾牌。邱吉爾於八月二十日在另一次難忘的總結性演說裡對下院說：「在人類戰爭領域裡，從來沒有像現在這樣，那麼多人的生存全靠那麼少的人。」他說這話的時候，空戰仍在激烈進行，結局如何還不得而知。

如果入侵成功

如果納粹德國佔領了英國，那不會是一件好受的事情。繳獲的德國文件使人毫不懷疑這一點。陸軍總司令布勞希契在九月九日簽署了一項指令，規定「除非當地局勢要求做例外規定，英國所有從十七歲到四十五歲的健全男性居民都將被拘禁，送到大陸」。幾天以後，陸軍總司令部的後勤官向集合起來準備入侵的第九軍團和第十六軍團發出了同樣的命令。在任何其他一個被征服的國家裡，甚至在波蘭，德國人都沒有在一開頭就採取這樣激烈的措施。布勞希契指令的標題是〈關於英國軍政府的組織和職能〉，並且做了很詳細的規定。它的目的似乎在於保證對這個島國進行有計畫的洗劫並對它的居民進行恐怖統治。為了完成第一個目標，在七月二十七日建立了一個特設的「駐英經濟軍管處」。除了家常用物以外，一切都將立即沒收。一些人要作為人質。凡是張貼一張德國人所不喜歡的標語者將立即被槍決，凡是在二十四小時以內不交出武器或無線電收發報機者，將受到同樣的懲處。

但是眞正的恐怖行動將由希姆萊和黨衛隊來執行。由海德里希領導的令人害怕的帝國中央保安局（Reichssicherheitshauptamt, R. S. H. A.）負責。前面已經談過，德國中央保安局在一九三九年控制了祕密警察、刑事警察和保安處。奉派要在倫敦就地指揮其活動的人是一個黨衛隊上校、大學教授弗朗茲．西克斯（Franz Six）博士。他也是一個知識分子出身的匪徒，在納粹時期，不知怎麼他竟被吸引參加希姆萊的祕密警察。西克斯教授辭去了柏林大學經濟系主任的職務，參加了海德里希的保安處，他在那裡專門處理「科學事務」，這個「事務」神祕的一面，戴眼鏡的希姆萊和他手下的劊子手是頗為著迷的。英國人民由於西克斯博士沒有在英國出現而錯過了機會領略他的本領，但可以從他後來在俄國的所做所為看出一些來。在俄國，他在黨衛隊特別行動隊裡很活躍，後者是以在那裡進行大規模屠殺而出名的。這位教授的專長之一就是從被俘的蘇聯人中查出政治委員加以殺害（西克斯博士一九四八年在紐倫堡作為戰犯被判二十年徒刑，但於一九五二年獲釋）。

據繳獲的帝國中央保安局的檔案透露，戈林曾於八月一日叫海德里希開始工作：

黨衛隊保安警察和保安處應在軍事入侵的同時開始它們的活動，以便查封在英國的許多重要反德組織和團體並對它們進行有效的鬥爭。

希特勒在九月十七日無限期推遲入侵，具有諷刺意味的是，西克斯教授就在這一天被海德里希正式委任他在英國的新職位。海德里希對他說：

你的任務在於用必要的手段，同一切能夠在英國查到的反德組織、機構和反對團體進行鬥爭，以防止所有可以得到的物資被運走，並集中和保護這些物資，以供將來使用。我指定倫敦爲你的總部所在地……我授權你在英國其他地方設立小型的特別行動隊，如果局勢要求這樣和有此必要的話。

實際上，海德里希在八月間就已經爲英國建立了六個特別行動隊，由設在倫敦、布里斯托、伯明罕、利物浦、曼徹斯特和愛丁堡（如果福斯橋被炸掉的話，則設在格拉斯哥）的總部指揮它們的活動。他們將執行納粹的恐怖政策；在開始時，他們要逮捕所有在《英國特別搜查名單》上的人，這個名單是希姆萊的另一個手下，年輕聰明的大學畢業生瓦爾特．施倫堡在五月間匆匆忙忙、漫不經心地編制出來的，他當時是帝國中央保安局反間諜處的處長。不過施倫堡後來宣稱，當時他主要忙著負責一個詭異的任務，計畫在葡萄牙的里斯本綁架溫莎公爵。

這個英國特別搜查名單是和其他更爲有趣的「入侵」文件一起在希姆萊的文件中發現的，當然，本來是沒想到會讓人們發現的。名單上羅列了大約兩三千百名英國的知名人士，德國的祕密警察認爲立即監禁他們是重要的，他們不全是英國人。邱吉爾自然列在名單上，還有內閣成員和所有黨派的著名政治家。名單上有報紙的著名主編、發行人和記者，其中包括《泰晤士報》前駐柏林的兩位記者諾曼·埃布特（Norman Ebbutt）和道格拉斯·里德（Douglas Reed），他們發的消息曾使納粹不快。英國的一些作家受到特別的注意。有趣的是沒有蕭伯納的名字，但是有威爾斯（H. G. Wells），其他的作家有維吉尼亞·吳爾芙、福斯特（E. M. Forster）、阿道斯·赫胥黎、普里斯特萊（J. B. Priestley）、史班德（Stephen Spender）、斯諾（C. P. Snow）、諾爾·考德（Noel Coward）、蕾貝卡·韋斯特（Rebecca West）、菲利普·吉伯斯（Philip Gibbs）爵士和諾曼·安傑爾（Norman Angell）。也沒有放過學者，他們當中有吉爾伯特·莫瑞（Gilbert Murray）、伯特蘭·羅素、哈洛德·拉斯基（Harold Laski）、碧翠絲·韋伯（Beatrice Webb）和哈爾丹（J. B. S. Haldane）。

德國祕密警察還打算在英國搜捕外國和德國的流亡者。在它的名單上有帕德雷夫斯基（Ignacy Jan Paderewski，波蘭音樂家及前總理）、佛洛伊德（這個著名的精神分析學家於一九三九年死於倫敦）。和查姆·魏茲曼（Chaim Weizmann，後來成爲以色列第一任總統），還有捷克斯洛伐克流亡政府的總統貝奈斯（Eduard Beneš）和外交部長揚·馬薩里克（Jan Masaryk）。在許多德國難民中，有兩個過去是希特勒的私友、後來又反對他的人，他們是赫爾曼·勞施寧（Hermann Rauschning）和漢夫施丹格爾（Ernst Hanfstaengl）。名單上的許多英國人的名字拼得亂七八糟，以致幾乎分辨不出他們是誰，有時還附有奇怪的說明，例如，波漢·卡特（Bonham Carter）夫人被寫成卡特·波漢，說明中不僅寫有「婚前姓名紫羅蘭·阿斯奎思（Violet Asquith）」，而且稱她爲「主張包圍德國的女政客」。每個名字後面標著「德國中央保安局」，意思是由它來處理此人。邱吉爾則由第六處（外國情報處）處理，不過大部分人卻將交給第四處（祕密警察）處理。若干美國人也被列入逮捕的名單，包括伯納德·巴魯克（Bernard Baruch）、約翰·根室（John Gunther）、保羅·羅伯遜（Paul Robeson）、路易·費雪（Louis Fischer）、丹尼爾·德·魯斯（Daniel de Luce，他是美聯社記者，名單上把他寫成「丹尼爾·德·魯斯——美國記者」，列在字母D欄內）和弗道爾（M. W. Fodor）。弗道爾是芝加哥《每日新聞》記者，以寫反對納粹的文章而出名。

這個納粹黑名單實際上是一本稱作《情報稿》（*Informationsheft*）的極機密手冊的附錄，施倫堡說這個《情報稿》也是他寫的，其目的似乎在幫助征服者洗劫英國並且消滅那裡的一切反德組織。它甚至比搜查名單還要有趣。在開列的許多危險組織中，除了帝國中央保安局「特別注意」的共濟會會所和猶太人的各種組織以外，還有「公共學校」（在英國就是私立學校），被稱爲「英帝國政策的得力工具」的英國教會以及童子軍，它稱童子軍是「爲英國情報局提供消息的極好來源」。受人尊敬的童子軍領袖和創始人貝登堡（Robert Baden Powell）勳爵則要立即予以逮捕。

如果德國人果眞入侵的話，也不會得到英國人的客氣對待。邱吉爾後來承認，他那時常常在想，不知會發生什麼情況。不過下面這種情況，他確信是會發生的：

> 雙方都將進行殘酷和大規模的屠殺。不會有仁慈或寬大。他們會採取恐怖手段，我們也準備採取一切極端措施[38]。

他沒有具體說明採取什麼樣的極端措施，但是彼得·弗萊明（Peter Fleming）在他寫的關於「海獅」的書中談到其中之一。他說，英國人曾決定，如果所有其他常規的防禦方法都失敗了，則準備用飛機低空飛行，施放芥子毒氣來攻擊德國人的灘頭陣地，作爲最後一著。這是一個痛苦的決定，最高當局做這個決定時不是不感到內疚的；而且正如弗萊明所說，這個決定「在當時和以後都一直保守祕密」[39]。

邱吉爾所考慮的這種屠殺以及德國祕密警察計畫進行的這種恐怖活動，在當時當地都沒有發生——至於原因，我們已經在這一章裡敘述了。然而不到一年，在歐洲的另一部分，德國人就要在空前的規模上放手進行這種恐怖活動。

甚至在放棄入侵英國以前，希特勒就已經做出一項決定。他將在來年春天轉而進攻俄國。

附記：納粹綁架溫莎公爵夫婦的陰謀

納粹陰謀綁架溫莎公爵夫婦，並且勸誘這位前英王同希特勒合作，以便與英國媾和，這段故事雖很有趣，但沒有什麼重要性，不過透過它可以看到第三帝國的統治者在他們獲得巨大勝利的那年夏天荒唐可笑的一面。繳獲的德國外交部文件詳細說明了這個想入非非的計畫的制訂過程[40]，被派執行這一計畫的年輕的黨衛隊保安處領導人施倫堡，在回憶錄中也談到這件事[41]。

里賓特洛甫曾告訴施倫堡，這是希特勒的主意。這位納粹外交部長十分熱情地接受了這個計畫，他的極端無知往往驅使他抱有這種熱情。同時，德國外交部和它駐西班牙和葡萄牙的外交代表們在一九四〇年關鍵性的夏天也不得不爲這個計畫浪費了大量時間。

一九四〇年六月法國淪陷之後，這位公爵作為英國駐法國陸軍最高司令部的軍事代表團成員，偕同夫人前往西班牙，以免被德國人所俘。德國駐馬德里大使、職業外交家埃伯哈德·馮·施托勒（Eberhard von Stohrer）六月二十三日打電報到柏林說：

西班牙外交部長徵求我們的意見，商談如何對待即將於今天到達馬德里的溫莎公爵夫婦。公爵夫婦顯然是取道里斯本前往英國的。外交部長認為，我們或許可以考慮把公爵扣留在這裡並和他建立關係。請回電指示。

第二天里賓特洛甫回電作了指示。他建議把溫莎夫婦「在西班牙扣留兩個星期」，但是警告說，一定不要流露出「這個建議來自德國」。第二天，六月二十五日，施托勒回答說：「西班牙外交部長答應我盡一切可能把溫莎扣留在這裡一些時候。」外交部長阿蒂札（Juan Beigbedery Atienza）上校會見了公爵，並把會見的情況告訴了德國大使。大使於七月二日用極機密電報向柏林匯報說，除非承認公爵夫人為王室的成員和給予公爵本人一個重要的地位，溫莎將不返回英國。他將在佛朗哥政府答應給他的一所古堡中住下來。大使又說，溫莎曾向外交部長以及其他熟人表示，他反對邱吉爾，反對戰爭。

七月初，溫莎夫婦前往里斯本。德國駐里斯本公使在七月十一日向里賓特洛甫報告說，公爵已被任命為巴哈馬總督，但是「打算盡可能推遲動身時間……希望局勢會有對他有利的轉變」。公使又說，他深信，如果他仍然是國王的話，戰爭本來是會避免的，他稱自己是堅決支持同德國媾和的人。

公爵肯定地認爲，繼續猛烈地轟炸將使英國願意媾和。

這個情報促使狂妄自大的德國外長在富許爾（Fuschl）從他的專車發出一封特急、極機密的電報給德國駐馬德里大使館，這是在同一天即七月十一日深夜發出的。他希望把公爵送回西班牙，最好由他的西班牙朋友送回，以阻止他前往巴哈馬。里賓特洛甫說：「在公爵和他的夫人回到西班牙之後，必須勸說或者強迫他們留在西班牙領土上。」如果必要的話，西班牙可以把他當作英國軍官「拘禁」起來，並且把他「作爲逃亡軍人」對待。里賓特洛甫進一步說：

在適當時機必須告訴公爵，德國是希望同英國人民媾和的，但遭到邱吉爾集團的阻撓。如果公爵本人爲局勢的進一步發展做好準備，那將是一件好事。德國決心用各種辦法迫使英國媾和，如果這樣的情況發生的話，德國準備滿足公爵所表示的任何希望，特別是使公爵和夫人來擔任英國國王和王后。如果公爵另有打算，但又願意爲建立德國和英國之間的良好關係而合作，我們也同樣準備保證他和他的夫人有一筆生活費，使他能夠……過和國王身分相稱的生活。里賓特洛甫對施倫堡說，在瑞士儲存了五千萬瑞士法郎，又說，「元首準備出更大的數目」。

這個愚昧無知的納粹部長當德國駐倫敦大使的經驗並沒有使他對英國人有什麼瞭解。他又說，他已得到情報，「英國特務機關」將在公爵一到巴哈馬之後就「幹掉」他。

第二天，七月十二日，德國駐馬德里大使會晤了西班牙內政部長、佛朗哥的姻兄弟蘇納（Ramón Serrano Suñer），這位部長答應把佛朗哥也拉進這一陰謀並執行下述的計畫：西班牙政府將派公爵的老友、馬德里長槍黨（Falange）的領袖、前西班牙獨裁者的兒子里維拉（Miguel Primo de Rivera）前往里斯本。里維拉將邀請公爵到西班牙來打獵並同政府商談關於英國—西班牙的關係。屆時蘇納將把英國特務陰謀殺害他的消息告訴公爵。德國大使向柏林報告說：

> 這位部長隨後還將邀請公爵和夫人接受西班牙的接待，可能還有經濟上的幫助。也可能用其他的辦法不讓公爵離開。在這整個計畫中，我們將一直完全隱蔽在幕後。

據德國文件說，里維拉於七月十六日第一次訪問溫莎夫婦之後，從里斯本回到了馬德里。他給西班牙外交部長帶來一個消息，外交部長把它轉給德國大使，大使立即發往柏林。這個消息說，邱吉爾在一封「非常冷淡和毫無商量餘地的信件裡」任命公爵爲巴哈馬的總督，並命令他立即前去就職。如果他不去，「邱吉爾曾以交軍事法庭審判威脅溫莎」。這個消息還說，西班牙政府同意「再一次緊急警告公爵不要去就職」。

七月二十二日，里維拉第二天訪問里斯本後歸來。第二天德國大使及時用特急極機密電報把他發現的情況匯報給里賓特洛甫：

> 他曾同溫莎公爵做了兩次長談；最後一次談話時，公爵夫人也在座。公爵毫無拘束地表示了自己的意見……在政治上，他同英王和目前的政府愈來愈遠了。公爵和夫人並不畏懼十分愚蠢的國王，而是害怕精明的王后，她巧妙地施計反對公爵，特別是反對公爵夫人。

公爵正在考慮發表一項公開聲明……反對目前的英國政策並與他的兄弟決裂……公爵和夫人說，他們很希望回西班牙。

電報又說，爲了便於此事的進行，大使已和蘇納作好安排，派遣另一名西班牙使者前往葡萄牙「勸說公爵離開里斯本，假裝乘汽車做長途旅行，然後在安排好的地點越境，那裡的西班牙祕密警察一定會設法使他們安全越過邊境」。

兩天後，大使又用特急極機密電報把來自里維拉的進一步消息報告給里賓特洛甫：

他勸告公爵不要去巴哈馬，而返回西班牙，因爲可能需要公爵出來在英國政策中起重大的作用，並且有可能登上英國王位，這時公爵和夫人都顯然感到驚訝。兩人回答說，根據英國的憲法，在遜位以後是不可能再即位的。於是密使表示，他預料戰爭的發展可能甚至改變英國的憲法。公爵夫人這時就沉思起來。

德國大使在這份電報中提醒里賓特洛甫說，里維拉不知道「德國在這個事件裡有任何利害關係」。這位年輕的西班牙人顯然相信他是在爲他自己的政府效勞。

到了七月的最後一個星期，納粹綁架溫莎夫婦的計畫已經擬妥。希特勒親自委派施倫堡執行這個計畫。他從柏林飛到馬德里同那裡的德國大使商談，然後前往葡萄牙開始工作。七月二十六日，大使已經能夠發出長篇的最急極機密電報給里賓特洛甫，敘述陰謀的梗概：

……可以假定公爵夫婦已決心返回西班牙。爲了加強他們的這個決心，今天已派出第二個密使，帶給公爵一封寫得很巧妙的信件；信內附有周密準備的越境計畫。

根據這項計畫，公爵和夫人將啓程前往西班牙邊境附近的山區，表面上説是去避暑，實際上是在打獵的過程中在特定時間內在明確指定的地點越境。由於公爵沒有護照，需要把該地負責的葡萄牙邊境官員收買過來。

在計畫規定的時間中，第一個密使里維拉將與隱藏在適當地點的西班牙軍隊在邊境守候，以保證安全。

施倫堡一行爲了同一目的，將離開里斯本繼續活動。

爲此目的，在前往避暑地點的旅程中以及避暑時，應當有一個可靠的葡萄牙警察長暗中進行保護……。

在預定越過邊界的時刻，施倫堡一行應當接管邊界上的葡萄牙一邊的安全工作，並且要作爲直接的護衛人員繼續進入西班牙。這些護衛人員要時常更換，但不要引起注意。

爲了整個計畫的安全，西班牙部長選擇了另一名特工人員，一名婦女，她在必要時可以同另一名特工人員進行聯繫，也可以在必要時向施倫堡提供情報。

同時也做了準備，使公爵夫婦能夠乘飛機到達西班牙，以防萬一由於英國情報局採取的行動而發生緊急情況。如果發生這種情況，就像執行第一個計畫那樣，首先必須對公爵的典型英國人心理巧妙地施加心理影響，使他願意離開，而不要造成倉惶逃走的印象。辦法是利用他對英國情報局的不安心情和利用他在西班牙領土可以自由進行政治活動的前景。

除了在里斯本的護衛工作以外，考慮在必要時採取適當的恫嚇行動，使他願意離開。這種恫嚇行動可歸咎於英國情報局。

這就是納粹綁架溫莎公爵夫婦的計畫。它具有典型的德國人愚蠢作風。德國人一向不能瞭解「公爵的英國人心理」，也使這項計畫受到阻礙。

施倫堡及時地執行了這個「恫嚇行動」。一天晚上，他安排人員對溫莎夫婦的別墅窗戶投擲石頭，然後在僕人中間散布謠言，說是「英國特務機關」幹的。他讓人送一束花給公爵夫人，所附的一張名片上寫道：「謹防英國特務機關的陰謀。一個關心你利益的葡萄牙朋友。」他在向柏林發出的正式報告中說：「預定在七月三十日晚上進行的打槍（打碎臥室窗戶的一種無害行動）沒有進行，因爲它對公爵夫人產生的心理影響只會加強她離開的願望。」

時間已經不多了。施倫堡在七月三十日報告說，公爵的一位老朋友、英國政府的重要官員蒙克頓（Walter Monckton）爵士，已到達里斯本。他的使命顯然是使公爵夫婦盡快前往巴哈馬群島。同一天，德國駐馬德里大使向里賓特洛甫拍發了一份特急極機密電報說，在里斯本的一名德國情報人員剛剛告訴他，公爵夫婦計畫在八月一日（即兩天以後）離開。由於這種情況，他問里賓特洛甫，「我們是否應當在某種程度上從我們所處的幕後走出來」。這位大使又說，根據德國的情報，公爵已經向他的主人葡萄牙銀行家席爾瓦（Ricardo Espirito Santo Silva）表示「希望同元首接觸」。爲什麼不安排溫莎和希特勒之間的會晤呢？

第二天，七月三十一日，大使再次向里賓特洛甫發出一封特急極機密的電報，內稱：西班牙密使剛剛在里斯本會見溫莎夫婦，他回來後說，公爵夫婦雖然「非常關注英國陰謀傷害他們的消息和他們個人的安全」，但是顯然仍計畫在八月一日乘船啓行，不過溫莎企圖「隱瞞實際的啓行日期」。大使又說，西班牙內政部長即將對「防止公爵夫婦的離開做最後努力」。

溫莎夫婦可能很快啓行的消息，使里賓特洛甫感到吃驚，他在同一天即七月三十一日傍晚從他在往富許爾的專車上向德國駐里斯本公使發出了一封特急極機密的電報。他要求透過公爵的主人、葡萄牙銀行家把下列情況通知公爵：

> 德國基本上希望同英國人民媾和。邱吉爾集團堵塞了這條和平道路。在元首上次發出的要求、採取理智態度的呼籲遭到拒絕之後，德國現在決心以一切力量迫使英國媾和。如果公爵使自己對事態的進一步發展做好準備，那將是一件好事情。在這種情況下，德國將願意同公爵進行最密切的合作，並爲公爵和夫人所表示的任何願望排除障礙……如果公爵和夫人抱有其他意圖，但是願意在建立德國和英國的良好關係方面進行合作，德國同樣準備同公爵進行合作，並按照公爵夫婦的願望爲他們的前途做出安排。與公爵同住的葡萄牙密使應該做最認眞的努力，來阻止他明天啓程，因爲據我們掌握的可靠消息，邱吉爾打算在巴哈馬把公爵控制起來，以便使公爵永久住在那裡，我們在適當的時候同公爵在巴哈馬群島建立接觸是十分困難的……。

這位德國外長的緊急電報在午夜前不久送到了駐里斯本的公使館。德國公使在夜間會見了席爾瓦先生，竭力要求他把這個消息告訴他的貴賓。這位銀行家在八月一日早晨照辦了。據公使館的電報說，公爵深受感動：

公爵讚揚了元首的和平願望，這種願望同他自己的觀點是完全一致的。他堅信，如果他是國王，絕不會進行戰爭。他欣然同意向他的要求，在適當時候進行合作建立和平。但是在目前，他必須遵守他政府的官方命令。不服從命令會過早地暴露他的意圖，引起醜聞，並使他在英國威信掃地。他還深信，目前由他出面還爲時過早，因爲英國還沒有意圖要同德國進行商談。但是，一俟這種情緒改變，他就準備立即回去……英國早晚會要他回來（他認爲這一點是完全可能的），德國也將表示願意同他談判。在這兩種情況下，他都準備做出個人的任何犧牲，願意效勞，而毫不帶有個人野心。

他將同他以前的主人繼續通訊，並同他約定好一個暗號，他在接到這個暗號後將立即回來。

公爵夫婦在八月一日晚上乘美國郵船阿瑟王之劍號啓程了，這使德國人大吃一驚。施倫堡在第二天給「外長里賓特洛甫親收」的長電中報告他任務失敗。他說，他直到最後一刻爲止，做了可能做的一切事情來阻止公爵夫婦啓程。佛朗哥的一個兄弟（西班牙駐里斯本大使）已被說服，同意向溫莎夫婦發出最後一分鐘的呼籲，要求他們不要走。施倫堡說，裝載公爵夫婦行李的汽車被「破壞了」，因此行李很晚才送到船上。德國人散布謠言說，有人在船上放了定時炸彈。葡萄牙官員推遲了開船的時間，在船上進行了徹底搜查。

但是，公爵夫婦還是在那天晚上啓程了。納粹的陰謀失敗了。施倫堡在向里賓特洛甫提出的最後報告中，認爲這種失敗應歸咎於蒙克頓的影響，歸咎於「西班牙計畫」的失敗和「公爵的心理」。

在繳獲的德國外長的檔案中，關於這個陰謀，還有最後一項文件。八月十五日，德國駐里斯本公使打電報給柏林說：「密使剛剛收到了公爵從百慕達發來的一份電報，要求他一俟宜於採取行動就發出通知。是否應該做任何答覆？」

在德國外交部的文件中沒有找到答覆。到八月中，希特勒決定用武力征服英國。爲英國尋找一個新國王是不必要的。這個島嶼，將如其他一切被征服的領土一樣，由柏林來直接治理。至少希特勒是這樣想的。

德國的祕密文件所敘述的而且經過施倫堡補充的這個詭異故事，就談到這裡。施倫堡是一個不可信的人，不過若說他在這個故事中所扮演的角色——他承認他所扮演的角色是可笑的——完全出諸他的捏造，也是使人難以相信的。

在這些德國文件公布之後，公爵在一九五七年八月一日透過他在倫敦的律師發表了一項聲明。他在聲明中指責里賓特洛甫同德國駐西班牙和葡萄牙大使的通訊「完全是捏造，一部分則大大歪曲了眞相」。溫莎解釋說，當他在一九四〇年在里斯本候船前往巴哈馬時，「某些人」（他發現這些人是納粹的同情者）曾做過一定的努力勸他回到西班牙，不要去擔任他的總督職務。

他說：「有人甚至向我暗示，如果公爵夫人和我前往巴哈馬，我們甚至可能遇到人身的危險。在任何時候，我都從未有過想法要照這種暗示去做，我待之以它應得的輕蔑。」

英國外交部發表一項正式聲明，說公爵在戰爭期間對英國的忠誠從來沒有動搖過[42]。

第二十三章　巴巴羅沙：輪到了俄國

當希特勒在一九四〇年夏季忙於指揮征服西方的戰事時，史達林利用他無暇他顧的機會，進入波羅的海沿岸各國並南下到巴爾幹各國。

這兩個大獨裁國家之間的關係，在表面上一切都是友好的。在德國採取每一次新的侵略行動或進行新的征服時，代表史達林的莫洛托夫從不放過任何機會來讚揚和奉承德國人。當德國在一九四〇年四月九日入侵挪威和丹麥的時候，這位蘇聯外交人民委員立即在當天早晨對德國駐莫斯科大使舒倫堡（Herr von der Schulenburg）說：「蘇聯政府諒解德國被迫採取的措施。」莫洛托夫說：「我們祝德國在它採取的防禦措施中取得完全成功。」[1]

一個月以後，當德國大使拜訪莫洛托夫，把德國軍隊在西方進行的攻擊正式通知他的時候（里賓特洛甫曾指示他的大使解釋說，這種攻擊「是德國被迫進行的，因爲英法即將取道比利時和荷蘭向魯爾推進」），這位蘇聯政治家再次表示感到高興。舒倫堡打電報給柏林說：「莫洛托夫抱著諒解的精神接受了這個通知，並說他認識到，德國必須保護自己不受英法的攻擊。他毫不懷疑我們會獲得勝利。」[2]

六月十七日，即法國要求停戰的那一天，莫洛托夫約請舒倫堡到他的辦公室，「表示蘇聯政府對德國軍隊的光輝勝利致以最熱烈的祝賀」。

這位外交人民委員還說了一些別的話，這些話在德國人聽來並不是非常愉快的。正如德國大使發往柏林的特急電報所說，他把「蘇聯對波羅的海沿岸各國採取的行動」通知了德國大使，並說——人們幾乎可以看到莫洛托夫眼中的興奮神情——「現在有必要結束英法正在進行的陰謀，它們企圖在波羅的海沿岸各國散布德蘇之間的不和與不信任」[3]。莫洛托夫又說，爲了結束這種「不和」，蘇聯政府已經派「特使」到這三個波羅的海國家。事實上，他們是史達林的三個最優秀的劊子手：迪卡諾索夫（Vladimir Dekanozov）被派往立陶宛；維辛斯基（Andrey Vyshinsk）被派往拉脫維亞；日丹諾夫（Andrei Zhdanov）被派往愛沙尼亞。

這三個人像人們預期的那樣，徹底地執行了他們的任務，特別是後面這兩個人。早在六月十四日，德軍進入巴黎的那一天，蘇聯政府已經向立陶宛發出了限九小時答覆的最後通牒，要求它的政府辭職，逮捕它的一些主要官員，並且要求有權願派多少紅軍就派多少紅軍去。雖然立陶宛政府接受了這個最後通牒，莫斯科還是認爲「不能令人滿意」。第二天，即六月十五日，蘇軍佔領了這個國家——與德國接壤的唯一波羅的海國家。在以後的兩天中，蘇聯向拉脫維亞和愛沙尼亞提出了同樣的最後通牒，接著它們也都被紅軍佔領了。

在這些事情上，史達林是能夠和希特勒一樣殘酷無情的——甚至比希特勒更加無恥。報紙受到壓制，政黨領袖被捕，除了共產黨以外的各個政黨都被宣布爲非法。俄國人七月十四日在這三國舉行了「選舉」，「選出」的各國議會決議把自己的國家併入蘇聯，然後俄國的最高蘇維埃（議會）就「接納」它們到祖國來：立陶宛在八月三日被接納，拉脫維亞在八月五日，愛沙尼亞在八月六日。

希特勒丟了面子。但是他忙於設法組織對英國的入侵工作，對此無能爲力。根據里賓特洛甫的命令，三個波羅的海國家駐柏林公使抗議俄國侵略的信件被退還給他們了。爲了進一步使德國人丟臉，莫洛托夫在八月十一日不客氣地叫他們在兩週內「清理」德國駐在考那斯（Kaunas）、里加（Riga）和塔林（Tallinn）的公使館，並在九月一日以前，關閉在這些波羅的海國家的領事館。

佔領波羅的海國家並沒有滿足史達林的貪欲。英法軍隊驚人迅速的崩潰促使他盡量趁火打劫。他顯然覺得，時不再來，機不可失。六月二十三日，即法國正式投降，在貢比涅簽訂停戰協定的第二天，莫洛托夫再次召見納粹駐莫斯科大使，對他說：「比薩拉比亞（Bessarabian，現今的摩爾多瓦共和國，在烏克蘭與羅馬尼亞之間）問題的解決刻不容緩。如果羅馬尼亞政府拒絕接受和平協定，蘇聯政府決心使用武力。」莫洛托夫又說，蘇聯希望德國「不要妨礙而要支持蘇聯的行動」。此外，「蘇聯的要求也同樣擴大到布科維那（Bucovina，烏克蘭邊境）」[4]。比薩拉比亞是羅馬尼亞在第一次世界大戰結束時從俄國手中奪去的。但是布科維那從來不是俄國的領土，羅馬尼亞一九一九年佔領布科維那以前，它一直處在奧地利管轄之下。當納粹－蘇聯條約在莫斯科進行談判的時候，里賓特洛甫曾被迫把比薩拉比亞劃歸俄國的利益範圍。他現在向希特勒提醒這一點，因爲希特勒向他詢問此事。但是他從來沒有放棄過布科維那。

柏林方面相當驚慌。這種驚慌情緒也傳播到最高統帥部在西線的大本營。德軍非常需要羅馬尼亞的石油，德國也需要從這個巴爾幹國家得到糧食和飼料。如果紅軍佔領羅馬尼亞，德國就會失去這些東西。若干時候以前，五月二十三日，當法蘭西戰役達到高潮的時候，羅馬尼亞參謀總部曾向德國最高統帥部發出求援電報，通知它說，蘇軍正在邊界集中。約德爾在第二天的日記中總括了希特勒大本營的反應。他說：「由於俄國集中部隊對付比薩拉比亞，東方局勢日益逼人。」

六月二十六日晚上，俄國向羅馬尼亞發出最後通牒，要求割讓比薩拉比亞和北布科維那，並且堅持要羅馬尼亞在第二天答覆。里賓特洛甫在專車上慌忙向德國駐布加勒斯特（Bucharest）公使發出指示，要他勸告羅馬尼亞政府屈服。六月二十七日，羅馬尼亞屈服了。蘇軍在第二天開進新獲得的領土。柏林鬆了一口氣，由於俄國並未奪取整個羅馬尼亞，至少保住了豐富的石油和糧食來源。

從史達林的行動和德國的祕密文件可以清楚看出，在德國人被牽制在西線時，史達林雖然力求在東歐能撈到多少就撈多少，但是，他並不希望也沒有打算與希特勒決裂。

六月底，邱吉爾在一封私人信件中設法告誡史達林，德國的征服除了對英國有危險外，對俄國也有危險[5]。這位蘇聯獨裁者沒有答覆；他也許像幾乎所有其他人一樣，認爲英國已經完蛋了。因此，他向德國人透露了英國政府的打算。原來英國首相曾趕派左翼工黨領袖克里普斯（Stafford Cripps）爵士到莫斯科擔任新的大使，希望能在布爾什維克那裡引起比較有利的反應——他後來悲哀地承認，這是一個無望的希望。七月初，史達林接見了克里普斯，邱吉爾稱這次接見是「客套的和呆板的」。七月十三日，莫洛托夫根據史達林的指示向德國大使提交了關於這次祕密談話的書面備忘錄。

這是一個很有趣的文件。它透露了蘇聯獨裁者在冷靜估計外交事務方面的嚴重局限性，這是任何其他文件從來沒有透露過的。舒倫堡用特急（當然也是機密的）電報趕緊把它發往柏林。里賓特洛甫對於電報的內容非常感激，他對蘇聯政府說，他「非常重視這個情報」。備忘錄說，克里普斯曾力促史達林表示他對其中這樣一個主要問題的態度：

英國政府確信德國正力圖稱霸歐洲……這對於英國和蘇聯都是危險的。因此兩國應當商定一個防禦德國以自衛的共同政策，並且商定重建歐洲均勢的辦法……。

備忘錄說，史達林的答覆如下：

他看不出存在著任何一個國家稱霸歐洲的危險，更看不出德國可能鯨吞歐洲的危險。史達林曾觀察了德國的政策，並且清楚瞭解德國的一些主要政治家。他沒有發現他們有鯨吞歐洲各國的任何欲望。史達林並不認爲德國的軍事勝利威脅了蘇聯以及它與德國的友好關係……6

這種令人吃驚的自滿和這種極端的無知，眞使人爲之咋舌。當然，這位俄國暴君並不知道希特勒心中的祕密。但是，希特勒過去的行徑、人所共知的野心以及納粹意外迅速的征服，應當足以使他看到蘇聯現在面臨的嚴重危險。但是，不可理解的是，這些事情並不足以使他看到這種危險。

從繳獲的納粹文件中，從那一年在西歐廣大舞臺演出偉大戲劇的許多主要德國人物的證詞中，可以明顯看出，正當史達林表示極度心滿意足的時候，希特勒心中事實上正在打著轉而撲向蘇聯、毀滅蘇聯的主意。

他的基本思想少說早在十五年前就在《我的奮鬥》一書中表現出來了。希特勒寫道：

因此我們國社黨人要接替我們在六百年以前中止了的事業。我們要停止德國向南歐和西歐無休無止的移動，把我們的視線轉向東方的土地……當我們今天談到歐洲的新領土的時候，我們主要必須想到俄國和它周圍的附庸國家。看來，命運本身希望在這裡向我們指出道路……這個巨大東方帝國解體的時候到了，猶太人在俄國統治的終結也將是俄國作為一個國家的終結[7]。

這個思想在希特勒心中是根深蒂固的，他與史達林締結的協定根本沒有改變他這種思想，而只不過是推遲執行的時間罷了。但這也只是短暫的推遲。事實上，在這個協定締結並被利用來毀滅波蘭以後不到兩個月，希特勒就指示陸軍說，要把已被征服的波蘭領土看作是「德國未來軍事行動的集結地區」。做這個指示的日期是一九三九年十月十八日，哈爾德在那一天日記中記下了這一點。

五個星期以後，十一月二十三日，當他向態度勉強的將領們大談其西線進攻的問題時，他的心中絕沒有忘記俄國。他說：「只有我們在西線騰出手來的時候，才能夠反對俄國。」當時，希特勒心中很在意在兩條戰線上作戰——這是一百年來德國將領最害怕的事情。他當時詳細地談了這個問題。他說他不想重犯德國歷屆統治者的錯誤；他將繼續努力保證使陸軍一次只在一條戰線上作戰。

因此，法國既已淪亡，英軍已被趕到海峽那邊，英國即將崩潰，這時希特勒的思想再次轉向俄國來，這就是很自然的事。因為他現在自認為在西線已騰出手來，因而取得了他為自己規定的「反對俄國」的一個理由。史達林在六月間迅速佔領波羅的海三國和羅馬尼亞的兩個省份，這一事實促使希特勒做出決定。

做出決定的時刻，現在終於可以弄清楚了。約德爾說，「基本決定早在西線戰役期間」就做出了[8]。約德爾在最高統帥部的副手華里蒙特上校記得，七月二十九日，約德爾在作戰局參謀軍官會議上宣布：「希特勒打算在一九四一年春進攻蘇聯。」約德爾說，在這次會議以前的某個時候，希特勒曾告訴凱特爾，「他打算在一九四〇年秋對蘇聯發動進攻」。但是，甚至對凱特爾來說，也覺得吃不消。他使希特勒打消了這個計畫，理由是，不但因爲秋天天氣不好，而且把大部分軍隊從西線調到東線來也有困難，使這種進攻無法進行。華里蒙特敘述道，到七月二十九日舉行這次會議的時候，「打算對俄國發動進攻的日期已經推遲到一九四一年春」[9]。

我們現在從哈爾德的日記中知道，僅僅在一週以前，希特勒仍然堅持可能在秋天在俄國作戰，如果不進攻英國的話[10]。七月二十一日，他在柏林的一次軍事會議上，要布勞希契趕緊爲此進行準備。從布勞希契對希特勒的答覆中可以清楚看出，這位陸軍總司令和他的參謀總部已經對這個問題做了一些考慮，但是考慮得並不充分。布勞希契對領袖說，這次戰役「將持續四週到六週」，目的將是「擊敗俄國軍隊或者至少佔領足夠的俄國領土，使蘇聯轟炸機不能夠到達柏林或西里西亞工業地區，而另一方面，德國空軍轟炸機卻能夠到達蘇聯境內的一切重要目標」。布勞希契認爲，德軍八十個師到一百個師就能夠完成這項任務；他估計俄國的兵力是「五十到七十五個師」。哈爾德所記載的關於布勞希契向他敘述的會議情況表明，希特勒因史達林在東部奪取了一些地方而感到不快，他認爲蘇聯獨裁者「與英國勾搭」，鼓勵英國堅持下去，但是他認爲沒有跡象表明俄國準備參加對德國的戰爭。

一九四〇年七月最後一天在伯格霍夫舉行的另一次會議上，入侵英國的前景消失促使希特勒第一次向他的陸軍首腦們宣布關於俄國的決定。哈爾德本人出席了這次會議，他用速記確切地記下了希特勒所說的話[11]。這個記錄不僅表明希特勒已確定在第二年春天進攻俄國，而且還表明他已經在心中想好了主要戰略目的。希特勒說：

英國的希望在於俄國和美國。如果對俄國的希望破滅，那麼對美國的希望也將破滅，因爲消滅俄國以後就會大大增加日本在遠東的力量。

希特勒說，他越想到這一點就越相信，英國繼續進行戰爭的頑強決心是由於它對蘇聯有所指望。他解釋說：

在英國發生了某種奇怪的事情！英國人原來已經完全倒下了（哈爾德在德文原文中使用了英文「down」這個字）。現在他們又站了起來。這時有別人插入談話。俄國由於西歐的事態發展迅速而大爲不安。

俄國只需向英國暗示：它不希望德國過分強大，那麼像一個快要淹死的人一樣，英國就會重新獲得這種希望：局勢在六個月到八個月之內就會完全改觀。

但是如果俄國被摧毀，英國最後的希望就會被粉碎。那時，德國就將成爲歐洲和巴爾幹的主人。決定：由於考慮到這些情況，必須消滅俄國。時間定在一九四一年春天。越快消滅俄國越好。

這個納粹統帥然後詳細敘述了他的戰略計畫，將領們可以明顯看出，這些計畫若干時候以來就一直在他思想中醞釀著，儘管他爲西線的戰鬥已忙得不可開交。他說，這次行動只有以一舉摧毀蘇聯爲目標，才値得進行。佔領俄國的大片領土是不夠的。希特勒強調說：「要消滅俄國生存的力量！這才是目的！」最初將發動兩個攻勢：一個是在南方向基輔和第聶伯河（Dnieper）進攻，第二個是在北方通過波羅的海國家，然後向莫斯科進攻。兩支軍隊將在莫斯科會師。在這以後，必要時將進行一次特殊的作戰。以獲得巴庫（Baku）油田。希特勒一想到這種新的征服，就感到十分興奮；他已經想到了怎樣處理這些新征服的地方。他說，他將乾脆呑併烏克蘭、白俄羅斯和波羅的海沿岸各國，把芬蘭的領土擴大到白海。他將撥出一百二十個師來進行整個戰爭，留六十個師保衛西線和斯堪地納維亞。他規定，進攻將在一九四一年五月開始，用五個月的時間完成，在冬天結束。他說，他本來希望在今年這樣做，但是這已經證明是不可能的了。

第二天，八月一日，哈爾德同他的參謀總部人員開始制定計畫。雖然他後來聲稱，他根本反對進攻俄國，認爲這是發瘋，但是他這一天的日記透露，他在致力於這項富有挑戰性的新任務時，是充滿熱情的。

制定計畫的工作現在在三個方面以德國人典型的嚴謹周密作風進行著，這三個方面是陸軍參謀總部、最高統帥部中華里蒙特領導的作戰局和最高統帥部中托馬斯將軍領導的經濟和軍備局。戈林在八月十四日指示托馬斯說，希特勒希望「等到一九四一年春季」才向俄國運交訂購的貨物[12]。托馬斯在關於這一點的報告中強調，蘇聯這時向德國運交的貨物多麼準時。他說，事實上「一直到進攻開始的時候」，這種交貨一直是準時的。他很高興地說：「甚至在最後幾天，俄國人還用快車完成從遠東運送印度橡膠的工作」——大概是通過橫貫西伯利亞的鐵路。同時他的部門要詳細調查俄國的工業、運輸和石油中心的情況，這既可以作爲轟炸目標的指南，同時也有助於以後管理俄國。

幾天以前，八月九日，華里蒙特曾發出他的第一項指令，要求在東方爲出擊俄國準備集結地區。執行這項計畫的代號是「加強東方」。八月二十六日，希特勒下令從西線向波蘭派遣十個步兵師和二個裝甲師。他規定，裝甲部隊要集中在波蘭東南部，以便他們可以出兵保護羅馬尼亞油田[13]。向東部調動大量部隊一事，如果爲史達林所獲悉，一定會引起他的多疑，因此德國人做了很大的努力，保證不使他獲悉此事（德國人在波蘭只留了七個師，其中兩個師在春季戰役期間調到西線。哈爾德叫嚷說，那裡的軍隊只足以維持海關工作。如果史達林在一九四〇年六月進攻德國，那麼還沒有能夠組織任何認眞的抵抗，紅軍也許就到達柏林了）。由於有些調動肯定會被發現，因此德國駐莫斯科武官科斯特林（Ernst Köstring）將軍奉令通知蘇聯總參謀部說，這個調動只是派年輕的士兵代替要退伍參加工業生產的年紀較大的士兵。九月六日，約德爾發出指示，相當詳細地概述了進行僞裝和掩蔽的方法。他規定，「這種集結工作絕不能在俄國造成這樣一種印象，好像我們準備在東方發動攻勢」[14]。

爲了使國防軍在取得夏天的偉大勝利以後不滿足於自己的功勞，希特勒在一九四〇年十一月十二日發出了一項詳盡的極機密指令，概述在整個歐洲和歐洲以外的新軍事任務。我們將在以後再來談其中的一些任務。我們這裡所要談的是關於蘇聯的那一部分。

政治會談已經開始進行，以弄清俄國目前的態度。不管這種會談的結果如何，已經在口頭上下令進行的關於在東方的一切準備工作，應當繼續進行。一俟陸軍向我提出作戰計畫總綱並經批准，我就將發出關於這方面的指示[15]。

事實上，就在那一天，即十一月十二日，莫洛托夫到達柏林繼續與希特勒本人進行這種政治會談。

莫洛托夫在柏林

柏林和莫斯科之間的關係幾個月來一直在趨於惡化。史達林和希特勒欺騙第三者是一回事，但是當他們開始相互欺騙時，那就是另外一回事了。希特勒未能阻止俄國奪取波羅的海國家和羅馬尼亞的兩個省——比薩拉比亞和北布科維那，他的失望只會加劇他日益增長的憤怒。必須制止俄國向西推進，首先要在羅馬尼亞加以制止。羅馬尼亞的石油資源對於德國至為重要，由於英國的封鎖，德國已不再能夠由海路輸入石油了。

使希特勒的問題更加複雜的是，匈牙利和保加利亞也要求對羅馬尼亞領土分一杯羹。事實上，一九四〇年快到夏末的時候，匈牙利為了奪回羅馬尼亞在第一次世界大戰後從匈牙利奪去的特蘭西瓦尼亞（Transylvania）不惜一戰。希特勒認識到，這樣一場戰爭會把德國跟它的主要原油來源地切斷，而且大概會使俄國人參加進來，佔領整個羅馬尼亞，使德國永遠得不到羅馬尼亞的石油。

到八月二十八日，局勢已變得十分逼人，使得希特勒命令五個裝甲師和三個摩托化師加上傘兵和空運部隊準備在九月一日奪取羅馬尼亞油田[16]。同一天，他在伯格霍夫同里賓特洛甫和齊亞諾會商，然後派他們到維也納去，要他們在維也納向匈牙利和羅馬尼亞兩國外長定下規矩，要它們接受軸心國的仲裁。在里賓特洛甫對雙方進行恫嚇以後，這個任務輕而易舉地完成了。八月三十日，在維也納的美景宮（Belvedere），匈牙利和羅馬尼亞接受了軸心國的解決辦法。當羅馬尼亞外交大臣馬諾萊斯庫（Mihai Manoliescu）看到地圖上特蘭西瓦尼亞的一半左右要劃歸匈牙利的時候，他暈過去了，趴在要簽訂協定的那張桌子上，在醫生用樟腦對他施行急救以後，他才恢復知覺[17]。這使羅馬尼亞國王卡羅爾二世（Carol II）失去了王位。他於九月六日遜位，由他的十八歲的兒子邁戈爾（Michael）繼承王位。卡羅爾國王帶著他的紅髮愛姬盧伯斯庫（Magda Lupescu）乘一列十節車廂組成的專車，穿過南斯拉夫逃往瑞士，車中裝滿了可以稱爲「贓物」的財物。法西斯「鐵衛隊」頭子、希特勒的朋友安東奈斯庫（Ion Antonescu）將軍則成爲羅馬尼亞獨裁者。德國和義大利向羅馬尼亞保證不會更動它剩下的領土，但其中還要減去多布魯甲（Dobrudja）南部，羅馬尼亞被迫把這塊地方割讓給保加利亞。這表面上是爲了使羅馬尼亞得到公平合理的待遇，而實際上是使希特勒在執行進一步計畫時有合法的藉口。

三週以後，希特勒的親信瞭解了元首的進一步計畫。九月二十日，希特勒在一項極機密指令中下令派「軍事代表團」到羅馬尼亞：

> 對外界說來，代表團的任務是指導友邦羅馬尼亞組織和訓練它的部隊。
> 眞正的任務——絕不可使羅馬尼亞軍隊或我們自己的軍隊看出這種任務——保護石油地區……準

備一旦我們被迫同蘇俄作戰時，以羅馬尼亞爲基地，部署德國和羅馬尼亞部隊[18]。

這將使他開始在心中計畫的一條新戰線的南翼得到保護。

維也納的仲裁結果，特別是德國保證推薦羅馬尼亞剩下的領土，使莫斯科方面很不好受，因爲事先沒有同莫斯科商量。舒倫堡在九月一日拜訪了莫洛托夫，把里賓特洛甫一份空話滿篇的備忘錄交給他。這份備忘錄企圖解釋如辯護在維也納所發生的事情。這位大使報告說，在他提交備忘錄後，蘇聯外交人民委員「同他平常的態度相反，相當冷淡」。但是他並沒有過分冷淡，還是提出了強硬的口頭抗議。他指責德國政府違反了納粹—蘇聯條約的第三條，這一條規定雙邊要進行協商；他還指責德國政府向俄國提出「既成事實」，這同德國就「共同關心的問題」的保證是矛盾的[19]。盜賊開始爲贓物爭吵起來了，這是在這種情況下幾乎難以避免的。

在以後的幾天中，雙方相互進行的責罵變得更加激烈了。九月三日，里賓特洛甫用電報向莫斯科發出一份很長的備忘錄，否認德國違反莫斯科條約，反而指責俄國違反了這個條約，因爲它沒有同柏林協商就併吞了波羅的海國家和羅馬尼亞的兩個省。這個備忘錄措辭強硬，俄國在九月二十一日用同樣嚴厲的詞句答覆——到了這個時候，雙方都透過書面提出了他們的論點。蘇聯的答覆重申德國破壞了這個條約，並且警告說，俄國在羅馬尼亞仍有許多權益，最後提出了一項諷刺性的建議說，如果「雙方進行協商」這一條爲德國帶來了「某些不便和限制」，蘇聯政府準備修改或取消這一條[20]。

克里姆林宮由於九月的兩次事件對希特勒產生了進一步的懷疑。十六日，里賓特洛甫打電報給舒倫堡，要他拜訪莫洛托夫，並「順便」通知他說，德國將取道芬蘭向挪威北部派遣援軍。幾天以後，九月二十五日，納粹外長向駐莫斯科的大使館發出了另一份電報，這次是發給代辦的，因爲舒倫堡已回德國休假了。這是一封十分機密的電報，上面寫有「極機密——國家機密」字樣。電報指示說，只有在第三天代辦透過電報或電話從柏林收到一個特別的暗號後才可以執行電報中的指示[21]。

他要通知莫洛托夫的是，「在今後幾天中」，日本、義大利和德國將在柏林簽訂一個軍事同盟條約。這個條約不是針對俄國的——一項具體的條款將說明這一點。里賓特洛甫說：

> 這個同盟完全是針對美國戰爭販子的。毫無疑問，像平常一樣，在條約中不能明確地這樣說，但是可以從條約的條款中明確無誤地推斷出這一點……它的唯一目的是使竭力要求美國參戰的那些分子恢復理智，辦法是確鑿地向他們表明，如果他們參加目前的鬥爭，他們自然就得把這三個大國作為敵人來對付[22]。

這個冷冰冰的蘇聯外交人民委員對德國人已疑竇叢生，當代辦提伯爾斯克希（Werner von Tippelskirch）在九月二十六日晚上告訴他這個消息的時候，他是極爲懷疑的。他立即說，按照莫斯科條約的第四條，在這三國軍事同盟簽訂之前，蘇聯政府有權看到這個同盟條約的全文；他又說，這包括「任何祕密議定書」的全文在內。說這話時，他對於條約細節表現了學究式追根問底的態度，這是使得跟他談判的一切人，無論是朋友還是敵人，都感到討厭的。

莫洛托夫還希望更加瞭解德國同芬蘭簽訂的協定。這個協定讓德國調動軍隊時能經過芬蘭。他說，他主要是透過報紙，包括合眾社（United Press）從柏林發的一條電訊在內，得到這個消息的。

莫洛托夫又說，在過去三天中，莫斯科收到了消息，獲悉德國部隊在至少三個芬蘭港口登陸，「而德國卻沒有把此事通知俄國」。莫洛托夫繼續說：「蘇聯政府希望得到關於軍隊在芬蘭過境的協定全文，包括協定的祕密部分……並希望得知協定的宗旨何在，針對何方，要達到什麼目的。」[23]

現在必須安一安俄國人的心了，即使愚鈍的里賓特洛甫也能看出這一點。因此在十月二日，他把同芬蘭簽訂的協定全文用電報發給莫斯科。他還重申，這時已經簽訂的三國條約並不是針對蘇聯，並且嚴正宣布「沒有任何祕密的議定書，也沒有任何祕密的協議」[24]。

三國條約是一九四〇年九月二十七日在柏林簽訂的，我在《柏林日記》頁五三二至五三七中描述了這個如喜歌劇一般的儀式。在第一條中，日本承認「德國和義大利在建立歐洲新秩序方面的領導」，在第二條中，德國和義大利則承認日本在建立大東亞新秩序方面的領導。第三條規定，如果三國中任何一國遭到美國的攻擊，就進行互助，雖然沒有具體提到美國的名字，不過從定義來看，指的是美國。在我看來，正像那天我在柏林的日記中所寫的，關於這個條約最重要的事情是，它意味著希特勒現在死心塌地只好進行一次長期的戰爭了。代表義大利簽訂這個條約的齊亞諾也得出了同樣的結論（《齊亞諾日記》頁二九六）。此外，這個條約也是對蘇聯的一個警告，儘管他們否認這一點。

十月七日，里賓特洛甫指示提伯爾斯克希「順便」通知莫洛托夫，德國將要派遣一個「軍事代表團」到羅馬尼亞去。里賓特洛甫得到莫洛托夫對這個進一步消息的懷疑反應後（這位外交人民委員要求知道：「你們將要向羅馬尼亞派遣多少軍隊？」）[25]，十月十三日寫了一封長信給史達林，企圖消除蘇聯對德國所抱的不安情緒[26]。

可以預料，這是一封既愚蠢又傲慢的信，它充滿了胡言亂語、謊言遁詞。它把這次戰爭和到現在爲止的一切後果都歸咎於英國，但是有一點是肯定的：「這場戰爭我們已經打贏了。現在只是英國還要多久才會承認失敗。」德國在芬蘭和羅馬尼亞所採取的針對俄國的行動和三國條約都被說成是對俄國的眞正恩典。同時，英國外交人員和英國特務正在設法在俄德之間挑起糾紛。爲了挫敗他們的企圖，里賓特洛甫問史達林，爲什麼不派莫洛托夫到柏林來，以便元首可以「親自說明他今後如何建立我們兩國之間的關係」。

里賓特洛甫狡猾地暗示了這些意見是什麼：就是在這四個極權國家之間瓜分世界。他說：

看來四大國——蘇聯、義大利、日本和德國——的任務是採取一個長期政策……在世界規模上劃分它們的利益。

莫斯科的德國大使館在投遞這封信時有一些拖延，這使里賓特洛甫大爲震怒，他向舒倫堡發出了一封憤怒的電報，要求知道爲什麼這封信到十七日才送出去，「鑒於信件內容的重要性」，爲什麼沒有遞交給史達林本人——原來舒倫堡把它交給了莫洛托夫[27]。史達林在十月二十二日用異常親切的口氣做了答覆。他寫道：「莫洛托夫承認他有義務到柏林訪問你。他現在接受了你的邀請。」[28]史達林的親切只是一種僞裝。舒倫堡在幾天以後打電報給柏林說，我國人抗議德國拒絕向俄國人運交軍用物資而同時卻向芬蘭運送武器。舒倫堡通知柏林說：「這是蘇聯第一次提到我們向芬蘭運送武器。」[29]

在一個陰暗的、下著毛毛細雨的日子，莫洛托夫到達了，他受到極其拘泥於形式的接待。他乘車沿菩提樹下大街前往蘇聯大使館，在我看來，他很像一個勤苦的鄉下小學校長。但是為了在克里姆林宮的你死我活競爭中生存下來，他一定有一套辦法，德國人誇誇地談論讓莫斯科得到俄國長期夢寐以求的博斯普魯斯海峽和達達尼爾海峽，而他們將佔有巴爾幹的其餘地方：羅馬尼亞、南斯拉夫和保加利亞……。

我在一九四〇年十一月十二日那天在柏林寫的日記就是這樣開始的。德國人誇誇的談論，僅就談論而言，是一點也不含混的。今天，我們對於這一次奇怪的和後來證明是關係重大的會議瞭解更多，是由於繳獲了外交部的文件。我們在這些文件中找到了德國人記載的這兩天會議的祕密記錄，除了一份以外，全是由無所不在的施密特博士所記的[30]。這個記錄的精確性後來為史達林所證實，雖然是無意中證實的，邱吉爾說，他在一九四二年八月從史達林那裡得到關於莫洛托夫在柏林會談的情況，「與德國的記錄沒有實質的差別」，雖然它「比較簡潔」（邱吉爾：《他們最美好的時刻》，頁五八五至五八六）。

在十一月十二日上午兩位外交部長舉行的第一次會議上，里賓特洛甫的情緒像他一貫那樣極為冷淡和傲慢，但是莫洛托夫很快就看穿了他，明白了德國玩的是什麼把戲。里賓特洛甫首先說：「英國已經被打敗，它什麼時候承認失敗，現在只是時間問題了……大英帝國現在已經開始完蛋了。」不錯，英國希望從美國得到援助，但是「美國參戰對德國來說無關緊要。德國和義大利絕不會再允許一個盎格魯—薩克遜人在歐洲大陸登陸……這根本不是軍事問題……因此，軸心國現在並不考慮它們怎樣能夠贏得這次戰爭，而是考慮它們能夠如何迅速地結束這場已經打贏了的戰爭」。

里賓特洛甫解釋說，情況既然是這樣，現在是俄、德、義、日四國來確定它們「利益範圍」的時候了。他說，元首已經得出結論，認爲所有這四國都自然地要「向南」擴張。日本已經轉向南方，義大利也是這樣，而德國在西歐建立了「新秩序」以後，將在「中非」（竟在這裡！）找到它另外的生存空間。里賓特洛甫說，他「不知道」俄國是不是也要「轉向南方，尋求通往海洋的天然出口，這種出口對它是十分重要的」。

「哪個海？」莫洛托夫冷淡地插言說。

這是一個令人爲難、然而卻是關鍵性的問題，在同這個態度頑固不化、言談枯燥乏味、作風一絲不苟的布爾什維克進行三十六小時未中斷的會談後，德國人將會瞭解這一點。這個插言使里賓特洛甫瞠目結舌，他一時想不出一個答覆。相反，他信口談到「戰後全世界將會發生巨大的變化」，並且囉囉唆唆說，重要的是「德俄條約的兩個夥伴已經一同做了一些好生意」，並且「將繼續做一些生意」。但是當莫洛托夫堅持要求答覆他簡單的問題時，里賓特洛甫終於答覆說：「從長遠來說，對俄國最有利通往海洋的出路可以在波斯灣和阿拉伯海的方向找到。」

在場做記錄的施密特博士說，莫洛托夫坐在那裡，「顯出一副捉摸不透的表情」[31]。他講的話很少，只是在最後說，在確定利益範圍，「特別是德俄之間」的利益範圍時，需要「精確性和警惕性」。這個狡猾的蘇聯談判代表把他精彩的一手留著對付希特勒，後者他在下午就見到了。對於這個集大權於一身的納粹統帥來說，這次會見之傷透腦筋和難以對付，是他完全沒有意想到的，甚至是他這輩子絕無僅有的一次。

希特勒像他的外長一樣含糊其詞，甚至吹得更加厲害。他首先說，一俟氣候好轉，德國就將「對英國進行最後的打擊」。不錯，存在著美國問題。但是美國「在一九七〇年或一九八〇年以前無法危及其他國家的自由……在歐洲、非洲或亞洲都沒有它的事」——莫洛托夫插言說，他同意這個說法。但是他不同意希特勒所說的其他許多話。這個納粹領袖講了一大套籠統的好聽話，強調指出兩國在追求各自的目的和共同努力取得「通往海洋的出口」方面沒有基本的分歧。在他講完以後，莫洛托夫回答說：「元首的談話是一般性的。」他說，他現在要提出史達林的意見，史達林在他離開莫斯科時對他做了確切的指示。於是他向這個德國獨裁者提出質問。記錄表明，希特勒對此毫無準備。

施密特後來追述：「問題接二連三向希特勒提出來了。在我參加的會談中，我沒有看到過任何外國客人曾經以這種方式向他談話。」32

莫洛托夫想要知道，德國想在芬蘭打什麼主意？歐洲和亞洲新秩序的意義是什麼，蘇聯將在其中擔任什麼角色？三國條約的「意義」是什麼？他繼續說：「此外，關於俄國在巴爾幹和黑海的利益，與保加利亞、羅馬尼亞和土耳其有關的方面，有些問題需要澄清。」他說，他希望聽到一些答覆和「解釋」。

希特勒驚訝得竟至答不上話來，這也許是他平生第一次。「鑒於可能有空襲警報」，他提議他們休會，他答應在第二天進行詳細的討論。

攤牌推遲了，但是沒有避免。第二天上午，當希特勒和莫洛托夫繼續會談時，這位俄國外交人民委員是冷酷無情的。首先談芬蘭問題，在這個問題上，兩人很快就發生了激烈的和辛辣的爭執。莫洛托夫要求德國把軍隊撤出芬蘭。希特勒否認「德軍佔領了芬蘭」。德軍只是通過芬蘭開往挪威。但是他想要知道「俄國是否打算對芬蘭進行戰爭」。據德國的記錄說，莫洛托夫「有點閃爍其詞地回答了這個問題」，希特勒不滿意。

希特勒堅持說：「在波羅的海絕不能發生戰爭。這會使德俄關係極度緊張起來。」這是一種威脅，一分鐘以後，他又補充說，這種緊張可能帶來「不可預見的後果」。希特勒想要知道，蘇聯還想在芬蘭得到什麼。他的客人回答說，它想要「像在比薩拉比亞那樣規模的解決辦法」——這意味著公開的吞併。希特勒對這一點的反應一定使得這位不會感到不安的俄國人也感到不安了，他連忙要求元首「對這一點表示意見」。

這位獨裁者也有點閃爍其詞，他回答說，他只能重申：「絕不能同芬蘭作戰，因爲這樣一種衝突可能有深遠的影響。」

莫洛托夫反駁說：「這樣一種立場讓原本的討論加入新的變數。」

爭執變得如此激烈，以致這時一定感到十分恐慌的里賓特洛甫插話說（據德國的記錄）：「實際上根本沒有理由使芬蘭問題成爲一個爭端。或許這只是一個誤解。」

希特勒利用了這個及時的插話，馬上改變了話題。難道英帝國即將垮臺後出現的坐地分贓打動不了俄國？

他說：「讓我們來談談更重要的問題吧。」他說：

在征服英國以後，它散布於全世界四千萬平方公里屬地，就像破產的巨大產業一樣將被瓜分。在這個破產了的產業中，俄國可以得到通往不凍的、眞正開放的海洋出口。到現在爲止，少數四千五百萬英國人統治了英帝國的六億居民。他即將粉碎這個少數……在這種情況下，將要出現世界範圍的前景……對這個破產的產業發生興趣的各國必須停止它們之間的一切爭論，而專心關注瓜分英帝國的問題。這一點適用於德國、法國、義大利、俄國和日本。

看來這位冷冰冰的、不動聲色的俄國客人並沒有爲這樣一個美好的「世界範圍的前景」所動，他也不像德國人那樣相信英帝國不久就可以拿到手——他後來反覆地陳述了這一點。他說，他想要討論「與歐洲更接近的」問題。例如，土耳其、保加利亞和羅馬尼亞。

他說：「蘇聯政府認爲，德國對羅馬尼亞的保證直接影響蘇俄的利益——如果我們可以這樣坦率地表示自己的意見的話。」。其實他坦率地表示他的意見已有一整天了，這一點使他的主人越來越感到不安。他現在步步進逼。他要求德國「取消」這個保證。希特勒拒絕了。

莫洛托夫說，那麼好吧，鑒於莫斯科在海峽的利益，「如果俄國向保加利亞做出像德國和義大利對羅馬尼亞的保證」，德國會說什麼呢？

可想而知，希特勒聽了這話是大皺眉頭的。他問莫洛托夫，保加利亞是否已經像羅馬尼亞那樣要求這樣一個保證？根據德國的備忘錄，元首「並不知道保加利亞提出了任何要求」。無論如何，他必須首先同墨索里尼商量，然後才能對俄國人的問題給予一個比較肯定的答覆。他又威脅地補充說，如果德國「不得不同俄國發生摩擦，它無須用海峽問題來找碴」。

但是，通常很健談的元首沒有胃口再同這個無法忍受的俄國人談下去了。

德國的記錄說：「會談到這個時候，元首提請注意時間已經很晚了，他說，鑒於英國可能進行空襲，最好現在中止會談，因爲主要問題大概已經充分地討論了。」

那天晚上，莫洛托夫在菩提樹下大街俄國大使館爲他的主人們舉行了盛大的宴會。由於下午所受的罪，希特勒顯然精疲力竭，並且仍然感到惱火，他根本沒有露面。

英國人倒露面了。我曾感到奇怪，英國轟炸機最近差不多每天晚上都出現在這個首都上空，爲什麼沒有在蘇聯外交人民委員到柏林的第一個晚上出現來提醒他？不管德國人對他說些什麼，英國仍然在進行戰爭，並且正在反擊。我承認，我們當中一些人曾經滿懷希望地等待飛機到來，但是它們沒有來。曾經擔心會發生最壞情況的威廉街官員顯然感到鬆了一口氣。但是這口氣沒有鬆很久。

十一月十三日晚上，英國人很早就來了。邱吉爾說，空襲是有意爲這個場合安排的。他後來寫道：「我們事先聽說有這次會議，雖然未被邀請參加這次討論，我們並不希望完全被排斥在會議之外。」（邱吉爾：《他們最美好的時刻》頁五八四）在一年的這個時候，柏林在下午四點左右天就黑了。九點過後不久，空襲警報就開始響起來了，然後就可以聽到隆隆的高射炮聲，在炮聲之間，可以聽到轟炸機在上空嗡嗡作響。據參加蘇聯大使館宴會的施密特博士說，在莫洛托夫剛剛提議爲友誼乾杯而里賓特洛甫剛剛站起來要作答時，空襲警報就響了，客人們紛紛奔向防空洞。我記得沿菩提樹下大街和在威廉街轉角的四散奔逃情況，當時德國人和俄國人紛紛奔向外交部的地下防空洞。有些官員，施密特博士是其中之一，跑進阿德隆飯店（我們當中一些人當時正在飯店門前觀看），沒有能夠參加這兩位外長現在在外交部很深的地下室舉行的臨時會議。由於施密特博士不在，因此這次會議不得不由德國駐莫斯科大使館的參贊古斯塔夫·希爾格（Gustav Hilger）來做記錄，他在會議期間是譯員之一。

當英國轟炸機在夜空飛行，高射炮不起作用地向它們開火時，狡猾的納粹外長最後一次設法要使俄國人上他的圈套。他從口袋裡拿出一個協定草案，這個草案實質上是把三國條約變爲四國條約，以俄國作爲第四個成員國。當里賓特洛甫宣讀這個草案的時候，莫洛托夫耐心地聽著。

協定的核心是第二條。在這一條中，德國、義大利、日本和蘇聯保證「尊重彼此的自然勢力範圍」。它們之間的任何爭執都要「和睦地」解決。兩個法西斯國家和日本同意「承認蘇聯目前擁有的領土範圍並將尊重它」。在第三條中，這四國同意不單獨參加其它聯盟。

里賓特洛甫建議，協定本身應予發表，但是當然不發表它的祕密議定書，他接著就讀了這些祕密議定書。最重要的一個祕密議定書闡明了每一國的「領土要求」。俄國的要求要「集中於蘇聯國土以南，在印度洋的方向」。

莫洛托夫沒有上鉤。這個擬議中的條約顯然是企圖使俄國不再像它歷來那樣向西進逼，沿著波羅的海而進入巴爾幹，通過海峽而入地中海，因爲在那裡，它必然會和德國和義大利的貪婪野心發生衝突。蘇聯至少在目前對遙遠的印度洋不感興趣。莫洛托夫回答說，它目前感到興趣的是歐洲和土耳其海峽。他又說「因此，紙面的協定對蘇聯來說是不夠的；它必須堅持使它的安全得到有效的保證。」

他闡述說：

蘇聯感興趣的問題不僅關係到土耳其，而且還關係到保加利亞……但是，羅馬尼亞和匈牙利的命運也是蘇聯所關心的，在任何情況下對它都不可能是不重要的。蘇聯政府還想要瞭解軸心國對南斯拉夫和希臘有什麼打算，同樣，還想瞭解德國對波蘭有什麼打算……蘇聯政府也對瑞典中立的問題發生興趣……此外，還存在著從波羅的海向外的通道的問題……。

這位毫不疲倦、面無表情的蘇聯外交人民委員把什麼都說出來了，一個問題也不漏。里賓特洛甫被一大堆問題弄得沒有招架之功——因爲莫洛托夫這時說，如果里賓特洛甫答覆這些問題，他將「甚爲感激」——抗議說他被「逼問得太緊了」。他無力地回答說：

他只能夠再一次重申，決定性的問題是：蘇聯是否準備和是否能夠在消滅英帝國這一偉大事業中同我們合作。

莫洛托夫馬上做了一個尖銳的反駁。

希格爾在記錄中據實記了下來。莫洛托夫在回答中說，德國人認爲對英國的戰爭實際上已經打贏了。因此，如果（像希特勒所認爲的那樣）德國是在對英國進行一場生死鬥爭，他只能解釋這句話是說德國在「爲生」而戰，英國是「爲死」而戰。

里賓特洛甫是一個極爲愚鈍的人，這句諷刺話也許還能爲他所瞭解，但是莫洛托夫並不存僥倖之心。德國人一再聲言英國已經完蛋了，對此，這位外交人民委員最後回答說：「如果情況是這樣，爲什麼我們躲在這個防空洞裡？落下的這些炸彈又是誰扔的？」莫洛托夫最後說的這句尖刻話是邱吉爾敘述的，史達林在戰爭後期曾把莫洛托夫的這句話告訴邱吉爾（邱吉爾：《他們最美好的時刻》頁五八六）。

由於這次與莫斯科的談判能手打交道吃力費勁，也由於兩週以後有跡象顯示史達林的胃口越來越大，希特勒得出了他的最後結論。

這裡必須指出，蘇聯獨裁者後來儘管矢口否認，當時卻接受了希特勒要他參加法西斯陣營的建議，雖然代價比柏林提出的要高。十一月二十六日，在莫洛托夫從德國回來不到兩星期，他通知德國駐莫斯科大使說，俄國願意參加四國條約，但是須根據以下條件：

一、德軍要立即從芬蘭撤退，芬蘭……屬於蘇聯的勢力範圍……。

二、在今後幾個月內，蘇聯在海峽的安全要得到保證，辦法是蘇聯同保加利亞締結一項互助條約……並且蘇聯可以憑長期的租借權建立一個可以到達博斯普魯斯海峽和達達尼爾海峽的陸海軍基地。

三、承認在波斯灣的總方向內，巴統（Batum）和巴庫以南的地區是蘇聯領土要求的中心。

四、日本放棄它在庫頁島北部開採煤炭和石油的權利[33]。

史達林總共要求締結五個祕密議定書來包含他的新建議，而不是兩個祕密議定書，並且還額外要求，如果土耳其在關於俄國控制海峽的基地方面進行刁難，四國應對它採取軍事措施。

這些建議所要的代價比希特勒願意考慮的還要高。他曾設法把俄國排除在歐洲之外，但是現在史達林要求得到芬蘭、保加利亞、對海峽的控制權，而且還要求得到阿拉伯和波斯的油田，歐洲的大部分石油通常是由這些油田供應。俄國人甚至沒有提到印度洋，而元首起先是想用印度洋來搪塞蘇聯的「領土要求」。

希特勒對他的高級軍事首腦說：「史達林眞是精明狡猾，他要求的東西越來越多了。他是一個冷酷無情的訛詐能手。德國的勝利已經是俄國所不能容忍的了。因此，必須盡快使它屈膝。」[34]

這個冷酷無情的納粹訛詐能手如今碰到了敵手，這使他感到十分惱怒。十二月初，他要哈爾德把陸軍參謀總部關於進攻蘇聯的計畫拿給他。十二月五日，哈爾德和布勞希契遵命把計畫拿來給他，在四小時的會議結束後，他批准了這個計畫。在繳獲的最高統帥部作戰日誌和哈爾德自己的祕密日記中都有關於這次重要會議的敘述[35]。納粹統帥強調說，必須在普利佩特沼澤地（Pripet Marshes）以北和以南衝破紅軍的防線，「像在波蘭那樣」包圍他們並加以消滅。他對哈爾德說，莫斯科「是不重要的」。重要的事情是消滅俄國的「有生力量」。羅馬尼亞和芬蘭將要參加攻擊，但是匈牙利則不參加。狄特爾將軍在納爾維克的山地作戰師將要通過瑞典北部運到芬蘭去攻擊蘇聯的北極地區。在蘇芬戰爭期間拒絕盟國過境的瑞典，已允許這個全副武裝的師過境。當然，匈牙利後來也參加了對俄國的戰爭。爲了這次大戰役一共撥出了大約「一百二十個到一百三十個師」。

哈爾德將軍在日記中記述這次會議的情況時，像以前提到攻擊俄國的計畫時一樣，使用了「奧托」這個代號。不到兩週以後，在一九四〇年十二月十八日，這個計畫在載入史冊時所要用的代號被替換了。在這一天，希特勒下了最後的決心。他發出了第二十一號指令。它的題目是「巴巴羅沙計畫」。它開始說：

極機密

德國武裝部隊必須準備在對英國的戰爭結束以前以一次快速的戰役擊潰蘇俄。爲此目的，陸軍必須動用一切可以調動的部隊，但是有一個條件，就是必須保衛已被佔領的領土以防突然襲擊。

……準備工作……必須在一九四一年五月十五日以前完成。必須非常謹慎，以防洩露進攻的意圖。

元首大本營一九四〇年十二月十八日

因此，預定的日期是第二年春季的五月月中。希特勒規定巴巴羅沙計畫的「總目的」如下：

用裝甲部隊縱深切入的大膽作戰摧毀俄國西部的陸軍主力，並且要防止有戰鬥準備的俄軍完整無損地撤退到俄國的廣闊地區去。這次作戰行動的最後目的是要建立一道從窩瓦河到阿干折（Archangel）的防線，以對付俄國的亞洲部分。

希特勒的指令然後相當詳細地敘述了主要的進攻路線。許多歷史學家說，希特勒在「巴巴羅沙」的第一個指令中沒有做詳細的敘述，這是一個誤解，大概是由於在《納粹的陰謀與侵略》（*Nazi Conspiracy and Aggression*）的英文譯文中，這個指令被刪節成精簡版。但是在《主要戰犯的審訊》（*Trial of the Major War Criminals*）第二十六卷頁四七至五二中的德文全文透露了全部的細節，從而可以看出德國的軍事計畫在這樣早的時候就已經多麼完善了[36]。羅馬尼亞和芬蘭的任務也被規定下來。它們將充任在極北翼和極南翼的進攻出擊基地，並且提供軍隊援助進行這些戰鬥的德國部隊。芬蘭的地位特別重要。各種芬—德軍隊將要向列寧格勒和拉多加湖（Ladoga）地區挺進，切斷摩爾曼斯克鐵路線，奪取佩薩莫（Petsamo）鎳礦，佔領俄國在北冰洋的不凍港。希特勒承認，有許多事情取決於瑞典是否肯讓德國軍隊從挪威通過它的領土，但是他預言瑞典會同意這一點，他的預言是正確的。

希特勒解釋說，主要的作戰行動將以普利佩特沼澤地來劃分。主要的打擊將在沼澤以北，用整整兩個集團軍進行。一個集團軍將通過波羅的海國家向列寧格勒推進。在南邊的另一個集團軍將通過白俄羅斯進軍，然後揮戈向北同第一個集團軍會師，從而包圍從波羅的海退卻的蘇軍殘餘部隊。希特勒規定，只有到這時，才應當對莫斯科發動攻勢。兩週以前在希特勒看來是「不重要的」俄國首都，現在具有較大的重要性了。他寫道：「佔領這個城市除意味著這個國家最重要的鐵路交叉點陷落以外，還意味著政治上和經濟上的一個決定性勝利。」他指出，莫斯科不僅是俄國的主要交通中心，而且還是它生產軍備的主要地點。

第三個集團軍將在沼澤以南通過烏克蘭向基輔進攻，主要目的是包圍和消滅在第聶伯河以西的蘇聯部隊。再往南，德國—羅馬尼亞部隊將掩護主要作戰行動的側翼，並向敖德薩（Odessa）推進，再從那裡沿黑海推進。在這以後，將要佔領蘇聯百分之六十的工業集中地頓內次盆地（Donets）。

這就是希特勒的宏偉計畫，它在一九四〇年聖誕節前不久制定完成，這個計畫制定得極其精密，不需再做任何實質的修改。爲了保密，這個指令只印了九份，三軍各一份，其餘的保存在最高統帥部。指令表明，甚至高級戰地指揮官，也只能對他們說，這個計畫只是爲了「預防俄國改變它以前對我們的態度」。希特勒指示，參與這個機密的軍官人數要「盡可能少。不然，我們的準備工作就有洩露的危險，因而在政治上和軍事上產生最嚴重的不利後果」。

沒有證據表明，陸軍總司令部的將領們曾反對過希特勒進攻蘇聯的決定，而蘇聯信守同德國締結的條約曾使德國在波蘭和西線取得勝利。後來哈爾德在他的書中嘲弄地寫到「希特勒的俄國冒險」，並聲稱陸軍領導人從一開始就反對這個冒險[37]。但是在他的一九四〇年十二月長篇累牘的日記中沒有片言隻字足以證明他的這個說法。事實上，他給人的印象是，他對這個「冒險」充滿了眞正的熱情，他本人作爲參謀總長，對於策畫這個冒險負有主要的責任。

無論如何，對希特勒來說，決心既下，就無後退餘地，他在一九四〇年十二月十八日做出的這個決定，注定了他的最後命運，雖然他當時並不知道這一點。據他後來透露，他做出了決定以後，感到如釋重負，於是他就去和駐在英吉利海峽——這是他能到的離俄國最遠的地方——的軍隊和飛行員一起慶祝聖誕節。他的心中一定也沒有想到當年瑞典的查理十二世和拿破崙，他們在進行了許多次同他相似的光榮征服以後，在廣闊的俄羅斯草原上碰到了災難。但是，他們怎麼可能在他的心中佔很多的地位呢？因爲到了現在，後來的事實很快就要表明，當年維也納的流浪漢已經認爲自己是世界上歷來最偉大的征服者了。所有的征服者犯的致命毛病——自大狂，已在他身上紮了根。

六個月的挫折

但是，在一九四〇年春和初夏取得了這一切顯赫一時的勝利以後，這個納粹征服者遭到了六個月的挫折。他不僅沒有取得對英國的最後勝利，而且也喪失了在地中海給予英國致命打擊的機會。

聖誕節後兩天，雷德爾海軍元帥在柏林會見了希特勒，但是他沒有在聖誕節帶來什麼令人愉快的消息。他對元首說：「英國在整個東地中海、近東和北非所受到的威脅已經消除了……因此，我們曾經希望在地中海採取的決定性行動已經不再可能實行了。」38

由於佛朗哥的多變、墨索里尼的愚蠢、甚至由於貝當元帥的年邁，希特勒的確在地中海坐失了大好的機會。義大利盟軍在埃及的沙漠中遇到了災難，現在到了十二月，又在阿爾巴尼亞的雪山中面臨著災難。這些不順心的事件也是戰爭中和第三帝國歷史進程中的轉折點。這些事件的發生不僅是由於德國的朋友和盟國的軟弱，而且一部分是因爲這個納粹統帥不能瞭解必須採取目光遠大的洲際戰略，而雷德爾，甚至戈林，倒曾經敦促他採取這種戰略。

一九四〇年九月間，這位海軍元帥曾經兩次——九月六日和二十六日——企圖擴大元首思想上的視野，因爲現在看來根本談不到直接進攻英國的問題了。在第二次會議上，雷德爾曾與希特勒單獨進行密談。他在沒有陸空軍軍官打擾他們會談的情況下，向他的首腦詳細敘述了海軍的戰略和在英吉利海峽以外的地方打擊英國的重要性。雷德爾說：

英國人一貫認爲地中海是他們全球帝國的中樞……爲英國力量所包圍的義大利正在迅速成爲主要的進攻對象……義大利人拒絕我們的幫助，因爲他們還沒有認識到這個危險。但是德國必須趁在美國能夠有效地進行干預以前，用它所擁有的一切手段毫不延遲地對英國進行戰爭。因此，地中海問題必須在冬季的幾個月中予以澄清。

怎樣澄清？這位海軍元帥於是談到了具體的措施。

必須佔領直布羅陀。必須由空軍佔領加那利群島（Canary Island）。

必須佔領蘇伊士運河。

在佔領蘇伊士以後，雷德爾對於以後必然會發生的事情做了樂觀的描述。

必須從蘇伊士通過巴勒斯坦和敘利亞向前推進，遠至土耳其。如果我們達到那一步，土耳其就將在我們的手掌之中。那時俄國問題就不同了……是否還有必要在北方向俄國推進，就有疑問了。

雷德爾心中想到的是把英國趕出地中海，把土耳其和俄國掌握在德國手中。他又繼續描繪下去。他正確地預言，英國在美國和戴高樂部隊的支持下，最後會設法在西北非洲獲得一個立足點，作爲以後對軸心國進行戰爭的一個基地。他主張德國和維琪法國先佔領這個在戰略上重要的地區，以防止這一著。

據雷德爾說，希特勒同意他的「總體想法」，但是希特勒說，他得先同墨索里尼、佛朗哥和貝當談一談這個問題[39]。關於這一點，他著手做了，不過是在喪失了許多時間以後才開始同他們會談。他安排在十月二十三日會見西班牙獨裁者，在第二天會見貝當（貝當現在是維琪投敵政府的首腦），幾天以後再會見墨索里尼。

佛朗哥在西班牙內戰中獲勝是由於義大利和德國給了大規模的軍事援助。他像其他一切獨裁者一樣，對於坐地分贓有很大的胃口，特別是如果能夠以低廉的代價分得這些贓物的話。六月間，在法國淪亡的時候，他趕緊通知希特勒說，西班牙將參戰，交換條件是把法國在非洲廣大屬地的大部分地區（包括摩洛哥和阿爾及利亞西部）給它，另一個條件是德國向西班牙供應大量的武器、汽油和糧食[40]。希特勒在十月二十三日乘專車到達了法國—西班牙邊界城市昂達伊（Hendaye），這是為了給佛朗哥一個履行這個諾言的機會。但是在這期間的幾個月發生了許多情況（例如英國頑強地堅持下來了），希特勒碰到了一個不愉快的意外。

這個狡猾的西班牙人並沒有為希特勒「英國已被擊敗」的吹噓所動，他對於希特勒的保證也不滿意，這個保證是讓西班牙在法屬北非得到領土補償，「其程度要以有可能從英國殖民地彌補法國的損失為限」。而佛朗哥想要整個法屬非洲，而不附任何條件。希特勒建議西班牙在一九四一年一月參戰，但是佛朗哥指出這樣倉促地採取行動是危險的。希特勒要西班牙人在一月十日在德國專家幫助下進攻直布羅陀，這些專家曾以空中優勢佔領比利時的艾本·艾美爾要塞。佛朗哥以典型的西班牙自豪感回答說，直布羅陀必須由西班牙人「單獨」佔領。於是這兩個獨裁者進行了爭論——爭論了九個小時。據當時在場的施密特博士說，佛朗哥用單調的聲音不斷地往下講，希特勒越聽越惱火，並且一度像他過去對待張伯倫那樣，一躍而起，宣布繼續會談下去沒有用了[41]。

他後來對墨索里尼敘述他同佛朗哥進行的爭吵時說：「我寧願把牙齒拔掉三四個，也不願再受這個罪了。」[42]

九個小時（其中包括在希特勒的特別餐車上吃飯的時間）以後，會談在夜晚中斷，而佛朗哥沒有肯定答應參加戰爭。希特勒在那天晚上走後把里賓特洛甫留下來同西班牙外長蘇納繼續會談，企圖使西班牙人簽署一個文件，至少是簽訂一個同意把英國人趕出直布羅陀並且不讓英國人進入地中海西部的協議，但是他的這種努力沒有成功。里賓特洛甫第二天早晨在施密特面前罵佛朗哥說：「這個忘恩負義的懦夫！他的一切都是靠我們得來的，而現在卻不願同我們合作。」[43]

希特勒第二天在蒙都瓦（Montoire）與貝當會晤的情況較好，但是，這是因為這個年老的失敗主義元帥、第一次世界大戰中的凡爾登英雄、在第二次世界大戰中使法國投降的人，同意法國與它的征服者合作，以便做最後努力使從前的盟國英國屈膝。而且他同意把這個可恥的勾當寫成書面：

> 軸心國和法國在使英國盡快失敗方面有著共同的利益。因此，法國政府將在它的能力範圍內支持軸心國為達到這個目的而可能採取的措施[44]。

為了報答這個背信棄義的行動，法國將在「新歐洲」得到「它應得的地位」，而在非洲，它將從法西斯獨裁者手中得到英帝國的領土，以補償它被迫割讓給其他國家的任何領土。雙方同意這個協議要「嚴守祕密」。雖然邱吉爾和羅斯福沒有得知在蒙都瓦達成的這個祕密協議的內容，他們也懷疑會發生最壞的情況。英王透過美國的途徑親自向貝當發出呼籲，要求他不要站在反對英國的方面。羅斯福總統給予貝當的信是嚴厲的，措辭強硬，並且警告他注意維琪法國背叛英國後將會產生的可怕後果（見蘭格爾：《我們的維琪賭博》〔William L. Langer, *Our Vichy Gamble*〕頁九七。蘭格爾教授為了寫這本書，看到了英美政府在十一年以後還沒有發表的德國文件）。

儘管貝當做了可恥然而是重要的讓步，希特勒並不滿足。據施密特博士說，他想要更多的東西——非要法國積極參加對英國的戰爭不可。在回慕尼黑漫長的旅途上，這位翻譯官發現元首對此行的結果感到失望和沮喪。十月二十八日上午他到達佛羅倫斯會晤墨索里尼後，這種情緒更是有增無已。

他們兩人在僅僅三週以前，即十月四日，還曾在伯倫納山口會過面。像平常一樣，當時講話的主要是希特勒，他天花亂墜地說了一通美好前途的話，其中絲毫不提他將要派遣軍隊到羅馬尼亞一事，而羅馬尼亞也是義大利所垂涎的。當墨索里尼在幾天以後知道了這一點以後，大為氣憤。他向齊亞諾憤怒地說：

> 希特勒總是把既成事實放在我的面前。這次我要用同樣的辦法來對待他了。他將從報紙上發現我已經佔領了希臘。這樣，平衡可以重新建立起來[45]。

墨索里尼在巴爾幹的野心像希特勒的野心一樣瘋狂，而且妨害了希特勒的野心。因此，早在八月中旬，德國人就警告羅馬不要在南斯拉夫和希臘採取冒險行動。齊亞諾在八月十七日的日記上寫道：「這完全是一個要我們在全線停下來的命令。」墨索里尼至少暫時放棄了在巴爾幹取得進一步的軍事勝利，並且在八月二十七日寫給希特勒一封卑躬屈節的信。但是，輕而易舉地征服希臘——這至少可以配上他的夥伴的光榮勝利——對這個高傲的法西斯凱撒誘惑力太大，他無法抗拒，雖然這種前景是不眞實的。

十月二十二日，他決定義大利在十月二十八日對希臘進行突襲，他在同一天寫信給希特勒（他把這封信的日期寫爲十月十九日），暗示他打算採取的行動，但是對這個行動的確切性質和日期則含糊其辭。齊亞諾在那一天的日記中寫道，墨索里尼擔心元首可能「命令」他住手。希特勒和里賓特洛甫在從法國各別乘專車回國的時候，風聞墨索里尼的計畫，納粹外長根據元首的命令在進入德國以後的第一個車站就停下來，打電話給在羅馬的齊亞諾，主張立即召開軸心國領導人會議。墨索里尼建議十月二十八日在佛羅倫斯開會，當他的德國客人在那一天上午從火車上走下來的時候，墨索里尼興高采烈地歡迎他：「元首，我們在進軍！勝利的義大利軍隊已經在今天黎明越過了希臘—阿爾巴尼亞邊界了！」[46]

根據任何記錄來看，由於能夠報復他的朋友，墨索里尼感到極爲高興，因爲在以前，納粹獨裁者在每次開入一個國家時都沒有預先告訴過他的義大利盟友。希特勒非常憤怒。在一年之中這個最壞不過的時候，對一個頑強的敵人採取這個輕率行動，打亂在巴爾幹的布局。正像在稍後寫信給墨索里尼時所說的，希特勒趕往佛羅倫斯是希望能防止這個行動，但是他來得太晚了。據在場的施密特說，這位納粹領導人還是設法壓住了心頭的怒火。施密特後來寫道：

希特勒那天下午回國時心中極爲氣憤。他已失望了三次——一次在昂達伊，一次在蒙都瓦，這次是在義大利。在以後幾年的漫長冬夜，在這些勞頓的長途旅行中，他經常氣憤地責罵忘恩負義不可靠的朋友、軸心夥伴和「騙人的」法國人[47]。

可是，入侵英國既已證明爲不可能，他必須採取某種行動來貫徹對英國的戰爭。元首剛剛回到柏林，墨索里尼的軍隊在希臘遭到挫敗的消息就傳來了，這進一步使他深切認識到採取行動的必要性。不到一週，義大利在那裡「勝利的」進攻變成一場潰敗。十一月四日，希特勒在柏林的總理府召開了軍事會議，他召集陸軍的布勞希契和哈爾德以及最高統帥部的凱特爾和約德爾參加了這次會議。由於哈爾德的日記和所繳獲的約德爾向海軍做的會議報告，我們知道了希特勒的決定，這些決定包含在希特勒十一月十二日所發布的第十八號指令中，這項指令的全文收在紐倫堡的記錄中[48]。

德國海軍對希特勒的戰略影響變得很明顯了，爲搖搖欲墜的義大利盟國採取某種行動的必要性也是如此。哈爾德注意到元首對義大利領導「缺乏信心」。因此決定不派任何德軍到利比亞。原來格拉齊亞尼（Rodolfo Graziani）元帥的軍隊在九月已經深入埃及六十英里而到達西迪巴拉尼（Sidi Barrâni）。希特勒決定要等到格拉齊亞尼到達梅爾沙馬特魯（Mersa Matrûh）時再派德軍到利比亞去，而要到達這個地方還要沿海岸前進七十五英里。因此，如果到達的話，預料也不會在聖誕節前到達。同時希特勒決定要制定計畫，派遣少數俯衝轟炸機前往埃及，襲擊在亞歷山大港的英國艦隊和轟炸蘇伊士運河。

至於希臘，希特勒向他的將領們承認，義大利在那裡的進攻是一個「令人遺憾的錯誤」，並且不幸危及了德國在巴爾幹的地位。英國人由於佔領了克里特島和利姆諾斯島（Lemnos）而獲得了空軍基地，他們從這些基地能夠輕而易舉地轟炸羅馬尼亞油田，他們還由於派兵到希臘本土而威脅了德國在巴爾幹的整個地位。爲了對付這個危險，希特勒命令陸軍立即制定計畫，用至少十個師的兵力通過保加利亞入侵希臘，這十個師將首先派往羅馬尼亞。他說：「預料俄國將繼續保持中立。」

但是，十一月四日所舉行的會議以及接著發出的第十八號指令，大部分是關於摧毀英國在地中海西部的地位。指令說：「將佔領直布羅陀，將封閉海峽。應當防止英國人在伊比利半島的另一個地點或在大西洋的島嶼上獲得立足點。」

爲佔領直布羅陀、西班牙的加那利群島和葡萄牙的維德角群島（Cape Verde Island）所用的代號是「菲立克斯」（Felix）。海軍還要研究佔領葡萄牙的馬德拉（Madeira）和亞速群島（Azores）的可能性。葡萄牙本土可能必須加以佔領。這個行動的代號將是「伊沙貝拉計畫」（Operation Isabella），德國三個師將要集結在西班牙—葡萄牙邊界，以執行這個計畫。

最後，法國海軍的一些艦隻和一些部隊將要調出來，以便法國可以保衛它在西北非的屬地以防英國和戴高樂的進攻。希特勒在他的指令中說：「從這個初步任務開始，法國參加反英戰爭的工作就可以充分地展開。」

希特勒在十一月四日向將領們敘述的以及在一週以後的指令中所規定的新計畫，在軍事細節方面是很詳盡的，特別是關於怎樣透過德國的大膽襲擊而佔領直布羅陀，這些新計畫顯然使他的陸軍首腦有很深的印象，認爲是大膽的和精明的。但是實際上這些計畫是權宜措施，不可能達到它們的目的，而且這些計畫一部分的出發點是欺騙自己的將領。哈爾德說，希特勒在十一月四日向他們保證，他剛剛接到佛朗哥重新提出的關於與德國一起參加戰爭的保證，但是我們已經看到，這是不很眞實的。把英國人趕出地中海這個目的是正確的，但是爲執行這個任務而派出的部隊非常不夠，特別是因爲義大利的軟弱無能。

海軍作戰參謀部在一份措辭強硬的備忘錄中指出了這一點，雷德爾在十一月十四日把它交給希特勒[49]。海軍指出，義大利在希臘的慘敗——墨索里尼的軍隊現在已被趕回阿爾巴尼亞，並且仍在退卻中——不僅大大改善了英國在地中海的戰略地位，而且提高了英國在全世界的威望。至於義大利對埃及的進攻，海軍直率地對希特勒說：「義大利絕不可能進行它的埃及攻勢。義大利的領導是很糟的，他們對局勢毫無瞭解。義大利武裝部隊既沒有勝任的領導，也沒有軍事效能，以必要的速度和決心在地中海地區進行所要求的戰鬥，取得勝利的結果。」

海軍最後說，因此這個任務必須由德國來執行。它警告希特勒說：「爭奪非洲地區的戰鬥是德國整個戰爭中最重要的戰略目標……它對於戰爭的結局具有決定性的重要意義。」

但是這個納粹獨裁者並不相信這一點。他一向認爲在地中海和北非的戰爭只是從屬於主要目標。當雷德爾海軍元帥在十一月十四日的會議上向希特勒詳述海軍的戰略思想時，希特勒反駁說，他「仍然傾向於同俄國較量」[50]。事實上，他比以前任何時候都更傾向於這一點，因爲莫洛托夫剛剛在那天上午離開柏林，在這以前他惹得希特勒大爲憤怒。下一次在聖誕節以後兩天，當雷德爾會見希特勒報告在地中海已坐失了大好機會時，希特勒並不過分感到不安。雷德爾說，英國在埃及及對義大利的勝利以及它正從美國得到越來越多的物質援助，使得德國有必要集中它的力量把英國打垮，「巴巴羅沙」應當推遲到「打倒英國」以後再進行。希特勒對這個論點幾乎沒有聽進去。

希特勒說：「鑒於目前的政治發展，特別是俄國對巴爾幹事務的干涉，有必要不惜一切代價消滅在大陸上的最後的敵人，然後再打英國。」從現在一直到最後，他執迷不悟地堅持這個基本戰略。

這時，英國由一個裝甲師、一個印度步兵師、二個步兵旅、一個皇家坦克團（一共三萬一千人）

組成的一支烏合之眾的沙漠部隊，已經把人數為三倍的義大利部隊趕出了埃及並且捉了三萬八千名俘虜，而所付的代價是死一百三十三人，傷三百八十七人，失蹤八人。英國在魏菲爾（Archibald Wavell）將軍的全面指揮下所進行的反攻是在十二月七日開始的，在四天之中，格拉齊亞尼元帥的軍隊就被擊潰了。作為五天的有限反攻而開始的這種攻勢繼續進行到二月七日，這時，英國已經前進了五百英里越過了昔蘭尼加（Cyrenaica），消滅了義大利在利比亞整整十個師的軍隊，俘虜了十三萬人，繳獲了一千兩百四十門大炮，五百輛坦克。英國方面死了五百人，傷一千三百七十三人，失蹤五十五人。這對於抱懷疑態度的英國軍事作家富勒將軍來說，是「有史以來最大膽的戰役之一」（富勒：《第二次世界大戰》〔J. K. C. Fuller, *The Second World War*〕，頁九八）義大利海軍也受到了致命的打擊。十一月十一日的夜間，英國航空母艦光輝號（Illustrious，德國空軍聲稱已經炸沉）起飛的轟炸機，襲擊了停泊在塔蘭托（Taranto）的義大利艦隊，使三艘戰鬥艦和兩艘巡洋艦在許多月內不能使用。齊亞諾在十一月十二日的日記中的開頭寫道：「這是一個凶日，英國人沒有警告就擊沉了無畏戰艦加富爾號（Cavour），重創戰鬥艦里托里奧號（Littorio）和杜里奧號（Duilio）。」

希特勒對他的海軍首腦讓步，答應「再設法影響佛朗哥」，以便能夠進攻直布羅陀，使英國艦隊不能進入地中海。實際上，他已放棄了整個主意。十二月十一日，他悄悄地下令說，「菲立克斯計畫將不執行，因為政治條件已不復存在了」。由於他自己的海軍和義大利人一再要他催逼佛朗哥採取行動，希特勒做了最後一次努力，雖然這對他來說是痛苦的。一九四一年二月六日，他寫了一封長信給西班牙獨裁者。

……領袖，有一件事情必須澄清：我們正在進行一場生死鬥爭，目前不能夠送任何禮物……德國和義大利正在進行的戰鬥也將決定西班牙的命運。只有我們獲勝，你目前的政權才會繼續存在下去[51]。

對軸心國來說很不幸的是，佛朗哥收到這封信，正好是格拉齊亞尼元帥在昔蘭尼加的殘部於班加西（Benghazi）以南被英軍消滅的那一天。這就難怪，佛朗哥在一九四一年二月二十六日覆信時，雖然聲稱他「絕對忠於」軸心國，但是他提醒納粹領袖說，最近的事態發展已使「十月的情況大大改變」，他們在那個時候達成的諒解已經「過時了」。

希特勒在他充滿劇烈變動的一生中少有幾次承認失敗，這次是其中之一。他寫信給墨索里尼說：「這個西班牙人的乏味廢話歸結起來是，西班牙現在並不想參戰，而且將來也不會參戰。這是極端令人煩悶的，因爲這意味著暫時已不可能以最簡單的方式在英國的地中海屬地打擊英國了。」

但是，在地中海打敗英國的關鍵是義大利而不是西班牙。而墨索里尼的脆弱帝國並沒有力量獨力完成這個任務，希特勒也沒有想到幫助它完成這個任務，其實希特勒是有辦法的。他現在承認，直接越過英吉利海峽攻擊英國或間接越過更廣闊的地中海攻擊它的可能性「暫時」已經消失了。雖然這令人失望，但是希特勒在瞭解這一點後卻感到寬慰。他現在可以轉而處理他心中時刻想著的問題了。

一九四一年一月八日與九日，他在貝希特斯加登山上的伯格霍夫舉行了一次軍事會議。隆冬的積雪現在已深深地覆蓋著這座高山，山上的空氣看來已使他頭腦清醒過來。據雷德爾海軍元帥和哈爾德將軍的長篇祕密報告所透露，當希特勒向他的軍事首腦們概述他的偉大戰略時，他的思想又如脫韁之馬一樣馳騁起來。他又恢復了樂觀態度[52]。雷德爾記道：

元首堅信，即使我們失掉整個北非，歐洲的局勢也不可能再對德國有不利的發展。我們在歐洲的地位已十分鞏固，因此結果不可能對我們不利……英國只有在大陸上打敗我們以後才有希望贏得戰爭。元首深信，在大陸上打敗我們是辦不到的。

他承認，直接入侵英國的確是「行不通的，除非使英國在很大程度上陷於癱瘓，除非德國擁有絕對的空中優勢」。他說，海軍和空軍必須集中力量攻擊英國的海上運輸線，從而斷絕它的供應。他認爲，這種攻擊「可能使得早在七月或八月就贏得勝利」。他說，同時，「德國必須使自己在大陸上變得十分強大，致使我們能夠對英國（和美國）進一步進行戰爭」。括弧是希特勒加的，括弧內的字是意味深長的。在繳獲的德國記錄中，這是第一次提到希特勒——在一九四一年初——準備面臨美國參加戰爭的可能性。

接著，這位納粹統帥談到了各個戰略地區和各個戰略問題，並概述了他打算怎麼辦。雷德爾寫道：

元首認爲，使義大利不垮臺，這一點對於戰爭的結局十分重要……他決心……不讓義大利失掉北非……失掉北非會使軸心國的威信大大下降……因此他決心支持他們。

這時，他告誡他的軍事領袖們不要洩露德國的計畫。

他不願把我們的計畫告訴義大利人。義大利王室極有可能會把情報送給英國！！（雙驚嘆號是雷德爾加的）

希特勒說，給予義大利的支持，是把一些反坦克部隊和德國空軍中隊派往利比亞。更重要的是，他將派遣由兩師半兵力組成的一個軍去支援在阿爾巴尼亞退卻的義大利人——希臘人現在已把義大利人逼進了阿爾巴尼亞。在這方面，「馬麗達計畫」將加緊執行（Operation Marita，隸屬於一九四〇年十二月十三日的第二十號指令。這個計畫規定在羅馬尼亞集合一支由二十四個師組成的軍隊，一俟氣候好轉，就通過保加利亞向希臘進攻。是希特勒簽字發布這個指令53）。他下令，必須立即開始把軍隊從羅馬尼亞調到保加利亞，這樣就能在三月二十六日開始馬麗達計畫。希特勒還相當詳細地談到有必要做好準備，以執行「阿提拉計畫」（Operation Attila，德國的代號看來幾乎取之不盡），他在一九四〇年十二月十日的指令中已概述了這個計畫，打算要佔領法國的殘餘地區並奪取法國在土倫的艦隊。他認爲現在可能必須很快執行這個計畫。他說：「如果法國不聽話，就必須把它徹底粉碎。」如果這樣，這是粗暴地違反貢比涅停戰協定，但是，至少從哈爾德和雷德爾的記錄來看，沒有一個陸軍將領或海軍將軍提出這個問題。

正是在這次軍事會議上，希特勒稱史達林是「一個冷酷無情的訛詐能手」，並對他的司令官們說，必須「盡快」使俄國屈膝。希特勒說：

如果美國（這是他第二次提到美國參加對德戰爭的可能性）和俄國參加對德戰爭，情況將變得非常複雜。因此，必須從一開始就消除出現這種威脅的任何可能性。如果消除了俄國的威脅，我們就能無限期地對英國進行戰爭。如果俄國垮臺，日本就可大大鬆一口氣，這一點則意味著美國所受到的威脅增加了。

這就是這個德國獨裁者在一九四一年開始時對全球戰略的想法。在軍事會議之後的兩天，一月十一日，他在第二十二號指令中體現了這種想法。他規定，根據「向日葵計畫」（Operation Sonnenblume）調德國援軍去利比亞大城的黎波里（Tripoli），根據「阿爾卑斯山紫羅蘭計畫」（Operation Alpenveilchen）調德國援軍去阿爾巴尼亞[54]。

「全世界將會大驚失色！」

希特勒請墨索里尼在一月十九日和二十日到伯格霍夫去見他。墨索里尼由於義大利在埃及和希臘的潰敗而感到震驚和丟臉，並沒有興趣做這一次旅行。齊亞諾發現，當墨索里尼登上他的專車時，他「愁眉苦臉，神經緊張」，擔心希特勒、里賓特洛甫和德國將領們會對他不客氣。他帶了助理參謀長古佐尼（Alfredo Guzzoni）同行，這使事情更糟了。齊亞諾在他的日記中描繪古佐尼是一個大腹便便頭戴染色假髮的庸才。齊亞諾認爲，把這個人帶到德國人面前，肯定是丟臉的。

墨索里尼感到又驚訝又放心的是，他發現希特勒親自來到普赫（Puch）小火車站覆蓋著白雪的月臺上來迎接，態度既客氣又熱誠，絲毫沒有責備義大利在戰場上的可悲表現。據齊亞諾的日記，他還發現希特勒當時是非常反俄的。希特勒在第二天花了兩個多小時，向他的義大利客人和兩國將領做了講話。據約德爾將軍寫的祕密報告，雖然元首急於在阿爾巴尼亞和利比亞幫助義大利人，他的主要思想仍放在俄國方面[55]。希特勒說：

即使美國參戰，我也不認為它會形成很大的危險。大得多的危險是俄國這個大傢伙。雖然我們同俄國簽訂了非常有利的軍事和經濟協定，但我寧願依靠我所擁有的強力手段。

雖然他暗示打算用他的「強力手段」，但是他沒有向他的夥伴透露他的計畫。不過，這種暗示已足以使負責擬定細節的陸軍參謀總長在兩星期後於柏林舉行的會議上能夠向最高統帥提出這種計畫。最高統帥部和陸軍總司令部的高級將領參加的這次軍事會議，從二月三日中午開到下午六點。哈爾德將軍概述了陸軍參謀總部的計畫，雖然他後來在他的書中說，他和布勞希契懷疑他們自己對蘇聯軍事力量所做的估計，並且總體來說是反對「巴巴羅沙」的，認為這是一項「冒險」[56]，但是在他同天晚上寫的日記中，或在最高統帥部關於會議的極機密備忘錄中，沒有隻字片語可以證實這個說法[57]。的確，根據日記和記錄透露，哈爾德最初對雙方部隊都做了認眞的估計，估計敵方雖約有一百五十五個師，但德國的兵力也差不多一樣，而且據哈爾德說，「質量要優越得多」。後來當災難降臨時，哈爾德和其他將領才知到，他們的紅軍情報錯誤很多。但是在一九四一年二月三日，他們並不懷疑他們的情報。而且事實上，哈爾德關於雙方兵力和消滅紅軍的戰略報告寫得令人極其信服，因此希特勒在最後不僅表示「基本上」同意，而且對於這位參謀總長提出的前景感到極爲興奮，他歡呼說：「當巴巴羅沙開始時，全世界將會大驚失色，難置一言！」

這個戰略實質上就是在一九四〇年十二月十八日第二十一號指令中規定的那個戰略。希特勒在對布勞希契和哈爾德發表意見時，再次強調「大批大批殲滅敵人」而不是迫使他們退卻。他著重指出：「主要目的是要佔領波羅的海國家和列寧格勒。」

他迫不及待地要開始實行這個計畫。他急躁地下令「盡快」把作戰地圖和部隊的部署計畫送給他。

巴爾幹序曲

在巴巴羅沙行動能夠在春天開始以前，必須把巴爾幹南翼掌握在手中，並加強那裡的軍事力量。到一九四一年二月的第三週，德國人已在羅馬尼亞集結了一支六十八萬人的大軍。羅馬尼亞同烏克蘭接壤，從波蘭邊境到黑海，共長三百英里[58]。但是在南面，希臘人仍然使義大利人不能越雷池一步。柏林方面有理由相信，從利比亞開來的英國軍隊不久會在那裡登陸。據希特勒在這段時期裡舉行的無數次會議的記錄透露，他擔心，盟國可能在薩羅尼加（Salonika）以北形成一條戰線，對於德國來說，這條戰線會比第一次世界大戰中一條類似的戰線更加麻煩，因爲它將使英國人得到一個基地，從那裡派飛機去轟炸羅馬尼亞的油田。此外，這條戰線還將危及「巴巴羅沙」。事實上，他們早在一九四〇年十二月就已預見到這個危險，當時發布了關於「馬麗達計畫」的第一道指令，規定德國用集結在羅馬尼亞的軍隊，通過保加利亞大舉進攻希臘。

保加利亞在第一次大戰中，由於對誰是勝利者沒有看準而吃了很大的虧，它現在又打錯了算盤。保加利亞政府相信了希特勒的保證，以爲他一定會打贏這場戰爭，並妄想未來能得到南邊的希臘領土而獲得一條通向愛琴海的通道，因此它同意參加「馬麗達行動」——至少允許德軍過境。李斯特陸軍元帥和保加利亞的陸軍參謀總部在一九四一年二月八日祕密達成了一項大意如此的協定[59]。二月二十八日晚上，德國陸軍部隊從羅馬尼亞渡過多瑙河，佔領了保加利亞的戰略陣地，保加利亞翌日參加了三國條約。

比較強悍的南斯拉夫人不是這麼聽話。但是他們的頑強只有激使德國人把他們也拉進自己的陣營。三月四日到五日，元首非常祕密地把攝政王保羅親王（Prince Paul）召到伯格霍夫，對他進行慣常的那一套威脅，然後是利誘，表示要把薩羅尼加送給他。三月二十五日，南斯拉夫首相斯維特科維奇（Dragisha Cvetković）和外相辛卡爾—馬科維奇（Aleksander Cincar-Markovic）到達維也納，他們兩人在頭天晚上爲了躲避敵對的示威或者綁架而偷偷溜出貝爾格勒。他們到達維也納後，在希特勒和里賓特洛甫面前代表南斯拉夫簽字參加三國條約。希特勒極爲滿意，他對齊亞諾說，這會有助於他對希臘的進攻。這兩位南斯拉夫領導人在離開維也納之前收到了里賓特洛甫的兩封信，這兩封信肯定德國「決心永遠」尊重「南斯拉夫的主權和領土完整」，並保證軸心國家「在這場戰爭中」不會要求讓它的軍隊在南斯拉夫有過境權[60]。這兩項保證希特勒後來都違反了，其速度之快，從他本人的紀錄來看，也是破天荒的。

這兩位南斯拉夫大臣回到貝爾格勒不久，他們的政府和攝政王就在三月二十六日夜裡被空軍軍官領導的群眾起義推翻了，這次行動並得到多數陸軍的支持。年輕的王太子彼得抱著雨水管滑下來，逃過了攝政官員的監視，被宣布為國王。雖然西莫維奇（Dušan Simović）將軍的新政權立即表示願意同德國簽訂互不侵犯條約，但是柏林可以清楚看出，它不會接受元首要南斯拉夫擔當的傀儡地位。在貝爾格勒舉行的狂熱慶祝活動中，一批群眾向德國公使的汽車吐唾沫，塞爾維亞人表明了他們同情誰。

貝爾格勒的政變使希特勒勃然大怒，這是他一生中最憤怒的時刻之一。他認為這是對他個人的侮辱，一怒之下突然做出了後來證明對第三帝國的命運是災難深重的決定。

他在三月二十七日急忙把他的軍事首腦召到柏林總理府，會議召開得極其倉促，布勞希契、里賓特洛甫和哈爾德都遲到了。希特勒大叫大嚷地聲稱要對南斯拉夫人進行報復。他說，貝爾格勒政變危及了「馬麗達」，甚至更嚴重的是危及了「巴巴羅沙」。因此，他決定「不等新政府有可能宣布效忠，就在軍事上把南斯拉夫毀滅，使它不再是一個國家」。他下令說：「不要進行外交上的詢問，不要提出最後通牒。」他又說，要以「無情的嚴厲行動」粉碎南斯拉夫。他命令戈林馬上派轟炸機從匈牙利空軍基地起飛「進行波狀攻擊，摧毀貝爾格勒」。他發布了立即入侵南斯拉夫的第二十五號指令，他要凱特爾和約德爾當晚就制定軍事計畫[61]。他指示里賓特洛甫對匈牙利、羅馬尼亞和義大利說，南斯拉夫將由它們瓜分，它們全都可以分到一片土地，一個小小的克羅埃西亞傀儡邦除外。希特勒譏笑地說：「對南斯拉夫的戰爭在義大利、匈牙利和保加利亞應該是頗得人心。」他說，他將把巴納特（Banat）分給匈牙利，馬其頓分給保加利亞，亞得里亞海岸分給義大利。

然後，據最高統帥部機祕密的會議記錄中畫有著重線的一節說，希特勒宣布了關係最重大的一個決定[62]。

他對他的將領們說：「巴巴羅沙計畫不得不推遲，期限最多爲四星期。」在一九四〇年十二月十八日發布的第一道「巴巴羅沙」指令中，本來規定在五月十五日開始。

這個小小巴爾幹國家居然膽敢不把他放在眼裡，希特勒爲了發洩個人的怒氣，推遲對俄國的進攻，這可能是他一生中導致最大災難的一個決定。這樣說並不過分：由於他在三月那個下午在柏林總理府大怒之下做出了那個決定，他失掉了在戰爭中獲勝的最後良機，不能使他以如此驚人的（雖然是野蠻的）天才建立的第三帝國成爲德國歷史上最大的帝國，同時不能使自己成爲歐洲的主宰。德國陸軍總司令布勞希契元帥和有天分的陸軍參謀總長哈爾德將軍後來由於俄國的大雪和零下溫度才發現，按照他們的估計，要取得最後勝利，所需要的時間尙差三四個星期。這時，他們才沉痛地想起了這個決定，雖然這時他們對這個決定所造成的後果，要比在做出決定時瞭解的多了。他們和其他將領後來總是把接著產生的一切災難都歸咎於一個自負而激怒的人所倉促做出的這個不明智決定。

最高統帥在散會之前向他的將領們發布的第二十五號軍事指令是一個典型的希特勒式文件：

> 南斯拉夫的軍事政變已經改變了巴爾幹的政局。儘管南斯拉夫表示了忠誠，但是目前必須把它視爲敵人，因此必須盡快予以摧毀。
>
> 我打算用武力打進南斯拉夫……殲滅南斯拉夫軍隊……。

最高統帥部作戰局局長約德爾奉命當晚就擬定計畫。約德爾後來在紐倫堡法庭說：「我在帝國總理府工作了一個通宵。我在三月二十八日清晨四點，把一項備忘錄交給了我們負責與義大利最高統帥部進行聯絡的林特侖（von Rintelen）將軍。」[63]

必須立即將德國的作戰計畫通知墨索里尼，並要求他進行合作。墨索里尼在阿爾巴尼亞士氣不振的軍隊，當時正有可能遭受南斯拉夫人從後方襲擊。爲了保證使墨索里尼瞭解對他的期望，希特勒不等約德爾將軍擬就他的軍事計畫，就在二十七日半夜火速寫了一封信，命令立即發電報到羅馬，以便使墨索里尼當夜收到此信[64]：

領袖，情況迫使我用這個最快的辦法把我對局勢以及對可能產生的後果所做的估計告訴你。

從一開始，我就認爲南斯拉夫在同希臘的爭端中是一個危險的因素……因此，我盡了一切正當努力來使南斯拉夫參加我們的大家庭……不幸，這種努力沒有成功……今天的消息使人毫不懷疑南斯拉夫的外交政策馬上就要改變。

因此，我已在軍事上安排了一切必要措施……現在，我眞摯地要求你，領袖，在今後幾天不要在阿爾巴尼亞採取任何進一步的行動。我認爲你必須用現有的一切部隊來掩護南斯拉夫—阿爾巴尼亞之間的最重要關口。

……我還認爲，領袖，你必須用現有的一切手段，極其迅速地增援你在義大利—南斯拉夫戰線上的軍隊。我還認爲，領袖，對我們所採取的一切行動應該嚴守祕密……這些措施如果爲人所知，就會毫無價值……領袖，如果能保守祕密，那麼我毫不懷疑，我們兩人就可取得不下於一年前在挪威取得的那種成就。這是我的不可動搖的信念。

請接受我的衷心的和友好的致意

阿道夫·希特勒

就這個短期目標來說，納粹統帥的預言又是正確的；但是看來他絲毫沒有感到，從長遠來說，他對南斯拉夫的報復將使他付出多大的代價。四月六日黎明，他的軍隊以壓倒優勢的兵力全力撲向南斯拉夫和希臘，勢如破竹地越過了保加利亞、匈牙利和德國本國的疆界，迅速地向那些裝備很差的守軍逼進，他們已被德國空軍照例事先進行的轟炸炸得不知所措。

按照希特勒的命令，貝爾格勒要被夷為平地。接連三天三夜，戈林的轟炸機在這個小小的首都掠過房頂、低飛肆虐——因為這個城市沒有高射炮——炸斃了一萬七千名平民，炸傷了更多的人，使這個地方成為硝煙瀰漫的一堆瓦礫。希特勒稱之謂「懲罰計畫」，他顯然深信，他的命令已經非常有效地執行了。南斯拉夫人來不及動員他們人數不多而精悍的軍隊，他們的陸軍參謀總部試圖保衛整個國家，但這是一個錯誤，他們被打垮了。四月十三日，德國軍隊和匈牙利軍隊開進了殘破的貝爾格勒。十七日，南斯拉夫陸軍的殘餘部隊（仍然有二十八個師）在塞拉耶佛投降，國王和首相乘飛機逃到了希臘。

在六個月的戰鬥中使義大利人丟臉的希臘人，無法抵擋李斯特元帥由十五個師組成的第十二軍團，其中四個師是裝甲師。英國急忙從利比亞派遣大約四個師，共五萬三千人，開往希臘。但是，他們像希臘人一樣，被德國的裝甲部隊和空軍的猛烈轟炸打得一敗塗地。北部的希臘軍隊在四月二十三日向德國人投降，並且也硬著頭皮向義大利人投降了。四天後，納粹的坦克隆隆地開入雅典，在衛城（Acropolis）掛起了萬字旗。此時，英國人再次拼命設法從海路撤軍——這是一次小規模的敦克爾克撤軍行動，也同樣成功了。

到四月底，在三週內，除克里特島之外，一切都結束了。五月底，德國人用傘兵進行襲擊，從英國人手里奪取了克里特。墨索里尼在整個冬天遭到慘敗的地方，希特勒在春天的幾天之內就取得了成功。雖然墨索里尼由於擺脫了困境而感到寬慰，但是他丟了臉，因爲全靠德國人才使他擺脫困境。希特勒現在開始瓜分南斯拉夫了，而義大利得到的一份是令人失望的，因此也並沒有使墨索里尼感到好過一些。一九四一年四月十二日，在希特勒發動進攻後六天，他就發布了一道祕密指令，討論德國、義大利、匈牙利和保加利亞如何瓜分南斯拉夫。克羅埃西亞被建立爲一個自治的傀儡國家。元首非常不講謙讓，德國取得了同舊奧地利毗鄰的地區，除了銅礦區和煤礦區以外，還佔領了整個塞爾維亞。義大利應得的地區沒有明確規定，但是個地區並不大[65]。

元首並不只是在巴爾幹使他昏庸無能的小夥伴擺脫困境。當義大利在利比亞的軍隊被殲之後，希特勒雖然很勉強，但是終於同意派遣一個輕裝甲師和一些空軍部隊前往北非，在那裡，他安排由隆美爾將軍全面指揮義大利—德國部隊。隆美爾是一個大膽、足智多謀的坦克軍官，他在法蘭西戰役中作爲裝甲師師長而馳名一時。英國人以前在北非沙漠中從來沒有碰到過像他那樣的將領，有兩年之久，他使英國人傷透了腦筋。但是他不是唯一的問題。英國人由於從利比亞向希臘派去相當多的陸軍和空軍，而使他們在沙漠裡的地位大爲削弱。最初，英國並不過分擔心，甚至在情報人員報告說德國裝甲部隊在二月底到達的黎波里塔尼亞（Tripolitania）之後都沒有感到不安。他們是不該如此的。

在三月的最後一天，隆美爾用他的德國裝甲師和兩個義大利師（其中一個師是裝甲師）突然攻擊昔蘭尼加。在十二天中，他收復了這個省，包圍了托布魯克（Tobruk），並抵達了離埃及邊境只有幾英里的巴爾迪亞（Bardia）。英國在埃及和蘇伊士的地位再次受到了威脅；事實上，由於德國人和義大利人到了希臘，英國在地中海東部的控制權已受到嚴重的威脅。

在這第二個春天，即這次戰爭的第二個春天，德國人又取得了一些輝煌勝利，單獨作戰的英國，由於德國空軍夜間的轟炸，由於海外英軍被趕出希臘和昔蘭尼加，他們的境況看來比以前更加嚴重、更加沒有希望了。英國的威信降到了新的低點，而威信在一場生死鬥爭中是十分重要的，因爲在這種鬥爭中，宣傳是一個非常有力的武器，特別是在影響美國和俄國方面。

飛行英雄林白在美國不止一次向一大批熱情的聽眾發表演說時說，英國已打敗了。在筆者看來，他在訪德期間已經驚人天眞地聽信了納粹的宣傳吹噓。一九四一年四月二十三日，當納粹在巴爾幹和北非取得勝利之際，他在紐約新成立的「美國第一委員會」的第一次群眾大會上向三萬人發表演說。他說：「英國政府有一項最後掙扎的計畫……說服我們再派一支美國遠征軍去歐洲，以便在軍事上和財政上同英國分攤這場戰爭的失敗。」他譴責英國「鼓動歐洲小國跟壓倒的優勢進行鬥爭」。顯然，這個人沒有想到，剛剛被希特勒打垮的南斯拉夫和希臘遭到了無端的殘酷進攻，它們本能地設法進行自衛，因爲它們有榮譽感，甚至在壓倒的優勢面前也有勇氣。羅斯福總統在四月二十五日公開譴責林白是一個失敗主義者和姑息者，於是林白在二十八日放棄了他在美國陸軍航空隊後備役上校軍銜。陸軍部長接受了他的辭呈。

希特勒於五月四日在柏林德國國會發表的勝利演說中很快利用了英國的困境。他的演說主要是對邱吉爾進行惡毒的冷嘲熱諷和人身攻擊，說他（跟猶太人一起）是戰爭的鼓動者，說打輸戰爭是他一手造成的：

他是歷史上最嗜血成性、也是最外行的戰略家……五年多來，這個人一直像瘋子一樣在歐洲到處追逐，尋求他能夠放火焚燒的東西……作爲一個軍人，他是一個糟糕的政客；作爲一個政客，他同樣是一個糟糕的軍人……邱吉爾先生的天才就是善於裝成一副虔誠的樣子說謊、歪曲事實，直到最後把慘敗說成是光榮的勝利。邱吉爾對戰略一竅不通，因此，他一下子就在南斯拉夫和希臘兩個戰場上吃了敗仗。在其他任何國家，他都是會受到軍事法庭的審判的……他不正常的心理狀態只能表明他患了癱瘓病，或者表明他是一個說胡話的醉漢……。

至於使他如此憤怒的南斯拉夫政變，希特勒沒有試圖掩飾他的眞正感情：

一小撮被收買的陰謀分子進行的這次政變使我們全都大吃一驚……各位先生，你們知道，當我聽到這個消息時，我立即下令進攻南斯拉夫。這樣對待德意志帝國是不行的。

雖然希特勒由於他在春天取得的勝利，特別是由於他對英國人取得的勝利而狂妄自大，但他沒有充分認識到這種勝利對英國是多麼大的一個打擊，他也沒有充分認識到，英帝國的困境多麼嚴重。在他向德國國會發表演說的那天，邱吉爾正在寫信給羅斯福總統，說明埃及和中東喪失的嚴重後果，並要求美國參戰。首相當時正處在他在整個戰爭中最陰鬱的心境。他寫道：

總統先生，我請求你不要低估在中東的潰敗可能產生的嚴重後果[66]。

德國海軍力促元首充分利用這種局勢。爲了進一步改善軸心國的情況，新近被任命的伊拉克首相、親德的拉希德·阿里（Rashid Ali）領導部隊攻擊巴格達城外哈巴尼亞（Habbaniya）的英國空軍基地，並呼籲希特勒協助把英國趕出這個國家。這是五月初的事情。隨著克里特在五月二十日被攻克，對「巴巴羅沙」一向不熱情的雷德爾海軍元帥在五月三十日呼籲希特勒準備對埃及和蘇伊士發動一次決定性的攻勢。急於一俟得到援軍就繼續推進的隆美爾從北非也發出了類似的呼籲。雷德爾對元首說：「對英國來說，這一打擊要比佔領倫敦對英帝國更爲致命。」一星期以後，這位海軍元帥把海軍作戰參謀部作戰處草擬的備忘錄交給了希特勒，備忘錄警告說，雖然「巴巴羅沙計畫在最高統帥部的領導方面佔主要地位，但絕不可因此而放棄或推遲在地中海的作戰」[67]。

但是元首已經下定決心；事實上，從他在聖誕節假日宣布巴巴羅沙計畫並對雷德爾海軍元帥說必須「首先消滅」俄國以來，他一直沒有改變他的決心。他的思想侷限於陸地，不理解海軍所主張的目光更遠大的戰略。甚至在雷德爾和海軍作戰參謀部在五月底向他提出請求之前，他就在五月二十五日發布的第三十號指令中做了最後決定[68]。他下令把一個軍事代表團、幾架飛機和一些武器送到巴格達去幫助伊拉克。他說：「我已決定支持伊拉克以鼓勵中東的局勢發展。」但是他目光所見沒有超過這個小小的、不充分的步驟。至於海軍將領和隆美爾所主張的目光更遠大的、大膽的戰略，他說：

以後是否可能（如果可能，用什麼辦法）對蘇伊士運河發動攻勢並最後把英國人從他們在地中海和波斯灣之間的陣地趕出去，要到巴巴羅沙計畫結束之後才能決定。

首先必須消滅蘇聯；其他一切必須等待。我們現在可以看到，這是一個極其重大的錯誤。在這個時刻，即一九四一年五月底，希特勒本來只要用他的一小部分部隊就能給英帝國以毀滅性打擊，也許是致命的打擊。處境極爲困難的邱吉爾比誰都更清楚瞭解這一點。他在五月四日寫給羅斯福總統的信中承認，如果失掉埃及和中東，那麼，繼續進行戰爭「將是一件艱巨、長期和前途黯淡的事情」，即使美國參戰也是這樣。但是希特勒不瞭解這一點。由於他的巴爾幹戰役已使巴巴羅沙計畫推遲了幾週，從而危及了這個計畫，他的盲目就更加不能理解了。必須在比原定計畫更短的時間內完成征服俄國的工作，因爲有一個冷酷無情的限期：曾經使查理十二世和拿破崙遭到失敗的俄國冬天。德國人要在冬天來臨之前攻佔一個從來沒有被西方征服過的大國，只剩六個月的時間了。雖然六月已經來到，必須在不平的公路和陳舊的單軌鐵路上把那些已被派到東南方的南斯拉夫和希臘大量軍隊千里迢迢地調至蘇聯邊境，而這些公路和鐵路要運輸如此多的軍隊，是極其不夠的。

正如結果所證明的，這次延遲是致命的。爲希特勒的軍事天才辯護的人們說，巴爾幹戰役並未使巴巴羅沙計畫的時間表大大推遲，無論如何，推遲主要是由於那一年雪融化得晚，這使東歐的道路在六月中旬還是泥濘不堪。但是德國將領的重要證詞則不這樣認爲。名字將始終同史達林格勒聯繫在一起的弗雷德里希．包路斯（Friedrich Paulus）陸軍元帥，這個時候是陸軍參謀總部俄國戰役的主要策畫人，他後來在紐倫堡證人席作證說，希特勒要毀滅南斯拉夫的決定使得巴巴羅沙計畫推遲了「大約五週」[69]。海軍的作戰日誌也說推遲了這樣長的時間[70]。在俄國帶領南方集團軍的倫德施泰特陸軍元帥在戰後對盟軍的審訊員說，由於巴爾幹戰役，「我們至少延遲四週」。他又說，「這是一次代價非常昂貴的推遲」[71]。

無論如何，在四月三十日，當希特勒的軍隊完成了對南斯拉夫和希臘的征服時，他爲巴巴羅沙計畫規定了新的日期，在一九四一年六月二十二日開始。

恐怖統治的策畫

在佔領俄國方面可以不受限制地採取任何手段。希特勒堅持要將領們非常清楚地瞭解這一點。一九四一年三月初，他召集了三軍首腦和重要的陸軍戰地指揮官，定下了這個規定。哈爾德記下了希特勒的話[73]，希特勒說：

由於對俄國戰爭的實際情況，不能以俠義方式進行。這場鬥爭是一場意識形態和種族差別的鬥爭，必須以空前的、殘酷無情的嚴厲方式進行。所有的軍官必須拋棄過時的思想。我知道，用這種辦法進行戰爭的必要性是你們各位將軍所不能理解的，但是……我絕對堅持，必須毫無違抗地執行我的命令。政治委員傳播跟國家社會主義背道而馳的意識形態。因此要消滅政治委員。破壞了國際法的德國士兵……應予以寬恕。俄國沒有參加海牙公約，因此它不能根據這個公約而享受任何權利。

這樣就發布了所謂《政治委員命令》（Commissar Order）。德國將領們究竟是應當服從元首的命令犯下戰爭罪行呢，還是應當按照自己的良知行事？後來在紐倫堡的審訊中向他們提出這個重要的道德問題時，進行了不少的討論。曼施坦因陸軍元帥在紐倫堡證人席談到《政治委員命令》時說：「我第一次發現自己陷入了一個我的軍人概念和我的服從天職之間的矛盾。實際上，我應該服從。但是我對自己說，作爲一個軍人，我萬萬不能在這種事情中進行合作。我對我當時所屬的集團軍司令說……我不願執行這種有損一個軍人榮譽的命令。」[74]事實上，這個命令當然大規模地執行了。

據哈爾德後來說，將領們對這道命令大爲憤怒，會議一結束，他們就向他們的總司令布勞希契提出抗議。這個沒有骨氣的陸軍元帥（希特勒後來稱他是「稻草人」，見《希特勒祕密談話錄》〔*Hitler's Secret Converstions*〕頁一五三）答應，他將「反對已發布的那種命令」。哈爾德一口咬定說，後來，布勞希契書面通知最高統帥部，陸軍軍官「絕不能執行這種命令」。但是他果眞如此嗎？布勞希契在紐倫堡受審時在供詞中承認，他沒有向希特勒採取這種行動，「因爲根本沒有辦法改變他的態度」。他對法庭說，陸軍首腦所做的就是發布一道書面命令，「陸軍的紀律必須按照過去實行的方針和規定嚴格遵守」。

語言辛辣的軍事法庭庭長勞倫斯（Geoffrey Lawrance）大法官問布勞希契：「你有沒有發布與《政治委員命令》的任何命令？」

他回答說：「沒有，我不能直接影響這道命令。」[75]

凱特爾將軍於五月十三日以元首的名義隨後發布了幾道指令，具有普魯士傳統的舊派陸軍軍官這時便得跟良心掙扎。主要的一個指令限制了德國軍事法庭的職能。這種職能由一種比較原始的法律取而代之：

俄國平民所犯的罪行不再受到軍事法庭的審訊，直到發出進一步通知時爲止……。

凡有罪行嫌疑者應立即送交一位軍官，由該軍官決定是否把他們槍斃。

國防軍人員對敵方平民所犯的罪行，不一定予以起訴，即使這個行爲是一種軍事罪行。

陸軍奉令可以從輕處理這種犯罪者，「記住布爾什維克自從一九一八年以來使德國遭受的一切損害」。只有「爲維護部隊的紀律和安全」時，才有理由將他們送交軍事法庭。指令最後說，「無論如何，只有那些同最高統帥部的政治意圖相符合的法庭判決才可予以批准」[75]。這項指令應「作爲極機密文件處理」。

一九四一年七月二十七日，凱特爾下令銷毀五月十三日關於軍事法庭指令的一切副本，不過他規定，「這項指令並不由於銷毀副本而失效」。他又說，七月二十七日的命令「本身應予銷毀」。但是使最高統帥部煩惱的是，這兩道命令的副本都存下來了，後來在紐倫堡軍事法庭上披露過。四天前，在七月二十三日，凱特爾發布了另一道極機密命令：七月二十二日，元首在接見了陸軍司令布勞希契之後發布了如下命令：由於東方佔領區幅員廣闊，只有靠佔領軍廣泛進行這種恐怖活動，而不用起訴犯罪者，這樣才能懲罰一切抵抗行爲，確保現有部隊的安全，只有佔領軍廣泛進行這種恐怖活動才可消除居民中想要進行抵抗的意圖[77]。

凱特爾代表希特勒在同天簽署的第二道指令責成希姆萊準備「特別任務」，負責俄國境內的政治管理。指令說，「這種任務是由於必須在兩個對立的政治制度之間進行鬥爭而產生的」。這個納粹祕密警察虐待狂者奉命「由他自己負責」，可以獨立行事而不受陸軍干預。將領們清楚知道委派希姆萊執行「特別任務」意味著什麼，雖然他們在紐倫堡軍事法庭受審時否認他們知道這一點。此外，指令說，當希姆萊進行工作時，應封鎖俄國的被佔領區。希特勒規定，即使「政府和黨的最高級人員」也不准觀看。同一指令任命戈林「開發這個國家，獲取它的經濟資財，供德國工業使用」。附帶說一句，希特勒在這道命令中還宣布，一俟軍事行動結束，將把俄國「劃分成各個國家，各國建立自己的政府」[78]。

這種工作進行的辦法將由阿爾弗雷德·羅森堡擬定，羅森堡是一個頭腦糊塗的波羅的海人，正式說來，他是納粹的主要思想家，我們前已述及，在慕尼黑的日子裡，他是希特勒的啓蒙導師之一。四月二十日，元首任命他擔任「東歐地區問題的中央監督專員」。善於誤解歷史甚至誤解他所出生和上學的俄國歷史的這個納粹傻瓜，立即著手在他的故鄉建造他的城堡。羅森堡長篇累牘的檔案原封不動地被繳獲了。他的檔案像他的書一樣，讀起來枯燥無味，我們不讓它們來妨礙本書的敘述，雖然必須偶爾提到它們，因爲它們透露了希特勒關於俄國的一些計畫。

到了五月初，爲了可能是德國歷史上最大的一次征服，羅森堡擬就了他第一個詳盡的計畫。首先，俄羅斯的歐洲部分將劃分成所謂帝國專區，俄屬波蘭將成爲一個叫做奧斯特蘭（Ostland）的德國保護國，烏克蘭成爲「一個同德國聯盟的獨立國」，盛產石油的高加索將由一個德國「全權代表」統治，三個波羅的海國家和白俄羅斯將構成一個德國保護國，準備直接併入大德意志帝國。羅森堡曾向希特勒和將領們提出了無數備忘錄，據他說是爲了說明他做出決定的「歷史和種族條件」。他在其中的一項備忘錄中解釋說，完成上面所說的最後一點的辦法將是，把在種族上可以同化的波羅的海人德國化，並「把不良分子放逐出境」。他告誡說，在拉脫維亞和愛沙尼亞，「必須計畫進行大規模的放逐」。這些被驅逐出境的人將由德國人、最好是由退伍軍人來代替。他規定說：「波羅的海必須成爲德國的內海。」[79]

在軍隊開始進攻之前兩天，羅森堡向一些將去接管俄國統治權的最親密合作者發表了演說，他說：

養活德國人民這項工作，在德國對東方的要求清單上居於首位。俄國南部領土必須……爲養活德國人民而服務。

我們認爲絕對沒有理由說明我們有義務也用這個富饒地區的產品來養活俄國人民。我們知道，這是一種嚴格的需要，而不用帶任何感情……俄國人今後的年頭將非常難過[80]。

的確是非常難過的年頭，因爲德國人策畫要把數以百萬計的俄國人餓死！

負責對蘇聯進行經濟剝削的戈林甚至比羅森堡更清楚地表明這一點。他的東方經濟工作處在一九四一年五月二十三日一道冗長的指令中規定，絕不可把俄國南部黑土地帶的剩餘糧食運給工業地區的人民，反正那裡的工業是要破壞的。這些地區的工人及其家屬就只能等著餓死——或者，如果他們能夠的話，就移居到西伯利亞去。必須把俄國生產的大量糧食運給德國人民。指令宣稱：

> 這些地區的德國行政機構可以盡量挽救饑饉的嚴重後果，並加速恢復最初的農業狀況。但是，這種措施不會避免將發生的饑饉。如果企圖從黑土地帶輸送剩餘糧食來使那裡的居民免於餓死，那就會使歐洲的供應受到影響，就會削弱德國在戰爭中的持久力，破壞德國和歐洲抵抗封鎖的力量。必須清楚而完全地瞭解這一點[81]。

德國蓄意採取這種政策會使俄國老百姓死掉多少？各部國務祕書們在五月二日舉行的會議做了一般答覆。會議的一項祕密備忘錄說：「無疑，如果我們從這個國家拿走我們所需的東西，那麼就將有好幾百萬人餓死。」[82]戈林說過，羅森堡也說過，這種東西要拿走——必須「清楚而完全地瞭解這一點。」

是否有任何一個德國人，抗議過這個計畫中的殘酷行動，這個經過深思熟慮的、要把成百萬人餓死的計畫？在一切德國入侵俄國的相關備忘錄中，沒有提到有什麼人反對——至少還有一些將領反對《政治委員命令》。這種計畫不僅僅是像希特勒、戈林、希姆萊和羅森堡之流神志錯亂的人的狂妄和邪惡空想。從一些記錄中可以清楚看出，多少星期和多少月來，許多德國官員把風和日暖的春光消磨在寫字臺旁，忙著把一些數字加起來，撰寫備忘錄，冷酷計畫對幾百萬人的屠殺。這一次是用餓死的方法。在那些日子裡，面貌溫和、養雞出身的希姆萊也坐在他在柏林黨衛隊總部的寫字臺旁，戴著夾鼻眼鏡，考慮要用更快、更厲害的辦法屠殺另外幾百萬人。

希特勒對於他忙碌的文武走卒在策畫如何進攻蘇聯、毀滅蘇聯、剝削蘇聯、大肆屠殺百姓方面的努力感到非常滿意。他在四月三十日規定了進攻的日期——六月二十二日，在五月四日在德國國會發表了他的勝利演說，然後回到他最喜歡去的地方貝希特斯加登山上的伯格霍夫，他在那裡可以凝視山巔仍然覆蓋著春雪的阿爾卑斯山壯麗景色，並考慮他的下一次征服，最大的一次征服，他對將領們說，全世界對這次征服將會大驚失色。

一九四一年五月十日是星期六，就在這天晚上，他在這裡得到一個令人驚奇出人意料的消息，使他大爲震驚，並迫使他不得不暫時把戰爭丟在腦後，其他西方世界的人聽到這個消息以後也有同樣的反應。原來他最親信的心腹、納粹黨的副領袖、僅次於戈林的第二號接班人、自從一九二一年以來最忠心耿耿的追隨者、自從羅姆被謀害以來最接近的朋友，已經自己坐飛機溜了出去，同敵人進行談判去了！

赫斯的出走

據施密特博士追述，五月十日晚上魯道夫·赫斯乘一架梅塞史密特一一〇戰鬥機獨自飛往蘇格蘭的消息最初傳來時，對希特勒的打擊「好像一顆炸彈落在伯格霍夫一樣」[83]。凱特爾將軍發現元首在他寬敞的書房裡走來走去，一個手指放在額角上，口中咕噥著說，赫斯一定是發瘋了[84]。希特勒喊道：「我必須立即同戈林談話。」翌日早晨，戈林和納粹黨的所有首腦開了一次緊張的會議，他們要設法「想出」——用凱特爾的話來說——一個辦法，好向德國公眾和全世界公布這件令人難堪的事情。凱特爾後來作證說，他們的任務並未由於英國人最初閉口不談他們這位不速之客而容易些，希特勒和當時的與會者曾一度希望，赫斯會用完汽油，而掉在冰冷的北海中淹死。

元首最初得到的情報來自赫斯一封內容有點前言不符後語的信件，這封信是由一位信使在赫斯於五月十日下午五點四十五分從奧格斯堡（Augsburg）起飛之後幾小時提交的。希特勒對凱特爾說：「我在這封信裡認不出赫斯了。那是另外一個人。他一定出了什麼毛病——神經有點錯亂。」但是元首也很猜疑。他下令逮捕了威利．梅塞史密特，因爲赫斯是從他公司的機場起飛的，同時還逮捕了這位副領袖的幾十個幕僚。

如果說赫斯的突然離去使希特勒莫名其妙，那麼他出人意料的到來也使邱吉爾莫名其妙。邱吉爾生動地敘述了他在那個星期六傍晚在鄉村中視察時接到這個消息時的心情，並敘述他最初如何認爲這個消息荒誕得簡直不能相信（《偉大的聯盟》〔*The Great Alliance*〕頁五十至五十五）。史達林則十分猜疑。在戰爭進行的整個期間，這件奇怪的事情一直是一個謎，只是在紐倫堡的審訊中才得到澄清，赫斯是被告之一。事實可以簡短地談一談。

赫斯一直是一個頭腦糊塗的人，雖然他不像羅森堡那樣愚蠢。他自作主張飛往英國，幻想他能夠安排一項和平協議。雖然他抱有幻想，但卻是眞誠的——看來沒有理由懷疑這一點。他於一九三六年在柏林的奧林匹克運動會上同漢米爾頓（Douglas Douglas-Hamilton）公爵見過面。他從他的梅塞史密特飛機跳出以後，用降落傘安全地著陸，離公爵在蘇格蘭的住宅不到十二英里，可見他導航是準確的。他要求一個農民帶他去見這位蘇格蘭公爵。漢米爾頓是皇家空軍中校，那個星期六傍晚正在分區指揮所作戰室値班，他在晚上十點過後不久在雷達屏上發現這架梅塞史密特飛機從海岸飛進來降落。一小時後，有人向他報告，這架飛機已經墜落焚毀，駕駛員跳傘，駕駛員說他的名字叫阿爾弗雷德．

霍恩（Alfred Horn），自稱有「特別使命」要見漢米爾頓公爵。英國當局安排在翌日上午進行這次會晤。

赫斯向公爵解釋說，他是在執行一項「人道使命，元首並不想打敗英國，而希望停止戰鬥。赫斯說，這是他第四次試圖飛到英國來，另外三次由於氣候關係而不得不折回。他說他畢竟是德國的一個內閣閣員。這些事實表明了「他的誠意以及德國希望和平的意願」。在這次談話中，正如以後跟其他人進行的談話一樣，赫斯毫不遲疑地說，德國將打贏這次戰爭，如果戰爭繼續下去，英國人的處境將是可怕的。因此，他的主人最好利用他的到來，進行和談。這個納粹狂人充滿自信，相信英國人會坐下來同他談判，他請公爵要求國王「假釋」他，因爲他來英國沒有帶武器，並且是出於自己的自由意志前來的[85]。後來他又要求以一個內閣閣員應得到的尊重來對待他。

隨後幾次的會談（除一次外），英國方面是由寇克派特里克（Ivone Kirkpatrick）負責，他是瞭解德國情況的前英國駐柏林大使館一等祕書，他的祕密報告後來在紐倫堡法庭成爲證物[86]。赫斯像鸚鵡學舌一般重複了希特勒對於納粹一切侵略行爲（從奧地利到斯堪地納維亞和低地國家）的解釋，並且堅持說戰爭是英國造成的，如果英國現在不停止戰鬥，它肯定要失敗。接著他就向這位研究納粹德國的老手提出了他的和平建議。這些建議就是希特勒在進攻波蘭前夕力促張伯倫接受而沒有成功的那些建議，即英國應該讓德國在歐洲自由行動，交換條件是德國讓英國在「英帝國內完全自由地行動」。必須歸還前德國殖民地，當然，英國還必須同義大利媾和。寇克派特里克報告說：

最後，當我們要離開房間時，赫斯還補充說了一句。他說，他忘記強調，這個建議只能根據這樣一個共識，即德國不是同現任的英國政府談判。自從一九三六年以來就策畫戰爭的邱吉爾先生以及他一些支持其戰爭政策的同僚們並不是元首能夠與之談判的人物。

隨然赫斯在納粹黨和在第三帝國內經過勾心鬥角的殘酷鬥爭，取得十分高的地位，但他眞是太天眞了，這是瞭解他的人都能證明的。從這些談話記錄可以清楚看出，他還以爲會立即受到——如果不是邱吉爾，那麼也至少是「反對黨」的接見，把他當作一個認眞的談判代表。赫斯認爲漢米爾頓公爵是反對黨的領導人之一。當他後來同英國官員的接觸僅限於同寇克派特里克一人時，他的好戰和威脅態度越發厲害了。在五月十四日的一次談話中，他對這位不信他那一套的外交官描繪了英國繼續戰爭將會遇到的可怕後果。他說，不久將對不列顚群島進行厲害的、徹底的封鎖。赫斯對寇克派特里克說：

這裡如果有人認爲英國本土投降後，戰爭可以在英帝國其它領土進行下去，那是無用的。希特勒的意圖是，萬一發生這種情況，就繼續封鎖英國本土……以至於我們不得不使這些島上的人民餓死。

赫斯極力主張，他冒了這麼大的風險，因此得趕緊舉行會談。據他向寇克派特里克解釋，他的出走是爲了給我們機會在不喪失威信的情況下舉行談判。如果我們拒絕，那就清楚地證明，我們無意同德國達成共識，希特勒就有權——事實上他有責任——把我們完全毀滅，並在戰後使我們永遠處於從屬地位」。赫斯堅持，談判代表的人數要少一些。作爲德國的一個部長，他不能使自己處於這樣一種地位，即他獨自一個人要聽一大批人紛紛提出意見和問題。

就寇克派特里克而論，會談就這樣可笑地結束了。但是，據邱吉爾說，英國內閣——令人驚訝地——「邀請」西蒙勳爵（John Simon）在六月十日會見赫斯[87]。據這個納粹副領袖的律師在紐倫堡說，西蒙答應他將把赫斯的和平建議提交英國政府[88]。赫斯在紐倫堡法庭上說，西蒙勳爵向他自我介紹是古特里博士，並說：「我是奉政府之命來的，我願意同你討論你願意提供政府參考的任何事情，只要看來有用處。」[89]

赫斯的動機是清楚的。他眞誠希望同英國媾和。他毫不懷疑，德國會在戰爭中獲勝，並會毀滅聯合王國，除非立即媾和。毫無疑問，他還有別的動機。戰爭使他個人黯然失色。在戰爭期間，作爲希特勒的副手管理納粹黨是一種很無聊的而且不再是非常重要的職務。目前，在德國的重要工作是處理戰爭和外交事務。元首所注意的就是這些事情，其他一切幾乎全都顧不上了，這些事情使戈林、里賓特洛甫、希姆萊、戈培爾和將領們處於重要地位。赫斯感到既失望，又嫉妒。爲了回到他所愛戴的領袖身邊，恢復他在國內的地位，單槍匹馬地安排德英兩國之間的和平，這樣一種大膽而顯赫的政治成就，豈不是最好的辦法嗎？

最後，這個眉毛濃密的副領袖，像其他一些納粹要人——如希特勒自己和希姆萊——一樣，居然相信占星學。在紐倫堡，他向美國的監獄精神病學家道格拉斯．凱萊（Douglas M. Kelly）博士說，在一九四〇年底，他的一位占星學家在爲他算命時說，他注定會帶來和平。他還敘述他以前的導師、慕尼黑的地緣政治學家卡爾．豪斯霍弗（Karl Haushofer）教授如何在夢中看到他在英國城堡飾以掛氈的大廳裡闊步行走，給兩個「北歐人」大國帶來了和平[90]。對於赫斯這樣一個從未擺脫幼稚思想的人來說，這種話當然使他著迷，毫無疑問，他去英國執行這項不可思議的使命，是受了這種話的影響。

在紐倫堡，一位英國檢察官提出了另一個理由：赫斯飛往英國是設法安排一項和平協議，這樣當德國進攻蘇聯時，它就可以只在一條戰線上作戰。俄國檢察官對法庭說，他確信這一點。史達林也相信這一點，他在這個危急時刻是極其猜疑的，但是他的猜疑看來不是集中在他應該猜疑的德國，而是集中在英國。赫斯到達蘇格蘭使他相信，在邱吉爾和希特勒之間正在策畫某種陰謀，正如這個俄國獨裁者讓德國放手進攻波蘭和西方一樣，這項陰謀也會讓德國放手進攻蘇聯。三年以後，英國首相在第二次赴莫斯科時，曾設法使史達林相信眞實情況，但是史達林硬是不相信。寇克派特里克曾設法使赫斯談出希特勒對俄國的意圖，從他進行的詢問中可以清楚看出，赫斯根本不知道「巴巴羅沙」，或者，如果他知道的話，他也不知道馬上就要執行這個計畫。

赫斯突然離開之後的一些日子，是希特勒一生中最狼狽的日子。他認識到他政權的威信由於他最親密的合作者出走而受到了嚴重損害。如何向德國人民和外界解釋此事呢？對被捕的赫斯下屬進行了訊問後，元首相信，沒有人對他不忠誠，也肯定沒有什麼陰謀，他所信任的這個助手只是神經錯亂了。在英國證實赫斯到達之後，伯格霍夫方面決定向公眾以這個原因來做解釋。不久，德國報紙忠實地刊載了簡短的報導，說這個前國家社會黨要人已成了「一個神志不清的、神經錯亂的、頭腦糊塗的理想主義者，由於在第一次世界大戰中負傷，腦袋因此充滿各種幻覺」。官方的新聞公報說：

這位同志赫斯看來是生活在幻覺之中，正由於此，他才認爲他能夠實現英國和德國之間的共識……但是這不會影響德國人民被迫繼續進行的戰爭。

希特勒暗中下令，如果赫斯回來，立即槍斃（赫斯在紐倫堡是一個可憐的、垮了的人，他在一部分審訊中假裝完全健忘〔他的神經肯定受到傷害〕。但是他比希特勒活得長。他被國際法庭判處無期徒刑，主要由於他神經失常而免受死刑。我在《柏林日記的終結》〔*End of a Berlin Diary*〕中描繪了他在那裡的樣子。英國人把他當戰俘對待，在一九四五年十月十日釋放了他，以便他能夠在紐倫堡受審。他在英國被囚禁期間，激憤地抱怨沒有得到他經常要求得到的「充分外交特權」。他失常的精神開始惡化，他長時間健忘。但是他對凱萊博士說，他在被拘留期間曾兩次企圖自殺。他說，他相信英國人正在企圖毒死他）。他公開剝奪了這位老同志的一切職務，派性格更爲陰險和沉默的馬丁・鮑曼（Martin Bormann）來代替他擔任黨的副領袖。元首希望這個奇怪的插曲盡快被人遺忘；他自己的思想再次很快轉向對俄國的進攻，這次進攻不久就要進行了。

克里姆林宮的困境

儘管有一切證據證明了希特勒的意圖——在波蘭東部集結德國部隊，一百萬納粹軍隊駐在附近的巴爾幹半島，德國國防軍征服了南斯拉夫和希臘，佔領了羅馬尼亞、保加利亞和匈牙利——克里姆林宮中的人們，特別是史達林（雖然他是赤裸裸的現實主義者），仍然盲目地希望俄國會躲過這個納粹暴君的暴怒。當然，赤裸裸的事實不得不使他們天生的疑心病日益增長，希特勒在東南歐的行動也使他們的不滿越來越難以遏制。但是在春天的這幾個星期中，莫斯科和柏林的外交往來中卻存在著某種不現實的、幾乎難以置信的、十分奇怪的東西（詳盡地記錄在繳獲的納粹文件中）。在這些往來中，德國人笨拙地企圖把克里姆林宮騙到底，而蘇聯領導人看來對現實還沒有充分瞭解並據此及時採取行動。

德軍進入羅馬尼亞和保加利亞，隨後又進攻南斯拉夫和希臘，雖然蘇聯幾次提出抗議，認爲這違反了納粹—蘇聯條約，是對俄國「安全利益」的威脅，但是，隨著德國進攻日期的接近，蘇聯卻格外努力去姑息討好柏林。史達林自己在這方面起了帶頭作用。一九四一年四月十三日，舒倫堡大使向柏林拍發了一封耐人尋味的電報，敘述日本外務相松岡洋右在那天晚上從莫斯科動身的時候，史達林不僅向日本人而且向德國人表示了「一種異常友好的態度」。舒倫堡的電報說：

> 在火車站上史達林公開地尋找我……用手臂摟著我的肩膀說：「我們必須繼續交朋友，你現在必須千方百計維持我們的友誼！」不一會兒，史達林轉向德國代理武官克萊伯斯（Krebs）上校，在弄清楚他是一個德國人以後對他說：「我們將繼續同你們做朋友——患難與共！」[91]

三天以後，德國駐莫斯科代辦提伯爾斯克希打電報給柏林強調說，史達林在車站上的表現表明了他對德國的友好態度，「鑒於一直流傳的關於德蘇即將發生衝突的謠言」，這種表現特別重要[92]。一天以前，提伯爾斯克希曾經通知柏林說，克里姆林宮在進行了幾個月的討價還價以後已經「無條件地」接受了德國的建議，要解決兩國之間從伊戈爾卡河（Igorka River）到波羅的海的邊界爭議。他說：「蘇聯政府的殷勤態度看來是非常突兀的。」[93] 鑒於柏林正在醞釀採取的行動，確實是這樣的。

蘇聯政府向被封鎖的德國供應重要的原料，也仍然是殷勤的。一九四一年四月五日，負責同莫斯科進行貿易談判的施努爾高興地向他的納粹主子報告說，俄國在一九四一年一月和二月份的交貨，由於「政治關係冷淡」而放慢速度以後，「在三月份已經飛躍增加，特別是在穀物、石油、錳礦、非鐵金屬和貴重金屬方面」。他又說：「通過西伯利亞進行的過境運輸像往常一樣順利地進行著。由於我們的要求，蘇聯政府甚至在滿洲邊界撥出一列運輸橡膠的貨車供我們支配。」[94]

六個星期以後，在五月十五日，施努爾報告說，有求必應的俄國人撥出了幾列運貨專車，以便四千噸迫切需要的生膠可以通過西伯利亞鐵路運往德國：

俄國人按時依照合同所規定的數量運交原料，雖然這使他們負擔很重……我的印象是，我們甚至可以向莫斯科提出超過一月十日條約範圍的經濟要求，以使德國獲得超過目前合同範圍的糧食和原料[95]。

施努爾說，德國沒有按照計畫如期向俄國送交機器。但是看來他並不介意，如果俄國人不介意的話。可是他在五月十五日由於另外一個因素而感到不安。他抱怨說：「關於德蘇即將發生衝突的許多謠言造成很大的困難。」他把這種謠言歸咎於德國的官方人士。令人驚奇的是，施努爾在向外交部發出的一份很長的備忘錄中解釋說，這種「困難」不是來自俄國，而是來自德國工業公司，他說，這些公司正在設法「取消」它們同俄國人締結的合同。

必須在這裡指出，希特勒正在盡他的最大力量否認這些謠言，另一方面，他正在忙於設法使他的將領和高級官員相信德國遭受俄國進攻的危險在日益增加。雖然這些將領透過他們自己的軍事情報對情況瞭解得更清楚，但是希特勒對他們的魔力如此之大，甚至到了戰後，哈爾德、布勞希契、曼施坦因等人（不過沒有包路斯，看來他比較誠實）還爭辯說，蘇聯在波蘭邊界的軍事集結在夏初已變得具有很大的威脅性了。

舒倫堡伯爵這時已從莫斯科回國做短期休假，他於四月二十八日在柏林會見了希特勒，並設法使希特勒相信俄國的和平意圖是。他試圖解釋說：「俄國對於德國要進攻俄國的謠言很爲擔心。」他又說：「我不能相信俄國會進攻德國……如果說史達林在一九三九年英法仍然強大的時候沒有能同這兩國合作，他今天在法國被毀滅和英國遭受重創的時候肯定不會做出這樣一個決定。我倒相信史達林甚至會對我們做出進一步的讓步。」

希特勒假裝懷疑。他說，「塞爾維亞事件」使他「預先得到了警告」。他問道：「……俄國人到底著了什麼魔要同南斯拉夫締結友好條約？」[96] 四月五日，即德國進攻南斯拉夫的前一天，蘇聯政府趕忙同南斯拉夫新政府締結了《友好互不侵犯條約》，顯然是拼命企圖遏止希特勒。莫洛托夫曾在前一天晚上把此事通知了舒倫堡，這位大使驚呼「此時這樣做是非常不妥的」，並且盡力同俄國人進行爭辯，要使他們至少推遲簽訂這個條約，但是沒有成功。他說，他並不相信「俄國會進攻德國」。這話倒說得不錯。可是他最後說，他還是不得不「謹慎行事」。希特勒並沒有告訴他的駐蘇大使關於他計畫對俄國採取什麼行動，而舒倫堡這個舊派的誠實規矩德國人直到最後一直被蒙在鼓裡。

史達林對於希特勒想要採取的行動也是毫無瞭解，但是對於跡象或警告卻不是一點也沒有看到或聽到。四月二十二日，蘇聯政府正式抗議納粹飛機從三月二十七日到四月十八日侵犯邊界八十次，並且詳細敘述了每一次侵犯邊界的情況。它說，有一次，四月十五日在羅夫諾（Rovno）附近降落的一架德國偵察機中發現了一架照相機、幾卷曝光膠捲和一幅撕破了的蘇聯西部地區地形圖，「所有這一切都證明了這架飛機的人員的目的是什麼」。俄國人甚至在抗議時態度也是和緩的。照會說，他們正向邊防軍發出命令，「不得射擊在蘇聯領土上空飛行的德國飛機，只要它們不經常出現」[97]。

史達林在五月初進一步採取了和解的行動。為了討好希特勒，他驅逐了比利時、挪威、希臘、甚至南斯拉夫駐莫斯科的外交代表，關閉了它們的公使館。他承認了伊拉克親納粹的拉希德·阿里政府。他極其嚴格地約束蘇聯的報紙，以免惹怒德國。舒倫堡在五月十二日打電報給柏林說：

史達林政府有意採取這些表明其意圖的行動……為的是緩和蘇德之間的緊張局勢，並為未來創造更好的氣氛。我們必須記住，史達林本人一向主張德蘇之間應有友好關係[98]。

雖然史達林長期以來一直是蘇聯的絕對獨裁者，但這是舒倫堡在他的電報中第一次用「史達林政府」一詞。這是有充分的理由的。五月六日，史達林取代莫洛托夫親自擔任人民委員會主席即總理職務，莫洛托夫繼續擔任外交人民委員。這是大權獨攬的共產黨書記第一次接管政府職務。全世界的反應普遍認為，這意味著局勢對蘇聯來說已經變得非常嚴重，特別是在它同納粹德國的關係方面，因此只有史達林擔任名義上的和實際上的政府首腦才能應付這種局勢。這個道理很明顯，但是還有另一個道理不是那麼明顯，而德國駐莫斯科的這位精明大使馬上向柏林指出了這個道理。

他報告說，史達林對於德蘇關係的惡化感到不快，把主要責任歸咎於莫洛托夫笨拙的外交手腕。舒倫堡說：

我認爲，可以有把握地假定，史達林已爲自己設定了一個極爲重要的外交目標……他希望以他個人的努力來達到這個目標。我堅信，在史達林認爲是嚴重的國際局勢中，他爲自己設定的目標是不使蘇聯與德國發生衝突[99]。

這個狡猾的蘇聯獨裁者難道在現在——一九四一年五月中——還沒有認識到這是一個不可能實現的目標？除了卑躬屈膝地向希特勒投降以外，他沒有別的辦法達到這個目標？他肯定知道希特勒征服南斯拉夫和希臘的意義，知道大量德軍駐在他的西南鄰國羅馬尼亞和匈牙利的意義，並且知道德國國防軍在他西部邊界上的波蘭加強力量的意義。他一定聽過在莫斯科一直流傳著的謠言。到五月初，舒倫堡在五月二日的第一封電報中所稱「德俄即將進行軍事攤牌的謠言」在蘇聯首都已極爲流傳，他和德國大使館的官員都很難否認。他通知柏林說：

請記住，企圖駁斥在莫斯科的謠言，肯定是徒勞的，如果這種謠言不斷從德國傳到這裡，如果到莫斯科來或者途經莫斯科的每一個旅客不僅帶來了這些謠言，而且甚至還能列舉事實證實這些謠言的話[100]。

這位老資格的大使自己也日益懷疑起來了。柏林指示他繼續否認這些謠言，並且要他宣傳，不僅德軍沒有在俄國的邊界上集中，而且實際上有大量部隊（爲了供他「個人參考」而告訴他，部隊數目是八個師）正在從「東部調到西部」[101]。也許這些指示只能增加這位大使的不安，因爲這時全世界的報紙正在開始宣傳德國沿蘇聯邊界集結軍事力量。

但是在這以前很久，史達林就接到了關於希特勒進攻計畫的明確警告，他顯然沒有注意這些警告。最嚴重的警告是美國政府提出的。

早在一九四一年一月，美國駐柏林商務參贊山姆．伍茲（Sam E. Woods）向國務院發出了一份機密報告說，他從可靠的德國人士獲悉，希特勒正在制定計畫在春季進攻俄國。這是一份詳盡的電報，它敘述了參謀總部的進攻計畫（這種敘述證明是十分正確的），以及在一旦征服蘇聯時準備對它進行經濟剝削。

伍茲是一個溫和性格外向的人，他對於世界政治和歷史的瞭解並不突出，在我們當中那些瞭解他、喜歡他的人看來，他在柏林的美國大使館中是最不可能得到這種重要情報的人。他在大使館中的一些同事到現在仍然不相信他獲得過這種情報。但是科德爾．赫爾（Cordell Hull）在他的回憶錄中證實了這一點，並且透露了詳細情況。這位已故的前國務卿說，伍茲有一個德國朋友（一個反對納粹的人），同各部、國家銀行和納粹黨中的高級人士有接觸。早在一九四○年八月，這位朋友就通知伍茲，希特勒在總部舉行會議準備進攻蘇聯。自那以後，參謀總部的工作以及關於剝削俄國經濟的計畫，這位朋友都會詳細通知這位商務參贊。爲了避免爲別人發覺，伍茲在柏林的各電影院或者在夜幕的遮蓋下會晤他的情報傳遞者，以便從這個人手中收到字跡潦草的筆記（見《赫爾回憶錄》〔*The*

Memoirs of Cordell Hull〕頁九六七至九六八）。我在一九四〇年十二月離開了柏林。大使館的最出色外交官員喬治·凱南（George F. Kennan，他仍留在那裡）通知我說，大使館從幾個方面得知即將進攻俄國。他說，在進攻前二三週，我國駐柯尼斯堡的領事古肯得爾（Kuykendall）發出一個報告，正確地提到進攻將要開始的確切日期。

赫爾國務卿最初認爲伍茲上了德國密探的當。他召見了胡佛（J. Edgar Hoover）。這位聯邦調查局首腦看了這份報告，認爲是眞實的。伍德提出了向他提供情報的人士的名字（他們在柏林的各個部以及在德國參謀總部工作），在進行核查之後，華盛頓方面認爲這些人照理應當知道將要發生什麼事情，他們也是非常反對納粹而不會亂說話。儘管當時美蘇政府之間的關係非常緊張，赫爾決定把情況通知俄國人，要副國務卿桑納爾·威爾斯把報告的內容通知奧曼斯基（Constantine Oumansky）大使。威爾斯在三月二十日這麼做了。威爾斯後來寫道：

> 奧曼斯基先生面色變得非常蒼白。他沉默了一會兒，然後只是說：「我完全認識到你向我提供的消息的嚴重性。對於你的情報，我的政府將不勝感激，我將立即把我們的談話情況通知我的政府。」[102]

如果說他的政府是感激的，如果說它眞的相信這個及時的情報，那麼，它並沒有向美國政府做過任何表示。事實上，正像赫爾國務卿在他的回憶錄中所說的，莫斯科越來越懷敵意和挑剔了，因爲美國對英國的支持使得美國不可能向俄國供應它所要求的全部物資。可是，據赫爾說，國務院在六月的第一週從它駐布加勒斯特和斯德哥爾摩的公使館接到關於德國將在兩週內進攻俄國的電報以後，就把電報的抄件發給駐莫斯科的斯坦哈特（Lawrence Steinhardt）大使，這位大使把電報抄件轉交給了莫洛托夫。

邱吉爾也曾設法警告史達林。四月三日，他要求他駐莫斯科大使克里普斯爵士向這個獨裁者提交他本人寫的一封信，指出他從英國一名情報人員那裡得悉的消息，看出德軍在波蘭南部調動對俄國的意義。克里普斯沒有立即遞交這封信。邱吉爾幾年以後在他的回憶錄中寫到這次事件時仍然對這種拖延感到惱火[103]。

在四月底以前，克里普斯知道了德國所規定的進攻日期，德國人也瞭解他知道了這個日期。四月二十四日，德國駐莫斯科海軍武官向柏林海軍總司令部發出了一份簡單的電報：

英國大使預言六月二十二日是戰爭爆發的日期[104]。

這封電報是繳獲的文件之一，德國海軍日記同日記載了這封電報，並在末尾加上了一個驚嘆號[105]。海軍將領們對於英國大使預言的確切性感到驚奇。這位可憐的海軍武官像駐莫斯科的大使一樣，沒有被告知這個祕密，他在電報中說，這「顯然是荒謬的」。

莫洛托夫一定也是這樣認爲。一個月後，五月二十二日，他接見舒倫堡，討論了各種問題。大使向柏林報告說，「他像以往一樣是和藹的、自信的和消息靈通的」，並且再次強調「蘇聯兩位最有力人物」史達林和莫洛托夫正在「特別」努力避免與德國發生衝突[106]。

這位通常是機靈的大使有一點是極為錯誤的。莫洛托夫在這個時候肯定不是「消息靈通的」。這位大使也不是消息靈通的。

在一九四一年六月十四日，在德國進攻以前僅僅一週，這位俄國外交人民委員已經明白表現他消息閉塞的程度。莫洛托夫在那天晚上召見了舒倫堡，把塔斯社（Tass）一項聲明的全文交給他，莫洛托夫說，這項聲明將在當天晚上廣播，並在第二天早上見報[107]。蘇聯政府這項官方聲明把「英國和外國報紙上普遍出現的關於蘇德之間即將發生戰爭的謠言」歸咎於克里普斯本人，斥責這些謠言「顯然是荒謬的……是反蘇反德力量的笨拙宣傳伎倆」。它又說：

蘇聯人士認為，關於德國……想要對蘇聯發動進攻的謠言完全是無稽之談。

聲明甚至把最近德軍從巴爾幹調到蘇聯邊界解釋為「同蘇德關係無關」。至於俄國將要進攻德國的謠言，則是「不眞實的和挑撥性的」。

塔斯社代表蘇聯政府所發表的聲明，由於德國人所採取的兩個行動而越發顯得滑稽已極，一個行動是在聲明發表的那一天即六月十五日採取的，另一個行動是在第二天採取的。

里賓特洛甫在六月十五日從威尼斯（他在那裡同齊亞諾進行會談）向布達佩斯發出了一封密電，要匈牙利政府「採取步驟，確保它的邊界」。

鑒於俄國在德國的東部邊界集結重兵，元首大概會至遲在七月初被迫澄清德俄關係，並在這方面提出某些要求[108]。

德國人向匈牙利人透漏消息，但是卻沒有對他們的主要盟國這麼做。當第二天在威尼斯的運河上泛舟遊覽時，齊亞諾向里賓特洛甫詢問了關於德國進攻俄國的謠言。這個納粹外長回答說：「親愛的齊亞諾，由於每一個決定都藏在元首不可捉摸的心中，我現在還不能向你提供任何情況。但是有一點是肯定的：如果我們進攻他們，史達林的俄國將在八星期內從地圖上抹掉。」這是摘引自齊亞諾最後一天的日記，這是在一九四三年十二月二十三日他被處決前幾天在維羅納（Verona）監獄的第二十七號牢房中寫的。他又說，義大利政府在德國開始進攻俄國半小時以後才得知這次進攻（《齊亞諾日記》頁五八三）。

當克里姆林宮正在地準備在一九四一年六月十四日向全世界廣播，宣布關於德國進攻俄國的謠言「顯然是荒謬的」的時候，希特勒就在那天同德國武裝部隊的主要官員就「巴巴羅沙」舉行了他最後一次大規模的軍事會議。關於在東部集結軍隊和把他們部署到出擊陣地的工作已按時間表在五月二十二日執行了[109]。幾天以後發出了一個修改了的時間表。這是一份詳盡的文件，它表明，到六月初，不僅關於進攻俄國全部計畫都已完成，而且大規模調動軍隊、大炮、坦克、飛機、船隻和供應品的複雜工作也已按計畫開始進行了。海軍在五月二十九日那一天的作戰日誌上有簡短的一條說：「為巴巴羅沙計畫進行的預備性軍艦調動工作已經開始。」同羅馬尼亞、匈牙利和芬蘭（芬蘭現在渴望奪回俄國人在冬季戰爭中從它那裡拿走的東西）的參謀總部進行的會談已經完成。六月九日，希特勒從貝希特斯加登發出命令，召集三軍總司令和戰地高級將領在六月十四日在柏林就巴巴羅沙計畫舉行最後一次全日會議。

儘管任務艱巨，不僅希特勒，而且還有他的將領，在檢查歷史上最大軍事戰役——從北冰洋的佩薩莫延伸到黑海大約一千五百英里長的戰線上發動全面攻擊——的最後細節時都是滿懷信心的。前一天晚上，布勞希契在東部視察軍隊集結情況後返回柏林。哈爾德在日記中寫道，陸軍總司令非常高興。他說，官兵的情況極爲良好，並且做好了準備。

六月十四日舉行的這次最後軍事會議從上午十一點一直開到下午六點半。會議在下午兩點休會進午餐，希特勒在午餐時對他的將領們進行了另一次戰鬥前夕的激勵士氣談話[110]。據哈爾德說，這是「一次全面的政治演說」，希特勒強調，他必須進攻俄國，因爲俄國的淪亡會迫使英國「屈服」。但是，這個嗜血成性的元首甚至強調了另外的某種東西。凱特爾在紐倫堡直接受審時敘述了這一點：

主要的問題在於，這是兩種意識形態之間的決定性戰鬥，必須用完全不同的尺度來衡量我們作爲軍人所須知的唯一正確慣例——國際法。

凱特爾說，希特勒於是發布了各種命令，要用「殘暴手段」在俄國進行空前的恐怖統治。凱特爾自己的辯護律師問道：「你，或者任何其他將領，曾否對這些命令提出過異議？」這個將領回答說：「沒有，我本人沒有提出過異議。」他又說，其他任何將領也沒有提出過異議。哈塞爾證實了這一點。兩天以後，即六月十六日，他在日記中寫道：「布勞希契和哈爾德已經同意了希特勒在俄國的手段。因此，陸軍必須對屠殺和焚燒負責，這些勾當先前只有黨衛隊才做。」最初，反納粹的「密謀分子」天眞地認爲，希特勒在俄國採取恐怖行動的命令可能使將領們感到震驚而參加反納粹行動。但是到六月十六日，哈塞爾本人的幻想破滅了。他在那一天寫的日記是這樣開始的：「與波比茨、戈德勒、貝克和漢斯・奧斯特舉行了一系列會議，討論陸軍指揮官接到的某些命令（但是他們還沒有下達這些命令）是否足以使軍事領導人睜開眼睛，看到他們爲之作戰的那個政權的本質。這些命令是關於軍隊在侵入俄國時要對布爾什維克採取的殘暴措施。我們得出結論，認爲現在不能存什麼希望……他們欺騙了自己……毫無希望的班長們呀！」（《哈塞爾日記》）〔*The von Hassell Diaries*〕頁一九八至一九九）

克里姆林宮的人們儘管以多疑、狡猾和冷靜著稱，儘管在他們面前擺著一切證據和警告，但是直到最後一分鐘還沒有認識到他們將會受到進攻——而進攻的力量之大幾乎會毀滅他們的國家。這幾乎不可想像，然而卻是事實。

在一九四一年六月二十一日令人愉快的夏晚九點半，即在德國預定開始進攻以前的九小時，莫洛托夫在克里姆林宮的辦公室接見了德國大使，表現了他「最後的昏庸」（邱吉爾語）。莫洛托夫提到德國飛機進一步侵犯邊界的行動，他說，他已經指示蘇聯駐柏林大使提請里賓特洛甫注意這些行動。在這以後，他轉而談到另一個問題，舒倫堡在當天晚上向外交部發出的急電中敘述了這個問題，莫洛托夫對他說：

有若干跡象表明，德國政府對蘇聯政府不滿。甚至有謠言說，德蘇之間即將發生戰爭……蘇聯政府不能瞭解德國不滿的原因……如果我能告訴他造成德蘇關係目前情況的原因，他將很感激。

舒倫堡又說：

我回答說，我不能答覆這個問題，因爲我沒有有關的情報[111]。

他不久就要得到這種情報。

因爲里賓特洛甫正在從柏林向莫斯科發給他日期爲一九四一年六月二十一日的一封密碼長電，上面寫有「特急，國家機密，大使親收」字樣。電報的開頭說：

在接到這封電報以後，仍存在的一切加密文件要統統銷毀。無線電發報機要加以破壞。請立即通知莫洛托夫先生，你有緊急的事要通知他……然後請向他發表下列聲明。

這是一個我們現已見慣的聲明，其中充滿了陳腐的謊言和揑造，希特勒和里賓特洛甫製造這種謊言和進行這種揑造已是十分熟練的了，因爲他們以前常常進行這種揑造以便爲每一個新的無端侵略行動進行辯解。但是這一次在厚顏無恥和欺詐詭術方面多少超過了以前的幾次，至少這是筆者在重讀之下所得到的印象。它說，德國信守納粹—蘇聯協定，而俄國一再破壞它，蘇聯對德國進行了「破壞、恐怖和間諜活動」。蘇聯「反對德國努力在歐洲建立穩定的秩序」。它同英國一起陰謀「進攻羅馬尼亞和保加利亞的德軍」。由於集中「現有全部俄國部隊於從波羅的海到黑海的一條漫長戰線上」，它「威脅了」德國。它接著說：

過去幾天所接到的消息，使我們對俄軍這種集中的侵略性質不再有任何懷疑……而且，還接到來自英國的消息，說到克里普斯大使為謀求英蘇之間更密切的政治和軍事合作在進行談判。

因此概而言之，德國政府宣布，蘇聯政府已違反了它所承擔的義務，

一、不僅繼續而且甚至加緊企圖破壞德國和歐洲；

二、採取了越來越反德的外交政策；

三、把它的全部部隊集中在德國邊界並已做好了準備。這樣，蘇聯政府就破壞了它與德國締結的一些條約，並且即將在德國爭取生存的鬥爭中從後方攻打德國。因此，元首命令德國的武裝部隊用他們所擁有的全部力量對付這個威脅[112]。

里賓特洛甫在最後通知他的大使說：「請不要就這項照會進行任何討論。」。舒倫堡曾用他一生大部分時間致力於改善德蘇關係，他知道對蘇聯的進攻是無端且沒有道理的。如今他除了感到震驚和幻滅之外，還有什麼話可說呢？他在天剛黎明時到克里姆林宮，宣讀了德國的聲明（這樣，這位老資格大使的外交生涯就結束了，他在返回德國後被迫退休。他參加了貝克將軍、戈德勒、哈塞爾等人領導的反對集團，並且一度被內定為反希特勒政權的外交部長。哈塞爾說，舒倫堡在一九四三年表示，他願意越過俄國防線以便與史達林會談，代表德國的反納粹政府與俄國談和，見《哈塞爾日記》頁三二一至三二二。一九四四年七月反希特勒的密謀失敗以後，舒倫堡被捕下獄，十一月十日被祕密警察處決）。莫洛托夫目瞪口呆一聲不響地聽完了，然後說：「這是戰爭。你認為應該這麼對待我們嗎？」

就在同一天的黎明時刻，在柏林的威廉街出現了一個類似的場面。六月二十一日的整個下午，蘇聯大使迪卡諾索夫一直打電話給外交部，要求會見里賓特洛甫，以便溫和地抗議德國飛機進一步侵犯邊界。他得到的答覆是，納粹外長「不在城裡」。後來，在二十二日清晨二點，他接到通知說，里賓特洛甫將在清晨四點在外交部接見他。這位大使曾經是副外交人民委員，是史達林手下的一名劊子手，是一個解決困難的能手，曾經主持過立陶宛的接管工作。像莫洛托夫在莫斯科一樣，他在德國外交部也受到他一生中最大的驚嚇。當時在場的施密特博士描述了這個場面：

> 我從來沒有看到里賓特洛甫在迪卡諾索夫到達以前的五分鐘那樣興奮。
>
> 他像一個囚在籠子裡的野獸一樣在房間裡走來走去……。
>
> 迪卡諾索夫被請進房間裡來，他顯然沒有猜到有什麼不測之事，向里賓特洛甫伸出手來。我們坐下……迪卡諾索夫開始代表他的政府提出了需要加以澄清的某些問題。但是他剛一說話，毫無表情的里賓特洛甫就打斷他的話說：「這不是現在要談的問題……。」

這個傲慢的納粹外長接著說明問題是什麼，他給了這位大使一份抄件，內容是舒倫堡當時正在向莫洛托夫宣讀的備忘錄，並且通知他說，德軍當時正在蘇聯邊界採取「軍事反措施」。施密特說，這位吃驚的蘇聯大使「迅速地恢復了鎮定」，並且對於這種事態發展「表示深切的遺憾」。他把這種事態發展歸咎於德國。「他站起身來，敷衍地點了一下頭，沒有握手就走出了房間」。[113]

納粹—蘇聯蜜月結束了。一九四一年六月二十二日清晨三點半，在克里姆林宮和德國外交部最後的外交儀式結束之前半小時，希特勒沿幾百英里長的戰線發出的大炮轟隆聲把這一蜜月轟得煙消雲散。

在炮擊以前還有另一個外交序曲。六月二十一日下午，希特勒在東普魯士臘斯登堡（Rastenburg）附近陰暗森林中新的地下大本營「狼穴」（Wolfsschanze）中，坐在他的辦公桌旁，口授了一封致墨索里尼的長信。正如在準備其他侵略行動時一樣，他對他的好朋友和主要盟友並不推心置腹。總是到最後一分鐘才把自己的祕密告訴他。現在，在最後一刻鐘，他這樣做了。他的信是我們所得到的最能說明情況和最眞實的證據，說明他所以採取這個致命步驟的原因。外界長期以外界迷惑不解這個步驟，事實上這個步驟也爲他的末日和第三帝國的末日鋪平了道路。這封信中當然也充滿了希特勒慣用的謊言和遁詞，他甚至企圖用這些謊言和遁詞來欺騙他自己的朋友。但是在這些謊言和遁詞的背後和字裡行間，我們可以看出他的基本想法以及他在一九四一年夏天（大戰以後的第二個夏天）開始時對於世界局勢眞正的——雖然是錯誤的——估計。

領袖！

經過幾個月傷盡腦筋的考慮和令人不安的等待，我終於做出了我一生中最困難的決定，我在這個艱困時候寫這封信給你。

局勢：英國已在這場戰爭中打敗了。它像一個快要淹死的人那樣，抓住每一根稻草。可是，它的某些希望當然並不是沒有一定道理……法國的毀滅……已使英國戰爭販子的眼光不斷地轉向他們曾經努力挑起戰爭的那個地方，即轉向蘇俄。

蘇俄和英國兩國都同樣對於……由於長期的戰爭而筋疲力盡的歐洲發生興趣。北美聯邦則站在兩國後面鼓勵它們……。

希特勒然後解釋說，由於蘇聯的大量軍事部隊在他背後，他就絕不可能集結力量——「特別是在空中」——對英國進行足以使它屈服的全面攻擊：

實際上，俄國現有的一切部隊都在我們的邊界上……如果情況使我有理由運用德國空軍對付英國，那也會產生這樣一種危險：俄國將開始執行它的勒索戰略，而我只是由於感到空軍處於劣勢就不得不默默地屈服於這種戰略……英國將更加不願意求和，因爲它能把它的希望寄託在俄國夥伴身上。事實上，隨著俄國武裝部隊備戰活動的加強，這種希望自然會增長起來。此外，美國也將把他們希望在一九四二年獲得的大量軍用物資運送給他們……。

因此，經過反覆思量，我終於決定趁早下手，以免後患……我的總體看法如下：

一、法國像以往一樣是不能信任的。

二、北非本身，領袖，就你的殖民地而論，大概在秋天以前沒有什麼危險。

三、西班牙是不堅決的，我擔心它只在戰爭結果有定局時才會參加……。

五、在秋天以前進攻埃及是不可能的……。

六、美國是否參戰是無關重要的問題，因爲它現在正在用它能夠動員的一切力量支援我們的敵人。

七、英國本國的局勢是很壞的；糧食和原料的供應越來越困難。進行戰爭的鬥志只是靠希望而存在，而這些希望完全是以兩個假定爲基礎：俄國和美國。我們沒有消滅美國的可能，但是我們的確有力量排除俄國。消滅俄國也意味著使遠東的日本大大鬆一口氣，從而有可能透過日本的介入對美國造成更大威脅。

在這種情況下，我已決定結束克里姆林宮的僞善行徑。

希特勒說，德國將不需要義大利的任何軍隊到俄國去。他不想讓人分享征服俄國的光榮，就像他不讓人分享征服法國的光榮一樣。但是他說，義大利可以「提供決定性的援助」，那就是加強它在北非的部隊，並且準備「在一旦法國違反條約時開進法國」。這對於渴望擴大領土的墨索里尼是一個很好的誘餌：

就對英國的空戰而論，我們暫時將繼續採取守勢……。

至於東線的戰爭，領袖，它肯定是困難的，但是我對於它將獲得偉大勝利這一點，沒有一絲一毫的懷疑。我首先希望的是，那時，我們將有可能在烏克蘭獲得一個共同的糧食供應基地，它將向我們提供我們在將來可能需要的額外供應。

接著他談到他所以沒有較早地通知他的夥伴的藉口。

領袖，我等到現在才告訴你這個消息，是因爲要到今晚七點才能做出最後的決定……。領袖，不管可能發生什麼情況，我們的形勢不會由於採取這個步驟而惡化；它只會改善……如果英國不從嚴酷的事實得出任何結論，那麼在我們的後方得到鞏固以後，就能夠用更大的力量迅速地消滅我們的敵人。

最後，希特勒描述了他在終於做出決定後感到大鬆一口氣的快感：

……領袖，讓我再談一件事情。由於我在苦心思考以後做出了這個決定，我在精神上再次感到自由了。儘管我們完全有誠意努力實現最後的和解，可是同蘇聯的夥伴關係常常使我非常苦惱，因爲在我看來，它總有點違反我的整個信念、我的思想和我以前的義務。我現在爲我解脫了這些精神上的痛苦而感到高興。

致熱烈的同志式的問候

阿道夫．希特勒[114]

六月二十二日清晨三點，在德軍開始進攻以前半小時，俾斯麥（Otto Christian von Bismarck）大使在羅馬叫醒了齊亞諾，把希特勒的長信交給他。這位義大利外長然後打電話把這封信告訴了當時正在里喬內（Riccione）避暑地休養的墨索里尼，墨索里尼在半夜裡由於他軸心夥伴的來信而從睡夢中被叫醒，這不是第一次了，他對這一點很惱火。墨索里尼對齊亞諾焦躁地說：「我在晚上也不大打擾我的僕人，但是德國人毫不體諒人，隨便在什麼時候都把我從床上叫起來。」[115]可是墨索里尼搓搓他的睡眠以後，馬上下令立即對蘇聯宣戰。他現在完全是德國人的俘虜了。他知道這一點，並且對此感到惱火。他對齊亞諾說：「我只希望一件事情，那就是在東方進行的這場戰爭中，德國人會吃點苦頭。」[116]不過，他認識到，他自己的前途現在已完全依靠德國的武力了。他確信德國人將在俄國獲勝，但是他希望至少德國人會被打得鼻青臉腫。

他沒法知道，也沒有想到，在西方的任何其他人也沒有想到，德國人會得到壞得多的結果。六月二十二日星期天，拿破崙就是在一八一二年那一天前往莫斯科途中渡過尼曼河（Niemen）的，他的祖國法國則是在一九四〇那一天在貢比涅投降，希特勒所向無敵的機械化裝甲部隊就在那一天清晨大舉渡過了尼曼河，猛撲俄國。紅軍儘管得到了一切警告，但是正如哈爾德將軍第一天在日記中所說，紅軍「在整個戰線上，遭到戰術上出其不意的襲擊」。在第一天中，哈爾德的日記中有一段奇怪的記載。他收聽俄國電臺廣播以後寫道：「他們已要求日本調解俄德之間的政治和經濟分歧，並且仍在與德國外交部進行積極的聯繫。」難道史達林相信——在進攻發動以後九小時——他可能設法停止這場戰爭嗎？最初所遇到的一切橋樑都是完整無損地佔領下來的。哈爾德說，事實上，在邊界的大部分地方，俄國人甚至沒有做好戰鬥部署，還未能組織抵抗就被打敗了。數以百計的蘇聯飛機在機場上遭到摧毀。

第四軍團參謀長布魯門特里特將軍後來追述，二十一日午夜稍過，當德軍大炮已向目標瞄準時，柏林—莫斯科快車穿過了在布格河的德國戰線，越過了這條河進入布列斯特—立托夫斯克，「沒有發生事件」。他認爲這是「不可思議的」。對他來說，差不多同樣不可思議的是，當進攻開始時，俄國大炮甚至沒有回擊。他後來寫道：「俄國人在我們的戰線上完全措手不及。」黎明時分，德國信號站收到紅軍電臺發出的電報。布魯門特里特引述俄國的一份電報說：「我們正在遭到射擊。我們該怎麼辦？」總部發回了答覆：「你們一定發瘋了，你們的信號為什麼不用密碼？」（弗萊登和理查森編：《致命的決定》〔*The Fatal Decisions, edited by Seymour Freidin and William Richardson*〕）幾天以內，數以萬計的俘虜開始源源而來；整軍整軍的軍隊被迅速包圍了。看來這是波蘭戰役的重演。

一向謹慎的哈爾德看過參謀總部的最新報告以後，在七月三日的日記上寫道：「對俄國進行的戰役在十四天內就獲勝了。這麼說一點也不過分。」他又說，戰爭將在幾週內全部結束。

第二十四章　形勢的轉變

到一九四一年初秋，希特勒認爲俄國已經完蛋了。

戰役開始後的頭三個星期中，陸軍元帥波克的中央集團軍，率三十個步兵師、十五個裝甲師，從比亞利斯托克（Bialystok）向前推進四百五十英里，抵達斯摩棱斯克（Smolensk）。莫斯科就在一八一二年拿破崙曾經經過的那條公路向東兩百英里。北面一路，陸軍元帥李布的集團軍，兵力達二十一個步兵師和六個裝甲師，往北穿過波羅的海沿岸國家迅速向列寧格勒推進。南面一路，陸軍元帥倫德施泰特率領由二十五個步兵師、四個摩托化師、四個山地師和五個裝甲師組成的集團軍，向第聶伯河和基輔進軍。基輔是希特勒垂涎已久富饒的烏克蘭的首府。

用最高統帥部公報的話來說：德軍是「按計畫」沿著從波羅的海到黑海的一千英里戰線上全面向前推進。納粹獨裁者相信，隨著蘇軍一個接著一個被包圍或被擊潰，德軍必將以更快的速度前進。因此，到了七月十四日，即入侵後剛滿三個星期，希特勒竟發布一項指令，說陸軍兵力可「在最近將來大大減少」，軍火生產將集中於海軍艦隻和空軍飛機方面，尤其要以後者爲重點，以便對最後的敵人英國作戰，以及——他又說——「對美國作戰，如果有此必要的話」[1]。到了九月底，他指示最高統帥部準備解散四十個步兵師，以便騰出這一部分人力用於工業生產方面[2]。

俄國的兩個最大的城市，彼得大帝在波羅的海沿岸建立的都城列寧格勒和現在是布爾什維克首都的古城莫斯科，在希特勒看來，快要陷落了。九月十八日，他發下嚴格命令：「列寧格勒或莫斯科方面即使提出投降，也不得予以接受。」[3]他在九月二十九日的指令中對他的指揮官說明了應該怎樣對待這兩個城市：

元首已決定將聖彼得堡（列寧格勒）從地球上消除。一旦蘇俄被推翻，這個大城市的繼續存在，並無重要意義……。

我軍目的在於包圍這個城市，用炮擊和連續不斷的空軍轟炸，把它夷爲平地……。

把這個城市接管過來的任何要求，將不予考慮。因爲全市居民的生存和供應他們食物的問題，不能由我們也不應該由我們來解決。在這一場爭取生存的戰爭中，我們對於這樣一個大城市的人口連一部分也不想保留[4]。

幾個星期以後，戈林對齊亞諾說：「今年俄國將會餓死二三千萬人。情況如果眞的如此，也許倒是件好事，因爲有些民族就是得減少人口。即使這不算是件好事情，也沒有什麼辦法可以阻止它發生。如果說人類該受餓死處罰的話，最後死的顯然是我們兩個民族。在收容俄國戰俘的集中營裡，已經開始人吃人了。」（《齊亞諾外交文件集》〔*Ciano's Diplomatic Papers*〕頁四六四至四六五）。

就在同一個星期，十月三日那一天，希特勒回到柏林，對德國人民做了一次講話，宣稱蘇聯已經崩潰。「今天我宣布，我毫無保留地宣布，」他說：「東方的敵人已被打垮，再也不能站起來了……在我們部隊的後邊，已經有了相當於我在一九三三年執政時德意志國家幅員兩倍的土地。」

十月八日，莫斯科南面重鎮奧勒爾（Orel）陷落，希特勒派他的新聞官奧托·狄特里希（Otto Dietrich）乘飛機回到柏林。第二天，狄特里希對世界各大報紙的新聞記者宣布，守衛莫斯科的提莫申科（Semën Timoshenko）元帥所率蘇聯最後一支完整的部隊，已被圍困在德軍於莫斯科城下設下的兩個鋼鐵包圍圈中；布瓊尼（Semën Budënny）元帥的南方部隊已經潰散；伏羅希洛夫（Kliment Voroshilov）元帥六、七十個師的部隊已被包圍在列寧格勒。

「從各種軍事意義上看，」狄特里希最後洋洋得意地說：「蘇俄已經被打垮了。英國的兩線作戰迷夢已經破滅。」

希特勒和狄特里希的牛皮，至少吹得太早了。美國參謀總部的警告比希特勒等人的牛皮吹得還要早。七月間，它就祕密通知美國編輯人員和華盛頓的記者，說蘇聯的崩潰不過是幾個星期之內的事。因此，希特勒和狄特里希博士在一九四一年十月說的話除了在德國以及其他地方以外，也在美國和英國受到普遍的相信，是不足爲奇的。俄國人儘管在六月二十二日遭到了突然襲擊，部隊和裝備遭到重大損失，在倉促後撤中，他們一些精銳部隊陷入敵人包圍，但是實際上，從七月份起，他們已開始進行德軍從來沒有遇到過的、日益頑強的抵抗。在哈爾德的日記中，以及在中路戰線統率一支龐大裝甲部隊的古德里安將軍和像他那樣的前線指揮官，都開始頻繁地——後來則連篇累牘地——記載著頑強的戰鬥、俄國人的殊死抵抗和反攻，除了蘇軍以外德軍也遭到慘重損失。

布魯門特里特將軍後來寫道：「即使在爭奪明斯克的第一次戰役中，俄國軍隊的表現也與波蘭軍隊和西方盟軍失敗時迥然不同。俄國軍隊即使是在被包圍的時候，也仍然堅守陣地，繼續戰鬥。」[5]

俄軍的人數之多，他們的武器裝備之好，都是希特勒做夢也想不到的。蘇聯新的師源源投入戰鬥，德國的情報機構事前對此竟毫無所聞。哈爾德在八月十一日的日記中寫道：「現在已經越發清楚，我們不僅低估了我國巨人的經濟力量和運輸力量，而且最重要的是，低估了他們的軍事力量。我們最初計算敵人大約有兩百個師，現在已經查明番號的有三百六十個師。一有十幾個師被消滅，俄國人就又投入十幾個師。我軍戰線由於分布太廣，顯得過於單薄。我們的戰線沒有縱深度。結果，敵人在連續進攻之後，常常得到一些成功。」倫德施泰特在戰後向盟軍提審人員直率供認：「在發動進攻後不久，我便發現以前所寫的關於俄國的一切都是滿紙胡話。」

古德里安、布魯門特里特和塞普・狄特里希（Sepp Dietrich）等將軍在他們的報告中，對初次碰到俄國T-34型坦克都表示驚訝不已。他們對T-34型坦克事前毫無所聞。這種坦克的裝甲很厚，德國的反坦克炮彈打上去就被彈回來，坦克毫無損傷。布魯門特里特後來說，這種裝甲車的出現，標誌著後來所謂「坦克恐怖」的開始。戰爭開始以來，德國人在以空軍保護地面部隊和進行戰前偵察方面一直佔有壓倒優勢，現在卻第一次不能用這種優勢佔便宜了。蘇聯的戰鬥機，儘管在戰爭爆發的第一天在機場上遭到轟炸，在戰爭初期的戰鬥中也受到重大損失，但是，和那些新的師團一樣，仍然不斷出現，簡直說不上是從哪兒來的。還有，德軍進軍過於迅速，加上俄國沒有適宜的機場，都使德國空軍基地距離太遠，無法有效地掩護前線作戰。克萊斯特將軍後來報告說：「在好幾次挺進時，我的裝甲部隊由於沒有飛機掩護，遇到很大困難。」[6]

德國人對俄國還有一個估計上的錯誤，克萊斯特曾對利德爾・哈特談過這一點。不用說，那年夏天，絕大多數西方人士也有同樣的錯誤估計。

克萊斯特說：「我們把勝利的希望主要寄託在這種前景：入侵必然要使俄國發生政治混亂……我們把過高的希望放在這樣的信念上：史達林一旦遭到重大失敗，必然要被國內人民推翻。這種想法是元首的政治顧問們製造的。」[7]

希特勒確實對約德爾說過：「我們只要在門上踢一腳，整個破房子就會倒下來。」

希特勒認爲，到七月中旬，踢門的機會已經到來了。當時在德國最高統帥部中，發生了頭一場戰略上的大爭論。結果是，元首不顧大多數高級將領的反對，做出了哈爾德認爲是「東線戰役中最大戰略上的錯誤」的決定。問題說來也簡單，但是卻至關重要。這就是，波克所率領的實力最強、也是迄今爲止德國三路大軍中成就最大的中央集團軍，在七月十六日已經到達斯摩棱斯克後，要不要再向前推進兩百英里，拿下莫斯科？還是仍然堅持按照希特勒在十二月十八日指令中規定的計畫行事，以北路和南路兩翼爲主攻？換句話說，是以莫斯科還是以列寧格勒和烏克蘭作爲最後目標？

以布勞希契和哈爾德爲首的陸軍總司令部，堅決主張全力進攻蘇聯首都。支持這個意見的有波克，他所統率的中央集團軍，正沿著公路向莫斯科進軍；還有古德里安，他的裝甲部隊正在前邊打頭陣。他們在辯論當中，除了強調攻佔敵人首都在心理上的價值之外，還申述了更多的理由。他們向希特勒指出，莫斯科是軍火生產的重要來源，而且更重要的，它是俄國交通運輸的樞紐。拿下莫斯科，蘇聯不僅要失去一個主要的軍火來源，而且後方的兵員、供應也不能運往遙遠的各個前線，各個前線就要因此而削弱和崩潰。

此外，將領們還向這位現在已成爲他們最高統帥的前下士提出一個最後的、無可置辯的論點。

他們說，種種情報表明，俄國的主力現在正集中在莫斯科前沿，以圖全力保衛首都。在斯摩棱斯克正東，五十萬蘇軍突破了波克的雙重包圍，正在挖壕據守，以阻擋德軍進一步向首都推進。哈爾德在戰爭結束後不久給盟軍寫的一份報告中說道：

這樣一來，俄國兵力的重心就擺在中央集團軍面前……。參謀總部提出了這樣一種看法：我軍必須以擊敗敵人的軍事力量為作戰目標，因此，下一個最迫切的任務是，集中中央集團軍的全部力量，擊潰提莫申科的部隊，進軍莫斯科，拿下敵人的這個抗戰神經中樞，並擊潰敵人的新部隊。由於季節變換在即，準備這次進攻部隊的集結工作必須盡快完成。與此同時，北方集團軍須執行既定任務，爭取與芬蘭人取得聯繫。南方集團軍將繼續向東推進，盡可能牽制敵人的力量。

……參謀總部與最高統帥部經過多次討論，沒有取得任何結果，後來，陸軍總司令布勞希契把參謀總部的一份備忘錄交給了希特勒[8]。

我們從哈爾德的日記中瞭解到，提交這份備忘錄的日期是八月十八日。哈爾德寫道：「這事引起了爆炸性的後果。」希特勒對烏克蘭的盛產糧食地區和工業地區以及高加索的俄國油田垂涎已久。而且，他認為他現在找到了一個大好機會，誘殲仍在堅守基輔東面第聶伯河東岸的布瓊尼部隊。另一方面，他也希望打下列寧格勒，與芬蘭軍隊在北面會師。為了達到這兩個目的，必須從中央集團軍分出好幾個步兵師和裝甲師，調到北路去，尤其是南路去。莫斯科可以等一等再說。

八月二十一日，希特勒向與他意見不合的參謀總部下達一項新的指令。哈爾德在第二天的日記中逐字逐句地把指令內容抄錄下來：

陸軍方面提出的關於東線作戰如何繼續的建議，不符我的意圖。

冬天到來以前要達到的最重要目標，不在於佔領莫斯科，而是拿下克里米亞，拿下頓內次盆地的工業和煤礦區，切斷俄國的高加索石油供應線。北路的任務在於圍困列寧格勒和同芬蘭軍隊會師。

希特勒在指令中規定，必須徹底摧毀南路第聶伯河一帶的蘇聯第五軍團。這一支部隊的頑強抵抗，使希特勒傷了好幾天的腦筋。他還要求佔領烏克蘭和克里米亞，包圍列寧格勒，與芬蘭軍隊會師。他最後說：「只有這樣，才能有助於進攻提莫申科部隊、順利地打敗它。」哈爾德悻悻地說：

原定的目要在莫斯科大門前給俄國軍隊決定性的打擊，現在只能服從希特勒的欲望，他想奪取一個有價值的工業區和向俄國油區方面進軍……他現在已給同時攻佔列寧格勒和史達林格勒的主意迷住了，因爲他自信這兩個「共產主義聖地」一旦陷落，俄國就要土崩瓦解了。

希特勒爲了侮辱那些不能讚賞他戰略天才的陸軍元帥和將軍，發出了一個哈爾德稱之爲「反備忘錄」（針對陸軍十八日的備忘錄）的文件。參謀總長說這個反備忘錄「通篇是罵人的話」，例如其中說到，陸軍司令部中全是一批「腦袋已被過時理論弄得陳腐不堪」的人。

哈爾德在第二天的日記中大發牢騷：「不能忍受！聞所未聞！莫此爲甚！」這天整個下午和晚上，他與陸軍元帥布勞希契會商，討論元首對陸軍總司令部和參謀總部進行的「不能允許的」干涉，最後他建議陸軍總司令和他本人辭職。「布勞希契不同意，」哈爾德寫道：「因爲他認爲這並不實際，而且也於事無補。」這個膽小怕事的陸軍元帥這次仍和從前一樣，向那位以前的下士屈服了。

第二天，八月二十三日，古德里安將軍到元首的大本營，哈爾德就慫恿他勸說希特勒放棄他那將會造成重大損失的決定。雖然，這位性情倔強的裝甲部隊司令用不著慫恿也會這麼做。他一到大本營就碰上了布勞希契。陸軍總司令對他說：「我不許你跟元首談莫斯科的問題。在南方作戰的命令已經發下來了。當前只是如何執行的問題。討論是沒有用的。」

但是，當古德里安晉見希特勒時——布勞希契和哈爾德都沒有和他一起進去——他還是拒絕服從命令，竭力主張立即進攻莫斯科。古德里安後來寫道：

希特勒讓我把話說完，然後詳細說明他所以做出不同決定的種種理由。他說，將來繼續進行戰爭，十分需要烏克蘭的原料和農業。他談到有必要使克里米亞半島失去作用，他認爲「克里米亞是蘇聯進攻羅馬尼亞油田的航空母艦」。我頭一回聽到他說出這樣的話：「我的將軍們對於戰爭經濟方面的問題一竅不通。」他已經發布嚴格的命令，規定進攻基輔是當前的戰略目標，進行一切軍事行動時，必須牢記這一點。在最高統帥部這裡，我頭一回看到後來非常習見的一個現象：希特勒每說一句話，在場的凱特爾、約德爾等人莫不點頭稱是，只有我仍然堅持我自己的觀點……[9]。

但是哈爾德在以前歷次討論中，從來沒有點頭稱是。第二天，古德里安看到他，把自己並沒有能使希特勒回心轉意的情況告訴了他。古德里安說參謀總長「精神完全失常，使我十分驚訝，他竟口出不遜，做了完全沒有根據的指責和詆毀」。哈爾德在八月二十四日日記中，卻另有一種說法。他指責古德里安見了希特勒以後「不負責任地」改了主意，並且覺得要改變一個人的性格是多麼困難。如果照古德里安的說法，哈爾德果眞是「精神完全失常」的話，那麼，他那天感慨的日記表明他已迅速恢復正常了。

這是戰爭爆發以來德國最高統帥部中發生的最嚴重一次危機。可是更嚴重的危機及其不利後果還在後頭哩。

南路方面，倫德施泰特的部隊由於得到從中路抽調出來的古德里安裝甲部隊和步兵師的增援，終於發動了進攻。古德里安認爲這個進攻從本身來說是一個重大的戰術勝利。基輔於九月十九日陷落——德國部隊已越過基輔一百五十英里——到二十六日，基輔戰役便結束了。據德國方面宣布，俄國軍隊被包圍而投降的共達六十六萬五千人。在希特勒看來，這是一次「世界上史無前例的最大戰役」。但是儘管這個成就非同小可，他的一些將領對於它的戰略上重大意義卻更加懷疑了。在中路，波克沒有裝甲部隊的集團軍，在斯摩棱斯克東面不遠的傑斯納河（Desna River）一帶，兩個月來一直按兵不前。秋雨季節快來了，到時候俄國的道路將是一片泥濘。隨之而來的將是冰天雪地的嚴冬。

對莫斯科的大進攻

希特勒終於勉勉強強地對布勞希契、哈爾德和波克的主張讓了步，同意重新發動對莫斯科的進攻。但是太遲了！九月五日下午，哈爾德去看他，這時元首主意既定，就急不可待地要進克里姆林宮了。最高統帥下了命令，「中路必須在八天到十天之內開始行動」（「不可能！」哈爾德在日記中叫道）。「包圍他們，擊敗他們，消滅他們。」希特勒同意把中央裝甲集團軍的古德里安裝甲部隊重新調回來，這時該部在烏克蘭正打得難解難分。同時還同意從列寧格勒前線把萊因哈特的坦克軍調過來。可是裝甲部隊要一直等到十月初才能調回來，經過休整，投入戰鬥。十月二日，大規模進攻終於開始了。進攻的代號是「颱風」。一股強風，一股旋風，要猛襲俄國人，要在莫斯科前沿殲滅俄國人的最後作戰部隊，要把蘇聯打垮。

但是在這裡，納粹獨裁者又一次犯了自大狂的毛病。在冬季到來之前拿下俄國首都，他還認爲不夠，又下令北路的陸軍元帥李布同時佔領列寧格勒，在北面與芬蘭軍隊會師，繼續向前推進，切斷摩爾曼斯克鐵路。他又下令倫德施泰特同時清掃黑海沿岸，拿下羅斯托夫（Rostov），奪取邁科普（Maikop）油田，向伏爾加河岸的史達林格勒進軍，以切斷史達林與高加索地區的最後聯繫。倫德施泰特向希特勒解釋，這樣做意味著要越過第聶伯河做四百多英里的大進軍，隊伍的左翼將危險地暴露在敵人面前，這時最高統帥對他說，南路的俄軍現在已不可能進行什麼了不起的抵抗了。倫德施泰特說希特勒說完這個荒謬可笑的命令後「縱聲大笑」，然而他不久以後碰到的情況卻是與希特勒的估計迥然相反。

德軍沿著拿破崙進軍莫斯科的老路向前推進。一開始，來勢洶洶，煞是像一股颱風似的。十月上半月，德軍打了一場布魯門特里特後來稱之爲「教科書式的戰役」。德軍包圍了在維亞茲馬（Vyazma）和布良斯克（Bryansk）之間的蘇聯兩支部隊，據稱俘虜了六十五萬人，還有五千門大炮、一千二百輛坦克。到了十月二十日，德國裝甲部隊的前鋒部隊已進抵離莫斯科四十英里的地方。蘇聯中央各部和外國使館急忙撤退到伏爾加河上的古比雪夫（Kuibyshev）。這時，就連頭腦清醒的哈爾德（他從馬背上摔了一跤，折了一根鎖骨，暫時住在醫院裡治療）也相信，憑著領袖大膽的領導和有利的天時，在俄國的嚴冬到來之前拿下莫斯科是不成問題的。

但是，秋雨連綿，道路泥濘的季節來臨了。這一路乘車行進的大軍，越走越慢了，有時還不得不停止前進。正在打仗的坦克也得撤下來，去拖曳陷在泥坑裡的大炮和彈藥車。由於缺乏拖曳車輛用的鋼鏈、承軸，只得派空軍運輸機空投一捆捆繩子，其實這時十分需要飛機運送別種軍需品。開始下雨是在十月中旬，古德里安後來回憶說：「以後幾個星期就聽爛泥的擺布了」。布魯門特里特將軍是在莫斯科戰役中首當其衝的陸軍元帥克魯格的第四軍團參謀長，他生動描述了當時的狼狽情形。

步兵在泥濘中一步一滑，每門大炮得用許多馬隊來拉才能前進。所有車輛都陷在泥坑裡，一直陷到車軸部分。甚至牽引機行動起來也十分困難。不上幾天，很大一部分重炮就動彈不得了……這一切使得我們早已疲憊不堪的部隊處於怎樣的緊張狀態，也許是不難想像的[10]。

在哈爾德的日記上，在古德里安、布魯門特里特等德國將領的報告中，第一次出現了懷疑、甚至絕望的跡象。這種情緒也傳播到戰地的下級軍官和士兵中——也許可以說，這種情緒就是從他們中間產生出來的。布魯門特里特回憶說：「現在，當莫斯科似乎已經在望的時候，官兵的心情卻開始起了變化。敵軍的抵抗堅決起來，戰鬥越來越激烈……許多連隊得不到增補，只剩下六七十人。」可供使用的大炮和坦克也不夠。他說：「冬天快到，可是冬衣連影子還沒有見到……在遙遠後方的廣大森林沼澤地帶，開始出現有遊擊隊的活動。運輸隊常常遭到伏擊……。」

布魯門特里特回憶道，從這時候起，曾經在這同一條路上走向莫斯科的拿破崙大軍鬼影和拿破崙全軍覆沒的事蹟，就常常縈繞在納粹征服者的睡夢中。德國將領們開始閱讀或者重讀高蘭古侯爵（Armand Augustin Louis de Caulaincourt）所著的關於這個法國征服者一八一二年冬天在俄國慘敗的可怕故事。

在遙遠的南方，天氣稍微和暖一些，但是也是多雨，道路泥濘，戰事同樣進行得不順利。克萊斯特的坦克已於十一月二十一日開進頓河口的羅斯托夫。這時，戈培爾博士的宣傳樂隊大吹大擂地說，「通向高加索的大門」已經打開了。但是，這個大門並沒有開上幾天。克萊斯特和倫德施泰特都瞭解到，羅斯托夫是守不住的。五天以後，俄國軍隊收復了羅斯托夫。德國軍隊在南北兩翼受到夾攻，狼狽後撤五十英里到米烏斯河（Mius）一線。克萊斯特和倫德施泰特當初就曾計畫在這裡建立一條冬季防線。

羅斯托夫的撤退是第三帝國歷史上另一個小轉折點。在這裡，納粹軍隊頭一回遭受到重大的挫折。古德里安後來評論說：「我們的災難是在羅斯托夫開始的；那是危機迫近的預兆。」德國陸軍的高級將領倫德施泰特陸軍元帥因此丟了官職。他後來答覆盟軍提審時說道，當他撤退到米烏斯河的時候：

元首突然給我下了一道命令：「留駐原地，勿再後撤。」我立即覆電：「要想堅守，簡直是發瘋。首先，部隊固守不住，其次，若不撤退，將被殲滅。我再次請求撤銷這項命令，否則請另派別人接替。」當晚，元首的覆電來了：「同意所請，望即交出指揮權。」

「於是，」倫德施泰特說：「我便回家去了。」11

哈爾德在十一月三十日的日記中記述了倫德施泰特撤至米烏斯河和希特勒免去這位陸軍元帥職務的情況。「元首大發雷霆，他把布勞希契叫進來，把他辱罵了一頓。」哈爾德這天的日記一開始是記載截至十一月二十六日爲止的德軍傷亡數字。「東線共計損失（病員未算在內）官兵七十四萬三千一百一十二人，相當於全部兵力三百二十萬人的百分之二十三。」十二月一日，哈爾德記載說，賴歇瑙陸軍元帥接替了倫德施泰特，同時仍兼任他在法國時便擔任的第六軍團司令一職。第六軍團在克萊斯特的裝甲部隊之北，由於克萊斯特的裝甲部隊正從羅斯托夫後撤，處境甚爲險惡。「賴歇瑙給元首打了電話，」哈爾德寫道：「請求批准他今晚撤退到米烏斯河一線。結果同意。這樣我們就恰好回到昨天所在的地方。但是時間和兵力白白浪費了，還丟了一個倫德施泰特。」「布勞希契由於接二連三受到刺激，」他又寫道：「健康狀況頗令人擔心。」哈爾德在十一月十日的日記上寫道，這位陸軍首腦發了一次嚴重的心臟病。

像這樣命令在遠方的部隊冒險死守陣地的一意孤行，曾遭到許多將領的反對，雖然在以後一些令人驚心動魄的月份中也許曾把德國軍隊從全軍覆沒中挽救出來，但是這種做法還是導致了在史達林格勒和其他地方的慘重失敗，並促成希特勒的覆亡。

那一年冬天，俄國很早就大雪紛飛，氣溫降到零下。據古德里安記載，初雪是在十月六日的夜間下的，正是對莫斯科重新發動進攻的日子。這樣的天氣提醒他再一次要求大本營發來冬衣，尤其是厚靴和厚毛襪。十月十二日，他記載說，雪還在下個不停。十一月三日，第一次寒潮到來，氣溫降到了零度以下，而且還在繼續下降。到十一月七日，古德里安報告說，部隊開始發現「嚴重凍傷病員」。十三日，氣溫降到攝氏零下八度，「越來越覺得」缺少冬衣了。槍炮和人一樣受到了嚴寒的影響。古德里安寫道：

由於供坦克履帶防滑用的尖鐵沒有運到，路上的冰引起了不少困難。天冷使得大炮上的瞄準鏡失去了效用。發動坦克時，得先在底下點火烘烤一陣。燃料常常凍結，汽油也凍得粘糊糊的……（第一百一十二步兵師的）各團因凍傷都減少了五百人左右。由於天氣太冷，機關槍打不響，我們的三十七毫米反坦克炮已證明對付不了俄國的T-34型坦克[12]。

古德里安後來說：「結果人心惶惶，甚至一直影響到後方博哥羅次克（Bogorodsk）。自從俄國戰役開始以來，還是第一次遇到這種情況。這是一個警告：我們的步兵戰鬥力已經到了盡頭了。」

而且，還不只步兵如此。十一月二十一日，哈爾德在日記上潦草地寫道，古德里安打電話來說，他的裝甲部隊「已經無能爲力了」。這位素來悍善戰的坦克兵司令明白表示，他決定於該天去見中央集團軍司令波克，請求收回發給他的命令，因爲他「實在無法執行」。他情緒消沉達於極點，那天寫道：

冰天雪地，無處避寒，無衣禦寒，人員裝備受到嚴重損失，燃料供應也糟糕透頂——所有這一切使我難以履行司令官的職責，長此以往，我的重大責任要把我壓垮了[13]。

古德里安在回溯這段往事時也說：

對此刻發生的事件眞正能夠做出評價的只有這樣的人：在這悲慘的冬天，他曾目睹俄國的漫天大雪，他曾挨過那吹過俄國的把沿途一切都埋在雪中的凜冽寒風；他曾一小時又一小時地乘車走過荒無人煙的地方，好不容易見到一間不像樣的房屋，裡面住的是無衣少吃、饑寒交迫的士兵；他也曾遇到對比之下吃得較飽、穿得較暖、冬季作戰裝備一應俱全生氣虎虎的西伯利亞人……[14]。

這些事現在不去細說了，但是有一點需要首先強調一下：儘管俄國的冬天這樣可怕，同時，即使蘇聯軍隊的冬天準備工作必然比德國軍隊做得好一些，但是現在應該指出起決定作用的主要因素不是氣候，而是紅軍的英勇戰鬥以及他們不屈不撓的頑強意志。哈爾德的日記和戰地指揮官的報告，都證實了這一點。他們經常對俄國軍隊進攻和反擊的規模和聲勢感到驚訝，而對德軍的挫折和損失則感到灰心。納粹將領們不能理解，有著暴政制度的俄國人，在德軍初次打擊下又受到慘重損失的俄國人，爲什麼沒有像法國和其他情況比俄國好的國家那樣土崩瓦解。

布魯門特里特寫道：「我們在十月底十一月初驚訝而又失望地發現，俄國人雖然遭到打擊，但看來並不認爲自己已不再是一支戰鬥力量。」古德里安談到他在進軍莫斯科途中，在奧勒爾遇到一個年老退休的沙皇時代將軍，他對這位裝甲兵將領說：「你們要是早來二十年，我們一定會伸開雙手歡迎你們。但是現在太晚啦。我們剛剛開始站起來，現在你們來了，把我們推回到二十年前去，這麼一來我們又得從頭開始。現在我們在爲俄羅斯打仗。在這個事業中，我們是團結一致的。」[15]

到了風雪交加、氣溫持續在零下的十一月底，在希特勒和他的大部分將領看來，莫斯科似乎已在股掌之中了。德軍在首都北、南、西三面，已到達距離目標二三十英里的地方。希特勒遠在後方東普魯士的大本營裡，反覆地端詳著地圖。在他看來，到莫斯科的這最後一程，根本算不了什麼。他的軍隊已前進了五百英里；他們只要再走二三十英里便行了。他在十一月中旬對約德爾說：「我們最後再用點力，就要勝利啦。」陸軍元帥波克負責指揮中央集團軍向莫斯科做最後攻擊。他在十一月二十二日打電話給哈爾德，以馬恩河戰役與現在情況相比，他說：「那次戰鬥中，投入最後一個營就決定了戰役的勝利」。儘管敵人加強抵抗，波克對參謀總長說，他相信「一切都已不成問題」。到十一月的最後一天，他果然投進了他的最後一個營。對蘇聯心臟的最後的總攻，定在第二天，即一九四一年十二月一日。

最後的總攻意外地遇到頑強抵抗。這是有史以來在一條戰線上集中了最強大的坦克部隊：在莫斯科正北，霍普納將軍的第四坦克集團軍和霍斯將軍的第三坦克集團軍向南進迫，在莫斯科正南的古德里安第二裝甲軍團從圖拉（Tula）北上，克魯格龐大的第四軍團居於中央，穿過市郊的森林向東殺開一條血路——希特勒的最大希望就寄託在這樣聲勢浩大的軍事部署上。到十二月二日，第二百五十八步兵師的一個偵察營突入莫斯科城郊的希姆基（Khimki），克里姆林宮的尖頂已經在望，但是第二天早晨就爲幾輛俄國坦克和從市內工廠緊急動員起來的工人隊伍所擊退。這是德國軍隊到達莫斯科最近的地方；這是他們第一次也是最後一次看到克里姆林宮。

十二月一日晚上，正害著嚴重胃痙攣的波克已經打電話給哈爾德，說他的部隊力量大爲削弱，他再也不能用他們來「作戰」了。參謀總長給他打氣說：「應該不惜使出最後一把勁兒，打倒敵人。如果辦不到，我們再另做決定。」第二天，哈爾德在日記上簡短地寫道：「敵軍的抵抗已達到極點。」過了一天，十二月三日，波克再打電話給參謀總長。哈爾德在日記上記下波克所談的情況：「第四軍團的先頭部隊又撤下來了，因爲側翼跟不上去……我軍快要到山窮水盡的地步了。」

波克第一次談到要轉攻爲守時，哈爾德提醒他說：「最好的防守是堅持進攻。」

這話說來容易做來難，因爲碰上的是俄國人和那樣的天氣。第二天，十二月四日，古德里安的第二裝甲軍團從南面攻佔莫斯科的企圖已被制止，古德里安報告說氣溫已下降到零下三十一度。第二天，溫度又下降了五度。他說，他的坦克「差不多動彈不得了」。同時，他的側翼和在圖拉北面的後衛都受到了威脅。

十二月五日是關鍵性的一天。德軍在環繞莫斯科周圍兩百英里的半圓形陣地上，全線被制止住了。傍晚，古德里安通知波克，他不僅已經被止住，而且還得後撤。波克打電話給哈爾德說：「他已到了山窮水盡的地步了。」同時，布勞希契也絕望地告訴他的參謀總長說，他要辭卸陸軍總司令的職務。這一天是德國將領們黑暗、悲慘的一天。古德里安後來寫道：

這是我平生第一次必須做出這樣一種決定，沒有比這再困難的事了……我們對莫斯科的進攻已經失敗。我們英勇部隊的一切犧牲和煎熬都已歸於徒勞。我們遭到了可悲的失敗[16]。

在克魯格的第四軍團司令部裡，參謀長布魯門特里特已看出形勢到了轉折點。他後來回憶道：「我們想在一九四一年打敗俄國的希望，已在最後一分鐘化爲泡影了。」

第二天，十二月六日，剛在六個星期以前繼提莫申科元帥任中路戰線司令的格奧爾基·朱可夫（Georgi Zhukov）將軍，發動了攻勢。在莫斯科前沿兩百英里長的戰線上，他的七個軍團和兩個騎兵軍——共計一百個師——全線出擊。這些部隊中有新入伍的，也有久經沙場的，他們都得到很好的裝備和訓練，能適應在嚴寒深雪中作戰。這位不大聞名的將軍有著由步兵、炮兵、坦克兵、騎兵、空軍組成的這樣一支強大兵力，是希特勒做夢也沒有想到的。他們突然而猛烈的攻擊，使德國軍隊和第三帝國遭到永遠不能完全恢復過來的損失。在嚴寒的十二月和一月上旬的幾個星期中，遭到打擊、正在撤退的德軍防線遭到蘇軍的不斷突破，正如一百三十年前拿破崙的大軍一樣，看來就要瓦解和消滅在俄國的冰天雪地中了。在好幾次嚴重關頭，德軍眞的差一點兒就遭到這個命運。也許由於希特勒的頑強意志和決心，肯定地說，由於德國士兵的堅忍不拔，才使第三帝國的軍隊免於完全的崩潰。

但是，失敗還是慘重的。紅軍力量雖然受了些損傷，但是並沒有被摧毀。莫斯科沒有被佔領，列寧格勒、史達林格勒、高加索的油田也沒有失陷；蘇聯通往英、美，通往南面北面的生命線，仍然暢通無阻。希特勒的部隊兩年多來不斷取得軍事勝利，現在第一次在一個優勢敵人面前大步後撤。

不僅如此，還有比這更大的失敗。哈爾德至少在後來看到了這一點。他寫道：「德國陸軍常勝不敗的神話已經破滅了。」第二年夏天，德國軍隊在俄國繼續取得了較多的勝利，但是這種勝利再也不能恢復這個神話了。這樣，一九四一年十二月六日就成了第三帝國短暫歷史的又一個轉折點，而且是最致命的轉折點之一。希特勒的力量已到了頂峰；從此以後要走下坡路了。遭到他侵略的受害國家，正在日益增強抵抗，這也促成了他的力量的削弱。

現在，德國最高統帥部人員和前線指揮官中進行了大調動。當陸軍遭遇到蘇軍的反攻在冰天雪地中後撤時，德國的高級將領也開始被開刀了。我們已經看到，倫德施泰特由於被迫撤出羅斯托夫，已被解除南路部隊司令官的職務。陸軍元帥波克自從在十二月間遭到失敗以後，胃病轉重，已於十二月十八日由克魯格元帥接替他的工作。克魯格被打得落花流水的第四軍團被逐出莫斯科近郊，而且永遠不能再推進到那裡了。甚至英勇善戰、首先採用大規模裝甲戰而革新了現代戰爭的古德里安將軍，也在聖誕節被解除職務，因為他未得到上級批准，擅自下了撤退命令。同樣顯赫一時的坦克部隊司令霍普納將軍，也以同樣的罪名被希特勒突然撤職，褫奪了軍階，還被禁止穿著軍服。他的第四裝甲集團軍曾到達莫斯科北面望得見城區的地方，但隨即被逐退。漢斯·馮·斯波納克（Hans von Sponeck）將軍，一年前曾以指揮空運部隊在海牙登陸而得到騎士十字勳章，現在受到更嚴厲的處分。因為十二月二十九日當俄國軍隊在他背後從海上登陸時，他撤出在克里米亞的一個師。他不僅被立即褫奪軍階，還被拘禁，送交軍事法庭審訊，在希特勒的堅持下被判以死刑。直到一九四四年七月反希特勒密謀發生以後，他的死刑才被執行。但他根本沒有參加那次密謀。

甚至善於逢迎拍馬的凱特爾也和最高統帥鬧起糾紛。甚至像他那樣的人在十二月初也清楚看到：為了避免奇災大禍，必須從莫斯科作全面撤退。但是當他鼓足勇氣向希特勒陳述這個意見時，希特勒對著他狠狠地訓斥了一頓，大聲罵他是個「木頭人」。過後不久，約德爾看到這位最高統帥部長官哭喪著臉，坐在桌子旁寫辭呈，旁邊擱著一支左輪手槍。約德爾悄悄地挪開手槍，勸凱特爾——顯然並不太費事——不要辭職，要對元首的侮辱繼續忍受下去。凱特爾照辦了，他以無比的耐心一直忍受到最後一刻[17]。

最高統帥要求陸軍元帥布勞希契要統率一支常勝不敗的軍隊，這項吃力的差使使他的心臟病一再復發。到朱可夫開始發動反攻時，他已決意要辭去陸軍總司令的職務。十二月十五日，他到新轉移的防線做了視察以後回到總司令部，哈爾德見他「疲憊不堪」。他在日記上寫道：「布勞希契再也看不到有使陸軍擺脫絕境的辦法。」這位陸軍首腦已智窮力盡。他在十二月七日曾請求希特勒免去他的職務，十二月十七日又提出一次，兩天以後，得到正式批准。三個月以後，元首跟戈培爾談起他對這位由他提名的陸軍統帥的眞正看法，戈培爾在一九四二年三月二十日的日記上寫道：

> 元首談到布勞希契時，用的盡是些輕蔑的字眼，說他是一個愛好虛榮、懦弱無能的可憐蟲……笨蛋一個[18]。

希特勒對他的親信談起布勞希契：「他算不上是個軍人；他是個稻草人。如果布勞希契再留在他的職位上，哪怕是幾個星期，事情就會釀成巨災大禍。」[19]

由誰來接替布勞希契，這個問題在陸軍人士中曾引起種種猜測。但是這正如同當年由誰來接替興登堡的猜測一樣，都離謎底甚遠。十二月十九日，希特勒召見哈爾德，對他說，他將親自接任陸軍總司令。哈爾德可以留任參謀總長，如果他願意的話。哈爾德表示願意。但是希特勒明白表示，從今以後，他將親自掌管陸軍事務，正如他掌管德國的一切事務一樣。希特勒對哈爾德說：

擔任作戰指揮算不得什麼，是誰都幹得了的。陸軍總司令的任務是按照國家社會主義的方式訓練陸軍。我不知道有哪一位將軍能按照我所要求的做到這一點。因此，我決定親自接任統率陸軍的任務[20]。

希特勒就這樣取得了對普魯士軍官團的徹底勝利。這位曾在維也納當過流浪漢的前下士現在成了國家元首、戰爭部長、國防軍最高統帥兼陸軍總司令。哈爾德在日記中不滿地說：將軍們現在只不過是傳送希特勒命令的信差，而他的這些命令是根據他獨特的戰略思想制定出來的。

實際上，這個自大狂的獨裁者不久又給自己帶來更大的權力：透過法律使自己具有德國歷史上任何人——不論帝王或總統——都沒有得到過的權力。一九四二年四月二十六日，他讓唯命是從的國會通過一條法律，賦予他對任何德國人有生殺予奪的絕對權力，同時明令廢止與此相抵觸的一切法律。爲了讓大家相信，有必要引一下這條法律的條文：

……在目前這場戰爭中，德國人民正面臨著一場有關生死存亡的鬥爭，元首必須擁有他認爲必要的一切權力，以便促進或贏得勝利。爲此，元首作爲國家領袖、武裝部隊最高統帥、政府首腦和最高行政首長、最高法官和黨的領袖，得以——不受現行法律規定的約束——在必要的情況下，採取一切手段強使任何德國人履行自己的職責，不論他是普通士兵還是軍官，是下級文官、高級文官還是法官，是黨的領導幹部還是下級幹部，是工人還是廠主。若有人違背自己的職責，元首經過縝密調查以後，有權不必按規定程序，給予應得的懲罰，撤銷其職務、官階和地位，而不考慮其所謂完全應該享有的權利[21]。

希特勒眞的已不僅是德國的領袖，而且成了法律的化身。甚至在中世紀或更早的野蠻部落時代，也從沒有任何德國人像他這樣，在名義上、法律上和實際上一樣都獨攬暴君威權於一身。

話又說回來，希特勒即使沒有增添這份權力，也已是陸軍的絕對領導，現在不過是直接掌握了陸軍指揮權罷了。那年寒冬，他斷然採取行動，煞住了他殘兵敗卒的退卻，使他們免於同拿破崙軍隊一樣的命運，沿著一條冰天雪地的道路從莫斯科退卻。他禁止部隊繼續後撤。長期以來，德國將軍們對他的死守方針是否正確一直有著爭論：它到底是把部隊從全軍覆沒中挽救出來了，還是加重了不可避免的重大損失。大多數司令官爭辯說，他們當初在陣地防守不住時如果有權退卻，就可以挽救出許多人員和裝備，並進行休整甚至爲發動反攻提供有利的條件。事實是，整師整師的部隊常常被追上、被包圍和被打得四分五散，如果及時退卻的話，本來是可以救出這些部隊救出來。

但是，後來也有一些將領不得不承認，希特勒堅持要部隊穩住陣腳、繼續戰鬥的堅強意志，是他在戰爭中的最大成就；也許正由於此，部隊才沒有在冰天雪地中完全土崩瓦解。布魯門特里特將軍對這種見解做了很好的概括：

希特勒執意下令部隊不論在任何形勢下，不論在多麼困難的條件下，都必須堅守陣地，這無疑是正確的。他本能地意識到，在冰天雪地中做任何撤退，必將使前線在幾天之內土崩瓦解。他也意識到，如果出現了這樣的情況，德國部隊一定要遭到同拿破崙大軍一樣的命運……由於冰雪封途，撤退只有通過空曠的田野。這樣，用不了幾夜，部隊就支持不住，他們就會情願在半道上躺倒等死。而且，後方也沒有準備好可供他們撤退到那裡的陣地，也沒有他們可以守得住的任何防線[22]。

軍長提伯爾斯克希將軍同意這種看法：

這是希特勒的一個巨大成就。在那個危急的關頭，部隊都在回想拿破崙撤出莫斯科的故事，終日生活在這個陰影的籠罩之下。如果一經開始退卻，就會倉皇四散，潰不成軍[23]。

德國陸軍，不論是前線部隊還是遠在後方的大本營，全都惶惶不可終日。哈爾德把這種情況生動地記在日記中。「非常困難的一天！」這是一九四一年聖誕節日記的開頭一句話。一直到新年以後，他在日記中記述俄國軍隊的歷次突破和德軍所遇到的嚴重情況時，都用上了這一類詞句：

十二月二十九日。又是危急的一天！元首和克魯格在長途電話中做了緊張的談話。元首禁止第四軍團北翼繼續後撤。第九軍團情況岌岌可危，該軍團的指揮官們顯然已不知所措。中午，克魯格慌慌張張地打來一個電話。第九軍團請求撤退到爾熱夫（Rzhev）後面……。

一九四二年一月二日。激戰的一天！……第四軍團和第九軍團情況十分危急……俄國軍隊已突破馬洛亞羅斯拉韋茨（Maloyaroslavets）北面的陣地，把前線撕開一個大缺口，目前還看不出有重建防線的辦法……由於這種情況，克魯格要求批准撤出深陷在敵後的陣地。與元首展開激烈爭辯，元首仍堅持他的意見：不論後果如何，必須保持現有陣地……。

一月三日。馬洛亞羅斯拉韋茨和博羅夫斯克（Borovsk）之間的防線已被突破，情況越發危險。庫伯勒（Georg von Kuebler，克魯格任中央集團軍司令以後，所遺第四軍團司令一職由庫伯勒將軍於十二月二十六日繼任。庫伯勒儘管是個強悍的軍人，但也受不了這種緊張，在職只三個星期，便由海因里奇〔Gotthardt Heinrici〕將軍接替他的職務）和波克十分激動，要求撤出北路正在崩潰的陣地。元首懷疑手下的將領是否有勇氣做出困難的決定，發了一頓脾氣。但是部隊在零下三十度的嚴寒中明明是無法守住陣地的。元首下令：他會親自來決定是否有必要繼續撤退……。

但是到了這個時候，這種事情的決定權，已不在元首而在俄國軍隊手中了。希特勒能勒令德國軍隊拼死守住陣地，但是他再也阻擋不了蘇聯軍隊的前進，正跟克努特王不能阻擋潮水湧來一樣（King Canute，是十一世紀丹麥、英國和挪威的國王。據說有一次他坐在海邊下令潮水不要向他湧來，這當然沒有效果，於是他諷刺左右的佞臣說，他們雖口口聲聲稱他大王，但他並不能阻擋住潮水）。有一次，在驚慌之中，陸軍總司令部有些軍官建議，使用毒氣也許可能扭轉局勢。哈爾德在一月七日的日記上寫道：「奧赫斯納上校勸我對俄國人開始進行毒氣戰。」也許由於天氣太冷了，總之這項建議沒有下文。

一月八日是哈爾德在日記上記載的「萬分危急的一天」。「俄軍在蘇希尼契（Sukhinichi，在莫斯科西南）的突破，使克魯格的處境更困難了。因此他堅持要求撤出第四軍團」。這位陸軍元帥給希特勒和哈爾德打了一整天的電話，堅持要求撤退。到了晚上，元首才勉強同意了。他批准克魯格「逐步地」後撤，「以便保護部隊的聯絡」。

原定要在莫斯科慶祝聖誕節的德國軍隊，現在在這一整個可怕的冬天，卻被俄軍逐步地有時是迅速地擊退，此外，也因爲怕遭到俄軍的包圍和突破而退卻。到二月底，德軍已退到離莫斯科七十五英里到二百英里的地方。哈爾德在二月將盡時，在日記中記下了這次冒險進攻俄國失敗的兵員損失數字。他寫道，到二月二十八日爲止，兵員損失共計一百萬五千六百三十三人，相當於他全部兵力的百分之三十一。其中死亡二十萬二千二百五十一人，受傷七十二萬五千六百四十二人，失蹤四萬六千五百一十一人（凍傷十一萬二千六百二十七人）。這還不包括匈牙利、羅馬尼亞和義大利部隊在俄國的重大損失。

春天到來，冰雪消融，漫長的戰線上平靜了一個短暫時期。希特勒和哈爾德開始忙於籌畫向前方調派生力軍，調派更多的坦克、大炮，以便重新發動攻勢——至少在前線的一部分地區發動攻勢。德國軍隊在廣大的戰線上再也沒有發動全面進攻的力量了。嚴寒的冬天所造成的損失，特別是朱可夫的反攻，使全面進攻的希望破滅了。

但是我們現在知道，希特勒早就意識到，他要想征服俄國的這一場賭博已經失敗了，不僅在六個月的時間內辦不到而且永遠辦不到。哈爾德在一九四一年十一月十九日的日記中記下了元首向最高統帥部幾個軍官所做的一次長篇「訓話」。希特勒在德國軍隊離莫斯科只有幾英里而且正在死命進攻這個城市時，便已經放棄了在當年內打敗俄國，而在打第二年的主意了。哈爾德記下了元首的打算：

明年的目標。首先拿下高加索。目的：俄國南方邊疆。時間：三、四月。北路方面，今年戰事結束以後，伏洛格達（Vologda）或高爾基（伏洛格達在莫斯科東北三百英里，爲通往阿爾漢格爾〔Archangel〕鐵路上的重鎮。高爾基在莫斯科正東三百英里）。時間只能在五月底。

明年還有什麼目標，尚待決定。一切將看鐵路運輸的能力而定。關於將來要建立一堵「東壁」的問題也待以後決定。

如果蘇聯要被消滅的話，就用不著建立什麼「東壁」。看來，哈爾德在聽著最高統帥繼續往下談的時候，對這一點是動過腦筋的，他最後寫道：

總體說來，給人的印象是，希特勒現在已認識到任何一方都不能消滅對方，並瞭解到這種情況將導致和平談判。

對這位納粹征服者來說，這一點瞭解一定是起了當頭棒喝的作用。六個星期以前，他還在柏林發表過廣播演說，「毫無保留地」宣布俄國已被「打垮，再也不能站起來了」。他的計畫已經給打得粉碎了，他的希望已經化爲泡影了。兩個星期以後，十二月六日，當德國軍隊在莫斯科郊外給擊退回來的時候，他的計畫和希望更進一步破碎了。

次日，一九四一年十二月七日是星期日，在地球的另一邊，發生了一件事件，把希特勒輕率地挑起的歐洲戰爭變成爲一場世界大戰。這場世界大戰將要決定他和第三帝國的命運，儘管希特勒自己這時還不能意識到這一點。原來在這一天，日本轟炸機襲擊了珍珠港。第二天，希特勒的活動和行蹤都記在他的記事日曆上，這些記事日曆也在繳獲的文件中。希特勒趕忙從他在「狼穴」的大本營乘火車回到柏林。他曾經對日本嚴正地許下祕密的諾言，現在已到了履行這個諾言——或者是反悔——的時候了。

第二十五章　輪到了美國

希特勒對日本的輕率的諾言，是他在柏林與親軸心的日本外相松岡洋右經過一系列會談之後做出的。時間是在一九四一年春天，正是德國對俄國發動進攻前不久。我們從繳獲的德日會談記錄中，可以追溯出希特勒又一個重大估計錯誤的來龍去脈。這份記錄和納粹在這段時期的其他文件表明，元首是多麼無知，戈林是多麼狂妄，里賓特洛甫是多麼愚蠢，以至於他們不能瞭解美國的潛在軍事力量——這是第一次世界大戰期間威廉二世、興登堡和魯登道夫曾經犯過的錯誤。

希特勒對美國的政策從一開始就存在著一個基本的矛盾。雖然他根本瞧不起美國的軍事力量，但在戰爭的頭兩年中，卻仍然盡力使美國不捲入戰爭。正如前文所述，使美國不捲入戰爭，是德國駐華盛頓大使館的主要任務。他們用盡一切手段，包括賄賂國會議員、試圖津貼作家和資助美國第一委員會，來支持美國孤立主義者，使美國在戰爭中不參加德國敵人的陣營。

希特勒十分懂得，只要美國由羅斯福總統領導一天，希特勒的征服世界、與義大利和日本瓜分地球的狂妄計畫就一天不得實現。他在私下談話時把這一點說得很清楚。他認爲，早晚要對付美國，而且用他的說法，要「狠狠地」對付。但是一次只能對付一個國家，這是他的戰略迄今得到成功的祕訣。對付美國的時候一定會到來，但只有在打敗英國和蘇聯之後才能這麼做。到那時候，他將在日本和義大利的幫助之下，對付暴發戶美國人。勝利了的軸心國家將輕而易舉地使孤立無援的美國人屈服在它們的淫威之下。

希特勒盡力想在對美國下手的準備工作就緒之前，使美國不捲入戰爭；要做到這一點，日本是關鍵所在。一九四〇年三月十一日，里賓特洛甫曾對墨索里尼指出，日本擁有牽制美國的力量，它可以阻止美國像在第一次世界大戰那樣出兵歐洲對德國作戰[1]。

在戰爭期間，希特勒和里賓特洛甫與日本人打交道時，特別強調不要惹得美國放棄中立。到一九四一年初，他們特別急切地想把日本拖進戰爭，不是去打美國，更不是打他們馬上就要進攻的俄國，而是去打顯然快要打敗、但仍不肯屈服的英國。早在一九四一年，德國就加緊對日本施加壓力了。二月二十三日，在薩爾斯堡附近的富許爾，在里賓特洛甫霸佔來的宅邸裡，他接見了日本大使大島浩將軍。這位大使性情暴躁，常常使筆者認為他是一個比納粹黨人還要地道的納粹分子。里賓特洛甫對客人說，戰爭雖已取得勝利，但是日本「為了自身利益」，應該「盡快」參戰，佔領大英帝國在亞洲的領土。他繼續說道：

日本突然出兵，一定可以阻止美國參戰。美國目前還沒有武裝起來，它不會願意它的海軍在夏威夷以西遭到危險。在日本出兵的情況下，美國參戰的可能性更小。日本只要在其他方面尊重美國的利益，羅斯福即使拿什麼喪失威望的論據來說服美國人打仗，也是不可能的。如果美國在日本進佔菲律賓時不得不袖手旁觀，那麼它就不可能宣戰。

里賓特洛甫又說，美國即使眞的參戰，「也絕不會對三國條約國家的最後勝利產生多大危險」。日本艦隊一定會輕而易舉地打敗美國艦隊，戰爭將以英國和美國的垮臺而迅速結束。這樣的話對這位性情暴躁的日本大使是十分動聽的，所以里賓特洛甫大講特講。他勸日本在華盛頓正在舉行的談判中，態度要堅決，「說話要乾脆」。

美國只有在瞭解到他們面對的是堅定不移的決心以後，他們才會後退。美國人民……不願意犧牲自己的子弟，因此是反對參戰的。美國人民本能地感到，羅斯福和幕後操縱的猶太人是在無緣無故地把他們拉進戰爭中去。因此，我們對美國的政策一定要乾脆、堅定……。

這位納粹外交部長還提出一點警告。這個警告也曾對佛朗哥提過，但是可悲地沒有產生作用。

德國一旦受到削弱，用不著多久，日本就將發現它自己處於全世界的圍攻之中。我們坐的是一條船。現在是決定我們兩國未來幾世紀命運的時刻……德國的失敗也就是日本帝國理想的告終[2]。

一九四一年三月五日，希特勒發布了一項稱作「關於與日本合作的第二十四號基本命令」的極機密指示，把他的對日新政策通知了軍事將領和外交部的高級官員[3]。

在三國條約基礎上的合作必須以盡早促使日本在遠東採取積極行動爲目標。若能做到這一步，英國的強大力量將受到牽制，美國利益的重心將轉移到太平洋……。

作戰的共同目標主要在於迫使英國迅速屈服，從而使美國不能參戰。

佔領新加坡這個英國在遠東的戰略重鎮，肯定地意味著我們三大強國取得了整個作戰中一項決定性勝利。

希特勒還敦促日本佔領英國的其他海軍基地，甚至在「一旦不能阻止美國參戰時」，佔領美國的基地。希特勒在指示的最後部分命令：「千萬別讓日本得知巴巴羅沙計畫的消息。」盟國日本與盟國義大利一樣，不過是德國實現野心的工具，它們的政府都不能使元首推心置腹地把他進攻俄國的打算透露給它們。

兩個星期以後，即三月十八日，海軍元帥雷德爾在同希特勒、凱特爾、約德爾開會時，強烈地要求迫使日本趕快進攻新加坡。雷德爾解釋說，現在是千載難逢的大好時機，因爲「整個英國艦隊已受到牽制，美國對日本進行戰爭還沒有準備好，美國艦隊的力量也趕不上日本」。這位海軍元帥說，攻下新加坡，就可以「解決涉及英美兩國的其他一切亞洲問題」，同時，自然也可使日本得以避免與美國發生戰爭，如果日本希望避免的話。這位海軍元帥認爲，在這個問題上只有一個障礙，在他提起這一點時，希特勒一定是大皺眉頭的。雷德爾警告說，根據海軍情報，日本只有在「德國開始登陸英國以後」，才肯在東南亞對英國採取行動。在這次會議的海軍方面記錄中，沒有記載希特勒是如何回答這個問題。雷德爾肯定知道最高統帥既沒有在今年登陸英國的計畫，也不存這種希望。雷德爾還提了另外一件事，元首未置可否。他建議「把對俄國的打算」告訴松岡洋右[4]。

日本外務相現在正在取道西伯利亞和莫斯科前往柏林途中。赫爾國務卿說一路上松崗滔滔不絕地發表他好戰、親軸心的理論（赫爾在三月十四日對日本新任駐華盛頓大使野村吉三郎海軍上將講述此事。當時羅斯福先生也在場。野村回答說，松岡的「大聲談論是說給國內聽的，因爲他有政治野心」。見《赫爾回憶錄》〔*The Memoirs of Cordell Hull*〕第二卷，頁九〇〇至九〇一）。三月二十六日，他到達德國首都。當時正是希特勒感到十分狼狽的時候，因爲那天夜間貝爾格萊德發生政變，南斯拉夫的親德政府被推翻了，元首正忙於制訂新計畫鎮壓這個難以駕馭的巴爾幹國家。因此他要等到二十七日下午才能接見日本客人。

第二天上午，里賓特洛甫與松岡會談，他的談話不過像放了一陣留聲機舊唱片，這種唱片是專門用在這種場合，放給這類客人聽的。只不過話說得比往常更愚蠢，而且還不讓短小精悍的松岡插嘴。這在施密特博士記錄的長篇會談祕密記錄中可以看得清清楚楚（這份記錄現在是繳獲的外交部文件之一）[5]。「這場戰爭，軸心國家是贏定了，」里賓特洛甫宣稱：「英國認輸只不過是時間問題。」接著他就催促日本「趕快進攻新加坡」，因爲這將是「早日打倒英國的關鍵要素」。面對著這樣一個自相矛盾的說法，這位矮小的日本客人眼睛眨也沒有眨一下。施密特回憶說：「他不動聲色地坐著，對這種奇怪的談話究竟有什麼印象，絲毫也沒有透露。」[6]

談到美國的問題，里賓特洛甫說道：

毫無疑問，若不是羅斯福總是給邱吉爾打氣，英國早就不會打下去了……三國條約的一個首要目

> 標就是威嚇美國……阻止它參戰……我們必須用盡一切辦法，阻止美國積極參加到戰爭中來，並且阻止它過於有效地援助英國……一旦拿下新加坡，阻止美國參戰也許就大有希望，因爲美國是不能冒險把艦隊派到日本海面去的……這樣一來，羅斯福的處境就十分困難了……。

儘管希特勒有過規定，不要把德國即將進攻俄國的事告訴松岡——爲了防止洩露消息，這樣做是必要的，但是我們就要看到，這給德國帶來了災難性的後果——里賓特洛甫還是做了若干泛泛的暗示。他告訴客人，德國和蘇聯的關係是沒有毛病的，但是不太友好。而且，如果俄國威脅德國的話，「元首就要消滅俄國」。他又說，元首深信，如果打起來的話，「幾個月之內，俄國就不存在了」。

施密特說，松岡聽了這番話，眨一眨眼睛，滿臉顯出驚訝神情。里賓特洛甫這才趕忙叫他放心，說他不相信「史達林會採取不明智的政策」。施密特說，在這當兒，里賓特洛甫被希特勒叫去討論南斯拉夫危機問題，按理說他應該舉行正式午宴招待貴賓，竟也忙得顧不上了。

下午，希特勒決定消滅另一個國家（南斯拉夫）以後，現在要來說服日本外務相了。他開始說道：「英國已經輸掉了戰爭，問題只在於英國能不能明智地認輸。」現在，英國還抓住兩根救命草：俄國和美國。希特勒在談到蘇聯問題時，比里賓特洛甫謹慎一些。他說，他不相信會發生與俄國打仗的危險。歸根到底，德國有著大約一百六十個師到一百七十個師的兵力「可用於防備俄國」。至於美國，他說：

> 美國的面前擺著三條路：它可以武裝自己，它可以支援英國，它也可以在另一條戰線上作戰。如

果它援助英國，就不能武裝自己。如果它拋開英國不管，英國就要被打垮，那時美國就會發現自己處於單獨同三國條約國家作戰的境地。但是，美國要想在另一條戰線上作戰，是絕對不可能的。

因此，元首最後說道，「任何人都不能想像得出」日本在太平洋動手有比現在更好的機會了。他竭力誇張地說：「這樣的時機，一去難得再來。這是歷史上千載難逢的機會。」松岡表示同意，但是提醒希特勒說，可惜他「做不了主。此刻他不能代表日本帝國做出肯定採取行動的保證」。

但是希特勒這個絕對的獨裁者卻能夠做出保證，並眞的在四月四日對日本做出了保證，這是在十分隨便而且誰也沒有要求的情況下做出的，是在松岡拜訪了墨索里尼回到柏林以後。松岡告訴希特勒，墨索里尼曾對他說：「美國是頭號敵人，蘇聯只能算作二號敵人。」這第二次會談，在納粹進攻另兩個無辜的國家南斯拉夫和希臘的前夕舉行。這天，元首沉浸在一片好戰的心情中，他急切地希望取得新的輕易勝利，急切地希望對貝爾格萊德報仇。他說，雖然他認爲與美國開戰是「不合宜的」，但他已經把它「納入在他的考慮之內」。他並不認爲美國的軍事力量有什麼了不起。他認爲美國的任何東西都沒什麼了不起。他對美國的奇怪想法——希特勒到了這個時候對他自己的納粹宣傳也相信起來了——在一九四一年八月末他與墨索里尼在俄國前線的一次談話中再次暴露出來。義大利方面的記錄間接援引他的話道：「元首詳細地敘述了那個猶太集團的情況，他們圍繞在羅斯福總統身邊、剝削美國人民。他說，在美國那樣的國家，他無論如何一天也生活不下去。美國的生活概念浸透了最貪得無厭的商業主義，美國根本不喜歡像音樂之類表現人類最高尚情操的東西。」（《齊亞諾外交文件集》，頁四四九至四五二）

德國爲了阻止美國人在歐洲登陸，已做了種種準備工作。它將用潛艇、飛機對美國進行一場激戰。德國有豐富的戰爭經驗……美國絕不是它的對手，且完全不說德國士兵顯然遠遠勝過美國人這一事實。

這樣的吹牛使他無法不做出致命的保證。施密特在會談記錄中記了下來：

> 如果日本與美國發生衝突，德國方面將立即採取必要的步驟。

從施密特的記錄中可以清楚看到，松岡並沒有充分體會到元首所做保證的重要意義，因此希特勒又說了一遍。

> 正如他已經說過的，一旦日美兩國發生衝突，德國將立即參加。

希特勒不僅對這個隨便做出的保證付出了昂貴的代價，而且，還因爲沒有把他在佔領巴爾幹以後立即要進攻俄國的意圖告訴日本而付出了昂貴的代價。松岡在三月二十八日的一次談話中，轉彎抹角地問里賓特洛甫，在他回國途中，要不要「在莫斯科停留，以便與俄國人就簽訂互不侵犯條約或中立條約進行談判」。呆頭笨腦的納粹外交部長蠻不在意地回答松岡說，在莫斯科就不必提這個問題，

「因為這個問題也許和當前形勢不完全適應」。松岡並沒有十分瞭解未來事件的意義。可是在第二天，他的木頭腦袋想明白這一點，在這天的談話中他一開頭就談起這個問題。跟希特勒即將於四月四日隨便地做出保證一模一樣，他在談話開始時先提出了保證：一旦俄國進攻日本，「德國將立即投入戰鬥」。他說，他所以做出這項保證，「為的是讓日本放心地向南進攻新加坡，而不必擔心俄國的牽制」。松岡最後談到他前來柏林路過莫斯科時，曾向蘇聯建議簽訂一個互不侵犯條約，並暗示說俄國人頗有贊同的意思。里賓特洛甫聽了，又毫不在意，只是勸松岡對這個問題「表面上敷衍一下」。

但是日本外務相在返國途中一到莫斯科，就和史達林簽訂了一個中立條約。預見到這個條約後果的德國駐蘇大使舒倫堡，曾把條約的內容用電報通知了柏林。它規定如一方捲入戰爭，另一方將保持中立。這個條約是在四月十三日簽字的。這是日本一直信守到底的唯一條約，雖然後來德國方面勸告日本不要遵守這個條約。因為到了一九四一年夏末，納粹就要央求日本進攻符拉迪沃斯托克（Vladivostok，海參崴），而不是進攻新加坡或馬尼拉了！

儘管如此，希特勒最初並沒有瞭解到俄日中立條約的意義。四月二十日，當雷德爾向希特勒問起這件事時，希特勒說，這項條約是「在德國默許之下」訂立的，並說他歡迎這個條約，「因為這麼一來日本就不能隨意對海參威採取行動，應該引它去進攻新加坡」。蘇日兩國在莫斯科簽訂中立條約的消息使華盛頓人士甚為震驚。羅斯福和赫爾的看法與希特勒的看法相似——他們也認為，這個條約簽訂以後，將使日本把原來準備用於對付俄國的部隊調出來，到南方進攻英國的屬地，說不定還要進攻美國的屬地。

薛伍德（Robert E. Sherwood）透露說，四月十三日，當簽訂這項條約的消息傳到華盛頓時，羅斯福總統放棄了原定在西大西洋用美國海軍艦隻進攻德國潛水艇的計畫。後來他發布的一項新的命令，只是要求美國軍艦報告德國海軍艦隻在冰島以西的動向，而不要進行攻擊。這是由於考慮到日蘇新簽訂的中立協定已使太平洋形勢十分嚴重，而不能在大西洋上冒太多的風險（薛伍德：《羅斯福與霍普金斯》〔Robert E. Sherwood, *Roosevelt and Hopkins*〕頁二九一）[7]。

希特勒這時深信德國能在當年夏天消滅俄國。他不想讓日本在這項蓋世武功中與他平分秋色，正如他過去不願意與義大利分享征服法國的果實一樣。他也有絕對的自信，可以用不著日本的幫助就能打敗蘇聯。里賓特洛甫道出了他主子的這種思想。他在三月二十九日對松岡說，一旦俄國逼得德國動手打起來，他認爲「日本軍隊最好不要進攻俄國」。

但是，不到三個月，希特勒和里賓特洛甫對這個問題的看法卻有了意想不到的、極大的轉變。一九四一年六月二十八日，即納粹軍隊大舉進犯俄國之後的第六天，里賓特洛甫打電報給德國駐東京大使歐根・奧特少校（Eugen Ott）將軍，要他盡一切力量促使日本從背後迅速襲擊俄國。電報指示奧特要利用日本人搶奪領土和財富的貪欲，同時力陳這是使美國保持中立的最好辦法。里賓特洛甫解釋說：

> 我們希望可以迅速打敗蘇俄——特別是如果日本在東方採取行動的話——最足以說服美國使其相信，跟完全孤立的英國站在一邊、與世界上最強大的聯盟相對抗，是徒勞無益的[8]。

松岡贊成立即進攻俄國，但是東京政府並不接受他的看法。政府的態度似乎是這樣：如果德國果眞像他們自己所說的那樣能迅速打敗俄國，他們就不會需要日本的幫助。可是，東京方面對納粹能否取得閃電式的勝利尚難肯定，這就是他們所以採取上述態度的眞正原因。

但是里賓特洛甫仍不死心。七月十日，正是德國對俄國的進攻勢如破竹的時候（我們在前邊談過，甚至連哈爾德也認爲勝利已經到手了），這位納粹外交部長在東線所乘的專車上給德國駐東京大使發去一份電報，重新提出更強烈的要求：

既然像日本駐莫斯科大使所報告的那樣，俄國實際上已處於崩潰邊緣……日本就絕不可能在完成軍事準備工作之後不解決海參威和西伯利亞地區的問題……。

我要求你用一切辦法繼續要求日本盡早參加對俄國的戰爭……日本參戰越早越好。德日兩國的目標當然仍是在冬季到來之前，在西伯利亞大鐵路上會師[9]。

這樣一個令人頭暈目眩的大好前景，並沒有能打動軍國主義的日本政府。四天以後，奧特大使回答說，他仍在盡一切力量說服日本方面盡早進攻俄國。他說松岡完全贊同，但是東京的內閣中「障礙很大」，奧特必須對抗許多反對勢力[10]。事實上，性情暴躁的松岡不久就給排擠出內閣。他的去職，使德國暫時失去了一個最好的友人。儘管我們不久將要看到，柏林和東京後來又恢復了比較密切的關係，但是無論如何也沒有能密切到使日本人相信，幫助德國進攻俄國是明智的。希特勒又一次在自己擅長的慣技上，輸給了一個狡猾的盟友。

這年整個秋天（以後兩年中還有好幾次），里賓特洛甫一直努力勸誘日本夾攻俄國，但是東京政府都拒絕了，答覆得彬彬有禮，實際上就是說，「實在對不起，請原諒」。這年整個夏天，希特勒一直沒有死心。八月二十六日，他對雷德爾說，他「相信日本在兵力一經集中以後，便將立即進攻海參威。日本人現在所以不動聲色，我看是爲了便於順利地集結兵力和突如其來地發起進攻」[11]。日本檔案文件透露東京在這個令人爲難的問題上是如何對德國虛與委蛇。例如八月十九日，當奧特大使向日本外務次官問起日本出兵俄國的問題，外務次官回答說：「進攻俄國這類問題對日本來說是一個極端嚴重的問題，得三思而行。」八月三十日，越來越不耐煩的奧特大使向外相豐田副武海軍上將提出一個問題：「請問日本有沒有參加蘇德戰爭的可能性？」豐田回答說：「日本現在正做準備，完成準備工作還需一些時間。」[12]

「避免與美國發生衝突！」

由於日本自己也有烤著的栗子取不出來，它堅絕不肯爲希特勒從俄國的火中取栗，因此對德國來說，在征服蘇聯以前，不讓美國捲入戰爭，就成爲更加重要的事情了。在一九四一年夏天，元首深信德國可以在冬季到來以前把蘇聯征服。

很久以來，德國海軍一直不滿意希特勒限制他們的活動，不許他們破壞美國對英國的貨運，對抗美國海軍艦隻在大西洋上對德國潛水艇和海面艦隻越來越厲害的敵對行動。納粹的海軍將領比心思侷限在陸地上的希特勒看問題看得遠。他們幾乎從一開始便看到美國參戰必不可免，並力勸最高統帥對此要早做準備。一九四〇年六月法國戰敗以後，雷德爾在戈林的支持下，便立即敦促希特勒奪取法屬西非，更重要的是佔領大西洋上的冰島、亞速群島、加那利群島等島嶼，以防止美國佔領這些島嶼。希特勒表示頗有興趣，但是他要先進攻英國和征服俄國，然後再對付已處於絕望境地的暴發戶——美國人。參謀總部的男爵福肯施坦因（Sigismund von Falkenstein）少校，在一份極機密的備忘錄中透露了希特勒在一九四〇年夏末的觀點：

> 元首現在正在忙於考慮佔領大西洋諸島的問題，其目的在於日後對美國進行戰爭。此間也已開始考慮這個問題[13]。

由此可見，問題已不在於希特勒想不想對美國進行戰爭，而在於選定什麼時候發動戰爭。第二年春天，發動戰爭的日期在元首心裡已經有點譜兒了。一九四一年五月二十二日，雷德爾海軍元帥與最高統帥會商，悲哀地報告說，海軍「不得不打消佔領亞速群島的計畫」。原因很簡單：力量不夠。但是到了此刻，希特勒對這項計畫的興趣卻大起來了。據雷德爾的祕密札記所載[14]，希特勒的回答是這樣的：

> 元首仍然贊成佔領亞速群島，以便遠程轟炸機可以從那裡起飛去轟炸美國。可能在秋天就會有這樣的需要（其實德國並沒有遠程轟炸機能從亞速群島飛到美國海岸，更不用說能飛回來。從這點可以看出這時希特勒的反常心理：他幻想有並不存在的「遠程轟炸機」）。

這就是說，在擊潰蘇聯以後。然後就輪到美國了。兩個月以後，七月二十五日，正當對蘇攻勢進入高潮時期，希特勒對晉見他的雷德爾更明確地談了這個問題。據雷德爾筆記，希特勒對他說，「東方戰事結束以後，他要認眞考慮對美國採取嚴厲行動」。希特勒對這位海軍首領又強調地說，但是在此以前，他仍然希望「避免美國宣戰……這是因爲考慮到陸軍正在進行緊張的戰鬥」[15]。

雷德爾不滿意這種主張。事實上，他的日記中（現在可以從繳獲的文件中看到）關於同希特勒會見的記載，都流露出他對元首抑制德國海軍的做法日益不耐煩。每一次會見時，他都想改變希特勒的看法。

這年年初，二月四日，雷德爾向希特勒呈送一份備忘錄。在這份備忘錄中，海軍方面表示十分懷疑讓美國繼續像現在這樣中立下去對德國的價値。實際上，海軍將領們都認爲，美國參戰如能促使日本成爲軸心方面的一員交戰國，反而「對於德國的軍事行動是有利的」[16]。但是納粹獨裁者並沒有爲這種論點所打動。

雷德爾洩氣極了。這時「大西洋戰役」正酣，德國沒有佔上風。美國根據租借法案（Lend-Lease）提供的大批物資源源運到英國。「泛美中立巡邏」（Pan-American Neutality Patrol）使德國潛水艇越來越難以進行有效的活動。雷德爾把這些情況都向希特勒一一指出，但是沒有收到多大效果。三月十八日，他又晉見希特勒，報告說，開向英國的美國貨船得到美國軍艦護航，一直到冰島。他請求授權他可以不經警告而攻擊美國軍艦。他要求採取一定措施，以防止美國在法屬西非獲得立足點。他說，美國如果獲得立足點，「是十分危險的」。希特勒聽了回答說，他將與外交部（不是任何其他單位而是外交部！）磋商這些問題。這不過是搪塞推託海軍將領們的一個辦法[17]。

這年整個春天和初夏，他一直搪塞推託。四月二十日，雷德爾又向他請求准予「按照海上截奪慣例，對美國商船開火」[18]，希特勒也拒絕了。美德軍艦的第一次正式有記錄的衝突，是在四月十日發生的。這天美國驅逐艦涅布拉克號（Niblack）對一艘有進攻跡象的德國潛水艇發射了深水炸彈。五月二十二日，雷德爾帶著一份長篇備忘錄回到了伯格霍夫，他建議對羅斯福總統的不友好行動採取反措施，但是沒有能打動他的最高統帥。海軍元帥寫到：「元首認爲，美國總統的態度仍在未定之中。在任何情況下他都不希望發生會導致美國參戰的事件。」[19]

俄國戰役爆發以後，避免與美國發生事件的理由就更多了。六月二十一日，對蘇發動進攻前夕，希特勒又對雷德爾著重地談了這個問題。這位海軍元帥曾興高采烈地對他報告，U-253號潛艇在北大西洋德國宣布的封鎖區內發現了美國戰鬥艦德克薩斯號（Texas）和隨行的一艘驅逐艦之後，「跟蹤前進，準備進攻」。他又說：「凡是涉及美國的事情，堅定的行動往往比明顯的讓步更爲有效。」元首同意他所說的原則，但是不同意這一具體行動，並且再次對海軍提出告誡：

元首詳細說明，他希望在巴巴羅沙計畫有相當進展之前，避免與美國發生任何事件。幾個星期以後，局勢就會更加明朗起來，並且可望對美國和日本產生有利於我的影響。到那個時候，美國由於受到日本的威脅增加，便會不那麼想參戰。因此，如果可能的話，今後幾個星期內，必須停止在封鎖區內對海軍船隻進行任何攻擊。

雷德爾試圖爭辯說，在夜間很難辨別出是敵艦還是中立國家的艦隻。希特勒沒讓他把話說完，便責成他發布避免與美國發生事件的新命令。於是，這位海軍首領當晚便發布命令，停止對「封鎖區內外」任何軍艦進行攻擊，除非確定是英國軍艦。對空軍也下達了同樣的命令[20]。

七月九日，羅斯福總統宣布美國軍隊將接替英國佔領冰島。柏林方面迅速做出強烈的反應。里賓特洛甫致電東京指出：「美國軍隊幫助英國，侵入了我們已正式宣布爲戰區的地方，這本身就是對德國和歐洲的侵略行爲。」[21]

雷德爾急忙趕到「狼穴」，元首正在那裡指揮著他在俄國的部隊。雷德爾要求希特勒對這樣一個問題做出決定：「應該把美國佔領冰島看作是參戰，還是看作一種應該不予理睬的挑釁行爲。」在德國海軍看來，美國登陸冰島是一種戰爭行爲。海軍在一份長達兩頁的備忘錄中，請元首注意羅斯福政府對德國犯下的其他各種「侵略」行爲。海軍還要求有權在必要時可以在護航區內擊沉美國貨船和進攻美國軍艦（這裡可以提一下：雷德爾海軍元帥在紐倫堡法庭上堅持說，他當時是盡了一切辦法避免刺激美國參戰）。希特勒沒有同意。雷德爾在關於這次會見所寫的報告中說道：

元首詳細解釋說，他迫切希望美國的參戰能再推遲一兩個月。一方面因爲東線戰事需要投入空軍的全部力量……他不希望分散空軍力量，哪怕只是一部分；另一方面，在東線作戰如能獲勝，將對整個局勢起巨大的影響，說不定還能對美國態度起巨大的影響。因此，他暫時不希望改變現行命令，而是希望切實避免發生事件。

雷德爾又爭辯說，他手下的海軍指揮官們如果出於「誤會」而襲擊美國船隻，不能要他們負責。

希特勒反駁說，至少在遇到軍艦時，海軍要先「確實判明」是敵艦以後才能進行攻擊。爲了使海軍將領們正確領會他的意思，元首於七月十九日發布了一項特別命令，規定「在擴大作戰區域內的美國商船，不論是單獨航行或者在英美護航隊中航行，如果在使用武力以前即已判明爲美國商船者，不得進行攻擊」。在美國也已承認是不可入內的封鎖區中，可以襲擊美國商船。但是希特勒在他的命令中又特別規定：這個作戰區「不包括美國到冰島之間的航路」。「不」字下面有希特勒自己畫的著重線[22]。

但是正如雷德爾所說，「誤會」是不可避免的。五月二十一日，一艘潛水艇擊沉了開往南非的美國貨船羅賓莫爾號（Robin Moor），擊沉的地點在德國封鎖區外很遠的地方。臨近夏末時，又有兩艘美國商船遭到魚雷襲擊。九月四日，一艘德國潛水艇向美國驅逐艦格利爾號（Greer）發射了兩個魚雷，都未命中。一個星期以後，九月十一日，羅斯福在一次演說中對這次攻擊做出反應，他宣布已下令海軍「一發現就開火」，同時警告說，軸心國家的艦隻如進入美國防區，那就是「自冒風險」。

這篇演說把柏林惹火了。納粹報刊把羅斯福罵作「頭號戰爭販子」。里賓特洛甫在紐倫堡回憶說，當時希特勒「非常激動」。但是，等到九月十七日下午，雷德爾海軍元帥到達東線大本營「狼穴」，力勸希特勒對「一發現就開火」的命令斷然採取報復措施時，元首的怒氣已經平息了。海軍元帥向他請求說，現在應該對德國海軍解除不得進攻美國船隻這一禁令了，但是最高統帥的回答仍然是斬釘截鐵的一個「不」字。雷德爾在關於這次談話的記錄中寫道：「對俄國的戰事看來到九月底可以定局了，因此元首要求謹慎從事，在十月中旬以前，在對商船航運的作戰中，避免發生任何事件。」

雷德爾憂傷地寫道：「因此，海軍總司令和潛水艇艦隊司令（鄧尼茨海軍上將）撤回了他們的建議，通知各潛水艇暫時按照原先發布的命令行事並說明原因。」[23]從當時形勢看來，希特勒一定是用了非凡的克制能力才做到這一步。但是，對於那些年輕的潛水艇艦長來說，他們在北大西洋的驚濤駭浪中執行任務，不斷遭到日益奏效的英國反潛艇措施的騷擾（美國海軍艦艇也常常參加），要他們這樣進行自我克制顯然是更加困難了。七月間，希特勒對雷德爾說，如果有一個潛水艇艦長「出於誤會」擊沉了美國船隻的話，他絕不會查究。十一月九日，他在慕尼黑那個人所共知的啤酒館裡，對「納粹黨元老」做每年一次的講話時，對羅斯福的演說做了回答：

羅斯福總統已經下令他的艦隻一經發現德國艦隻立即開火。我已命令德國艦隻在遇到美國艦隻時不要開火，但在遭到攻擊時進行自衛。任何德國軍官如果沒有採取自衛行動，我將把他送交軍事法庭審判[24]。

十一月十三日，他又發布一項新的指令，命令德國潛水艇在盡力避免與美國海軍交戰的同時，在受到攻擊時必須進行自衛。

潛水艇當然早已這樣做了。十月十六日夜間，美國驅逐艦克爾納號（Kearny）在援助遭受德國潛水艇襲擊的護航隊時，發射了深水炸彈，德國潛水艇對它發射魚雷，作爲報復。船員十一名死亡。這是美國在對德國不宣而戰的戰爭中的第一批傷亡。十月二十七日羅斯福在海軍節的演說中談到這次事件時說道：「歷史已經記錄了到底是誰開了第一槍。」平心而論，從發射深水炸彈這一點說，似乎是美國首先開火。據德國海軍機密記錄記載，這次事件還不算第一次。美國官方的海軍歷史家證實，早在四月十日，涅布拉克號就以深水炸彈攻擊了一艘德國潛水艇（摩里遜：《第二次世界大戰中美國海軍作戰史》〔Samuel Eliot Morison, *History of the United States Naval Operation in World War II*〕，第一卷，頁五七）。

緊接著就有了更多的傷亡。十月三十一日，美國驅逐艦盧本詹姆斯號（Rueben James）在執行護航任務中被魚雷擊沉，全艦一百四十五名人員中犧牲了一百名，包括全部七名軍官。這樣，在最後正式宣戰以前很久，一場眞槍實彈的戰爭就已開始了。

日本自有打算

前邊已經說過，希特勒給日本派定的任務，不是讓美國參加到戰爭中來，而是使它置身於戰爭之外，至少要暫時做到這一點。他知道，如果日本拿下新加坡，威脅印度，這就不僅對英國是一個嚴重打擊，而且也會把美國的注意力——以及一部分力量——從大西洋轉移到太平洋去。甚至在他請求日本進攻海參崴之後，他仍然認爲日本這樣做不僅可以幫助他打垮俄國而且可以進一步壓迫美國繼續保持中立。說來奇怪得很，不論希特勒本人還是其他任何德國人，似乎從來沒有想到過，日本另有它自己的一套打算，他們一直到很久以後才明白，日本在沒有摧毀美國太平洋艦隊、消除後顧之憂之前，是不敢在東南亞對英國、荷蘭發動大規模進攻的，更不用說從背後進攻俄國了。不錯，納粹對松岡做過保證，一旦日本與美國交戰，德國一定跟著參加，可是現在松岡已經下野了。此外，希特勒也曾經常不斷地要求日本避免與美國發生直接衝突，集中力量對付英國和蘇聯，因爲英國和蘇聯的抵抗使希特勒無法贏得這場戰爭。納粹統治者不明白，日本首先考慮的可能是直接挑戰美國。

這並不是說，柏林方面希望日美達成諒解。那將使三國條約的主要目的——恐嚇美國，使它不敢參加戰爭——遭到破壞。里賓特洛甫在紐倫堡回答提審人員時，誠實且確切地描述了元首對這個問題的想法，不過也就是這一遭：

他（希特勒）害怕，美國和日本一旦達成某種協議，就意味著美國免除了後顧之憂，美國將會更快地發動突然進攻或參戰……他擔心他們會達成協議，因爲日本有某些集團希望與美國取得和解[25]。

野村吉三郎海軍上將就是這樣一個集團中的一員。他於一九四一年二月到華盛頓任日本駐美國大使，從三月份開始直到最後一刻，與科德爾・赫爾進行了一系列祕密會談，力求和平解決兩國分歧。這些會談使柏林方面感到極爲不安。赫爾後來在他的回憶錄中說：「我相信野村是眞心誠意地企圖避免日本與我國發生戰爭。」（《赫爾回憶錄》卷二，頁九八七）。

老實說，德國爲破壞華盛頓會談做了最大努力。早在一九四一年五月十五日，威茲薩克向里賓特洛甫提交一份備忘錄，指出「目前日美之間達成任何政治協議都是不可取的」。他力陳，除非能防止產生這樣一種協議，否則日本將會脫離軸心[26]。納粹德國駐東京大使奧特將軍經常訪問外務省，對赫爾─野村談判提出過警告。當美日雙方不顧這種警告繼續進行談判時，德國方面又改用一種新策略，竭力誘使日本威脅美國，若日美要繼續談判，美國得放棄對英國的援助和敵視德國的政策[27]。

那是五月間的事情。到了夏天，情況發生了變化。七月間，希特勒最關心的是唆使日本對蘇聯進攻，而在這同一個月中，由於日本侵入法屬印度支那，赫爾國務卿中斷了與野村的談判。到八月中旬，日本政府建議首相近衛文麿與羅斯福總統親自舉行會談，以便和平解決兩國的爭端，這才恢復了赫爾—野村的談判。柏林方面對日美恢復談判十分不快。不知疲倦的奧特不久以後又到東京外務省表達了納粹方面對這一發展的不快情緒。外務相豐田海軍上將和外務次官天羽英二甜言蜜語地告訴他，計畫中的近衛—羅斯福會談，只會有助於實現三國條約的目標。他們提醒他說，三國條約的目標就在於「防止美國參戰」[28]。

到秋天，正當赫爾—野村談判繼續進行時，威廉街又恢復了春天用過的老策略。它在東京堅決要求日本方面指示野村向美國提出警告：如果美國對歐洲軸心國家繼續採取不友好行爲，德義兩國可能要宣戰，在這種情況下，日本將要按照三國條約的規定參加德義一邊。這時希特勒仍然不希望美國參戰；他採取這種手段的用意實際上是爲了恫嚇華盛頓，使它不敢參戰，同時緩和一下大西洋上美國的敵意。

赫爾國務卿立即獲悉德國施加的這種新壓力。這是由當時人們所稱的「魔術」而獲悉的。原來美國政府從一九四〇年底開始，依靠這種「魔術」，把日本用極機密電碼拍發的電報和無線電報都抄收和翻譯出來了——不僅是來往於東京與華盛頓之間的電報，而且還有來往於東京與柏林以及其他各國首都之間的電報。德國的要求在一九四一年十月十六日由豐田打電報告訴野村，還附有指示，要野村把德國的要求用一種大爲緩和的口氣轉達給赫爾[29]。

這一天，近衛政府倒臺，換上來的是以狂熱好戰的東條英機將軍爲首的軍人內閣。在柏林，與東條一樣好戰成性的大島浩將軍，連忙跑到威廉街，向德國政府說明這個好消息。大島大使說，東條擔任首相意味著日本將更加靠攏軸心夥件，華盛頓的談判將要告終。不知是否故意，他並沒有向他的納粹朋友們道出停止談判將必然會導致怎樣的結果，也沒有談到東條接任首相因而將有著比他們所設想的還要多得多的意義，那就是：除非華盛頓會談以羅斯福總統接受日本得以自由行動——不是進攻俄國而是佔領東南亞——的條件而迅速結束，否則日本新政府將決意與美國進行戰爭。這樣一種可能性從來沒有在里賓特洛甫和希特勒的頭腦中出現過，他們仍然認爲，日本只有進攻西伯利亞和新加坡並使美國擔心太平洋的局勢而不敢參戰，才對德國有利。元首一直沒有懂得，他糊塗的外交部長更不用說了，他們所渴望的赫爾—野村華盛頓會談的失敗，恰恰會帶來他們力圖在時機成熟以前要避免的結果：美國捲進世界衝突中來。近衛文的戰後回憶錄透露，早在八月四日，他被迫同意軍方一項要求：在計畫與羅斯福的會談中，如果美國總統不接受日本的條件，他必須退出會談，「決心對美國進行戰爭」（赫爾：《回憶錄》頁一〇二五至一〇二六）。

現在，時間越來越緊了。

十一月十五日，來栖吉三郎作爲幫助野村進行會談的特使抵達華盛頓。來栖此人曾出使柏林，簽訂過三國條約，多少有些親德傾向。赫爾國務卿不久便發現這位日本外交使節沒有帶來什麼新建議。赫爾認爲，他此行目的在於力圖說服華盛頓立即接受日本的條件，如果不成，則以談判來麻痺美國政府，等日本準備就緒，便發動一場迅雷不及掩耳的襲擊[30]。十一月十九日，東京給野村發來不祥的「風向」暗號，赫爾的密碼譯電員立即翻譯出來。在日本大使館每天收聽的東京短波廣播中，如果日本新聞廣播員插進「東風，有雨」的字眼，那就意味著日本政府決定與美國作戰。東京方面還通知野村，在收到「風向」的警報時，立即銷毀所有密碼和機密文件。

現在柏林方面才意識到要發生什麼事了。在發出「風向」電報的前一天，十一月十八日，里賓特洛甫突然接到東京一項請求，希望德國與日本簽訂一項規定兩國不與共同敵人單獨媾和的條約。這使他頗爲驚異。日本方面所指的共同敵人是哪些，並沒有說清楚，但是很明顯，納粹外交部長是希望以俄國爲第一號敵人的。他「原則上」同意了這項建議，顯然是放心地認爲日本這下子終於要履行它將在西伯利亞攻打蘇聯的含混諾言了。這是十分可喜而及時的，因爲紅軍在遼闊戰線上的抵抗正日益猛烈，俄國冬天又已到來，它比原先預計的要早得多。日本對海參崴和太平洋濱海各省的進攻，可能會增添額外壓力，促使蘇聯迅速崩潰。

但是里賓特洛甫的迷夢很快就破滅了。十一月二十三日，奧特大使從東京發來電報，向他報告說，種種情況表明，日本將要南進，目的在於佔領泰國和荷屬婆羅洲的油田，並說日本政府希望知道，一旦日本發動戰爭，德國是否將與日本患難與共。這項情報清楚地意味著，日本不是要進攻俄國，而是打算在南太平洋對荷蘭與英國「開戰」，而這場戰爭很可能使日本捲進與美國的武裝衝突中。但是里賓特洛甫和奧特並沒有領會到最後這一點。他們在這段時間中來往的電報表明，儘管他們現在失望地瞭解到日本不願意進攻俄國，但卻仍然相信，日本的南進是進攻荷蘭與英國的屬地，而不是美國的屬地。像希特勒所希望的那樣，繼續將山姆大叔放在一旁，等輪到它的時候再說[31]。

納粹德國在這個問題上所以發生種種誤解，主要是由於在這個關鍵時刻，日本沒有對德國推心置腹，把它有關美國的重大決定通知德國。赫爾國務卿由於得到密碼譯電「魔術」的幫助，消息靈通多了。早在十一月五日，他便得悉新任外務相東鄉茂德已打電報指示野村，以十一月二十五日爲同美國政府簽訂協定的限期，並且要以日本的要求爲主。日本方面於十一月二十日向華盛頓提出了最後建議。赫爾和羅斯福所以知道這些建議是最後建議，因爲兩天以後，「魔術」給他們譯出的東鄉發給野村和來栖的一份電報就是這樣說的，只是限期延長至十一月二十九日。東鄉打電報給大使和特使說：

我們所以要求在二十五日以前解決日美關係，有種種爲你們所猜測不到的理由。但假使能於二十九日簽字……我們決定等到那一天。這次我們已下定決心，限期絕對不再改變。到限期以後，事情就會發生[32]。

一九四一年十一月二十五日是一個關係重大的日子。

這一天，日本航空母艦特遣艦隊駛向珍珠港。在華盛頓方面，赫爾在這一天到白宮，向國防會議提出警告說，國家面臨著來自日本的危險，他並向美國陸海軍首腦著重指出日本進行突襲的可能性。同一天，柏林舉行了一個有點奇特的儀式。在這個儀式上，三個軸心國家以非常盛大而鋪張的典禮延長了一九三六年簽訂的反共公約。正如有些德國人所說，這是個空洞的姿態，對於把日本拉進對俄戰爭沒有起絲毫作用，只不過是給專門說大話的里賓特洛甫一個機會，攻擊羅斯福是「頭號戰犯」，並爲「忠實、虔誠的美國人民」灑幾滴鱷魚之淚，感嘆他們被這樣一個不負責任的國家領導人出賣了。

看來，納粹外交部長已被他自己的話弄得飄飄然了。十一月二十八日，里賓特洛甫參加了由希特勒主持的軍事會議，會開得很久。當晚他召見大島。這次會談給日本大使的印象是：德國對美國的態度（用大島隨後拍給東京的電報所說的話）已經「大大強硬起來了」。希特勒原定在對付美國的準備工作沒有完成以前盡一切力量使美國不捲入戰爭，現在看來要放棄了。里賓特洛甫突然慫恿日本同時對英美進行戰爭，並且保證第三帝國給予支持。里賓特洛甫警告大島說：「如果日本猶疑不定……英美的全部軍事力量將集中起來對付日本。」——在歐洲戰爭還在進行的情況下，這是頗爲愚蠢的論點。他接著說：

希特勒今天說過，在德國、日本同美國之間，在生存權利問題上有著根本的分歧。我們接到報告，日美談判由於美國方面採取了強硬態度，實際上已無希望能取得圓滿結果。

如果情況屬實，如果日本決定要與英國和美國交戰，我深信這不僅有利於德日雙方的共同利益，而且必將爲日本自身帶來有利的結果。

這位矮小精悍的日本大使聽了又驚又喜。但是他還想核實一下自己是不是理解得不錯。他問道：「閣下的意思是不是說，德國與美國之間即將進入實際戰爭狀態？」里賓特洛甫遲疑了一下。也許他說得太過頭了。「羅斯福是個狂人，」他回答說：「因此誰也說不上他會幹出什麼來。」

從這位外交部長剛剛說過的話來看，大島覺得這個回答是奇怪而不能令人滿意的，因此在談話快要結束時，他堅持再回到主要問題上來。他問道：假如戰爭果眞擴大到「一直在援助英國的那些國家身上」，德國將採取什麼行動？里賓特洛甫回答道：「一旦日本與美國交戰，德國自然立即參戰。在這種情況下，德國絕無可能單獨與美國媾和。元首在這個問題上已下了決心。」33

這樣乾脆的保證正是日本政府一直在期待的。不錯，這年春天希特勒曾對松岡做出過同樣的保證。但是自從那時以來，希特勒為日本拒絕參加侵俄戰爭很不高興，似乎早把這事忘得一乾二淨了。現在從日本方面說，剩下的唯一問題是讓德國把它的保證寫成書面文件。十一月二十九日，大島將軍興沖沖地給東京打了報告。第二天，發來了新的指示，通知他說，華盛頓談判「現已破裂」。來電指示說：

因此，請閣下立即會晤希特勒總理與里賓特洛甫外長，將事態發展的概況祕密地通知他們。告訴他們：英美兩國最近都採取了挑釁態度。告訴他們：英美正計畫向東亞各地調集軍事力量，我方必然也將調兵進行對抗。極端祕密地告訴他們：日本與盎格魯—撒克遜國家之間存在著由某種武裝衝突而突然爆發戰爭的極大危險。還要告訴他們：這場戰爭爆發的時間可能比任何人想像的還要快[34]。

赫爾說他透過「魔術」得到了這個電報的副本。因此，華盛頓和柏林一樣，在十一月的最後一天就已得知日本可能對美國發動「比任何人想像的還要快」的進攻（赫爾：《回憶錄》頁一〇九二）。

日本的航空母艦艦隊現在正在駛往珍珠港的途中。東京迫不及待地希望德國簽字。在大島接到新指示的同一天，即十一月三十日，日本外務相與德國大使在東京舉行會談。他對德國大使著重說明，美國要日本退出三國條約，但日本不肯，華盛頓談判已告破裂。日本希望德國慎重考慮它為共同事業做出的這一犧牲。

「現在已到了做出嚴重決定的最後關頭，」東鄉對奧特將軍說：「美國正在認眞地準備戰爭……日本並不怕談判破裂，它希望一旦發生那種情況，德國和義大利能按照三國條約站在它這一邊。」奧特在向柏林拍發的電報中說：

我回答他，德國未來的立場是毋庸置疑的。日本外務相於是說道，他從我的話中瞭解到，德國在這種情況下將會認為自己與日本的關係是命運共同體。我回答說，照我的看法，德國當然願意兩國在這種形勢下有共同的協議[35]。

珍珠港事件前夕

大島將軍是德奧古典音樂的熱烈愛好者。儘管局勢如此嚴重緊張，他還乘飛機到奧地利去參加莫札特音樂節。但是這位奧地利偉大作曲家的美妙音樂，他並沒能欣賞多久。十二月一日，他接到緊急通知，趕忙回到柏林。一到大使館，便看到新發來的指示，要他加緊行動起來使德國在協定上簽字。一點時間都不能耽誤。

而現在，里賓特洛甫被逼到牆角，卻遲疑起來。這位納粹外交部長顯然開始充分意識到，他對日本的輕率許諾所引起的後果了，因此態度變得十分冷淡，談話也是閃爍其詞。十二月一日深夜，他對大島說，他必須請示元首後才能做出任何明確的諾言。十二月三日，星期三，日本大使再到威廉街催問，但是里賓特洛甫仍然借詞推脫。儘管大島告訴他情況萬分緊急，外交部長的回答仍然是，他本人贊成簽訂書面協定，但必須等本星期晚些時候元首從大本營回來以後才成。正如齊亞諾在日記中頗爲得意地寫到的，希特勒實際上已飛往俄國南方前線去見克萊斯特將軍，因爲「他的部隊由於遭到一次意外的攻勢，正在繼續後撤中」。

這時日本方面也求助於墨索里尼，他並未到前線去。十二月三日，日本駐羅馬大使拜訪墨索里尼，正式要求義大利根據三國條約的規定，在日本與美國的衝突開始時，立即對美國宣戰。大使還希望簽訂一個規定不單獨媾和的條約。齊亞諾在日記中寫道，那個日本譯員「像片樹葉似地發抖」。墨索里尼則聲稱，他是「樂於」同意的。不過要等與柏林方面磋商以後。

第二天，齊亞諾發現德國首都方面的態度極為審慎。他在十二月四日的日記中開頭寫道：「也許他們會同意的，因為除此而外，也沒有別的辦法。但是德國人越來越不喜歡惹得美國出兵。與此相反，墨索里尼倒是樂意的。」

不論里賓特洛甫有怎樣的意見——說來奇怪，希特勒仍有幾分重視他的意見——只有納粹統帥自己才能決定德國要不要向日本做出正式保證。十二月四日夜間，外交部長顯然已得到元首的命令同意簽訂條約，在深夜三點的時候，他給大島將軍送去一份條約草案。條約載明德國將與日本一同對美國作戰，並同意不單獨媾和。里賓特洛甫在毅然孤注一擲，跟著元首改變了兩年來一直頑固堅持的政策之後，不由得希望他的盟國義大利也能迅速仿效行事。齊亞諾在十二月五日日記中開頭寫道：

昨晚被里賓特洛甫鬧得通宵不安。他兩天以來遲遲未給日本答覆，現在卻一分鐘也不能等待了。夜間三點鐘，他派馬肯森大使來訪，送來一份草案，內容關於日本參戰和同意不單獨媾和的三國條約。他們要我叫醒領袖，但我沒有照辦。領袖很高興。

日本人方面現在已得到一個希特勒和墨索里尼都已贊同的條約草案，但是兩人都還沒有簽字，這使他們還是放心不下。日本人懷疑元首之所以拖延，是因爲要求得到交換條件：若要德國參加日本對美國的戰爭，日本就必須參加德國對俄國的戰爭。日本外相在十一月三十日發給大島的電報指示中，發出了幾點指示，告訴他如何應付德國人和義大利人提出的這個棘手問題：

如果他們問起我們對蘇聯的態度，告訴他們：我國政府在七月間發表的聲明中已澄清了我國對俄國的態度。告訴他們：我國現時的南進行動，並不意味著放鬆對蘇聯的壓力；如果俄國與英美進一步攜手合作，對我國採取敵對行動，我們準備傾全力對付。但在目前，集中力量用於南方對我有利，我們暫時不對北方採取任何直接行動[36]。

十二月六日到了。這一天，朱可夫在莫斯科前線發動反攻。德軍在風雪嚴寒中踉蹌後退，這使希特勒有更多的理由要求接受他的交換條件。東京的外務省爲這個問題感到十分不安。海軍特遣艦隊現在離珍珠港已不遠，珍珠港已在航空母艦上的飛機航距之內。迄今爲止，美國軍艦或飛機一直沒有發現這支特遣艦隊，這眞是個奇蹟。但是，它還是隨時有被發現的可能。東京給在華盛頓的野村和來栖發去一份很長的電報，指示他們於第二天，即十二月七日星期日午後一時整拜訪赫爾國務卿，告訴他日本拒絕美國的最新建議，並著重說明，談判「實際上已經破裂」。東京現在拼命要求柏林提供書面的支援保證。但是日本軍閥對德國仍然沒有推心置腹，沒有把第二天即將對美國進行攻擊的消息告訴他們。但是他們越來越擔心，除非日本同意不僅對美國和英國作戰而且也對蘇聯作戰，希特勒可能不肯做出保證。東鄉無計可施，只得再給大島大使發出一份很長的電報，要求他盡力在俄國問題上拖延一下德國人，除非萬不得已不要讓步。日本的陸海軍將領們儘管自欺欺人地認爲自己有能力對付得了美國和英國，但總還算清醒地認識到，即使有德國的幫助，日本也不能同時再與俄國交戰。東鄉在那個決定命運的星期六（十二月六日）發給大島的指示和其他被截獲的電報一樣，被赫爾國務卿的譯電專家翻譯出來，使我們能夠窺見在這最後關頭日本對第三帝國所玩弄的外交手腕：

我們希望在戰略上的條件成熟以前，避免……與俄國發生武裝衝突；因此，要使德國政府瞭解我們的這種處境，並與他們進行商談，使他們至少在目前不要堅持在這方面交換外交照會。

向他們詳細解釋：雖然美國在向蘇聯運送物資……這些物資的質量不好，數量也不大。一旦我們對美國發動戰爭，我們將截獲美國開往蘇聯的一切船隻。此點務望盡力取得諒解。

但是，如果里賓特洛甫仍堅持要求我方在這個問題上做出保證，由於在這種情況下我們別無他法，只有發表一項……聲明，大意爲：我們在原則上將阻止美國通過日本海面向蘇聯運送作戰物資；同時也使他們同意，允許發表補充聲明，大意爲：如果從戰略上考慮，我們仍有必要避免蘇聯對日本作戰（我的意思是，我們不能截奪蘇聯的船隻），就不能徹底執行這項保證。

如果德國政府拒不同意上述辦法，而強硬要求我國參戰並締結不得單獨媾和的條約，那我們別無他法，只有暫緩簽訂這項條約[37]。

日本人其實無須這麼擔心。希特勒並不堅持要求日本在對美英兩國作戰的同時，也對俄國作戰。

這是違反邏輯和難以理解的，原因是什麼，連東京的軍國主義者也不明白。雖然，如果希特勒堅持的話，可以想像，戰爭的進程也許就會不一樣了。

不管怎樣，日本方面在一九四一年十二月六日（星期六）晚上，已下定決心要在太平洋上給美國一個沉重的打擊。但華盛頓或柏林方面卻沒有人知道，這次打擊的確切地點和時間。這天早晨，英國海軍部告訴美國政府一個消息：發現一支龐大的日本入侵艦隊正在穿過暹羅灣向克拉地峽（Isthmus of Kra，泰國與馬來半島交界）方向駛去，這表明日本方面將首先進攻泰國或馬來亞。下午九點，羅斯福總統以個人名義給日本天皇發去一封電報，請他一同尋求「驅散烏雲的辦法」，同時警告說，日本軍隊侵入東南亞將會造成「難以想像的」局勢。美國海軍部的情報人員已就日本海軍主要艦隻的位置起草了最新報告。報告說，絕大部分軍艦都在日本國內港口，其中包括此刻已開到離珍珠港不到三百英里的特遣艦隊航空母艦和其他艦隻，他們正在發動轟炸機，準備於黎明時起飛。

也是在那一個星期六的夜間，海軍部向羅斯福總統和赫爾先生報告說，日本大使館正在銷毀電報密碼。海軍方面首先要譯出東鄉的長篇電報，這份電報共有十四個部分，陸陸續續拍發了整整一下午。海軍譯電員盡快地邊收邊譯，到下午九點三十分，一位海軍軍官已把前十三個部分的譯文送到白宮。羅斯福先生正和他的顧問哈利・霍普金斯（Harry Hopkins）在書房裡，羅斯福讀了電報後說道：「這是說要爆發戰爭了。」但是究竟在什麼時候，什麼地方，電報上沒有說，總統也不知道。就連野村海軍上將也不知道。遠在東歐的希特勒也不知道，而且比羅斯福知道的更少。

希特勒宣戰

一九四一年十二月七日（星期日）上午七點半（當地時間），日本對美國駐紮在珍珠港的太平洋艦隊發動了突然襲擊，使柏林和華盛頓方面都猝不及防。儘管希特勒曾對松岡許下口頭諾言，德國將參加日本對美國的戰爭，里賓特洛甫也曾對大島大使做過保證；但是這種保證一直沒有簽字，日本方面也絲毫沒有向德國人透露過一點關於襲擊珍珠港的風聲。不少人一直認爲希特勒事前知道襲擊珍珠港的確切時間，但我從德國的祕密文件中沒有找到片言隻字足以證實這種說法。而希特勒此刻又正爲了重行整頓在俄國戰場上喪魂落魄的將領和狼狽後撤的部隊，忙得不可開交。

當外國廣播收聽臺首先收到偷襲珍珠港的消息時，柏林已入夜了。外交部新聞司一個官員打電話給里賓特洛甫，把這個震撼世界的新聞告訴他，里賓特洛甫起初還不相信，並且責怪這個官員打擾了他，大發了一通脾氣。他說，這個報告「很可能是敵人耍的宣傳花招」，下令天亮以前不許吵醒他[38]。因此，里賓特洛甫在紐倫堡作證時也許說的是眞話，不過也就是這一遭：「這次襲擊使我們完全感到意外。我們過去認爲日本可能要進攻新加坡或香港，但我們從不認爲，進攻美國會對我們有利。」[39]可是，同在法庭上所說的正好相反，他對日本進攻美國實際上是極爲高興的。或者說，他給齊亞諾的印象是這樣的。齊亞諾在十二月八日的日記中這樣開頭：

晚上，里賓特洛甫打電話來。他爲日本進攻美國感到高興。他既然這樣高興，我就不得不向他道賀，雖然我對這件事是否有利並不是很有把握……墨索里尼（也）很高興。很久以來他就贊成澄清美國和軸心國家之間的關係了。

十二月八日（星期一）下午一時，大島將軍到威廉街，請里賓特洛甫澄清德國的態度。他要求德國「立即」對美國正式宣戰。大島給東京發去的電報稱：

里賓特洛甫回答說，希特勒當時正在大本營開會，討論宣戰該採用怎樣的形式才能使德國人民有個好印象。他將把你的要求立即轉達給希特勒，並盡一切力量促其迅速實現。

日本大使在給東京的電報中說，這位納粹外交部長還告訴他，就在八日清早：「希特勒已下令德國海軍，不論在何時何地與美國船隻遭遇，即行攻擊」[40]。但是這個獨裁者在宣戰問題上仍拖延不決。與此同時，在東京，東鄉外務相告訴奧特大使：「日本政府希望德國政府現在也迅速對美國宣戰。」[41]

據元首的記事日曆所記，他於十二月八日夜間趕回柏林，第二天上午十一點鐘到達。里賓特洛甫在紐倫堡國際法庭上聲稱，他曾向領袖指出：按照三國條約的條款，德國並不一定要對美國宣戰，因爲日本顯然是侵略者。

三國條約的條文規定我們只有在日本自身受到進攻時，才給予援助。我晉見元首，解釋當前局勢中有關的法律問題。我對他說，我們固然歡迎在對英國的戰爭中得到一個新盟友，但是如果對美國宣戰……則又意味著增加一個必須對付的新敵手。

我對他說，根據三國條約的規定，既然發動進攻的是日本，我們就沒有必要正式宣戰。元首考慮了好一陣，然後給了我一個明確的決定。「如果我們不站在日本方面，」他說：「從政治上說，條約就不存在了。但這還不是主要的理由。更主要的是，美國已經在向我們的艦隻開火。他們在這場戰爭中一直是一個有力的因素。由於他們的行動，他們早已造成戰爭的局面了。」

元首當時認爲，美國現在要對德國進行戰爭是明擺著的事情。因此他命令我把護照發給美國外交代表[42]。

羅斯福和赫爾在華盛頓一直在充滿信心地等待著希特勒做出這個決定。他們在十二月八日對日本宣戰以後，就受到相當大的壓力，要他們讓國會通過對德國和義大利宣戰的決議。但是他們決定等等再說。珍珠港遭到轟炸，已解除了他們進行宣戰的一個束縛，現在，手頭掌握的若干情報更使他們相信，一意孤行的納粹獨裁者將會解除他們的另一個束縛（據我當時在華盛頓得到的印象，羅斯福總統要使國會通過對德宣戰的決議，看來並不容易。在參眾兩院，同在陸軍和海軍方面一樣，好像有著強烈的情緒，認爲美國應該集中全力戰敗日本，而不要同時再承擔對德作戰的重擔。德國駐華盛頓代辦漢斯·湯姆森把美國人的這種情緒報告柏林。湯姆森和納粹所有駐外使節一樣，對希特勒和里賓特洛甫的種種陰謀詭計常常是蒙在鼓裡的。十二月八日上午，總統在國會演說要求對日本宣戰，湯姆森立即打電報給柏林：「羅斯福在講演中沒有提到德國和義大利，這表明他想盡可能避免大西洋局勢尖銳化。」當晚，湯姆森又發去一封電報，談的還是同一個問題，電報說「羅斯福是否會要求對德義宣戰，尚在未定之天。從美國軍事領導人的立場來看，避免發生任何足以導致兩線作戰的事情是合乎邏輯的」。德國代辦在珍珠港事變前不久發回的幾封電報也曾強調，美國完全沒有進行兩線作戰的準備。十二月四日，他曾把芝加哥《論壇報》上披露的「美國最高統帥部關於擊敗德國及其盟國的各項作戰計畫」，用電報發到柏林。他說：「報導證實，一九四三年七月以前，美國不可能全面參戰。美國對日本的軍事措施是防禦性的。」湯姆森十二月八日夜間給柏林發去的電報中強調說，珍珠港事件肯定會轉移美國的注意力，減輕德國在大西洋所受到的壓力。他報告說：「對日本作戰，意味著美國的全部力量轉移到加強自身軍備，美國依照租借法案給予外國的援助將相對地減少，而其全部活動將會轉移到太平洋方面去。承蒙美國國務院慨允筆者閱讀德國外交部與德國駐華盛頓大使館在這段期間交換的電報，特此表示謝意。這些文件將來要發表在《德國外交政策文件彙編》叢書中）。

他們曾經仔細研究了十一月二十九日大島大使從柏林發往東京而被美國截抄的電報，其中談到里賓特洛甫曾經對日本方面做出保證：一旦日本與美國「交戰」，德國一定與日本站在一邊。在這項保證中，並沒有說明德國只有在確定了誰是侵略者之後，才給予援助。這是一張空白支票。美國肯定認爲，日本人此刻一定正在柏林嚷著要求兌現。

這張支票終於兌現了，但那是在希特勒再度猶豫之後才兌現的。十二月九日，他回到柏林的當天，便下令召集國會開會，但是後來又把會議拖延了兩天，一直到十一日才開會。顯然，正如里賓特洛甫後來所說，他已下定了決心。他受夠了羅斯福對他本人和納粹主義的種種攻擊；他不能再忍受美國海軍在大西洋對德國潛水艇的戰爭行動，雷德爾曾爲此跟他嘮叨了差不多一年。他日益仇恨美國和美國人，也低估了美國的潛在力量，從長遠來說，這一點對他更有不利的後果。一個月以後，一九四二年一月七日，他在大本營對他的親信發表演說：「我看不出美國人會有什麼前途。那是一個腐朽的國家。他們有他們的種族問題，有社會不平等的問題……我對美國主義的反感情緒已到達深惡痛絕的程度……美國社會的一切行爲莫不表明，那是一個半猶太化、半黑人化了的社會。人們怎麼能期望，這樣一個國家——一個一切都建立在美元之上的國家，會不分崩離析。」（《希特勒祕密談話錄》頁一五五）。

與此同時，他又大大過高估計了日本的軍事力量。看來他眞的相信一旦世界上最強日本海軍在太平洋上收拾了英美之後，便會掉過頭來進攻俄國，幫助他完成征服東方的大業。幾個月之後，他對一些部下確實說過這樣的話：他認爲日本的參戰，「對我們有著非凡的價值，即使光是從它所選擇的時間來看」。

> 日本人選擇的時間，事實上正是俄國的意外寒冬使我軍士氣遭到嚴重壓力的時候，也正是德國人都十分擔心美國早晚要參加衝突的時候。因此從我們的立場看，日本的參戰再及時也沒有了[43]。

日本對美國在珍珠港的艦隊發動突然而猛烈的襲擊，無疑也受到希特勒的讚賞——他之所以讚賞，是由於這種「突襲」正是他自己最得意的拿手好戲。十二月十四日，他在給大島大使頒發德國雄鷹大十字金質勳章時，表達了這種看法：

你們用這種辦法宣戰，做得對！這種辦法是唯一正確的辦法。

他說，這與他「自己的做法」是一致的。

這種做法就是談判盡可以談下去。但如一方發現另一方只是爲了進行拖延，爲了欺騙和侮辱對方，而不願意達成協議，一方則必須進行打擊——自然越重越好——不必爲宣戰手續浪費時間。他聽到日本頭一批戰役的消息時感到十分寬慰。他自己就常常以極大耐心進行談判，例如與波蘭和與俄國的談判。但是當他看出對方不願意達成協議時，便不透過任何手續，發動突然的進攻。他將來還要這樣做[44]。

希特勒所以這樣倉促決定把美國列進他的死敵名單中，另外還有一個理由。在那一個星期中曾出入總理府和外交部的施密特博士，明白地指出了這一點。他後來寫道：「我得到的印象是，希特勒雖然也估計到美國會宣戰，但由於他有一種根深蒂固的權力欲，要由自己首先宣戰。」[45]希特勒在十二月十一日向國會所做的演說也證實了這一點。

「我們將總是先動手，」他對那些歡呼的議員們說：「我們將總是先下手！」

眞的，柏林在十二月十日深怕美國先宣戰，里賓特洛甫嚴令德國駐華盛頓代辦湯姆森，絲毫不得有什麼疏忽大意，以免將希特勒第二天的行動計畫洩露給美國國務院。十二月十日，納粹外交部長發給湯姆森一份長電報，內容是宣戰聲明全文。他自己一定要在十二月十一日下午兩點半在柏林把這個聲明交給美國代辦。湯姆森奉令在一小時以後，即柏林時間三點半準時把宣戰聲明送交赫爾國務卿，要求發給他護照，並把德國的外交代表事務委託瑞士代理。里賓特洛甫在電報的末尾警告湯姆森，在遞交這一照會以前，切勿與美國國務院進行任何接觸。他說：「我們希望在任何情況下不要讓美國政府搶先這一步。」

希特勒猶豫不決，使國會會議延期了兩天。但從繳獲到的德國外交部與駐華盛頓大使館之間的來往電文中以及外交部其他文件中，可以清楚看出，元首實際上在十二月九日，即他從俄國前線的大本營回到首都的當天，即已做出要對美國宣戰的重大決定。看來這位納粹獨裁者之所以要延遲兩天，並不是爲了做進一步的考慮，而是爲了反覆推敲他的國會演說，以便使向美國宣戰一事能對德國人民產生應有的效果。希特勒深深瞭解，德國人民對第一次世界大戰中美國所起的決定性作用仍記憶猶新。

十二月九日，漢斯·狄克霍夫奉命起草一份關於羅斯福反德活動的長篇清單，以便元首在國會演說之用。狄克霍夫當時在名義上仍然是德國駐美大使，但自從一九三八年秋兩國撤回主要外交使節以來，他一直在外交部無所事事。他剛在一個星期以前奉里賓特洛甫之命起草了一份長篇備忘錄，題目叫做《影響美國輿論的若干原則》。在十一條原則中有：「美國的眞正危險是羅斯福本人……猶太人對羅斯福的影響（大法官法蘭克福特〔Felix Frankfurter〕、商業大亨巴魯赫〔Bernard Baruch〕、內閣官員科亨〔Benjamin Cohen〕、羅森曼律師〔Samuel Rosenman〕、財政部長摩根索〔Henry Morgenthau〕等人）……每一個美國母親的口號應該是：『我把孩子養大不是爲了去給英國送命！』」（引自尚未出版的德國外交部文件）美國國務院某些人士以及我國駐柏林某些外交官員對狄克霍夫估價頗高，認爲他是反納粹分子。哈塞爾認爲狄克霍夫「性格馴順」，我個人的感覺是，他沒有那股勇氣成為反納粹分子。他為希特勒一直服務到底——從一九四三年到一九四五年任納粹駐西班牙大使。

也是在十二月九日，湯姆森在華盛頓接到指示，要他焚毀電報密碼和機密文件。這天午前十一點三十分他急電柏林：「一切均已按指示採取了措施。」現在他才開始意識到柏林在鬧什麼鬼了。當夜，他密告德國外交部：美國政府顯然也知道了。他說：「此間相信，德國將於二十四小時以內對美國宣戰，至少是斷絕外交關係。」湯姆森並建議柏林逮捕美國駐德國的新聞記者，報復美國逮捕幾名德國新聞記者。十二月十日，外交部副國務秘書恩斯特．瓦爾曼（Ernst Wörmann）簽署的一項外交部備忘錄宣布：已下令逮捕所有美國駐德新聞記者，以示「報復」。但《紐約時報》駐柏林首席記者基多．昂德里斯（Guido Enderis）則不在此列。瓦爾曼寫道：「因為證實他對德國是友好的。」這種說法對已故的昂德里斯也許是不公平的，他當時正在臥病，可能是為了這個緣故才未被捕。

希特勒在國會裡：十二月十一日

十二月十一日，希特勒在國會中對那些機器人似的議員們發表演說，為他的對美宣戰進行辯護。這篇演說的主要內容是對羅斯福進行人身攻擊，指責這位美國總統為了掩蓋「新政」的失敗而挑起戰爭。他大聲咆哮道：「只有受到百萬富翁和猶太人支持的『這個人』應對第二次世界大戰負責。」長期以來，他對這個人積累下來的滿腔鬱憤，如今一下子迸發成沖天怒火。這個人自始至終阻擋著他獨霸世界的道路；這個人曾三番五次痛斥他；正當英倫三島遭到沉重打擊而岌岌可危的時候，這個人卻對它進行有力的援助；這個人的海軍又在大西洋中使他屢遭挫折。

現在請允許我對那個以這個人爲代表的另一半世界明確表示我的態度。正當我國軍隊在冰天雪地中奮戰的時候，這個人卻狡猾地喜歡發表爐邊談話，這個人是這次戰爭中的頭號罪犯……。

這個稱作總統的人對我進行的侮辱性攻擊，我不屑理會。他把我叫作匪徒，實在是無聊透頂。歸根到底，這個字眼，無疑不是在歐洲而是在美洲創造出來的，因爲在歐洲這裡沒有這種匪徒。再說，我也不是羅斯福所能侮辱得了的，因爲我認爲他是狂人，和威爾遜一樣的狂人……他始而煽動戰爭，繼而顛倒是非，再用基督教的僞善外衣把自己可恥地掩蓋起來，然後慢慢地、肯定地把人類引向戰爭，還賭咒發誓請上帝來證明他進攻別人是多麼正當——簡直跟從前共濟會會員慣用的那一套手法一模一樣……。

羅斯福犯下了一系列違反國際法的嚴重罪行。德國人和義大利人的船隻及其他財產所受的非法侵奪，被拘留而失去自由的人受到威脅和掠奪。羅斯福日益囂張的挑釁最後竟發展到這般地步：他命令美國海軍在任何地點襲擊並擊沉懸掛德國和義大利旗幟的船隻，這是對國際法的粗暴違反。美國部長們對於用這種犯罪手段擊沉德國潛艇竟還大肆吹噓。德國、義大利的商船遭到美國巡洋艦的襲擊和劫奪，船員遭到監禁。

多年以來，德國和義大利雖然受到羅斯福總統令人無法忍受的挑釁，卻仍一直進行眞誠努力，以防止戰爭的擴大並保持與美國的關係，這種努力現在已因此歸於失敗了。

羅斯福要把「反德情緒煽到戰爭的高峰」的動機是什麼？——希特勒問道。他解釋有兩個原因。

我深深瞭解，羅斯福的思想與我的思想有著天壤之別。羅斯福出身富家，他所屬的那個階級在民主國家中有一帆風順的坦途。我只是一個窮人家的孩子，得靠勤勉工作才能打開一條出路。第一次世界大戰爆發時，羅斯福的地位使他只知道戰爭的好處，這種好處是那些在別人流血時大做生意的人所享受的。我只是一個執行命令的普通士兵，戰後退伍歸來，自然仍和一九一四年秋天一樣窮困潦倒。我和千百萬的人共命運，而富蘭克林・羅斯福則是和所謂「上層一萬家」（Upper ten thousand，編按：十九世紀時，用來指稱那些位居政商高位的人）共命運。戰後，羅斯福做起金融投機的買賣來。他從通貨膨脹中，從別人的不幸中謀利，而我呢……躺在病院裡……。

希特勒又花了一些篇幅繼續做這種不倫不類的對比，然後才談到他的第二點：羅斯福想利用戰爭來逃避他身爲總統的失敗之處。

國家社會黨開始在德國執政與羅斯福當選總統是在同一年……他接受的國家在經濟上凋敝不堪，我接管的國家則由於民主制度而面臨著全面崩潰……。

當德國在國家社會黨的領導下，出現了史無前例的經濟恢復和文化藝術的復興時，羅斯福總統卻沒有使他的國家得到絲毫的進步……這是不足爲奇的，只要我們記住，他所號召支持他的那些人，或者不如說，把他叫來的那些人，都屬於猶太分子，他們的利益只在瓦解而不在建立秩序……。羅斯福的「新政」立法是完全錯誤的。毫無疑問，繼續執行這樣的經濟政策，即使是在和平年代，也會把這位總統搞得焦頭爛額，儘管他有如簧之舌也是枉然。他如果是在一個歐洲國家搞這一套，遲早要給送上國家法庭，罪名是故意浪費國家財富；恐怕還要因非法牟利而上民事法庭。

希特勒以爲美國孤立主義者和一大部分實業界人士對羅斯福的「新政」也有這樣的評價，至少是也有一部分這樣的評價。他竭力想利用這一點。他哪裡知道自從珍珠港事變以後，這些集團的人士和全體美國人民一樣，都已一致支持他們的國家了。他繼續說，暗指上邊談到的那些集團人士：

美國有許多人，其中還包括身份很高的人，已經看出並完全認識到這個事實了。羅斯福已有漸成眾矢之的之勢。他設想解救的辦法唯有一條，就是把公眾的注意力從國內轉移到對外政策方面……在這一點上，他周圍的猶太人支持了他……猶太人一切窮兇極惡的卑鄙手段都匯集到此人周圍，他則伸出手來。

於是美國總統越來越致力於製造衝突……多少年來這個人只有一個希望：在世界上的某一個地方爆發一場衝突。

希特勒接著又歷數了羅斯福在這方面的活動。他從一九三七年羅斯福在芝加哥發表「隔離演說」（Quarantine Speech，針對德義兩國侵略所發表的演說）說起。「現在羅斯福害怕，」希特勒大聲叫道：「如果歐洲實現和平，他在擴軍方面浪費的千百萬美元就要被看作是明顯的欺騙，因爲事實上並沒有人想進攻美國——因此他一定要挑惹別人進攻他的國家。」

這個納粹獨裁者由於德美關係終於破裂似乎感到欣慰，他還要讓德國人民也同他一樣感到欣慰。

我認爲大家一定感到欣慰，現在總算有一個國家，爲眞理和正義遭到史無前例的無恥糟蹋而首先提出了抗議……日本政府在與這個人進行了多年的談判以後，也終於再也不能容忍他的無恥欺騙了。這個事實使我們全體德國人民，我想還有全世界一切正直的人民，都深深感到滿意……美國總統最後總該懂得——我這樣說只是因爲他智力有限——我們已看透了他孜孜以求的目標是一個接一個地摧毀別的國家……。

至於德國，它不需要羅斯福先生或邱吉爾先生，更不用說艾登先生，大發慈悲。它只要求它自己的權利！它將爲自己贏得這種生存的權利，哪怕有一千個，一萬個邱吉爾和羅斯福合謀反對它……。因此我已安排好在今天把護照發給美國代辦，以及下列……[46]。

講到這裡，國會議員們一躍而起，大聲歡呼，元首的話淹沒在一片瘋狂的喧鬧聲中。

沒有多久，下午二點半，里賓特洛甫以極其冷淡的態度接見了美國駐柏林代辦莫里斯（Leland Morris）。他讓莫里斯站著，聽他宣讀德國的宣戰聲明，隨後給他一份抄件，就打發他走了。聲明說：

儘管從這次戰爭爆發以來，德國在與美國的來往中一直嚴格遵守國際法的規定，美國政府對德國終於採取了明顯的戰爭行爲。這就在實際上造成了戰爭狀態。

爲此，德國政府決定與美國斷絕一切外交關係，並且宣布，在羅斯福總統造成的這種情況下，德國也同樣認爲自即日起已與美國處在戰爭狀態。

這天上演的這齣戲最後一幕是簽訂德、義、日三國協定，協定宣布三國「在對美英聯合作戰取得勝利以前，絕不放下武器」、也不單獨媾和的「不可動搖的決心」[47]。

僅僅六個月以前，希特勒在一場在他看來勝利已經在握的戰爭中，面對的只是一個在圍困之中的英國。可是現在，他出於有意的選擇，使自己處於與世界上三個最大工業強國相對抗的鬥爭中。在這一場鬥爭中，歸根到底，軍事力量在很大程度上決定於經濟力量。這三個敵國的人力合在一起，也大大超過了三個軸心國家。在一九四一年歲末十二月這多事的一天，希特勒和他的陸海軍將領們看來都沒有頭腦清醒地好好權衡一下這些事實。

聰明的德國參謀總長哈爾德將軍在十二月十一日的日記中，竟沒有把德國已對美國宣戰的事情記載下來。他只提到那天晚上他聽了一個海軍上校關於「日美海戰的背景」的演講。日記其餘部分寫的全是從俄國前線許多情況緊急的地方陸續傳來的壞消息。這些消息，也許是可以理解的。因爲他已無暇設想將來會有這麼一天，他力量日衰的部隊可能還得和來自新世界的生力軍交手。

雷德爾海軍元帥確實歡迎希特勒的這一行動。第二天，十二月十二日，他和元首談話，寬慰後者說：「由於日本的有效干預，大西洋的局勢將會有所緩和。」他談到興高采烈時說道：

已經得到情報：有些美國軍艦正從大西洋調往太平洋。太平洋方面肯定需要更多的輕型軍艦，特別是驅逐艦。運輸船只會有大量需要，因此可以預料美國會從大西洋撤出商船。英國的航運任務將趨緊張。

希特勒在這樣不顧前後做出孤注一擲的決定以後，現在卻突然滿腹狐疑起來。他有幾個問題要向海軍元帥提出：「是否認爲敵人在最近將來會採取步驟，佔領亞速群島、維德角，甚至進攻塞內加爾首都達卡，以挽回在太平洋遭到挫折而喪失的威信？」雷德爾認爲不會：「在未來幾個月中，美國將把它的全部力量集中到太平洋。英國由於巨型軍艦已遭到慘重損失，也不願再做任何冒險。」兩天前，十二月十日，日本飛機在馬來亞附近海面炸沉了兩艘英國戰鬥艦威爾斯親王號（Prince of Wales）和擊退號（Repulse）。這一打擊，加上美國艦隊於十二月七日在珍珠港中被打得潰不成軍，使日本艦隊在太平洋、中國海和印度洋上佔了絕對優勢。邱吉爾後來寫到這兩艘巨型軍艦的損失時說：「在整個戰爭期間我從來沒有受到比這更直接的打擊。」在雷德爾看來，英國也沒有運輸能力執行佔領任務或提供補給。

希特勒要問的還有一個更重要的問題：「美國和英國有無可能暫時放棄東亞，以便首先擊敗德國和義大利？」海軍元帥也請他不必擔心：「敵人不可能放棄東亞，即使是暫時放棄也不可能；英國如果這樣做，將嚴重危及印度，同時，只要日本艦隊佔上風，美國也不可能從太平洋撤出艦隊。」

雷德爾爲了鼓舞元首情緒，又報告說：六艘「巨大的」潛水艇將「盡速」開往美國東海岸[48]。

德國侵俄的戰局既已弄到那種地步，隆美爾的部隊又在北非後撤，德國最高統帥和他的軍事首腦很快轉移注意力，不管他們新的敵人。他們肯定地認爲，這個新的敵人在遙遠的太平洋上已忙得無暇西顧了。直到過了一年之後，他們才回過來再去考慮這個新敵人。而這一年，將是戰爭期間最關緊要的一年，是出現偉大的轉折點的一年，它不僅將決定這場衝突的結局（在整個一九四一年中，德國人都認爲戰事差不多已經結束，德國差不多已經勝利了），而且要決定第三帝國的命運。第三帝國由於初期獲得了驚人勝利，地位扶搖直上，迅速地升到令人頭暈目眩的高度，希特勒當眞相信，而且宣稱，他的這個帝國將會昌盛千秋。

隨著一九四二年新年的臨近，哈爾德日記中的記載也越來越有不祥的兆頭了。

「又一個黑暗的日子！」他在一九四一年十二月三十日用這句話開始他的日記，這一年除夕那天的日記也以此開頭，這位德國參謀總長有預感，可怕的事情將要發生了。

第二十六章　偉大的轉折點：一九四二年史達林格勒和阿拉曼

密謀分子恢復了活動

希特勒的侵俄大軍在一九四二年冬天受到嚴重的挫折，一批陸軍元帥和高級將領受到撤職處分，這兩件事重新燃起反納粹密謀分子心頭的希望。

只要軍隊以破竹之勢取得節節勝利的時候，只要德軍和德國的榮耀直上雲霄的時候，密謀分子就無法使高級將領們對反叛發生興趣。但是現在，至今天下無敵、不可一世的德國軍隊碰上了堪與匹敵的強手，在風雪嚴寒中敗退；半年以來死傷兵員已過百萬大關；大批最著名的將領被不容分說地撤職，其中有些人，例如霍普納和斯波納克，當眾受到凌辱，而大多數人也受到了侮辱並成爲這個殘暴獨裁者的替罪羔羊。我們當還記得，在已經退休的人中有陸軍總司令布勞希契陸軍元帥，有分別率領南方和中央集團軍的倫德施泰特陸軍元帥和波克陸軍元帥，還有裝甲軍天才古德里安將軍。不久以後，在一九四二年一月十八日，北方集團軍司令李布陸軍元帥也被解職。一天前，一月十七日，接任倫德施泰特職務的賴歇瑙陸軍元帥中風身亡。空軍的烏德特（Ernst Udet）將軍於一九四一年十一月十七日自殺。此外，在冬天撤退時，大約有三十五個軍、師級指揮官被解除了職務。這當然只不過是開始。曼施坦因陸軍元帥在紐倫堡國際法庭上概述了那些開始吃敗仗或是終於鼓足勇氣反對希特勒的將領們以後的遭遇。「在十七名陸軍元帥中，」他對法庭供稱：「有十名在戰時被遣送回籍，三名因一九四四年七月二十日事件（密謀反對希特勒的事件）送命。只有一名陸軍元帥得以設法度過戰爭並保全了職位。在三十六名陸軍上將中，有十八名被遣送回籍，五名因七月二十日事件喪生或被不名譽地革除軍籍。只有三名陸軍上將得以在整個戰爭時期保住職位。」[1]

「時機看來差不多成熟了」，哈塞爾在一九四一年十二月二十一日的日記中滿懷希望地說。他和他的同謀分子確信，普魯士軍官團不僅由於他們身受不體面的待遇，而且由於最高統帥在俄國嚴寒時節瘋狂地把他們和他們的軍隊帶到災難邊緣，一定會感到不滿。前面已經談過，密謀分子一直相信只有兵權在握的將軍們才有推翻納粹暴君的實際力量。現在正是他們還來得及動手的最後機會。最重要的是要抓緊時機。他們看到，在進攻俄國遭到失利、美國又已參戰以後，戰爭已不再有勝利的希望了。但是也還不能說戰爭已經失敗。他們認為，如果在柏林建立起一個反納粹政府並且講和的話，還有可能得到有利的和平條款，使德國仍然成為一個主要強國，也許至少還可以保全希特勒獲得的若干利益，例如奧地利、蘇臺德和波蘭西部。

即使在一九四二年夏末擊敗蘇聯仍然大有希望的時候，他們就在反覆盤算著這些念頭。八月十九日，邱吉爾和羅斯福起草了大西洋憲章，這個憲章的內容給他們當頭狠狠一棒，特別是其中第八條規定：在戰後普遍裁軍協定簽訂以前，德國必須解除武裝。對哈塞爾、戈德勒、貝克等反對派成員來說，這意味著盟國並不想將德國納粹分子和非納粹分子區別對待，並且，如哈塞爾所說：「證實了英美兩國不僅是在對希特勒作戰，而且要摧毀德國，使它失去防衛能力。」的確，對於這位貴族出身的前任大使來說，他正專心致力於反叛希特勒，決心要爲一個沒有希特勒的德國獲得盡量多的東西，但大西洋憲章的第八條「破壞了一切取得和平的機會」[2]。他在日記中就是這麼說的。

儘管大西洋憲章的條文使密謀分子大失所望，但是大西洋憲章的公布，看來又促使他們行動起來，哪怕只是因爲它使他們感到，必須在還來得及的時候幹掉希特勒，畢竟德國仍然佔有大半個歐洲，反納粹政權希望在和談中能有利地進行討價還價。他們並不反對利用希特勒的戰果來爲德國爭取最爲有利的條款。八月底，哈塞爾、波比茨、奧斯特、杜那尼和國內駐防軍參謀長弗雷德里希·歐布里希特（Friedrich Olbricht）將軍在柏林舉行了一系列會談。用哈塞爾的話來說，會談的結果是，「德國愛國者」（他們這麼自稱）要向盟國提出「十分溫和的要求」，但是「有一些權益則不能放棄」。這些要求和權益是什麼，哈塞爾沒有說；但我們從他日記中其他部分可以看出：這等於是堅持德國一九一四年的東部邊界，加上奧地利和蘇臺德區。

但是時間日益緊迫了。八月底，哈塞爾在與其同黨開完最後一次會議之後在日記中寫道：「他們一致認爲，再拖下去就太晚了。等到我們獲勝的機會顯然已不復存在，或者說微不足道的時候，就沒有辦法了。」[3]

他們曾經做過一些努力，勸誘東線戰場上的重要將領，在進攻俄國的夏季戰役中把希特勒逮捕起來。這種做法肯定是得不到什麼效果的。因爲這些將領們在戰爭初期獲得驚人勝利的情況下，根本不會想到要推翻這個使他們能獲得這樣勝利機會的人。不過這些努力在軍方人士的心中也確實播下了一些種子，它們以後會萌芽成長起來。

這年夏天在陸軍中策畫密謀的核心是在波克陸軍元帥的司令部裡，他的中央集團軍正向莫斯科挺進。波克參謀部中的漢寧・馮・崔斯考夫（Henning von Tresckow）少將是密謀集團的首腦人物，他早年對國家社會主義的一股熱情已完全消失，使他終於成爲密謀者隊伍中的一員。協助他的有他的副官施拉布倫道夫，還有他們安置在波克那裡當副官的兩個同黨漢斯・馮・哈爾登堡（Hans von Hardenberg）伯爵和海因里希・馮・萊恩道夫（Heinrich von Lehndorff）伯爵，這兩人都是德國著名世家的子弟。萊恩道夫於一九四四年九月四日被納粹分子處決。他們爲自己規定的任務之一是策反陸軍元帥波克，勸他在希特勒訪問集團軍司令部時把他逮捕起來。但是這個工作可不是一樁容易的事情，波克雖然口口聲聲說厭惡納粹主義，但是他依靠它的庇蔭，官運亨通，而且他爲人愛好虛榮，野心勃勃，根本不會在這場賭局的這個階段幹冒險事情。有一次崔斯考夫試圖向他指出，元首正在把國家引向災難，波克聽了大聲說道：「我不許有人批評元首！」[4]

崔斯考夫和他的年輕副官給澆了一盆冷水，但是並沒有氣餒。他們決定自己動手幹。一九四二年八月四日，元首巡視設在包里索夫（Borisov）的集團軍司令部。他們計畫當他從飛機場驅車到波克的住處時，把他逮捕起來。但是這些策畫反叛的人這時還不是行家，他們沒有考慮到元首的保安措施。希特勒左右前後密布著黨衛隊的警衛，而且他拒絕乘坐集團軍方面派來的汽車，他預先調來了自己的車隊，供從機場到市區之用。這就使那兩個軍官根本無法接近他。這次失敗——類似這樣的失敗顯然還有過幾次——給陸軍中那些密謀分子不少教訓。第一點教訓是，要想抓到希特勒並不容易；他總是戒備森嚴。另一點是，即使抓住他或逮捕了他也不能解決問題，因爲重要將領一個個不是膽小怕事，就是由於宣誓忠誠，自我催眠過深，不會幫助反對分子接著幹下去。大概到了這個時候，即一九四二年秋天，陸軍中有些年輕軍官，其中大部分如施拉布倫道夫等都是部隊的文職人員，不得不得出這樣的結論：殺死希特勒是最乾脆、也許是唯一的解決辦法。因爲這樣一來，那些膽小怕事的將軍們就可以從他們對領袖的忠誠宣誓中解放出來，擁護新政權並使陸軍支持它。

但是在柏林策畫反叛的頭目仍然不打算把事情鬧大到這樣地步。他們正在策畫一個叫做「隔離行動」的愚蠢計畫。由於某種理由，他們認爲這個計畫一方面可以使那些將軍們不至於背棄自己效忠元首的誓言而在良心上得到安慰，同時又可以幫助他們爲德國除掉希特勒。他們的想法一直到今天還令人難以理解。不過他們的計畫是這樣：東線和西線的高級司令官按照預先約好的暗號，一齊拒絕服從三軍總司令希特勒的命令。這當然會使將領們破壞服從希特勒的誓言，但是柏林的詭辯家們卻裝作看不到這一點。他們解釋說，不管怎麼樣，這個計畫的眞正目的在於製造混亂局勢，這種局勢一出現，在柏林的後備軍隊幫助下，貝克就奪取政權，解除希特勒的職務，並宣布國家社會主義爲非法。

但是後備軍並不成爲一支軍事力量。它只不過是一批烏合之眾的新兵，在作爲補充兵員調往前線之前受一點基本的軍事訓練。這次冒險要想眞正獲得成功，必須把在俄國前線或佔領區統率著老兵的若干高級將領爭取過來才成。其中一位似乎是當然人選，此人曾參加過哈爾德在慕尼黑時代逮捕希特勒的密謀，他就是現任西線總司令維茨萊本陸軍元帥。一九四二年一月中，密謀分子派遣哈塞爾去與維茨萊本和駐比利時軍事司令官亞歷山大・馮・福肯豪森（Alexander von Falkenhausen）將軍會談，策動他們參加新的密謀計畫。曾任大使的哈塞爾因已受祕密警察的監視，只得打著巡迴講學的幌子到處向德國軍官和佔領區的文官講演，題目是《生存空間和帝國主義》。講演期間，他先後在布魯塞爾與福肯豪森、在巴黎與維茨萊本進行過祕密會談。他對這兩個人，特別是後者，獲得良好的印象。

當許多其他的陸軍元帥在俄國大顯身手的時候，維茨萊本被擱在法國這條次要的戰線上，感到手癢難耐。他對哈塞爾說，「隔離行動」是不切實際的想法，只有採取直接行動推翻希特勒才是唯一的解決辦法，他願意擔當領導的任務。他認爲，一九四二年夏季德國軍隊重新在俄國發動進攻的時候，也許是採取行動的最好時機。爲了準備這一天，他希望動點小手術，先把身體弄好。不幸得很，這項決定卻給這位陸軍元帥和那些同謀者帶來了嚴重後果。維茨萊本和腓特烈大帝一樣患有痔瘡。爲了解除痔瘡的病痛，動手術本來是平常的事。但是當這年春天維茨萊本請短期病假去動手術時，希特勒卻乘機免去了他的現役職務，派倫德施泰特接替他的工作。儘管倫德施泰特最近遭到領袖不客氣的對待，卻不想參加反對希特勒的密謀。這麼一來，密謀分子發現他們在陸軍中寄予最大希望的人，成了一個沒有一兵一卒的陸軍元帥。沒有兵力，是無論如何也建立不了新政權的。

密謀的領導人大失所望。他們接連舉行祕密會議，籌畫對策，但不能克服他們的沮喪情緒。哈塞爾於一九四二年二月底的一次會議之後寫道：「看來目前對希特勒是沒有什麼辦法可想了。」5

但是在下列兩個方面要做的事情並不少：一是討論他們在廢黜希特勒之後究竟要建立一個什麼樣的德國政府；一是加強他們臨時拼湊、至今效率極低的組織，以便一旦時機到來時能夠接管政府。

在抵抗運動的領導人中，絕大多數都是上了年紀的保守分子，他們的要求之一是恢復霍亨佐倫皇朝的君主政體。但是在霍亨佐倫皇室中由哪個親王登上寶座，卻一直未能取得一致意見。密謀分子中的文職領導人員波比茨希望由德皇威廉二世的長子威廉皇儲（Friedrich Wilhelm Victor August Ernst）登位，但大多數人都對皇儲深惡痛絕。沙赫特贊成皇儲的長子威廉親王（Wilhelm Friedrich Franz Joseph Christian Olaf），戈德勒贊成威廉二世的幼子奧斯卡親王（Prince Oskar of Prussia）。大家一致的是：絕不考慮威廉二世的四子、綽號叫做「奧威」（Auwi）的奧古斯特・威廉親王（Prince August Wilhelm），因爲他是狂熱的納粹分子，黨衛隊的分隊長。

到了一九四二年夏天，大家大致同意帝位的最適當人選是皇儲的次子，也是當時他在世年齡最大的兒子路易―斐迪南親王（Louis Ferdinand）。皇儲長子威廉親王已於一九四〇年五月二十六日在法國的一次戰役中負傷後死亡。路易―斐迪南親王當時三十三歲，在密西根迪爾伯恩（Dearborn）的福特汽車工廠工作過五年，現在在漢莎航空公司當雇員，接近並同情密謀分子。這個風度翩翩的年輕人終於成了霍亨佐倫皇室中最孚眾望的人選。他跟得上二十世紀的潮流，是個講民主、有腦筋的人。而且他有一個美麗、聰慧而勇敢的夫人，即以前的俄國女大公寇拉公主（Princess Kira）。還有，對密謀分子來說當時是最爲重要的一點，他還是羅斯福總統的私人朋友。一九三八年他們夫婦在美國度蜜月時，羅斯福曾邀請他們到白宮做過客。

哈塞爾和他的幾個朋友並不完全認爲路易―斐迪南是理想的人選。一九四二年聖誕節前後，哈塞爾在日記中無可奈何地寫道：「他缺少許多必要的特質。」但是他還是同意了別人的意見。

哈塞爾最感興趣的是德國政府未來的政體和性質。早在上一年年初，他在與貝克將軍、戈德勒和波比茨商量以後，制定了一個過渡時期綱領，一九四二年末又做了進一步修改[6]。這個綱領規定：

恢復個人自由；在正式憲法通過以前，由一位攝政執掌國家最高權力；這個攝政作爲國家元首，可以任命政府和國務委員會。戈德勒和密謀分子中幾個工會的代表不贊成這樣使權力過於集中在一個人身上，建議立即舉行公民投票，使臨時政權得到群眾支持，而表明其民主性質。但是由於缺少更好的辦法，大家這才把哈塞爾的方案作爲一個原則性的聲明接受下來。後來這個方案爲一九四三年制定的一個自由而開明的綱領所代替，後者是在毛奇伯爵（Helmuth von Moltke）所領導的克萊索集團（Kreisau Circle）的壓力下制定出來的。

一九四二年春，密謀分子終於正式選定了一個領袖。他們一致承認貝克將軍爲領導，不僅因爲他的才智和品德，而且因爲他在將領中的威信和在國內外的聲望。但是由於他們沒有加緊組織起來，因此實際上也就沒有讓他擔當起領導的責任。哈塞爾等少數人儘管對這位前參謀總長十分敬佩，卻並不完全信任。

一九四二年聖誕節前不久，哈塞爾在日記中寫道：「貝克的最大缺點在於空論太多。正如波比茨所說，他是一個戰術家，卻缺少意志力。」後來事實證明，這個評價並非毫無根據，將軍的這種優柔寡斷性格和嚴重缺乏採取行動的意志，日後證明是極其不幸的。

雖然如此，到了一九四二年三月，密謀分子經過多次祕密會議以後還是決定「必須由貝克主持一切」（哈塞爾語）。到了月底，這位大使又寫道：「貝克已正式被接受爲我們集團的領袖。」[7]

但是人們從他們遺留下來的記載可以看到，在這段期間，他們的密謀活動仍然茫無頭緒。在他們無休無止的會議上，甚至最積極的成員也一直籠罩在一種很不現實的氣氛之中。到這年春天，他們知道希特勒正在計畫，等俄國的地面乾燥以後，立即重新發動進攻。他們認爲，這只會使德國在無底洞中越陷越深。但是，儘管他們談得很多，卻未見有所動作。一九四二年三月二十八日，哈塞爾坐在他在巴伐利亞埃本豪森（Ebenhausen）鄉村別墅中寫下這樣的日記：

臨離開柏林的前幾天，與耶森（Jens Peter Jessen，柏林大學經濟學教授，是這個集團的一個智囊人物。一九三一至一九三三年間，他曾是納粹黨的積極分子，並且是黨內爲數不多的眞正知識分子之一。從一九三三年開始，他很快對納粹主義感到幻滅，一變而爲狂熱的反納粹人物。他於一九四四年七月二十日反希特勒密謀事敗時被捕，同年十一月在柏林的普洛岑湖〔Plötzensee〕監獄被處決）、貝克和戈德勒作了詳談。前景不甚美妙[8]。

前景怎能美妙得起來呢？連個行動計畫都沒有。得馬上行動起來，趁現在還有時間。在戰爭的第三個春天到來的時候，希特勒卻有他的計畫——而且他有實現這些計畫的堅強意志。

德軍在戰爭中的最後一次大攻勢

由於希特勒愚蠢地不讓德軍在俄國及時撤退，造成了重大的傷亡和武器損失，使得許多指揮人員銳氣大傷，也使一九四二年一月、二月間有幾個星期的局勢非常危險。儘管如此，希特勒死守活拼的瘋狂決心無疑也有助於抵擋來勢洶湧的蘇軍。德國軍人勇敢和堅韌的傳統精神也起了作用。

俄國軍隊在北起波羅的海南至黑海的戰線上發動的進攻，到了二月二十日勁頭已經過去了。三月底，又到了泥濘季節，血流成河的漫長戰線相對地沉寂下來。雙方都已精疲力竭了。一九四二年三月三十日德國陸軍的一份報告透露了這一回冬季戰役中遭到了多麼慘重的損失。東線全部一百六十二個作戰師中，只有八個師還有進攻的能力。十六個裝甲師中，只剩下一百四十輛坦克可供使用——比一個師的正常數字還要少[9]。

當部隊休整時，現在身兼國防軍最高統帥和陸軍總司令的希特勒，就已在忙於制定夏季攻勢的計畫了。其實還要早得多，早在隆冬時期部隊仍在冒著風雪後撤時，他就在這麼做了。這些計畫不如去年那樣野心勃勃。現在他才開始明白，要經過一次戰役就摧毀紅軍的全部力量是不可能的。這年夏天，他將把大部分力量集中在南線，征服高加索油田、頓內次盆地工業區、庫班（Kuban）的小麥產區，並拿下窩瓦河上的史達林格勒。拿下這些地方，可以達到幾個重要目標：使蘇聯失去繼續進行戰爭所迫切需要的石油、糧食和工業，另一方面卻可使德國得到幾乎同樣急需的石油和糧食。

希特勒在即將發動夏季攻勢時，對倒楣的第六軍團司令包路斯將軍說：「如果我拿不到邁科普和格羅茲尼（Grozny）的石油，那麼我就必須結束這場戰爭。」[10]

史達林很可能也說過差不多同樣的話。為了把戰爭堅持下去，他也必須保護高加索的油田。史達林格勒之所以變得如此重要，原因就在於此。德國佔領史達林格勒，就可以封鎖住通過黑海和窩瓦河向俄國中部運送石油的主要路線，如果高加索油田還掌握在俄國人手中的話。

希特勒不僅需要石油發動飛機、坦克、卡車，還需要人來補充他兵員日減的部隊。冬季作戰結束時傷亡總數是一百一十六萬七千八百三十五人，病員還不包括在內，後備兵員不足彌補這樣的損失。最高統帥部向德國的盟國——還不如說是僕從國家——要求提供更多的部隊。早在冬天，凱特爾元帥匆忙趕到布達佩斯和布加勒斯特，爲夏季攻勢徵募匈牙利和羅馬尼亞的軍隊，整師整師地徵募。戈林，最後甚至希特勒也親自出馬，請求墨索里尼提供義大利軍隊。

一九四二年一月底，戈林到達羅馬，點收義大利向俄國戰線增援的部隊。他向墨索里尼保證一九四二年可以打敗蘇聯，一九四三年可以使英國放下武器。齊亞諾發現這位腦滿腸肥、胸前掛滿勳章的帝國元帥令人難以忍受。

他在二月二日的日記上寫道：「此人還是那樣趾高氣揚，架子十足。」兩天以後又寫道：

> 戈林今天離開羅馬。我們在艾克賽爾西奧（Excelsior）飯店吃飯，吃飯的時候戈林別話不說，只談他的珠寶。他手上眞的帶著幾隻漂亮戒指……在去火車站的路上，他穿著一件寬大的黑貂皮大衣，既像一九〇六年汽車夫的穿著，又像一個高等妓女去看歌劇時的打扮[11]。

第三帝國第二號人物的腐化墮落已日甚一日了。

墨索里尼向戈林表示，只要德國給大炮，就在三月份派兩師義大利部隊到俄國去。但是他對他的盟邦在東線的失敗是如此憂心忡忡，以至於使希特勒認爲有必要在這個時候舉行一次會談，以便說明德國仍然擁有多麼強大的軍事力量。

這次會談於四月二十九日和三十日在薩爾斯堡舉行。墨索里尼、齊亞諾和隨從人員被安頓在一座巴洛克宮殿克萊斯漢姆宮（Klessheim），這座宮殿曾經是歷代王公主教的故宮，現在又經過一番裝飾，布置了從法國運來的帷簾、傢具和地毯。義大利外交大臣猜想德國人得到這些東西大概「所費無幾」。齊亞諾看到元首倦容滿面。他在日記中寫道：「去年冬天那幾個月在俄國的生活在他身上留下了明顯的痕跡，我第一次發現他添了許多白髮。」一個月前，戈培爾到大本營去看希特勒，他在日記中對元首的衰老表示十分驚訝。「我注意到，他頭髮已經花白……他告訴我，他曾經嚴重地暈過好幾次……元首此刻的情況眞使我擔心。」戈培爾又說：「他對霜雪有一種生理上的反感……但是最使元首苦惱和痛苦的是，大地仍然爲大雪覆蓋著……」（《戈培爾日記》頁一三一至一三七）。

會談中，德國方面照例說了一通對總體形勢的估計。里賓特洛甫和希特勒請兩位義大利客人放心：在俄國、北非、西線和公海上，一切都很順利。他們透露，東線即將發動的攻勢，矛頭是指向高加索油田。里賓特洛甫說：

一旦俄國石油來源告罄，俄國便要屈膝投降了。然後英國……也將屈服，以求保全被打得支離破碎英帝國的剩水殘山……。

美國完全是吹牛……。

齊亞諾帶著幾分耐心聽著他對手的話。但他得到的印象是：不論美國最後採取什麼行動，眞正吹牛的卻是德國。實際上，只要他們一想到這裡，「他們就覺得涼了半截身子」。

像往常一樣，話說得最多的是德國元首。齊亞諾在日記中寫道：

希特勒沒完沒了的說呀，說呀，說呀。墨索里尼在受罪——他也是慣於只管自己發言，現在卻不得不憋著不說話。第二天吃過午飯，在一切都談過以後，希特勒又不住嘴地講了一小時又四十分鐘。戰爭與和平，宗教和哲學，以至藝術和歷史，什麼問題都談了，眞是一項不漏。墨索里尼不由得看看手錶……德國人，可憐的德國人，天天得耐著性子聽希特勒講話。我敢擔保，他講話時的每一種姿勢，每一個字眼，每一處停頓，他們莫不記得爛熟。約德爾將軍經過一番了不起的克制，最後在一張長沙發上睡著了。凱特爾也直打瞌睡，但他總算沒讓腦袋搭拉下來。他離希特勒太近，不能由著自己……[12]。

雖然希特勒費了很多口舌，或者也可以說正是由於他費了這些口舌，總算使墨索里尼答應向俄國前線提供更多的義大利炮灰。希特勒和凱特爾從各個僕從國家得到了很大收穫。據德國最高統帥部統計，「盟邦」將有五十二個師可供夏季作戰之用——羅馬尼亞二十七個師，匈牙利十三個師，義大利九個師，斯洛伐克兩個師，還有西班牙一個師。這五十二個師約佔東線軸心國家全部兵力的四分之一。在德軍進攻重點所在的戰線南部，將要增援四十一個師的生力軍。其中一半，即二十一個師是匈牙利部隊（十個師）、義大利部隊（六個師）和羅馬尼亞部隊（五個師）。哈爾德等絕大多數將領並不贊成把太多的希望寄託在這麼多的「外國」師上。他們認爲，這些部隊的作戰素質怎麼說也靠不住。但是由於他們自己人力不足，也只得接受這些援兵。這一決定將加速即將到來的災難。

最初，在一九四二年夏天，軸心方面還大走紅運。在進攻高加索和史達林格勒的戰役開始以前，北非戰場上便已取得了轟動一時的勝利。一九四二年五月二十七日，隆美爾將軍在沙漠地區重新展開攻勢。一九四二年十一月和十二月，在與英國軍隊經過一系列惡戰之後，隆美爾的部隊被完全逐出昔蘭尼加省，一直退到該省西部邊境的阿格拉（El Agheila）一線。但是到了一九四二年一月，隆美爾以其慣有的彈性，捲土重來，經過十七天的快速戰鬥，收復了一半失地，回到加查拉（El Gazala），並於一九四二年五月末從加查拉發動了一場新的攻勢。他率領有名的非洲軍（有二個裝甲師和一個摩托化步兵師）和八個義大利師（其中一個師是裝甲部隊），以迅雷不及掩耳的攻勢把英國沙漠部隊打得狼狽逃回離埃及邊境不遠的地方。六月二十一日，他攻陷英軍防線上的重鎮利比亞的托布魯克，一九四二年英軍曾在這裡堅守九個月，直到德國撤圍。兩天以後，他進入埃及。六月底，到達離亞歷山大港和尼羅河三角洲六十五英里的阿拉曼（Alamein）。盟國許多政界人士大爲震驚，他們反覆端詳著地圖，認爲現在幾乎已無法阻擋隆美爾給予英國一次致命打擊：征服埃及，然後在得到增援的條件下，向東北推進，席捲中東的大油田，再與俄國境內的德軍會師於高加索。俄國境內的德軍這時已經開始從北面向高加索前進了。

這是盟國在戰爭中最黑暗的時刻之一，相對說來，是軸心方面最光明的時刻之一。但是正如前面所說，希特勒對全球戰略一竅不通。他不知道如何利用隆美爾在非洲獲得的驚人成就。他獎給這位非洲軍的英勇領導人一根陸軍元帥節杖，卻沒有給他送去供應和援兵（希特勒在德軍攻佔托布魯克的第二天，提升隆美爾爲陸軍元帥，這件事使墨索里尼感到「非常不快」。按齊亞諾的說法，因爲這使「這次戰役的德國色彩」更濃厚了。墨索里尼立即趕到利比亞，想爲他自己爭些面子。據齊亞諾說，墨索里尼自信能在「十五天內」進駐亞歷山大港。七月二日，他打電報給希特勒，要求就「埃及將來的政治管理問題」進行磋商，並建議由隆美爾擔任軍事司令，由一個義大利人擔任「民政代表」。希特勒回答說，他認爲這個問題還不是「當務之急」（《齊亞諾日記》頁五〇二至五〇四）。隆美爾的參謀長弗里茨・拜爾萊因〔Fritz Bayerlein〕將軍後來回憶道：「墨索里尼在德爾在前線的後方焦急不安地等待著這一天的到來：到時他可以向在金字塔下遊行的軸心坦克隊伍答禮。」見弗萊登和理查森編：《致命的決定》頁一〇三）。由於雷德爾海軍元帥和隆美爾一再催促，希特勒才勉強同意首先派非洲軍和一小批空軍到利比亞。他這樣做只是爲了防止北非義大利軍隊的潰散，而不是由於預見到征服埃及的重要性。

德國要征服埃及，關鍵實際上在於馬爾他島。這個小島位於地中海中間，在西西里和利比亞的軸心基地之間。英國的轟炸機、潛水艇和海面艦隻就是從這個英國軍事要塞出發，襲擊德國和義大利向北非運送補給和兵員的船隻。一九四二年八月，準備運給隆美爾的補給和增援部隊，大約有百分之三十五葬於海底；十月，這個數字達到百分之六十三。十一月九日，齊亞諾在日記中悲哀地寫道：

從九月十九日以來，我們已放棄了向利比亞運送物資和人員；每一次嘗試都付出了很高的代價……今晚我們再做嘗試。七艘輪船出發了，護航的有兩艘萬噸巡洋艦和十艘驅逐艦……我們的船隻全部——我說的是全部——被擊沉了……英國人在葬送我們的船隻之後，返回他們在馬爾他的港口[13]。

德國人過遲地從大西洋戰場騰出幾艘潛水艇到地中海來，並給凱塞林元帥增加了若干中隊的飛機，供西西里基地使用。德國決定要使馬爾他島失去作用；如果可能的話，還要摧毀英國在地中海東部的艦隊。這個決定立即收到了效果。一九四二年底，英國損失了三艘戰艦、一艘航空母艦、二艘巡洋艦以及幾艘驅逐艦和潛水艇，餘下的艦隻被逐回埃及基地。幾個星期之中，馬爾他日夜遭到德國飛機的狂轟濫炸。這就使軸心的供應順利運出——一月間沒有損失任何船隻——使隆美爾得以重整旗鼓，大舉進軍埃及。

三月間，雷德爾海軍元帥說服希特勒批准了隆美爾進攻尼羅河的計畫（阿伊達計畫，Operation Aïda），同時批准了用傘兵佔領馬爾他的計畫（大力神計畫，Operation Hercules）。從利比亞發動的進攻將於五月底開始，襲擊馬爾他預定在七月中。但是到了六月十五日，正當隆美爾得到初步成功時，希特勒卻推遲了進攻馬爾他的計畫。他向雷德爾解釋說，這是因爲無法從俄國前線抽調出部隊和飛機。一兩個星期以後，他又一次推遲大力神計畫，說不妨等到東線夏季攻勢結束、隆美爾征服埃及之後。他指示在這個時期中可用繼續轟炸的辦法使馬爾他不能動彈。

但是馬爾他並沒有被制伏得不能動彈。由於沒有能使馬爾他失去作用，也沒有能把它拿下來，德國即將付出昂貴的代價。六月十六日，英國的一個大護航艦隊開到這個被圍困的海島。儘管損失了幾艘軍艦和運輸船，這次行動使馬爾他又恢復了基地的作用。美國航空母艦黃蜂號（Wasp）上的噴火式戰鬥機飛到馬爾他，不久以後就使德國轟炸機再也不能轟炸這個島嶼了[14]。隆美爾嘗到了苦頭。他的補給船隻被擊沉了四分之三。

隆美爾進駐阿拉曼時，只有十三輛作戰坦克（拜爾萊因將軍的戰後證詞如此說。這也許是言過其詞。據盟國情報，隆美爾尚有一百二十五輛坦克）。他在七月三日的日記中寫道：「我軍力量已日漸衰竭。」而這時金字塔已幾乎在望，再往遠處看，便是埃及和蘇伊士運河這個大戰利品！希特勒又失去了一個大好機會，又失去了一個由戰運給他帶來的最後天賜良機。

德軍在俄國的夏季攻勢：一九四二年

到了一九四二年夏末，希特勒似乎又顯得不可一世。每個月德國潛水艇在大西洋擊沉七十萬噸英美船隻。美國、加拿大和蘇格蘭的造船廠就算急迫地加緊生產，也補不上這個損失。儘管元首為了早日結束俄國的戰事，大大削減了西線的兵力，調出了大部分部隊、坦克和飛機，但是在這年夏天裡絲毫沒有跡象表明，英美部隊已強大得足以在英吉利海峽對岸進行小規模的登陸。英美部隊甚至也不敢冒險佔領法屬西北非，其實它們如果登陸的話，軟弱的法國由於派別分歧，即使企圖抵抗，也難以阻擋英美，而德國在義大利和的黎波里除了幾艘潛水艇和幾架飛機以外，別無任何武裝力量。

英國海空軍也未能阻止從法國西部港口布列斯特開出的德國兩艘巡洋戰艦沙恩霍爾斯特號、格奈斯瑙號和重巡洋艦歐根親王號（Prinz Eugen），在光天化日之下闖過英吉利海峽安全地駛回德國。此事發生於一九四二年二月十一日至十二日，使英國猝不及防。英國海空軍來得及拼湊起來攻擊德國艦隊的只是一支很單薄的力量。德方幾乎未受損失。倫敦《泰晤士報》評論說：「西里亞克斯海軍中將（Otto Ciliax，他領導這次闖封鎖線的行動）完成麥地那．西多尼亞（Medina Sidonia）公爵所沒有做成功的事情……從十七世紀以來，這個海軍強國在自己的領海之內從來沒有蒙受過如此的奇恥大辱。」希特勒曾經擔心英美一定會佔領挪威北部，因此他堅決主張這三艘重型軍艦從布列斯特闖過英吉利海峽，以便到那裡去防衛挪威海面。他在一九四二年一月底對雷德爾說：「挪威是決定勝負的地區。」他認為必須不惜一切代價守住挪威。但是事實表明這樣做是多餘的。英美在西線兵力有限，對於如何使用這些兵力另有它們的計畫。

從地圖上看，希特勒到一九四二年九月所佔領的地區，是相當驚人的。地中海實際上已成爲軸心國家的內湖，德國和義大利擁有北岸從西班牙直到土耳其的大部分地區，在南岸擁有從突尼西亞到離尼羅河六十英里的廣大地區。事實上，德國部隊現在守衛著北起北極海挪威的北角、南到埃及、西自大西洋上的布列斯特、東至中亞細亞邊緣的窩瓦河南岸這一片廣大地區。

八月二十三日，德國第六軍團已抵達史達林格勒正北的窩瓦河一帶。兩天以前，萬字旗已插上厄爾布魯斯（Elbrus）山，這是高加索山脈最高的一座山峰（一萬八千四百八十一英尺）。八月八日，佔領了年產石油兩百五十萬噸的邁科普油田，雖然德國人發現油田已幾乎全部遭到破壞。八月二十五日，克萊斯特的坦克部隊已進駐莫茲多克（Mozdok），距格羅茲尼四周蘇聯最大的產油中心只有五十英里，距裏海也只有一百英里。三十一日，希特勒催促高加索的司令李斯特陸軍元帥糾集所有可以調集的力量向格羅茲尼做最後進攻，以便他「能夠拿到油田」。同一天，隆美爾也向阿拉曼發動進攻，力圖向尼羅河突破。

希特勒對他將領們的戰績從來沒有滿意的時候，他於七月十三日撤去了指揮整個南線攻勢的波克陸軍元帥的職務；又據哈爾德的日記透露，他還不斷責罵大部分司令官和參謀總部進展遲緩。儘管如此，他現在仍然相信，決定性的勝利已經在握。他命令第六軍團和第四裝甲軍團在攻佔史達林格勒以後，沿窩瓦河北進，形成一個大規模的包圍行動，從東西兩面進逼俄羅斯中部和莫斯科。他認爲俄國人已經完了；據哈爾德說，他當時曾談到分兵越過伊朗進駐波斯灣的問題[15]。他眼看便可以與日本在印度洋會師了。德國情報部門九月九日的一份報告說：俄國在整個前線的後備力量都已消耗殆盡。希特勒對這份報告的正確性竟深信不疑。他在八月底與雷德爾海軍元帥舉行會談時，他的心思已從俄國轉移到英美方面。他說，俄國現在在他的眼中已是一個「不怕封鎖的生存空間」。他確信，不用多久便可迫使英美達到「可以談和的程度了」[16]。

但是當年情況正如庫特・蔡茨勒（Kurt Zeitzler）將軍後來回憶時所說，儘管大可樂觀，卻如鏡中幻影。差不多所有戰地的將領都和參謀總部的將領們一樣，看出了這幅美麗圖畫上的破綻。概括說來就是：德國根本缺乏人力、槍炮、坦克、飛機和運輸手段等種種資源，來實現希特勒執意要達到的目的。當隆美爾試圖就埃及情況向希特勒指出這一點時，希特勒命令他到森梅林（Semmering）山中去養病。當哈爾德和李斯特陸軍元帥也想就俄國前線情況指出這一點時，他們被撤了職。

蘇軍在高加索和史達林格勒的抵抗日益頑強，秋雨季節又日益臨近，這時就連最外行的戰略家也會看出德國軍隊在俄國南部面臨著日益嚴重的危險。第六軍團的北翼戰線極長，從史達林格勒沿頓河上溯到沃羅涅日（Voronezh）共長三百五十英里，毫無掩護。希特勒在這一線部署了僕從國家的三個軍團：匈牙利的第二軍團在沃羅涅日的南面；義大利的第八軍團在東南面更遠一些位置；羅馬尼亞的第三軍團，在史達林格勒正西、頓河河曲的右側。由於羅馬尼亞人和匈牙利人有著很深的敵對情緒，因此得用義大利人把他們隔開。

在史達林格勒南面的草原地帶，還有第四支僕從軍隊，羅馬尼亞的第四軍團。這些軍團的戰鬥力都不可靠自不用說，他們的裝備也不充足，缺乏裝甲、重炮和機動能力。還有，他們的兵力十分分散。羅馬尼亞的第三軍團只有六十九個營，卻守衛著一條一百零五英里長的戰線。但是這些「盟邦」的部隊是希特勒所擁有的全部人馬了。德國自己騰不出足夠的兵力來填補這個缺口。同時，正如希特勒對哈爾德所說，由於他認爲俄國人已經「完了」，因此他並不會太過擔心頓河側翼這條暴露在敵人面前的漫長戰線。

但是這條戰線卻正是掩護史達林格勒的第六軍團和第四裝甲軍團以及高加索戰線上A集團軍的關鍵。如果頓河側翼垮下來，不僅史達林格勒方面的德軍要受到被包圍的危險，而且高加索的德軍也將被切斷。這個納粹統帥又進行了一次賭博。他在這年夏季戰役中進行這樣的賭博已不是第一次了。

七月二十三日，正當攻勢進入高潮時，希特勒又在進行另一次賭博。當時俄國軍隊正在頓內次盆地和頓河上游之間全線後撤，一路迅速向東撤到史達林格勒，一路向南退守頓河下游。德國必須當機立斷：是集中力量拿下史達林格勒、封鎖窩瓦河，還是把主要矛頭指向高加索，以奪取俄國的石油。早在月初，希特勒便已反覆考慮了這個決定大局的問題，但他拿不定主意。最初，石油氣味的引誘力很大。B集團軍所屬的第四裝甲軍團本來已經推進到頓河河曲一帶，離史達林格勒已經不遠，但是希特勒卻於七月十三日把它從B集團軍中抽調出來，派到南方去幫助克萊斯特的第一裝甲軍團越過羅斯托夫附近的頓河下游，繼續向高加索油田推進。這時，第四裝甲軍團本來也許可以奔襲輕取幾乎沒有防衛的史達林格勒。但是等到希特勒發覺自己犯了錯誤，爲時已經太晚了。接著他一錯再錯。兩個星期以後，當第四裝甲軍團回師北上，向史達林格勒進發時，俄國人已經充分恢復過來，足以抵擋德軍了；第四裝甲軍團撤離高加索前線，又使克萊斯特的力量大受削弱，無法完成向格羅茲尼油田進軍的任務。克萊斯特對利德爾．哈特證實了這一點：「第四裝甲軍團……本來可以在七月底兵不血刃拿下史達林格勒，但卻被調到南邊來幫助我渡頓河。我並不需要它的支援，它來了反而使我正在使用的道路擁擠不堪。等過了兩個星期，第四裝甲軍團回師北上，俄國人已經在史達林格勒集結足夠部隊遏制它了。」而在這個時候，克萊斯特又需要增添坦克部隊。他說：「如果我的部隊沒有被調走……去配合進攻史達林格勒的話，我們早已拿下目標（格羅茲尼油田）了。」（利德爾．哈特：《德國將領談話錄》頁一六九至一七一）

這一支強大的裝甲部隊回師向史達林格勒推進，是希特勒在七月二十三日所做的致命決定之一。他不顧哈爾德和前線指揮官的勸告，要求同時拿下史達林格勒和高加索，這些具體規定在德國陸軍歷史上著名的第四十五號指示中。這是希特勒在戰爭時期所做的最有決定命運的一項決定。因爲不上幾天，這項決定便得到了兩頭落空的結果，從而導致德國軍隊有史以來最爲丟臉的失敗。它確定了希特勒永遠不能贏得戰爭的勝利，千秋萬代第三帝國的日子已經屈指可數了。

哈爾德將軍驚惶之至。在烏克蘭維尼察（Vinnitsa）附近的「狼人」大本營（七月十六日，希特勒搬到這裡，爲的是離前線更近一些）出現了一場激烈的爭吵。參謀總長哈爾德極力主張集中主要力量打下史達林格勒，並試圖解釋，德國陸軍根本沒有力量能在兩個不同方向同時進行兩場強大的攻勢。希特勒反駁說，俄國人已經「完了」。哈爾德便竭力使他相信：根據陸軍的情報，情況遠非如此。這天晚上哈爾德在日記上憂鬱地寫道：

> 對敵人的力量一直太過低估，達到了可笑的程度，並且越來越具有危險性。在這裡要想認眞地工作已經不可能了。憑著浮光掠影的印象做出病態的反應，對形勢及發展毫無估計的能力——這就是這位「領導」與衆不同之處。

哈爾德擔任參謀總長職務的日子也已屈指可數了。後來他在回想當年的情況時寫道：

希特勒的決定與自古以來公認的戰略、戰術原則不再有共同之處。他的決定是一種狂暴天性在一時衝動下的產物，這種天性不承認每件事是有限度的，而只憑願望和夢想行事……[17]。

關於哈爾德所說的最高統帥「對自己力量病態地估計過高，對敵人力量有害地估計過低」的情況，他後來談過這樣一樁事情：

有一次，有人把一份非常客觀的報告念給他聽。報告上說，史達林於一九四二年在史達林格勒以北、窩瓦河以西地區仍能集結一百萬到一百二十五萬生力軍，在高加索的五十萬人還不包括在內。這份報告並證實了俄國爲前線生產的坦克每月至少達一千二百輛。希特勒未等聽完，便攥著拳頭、嘴角掛著白沫，把念報告的人大罵了一頓，不許他今後再念這種愚蠢的廢話[18]。

哈爾德說：「用不著有未卜先知的天才，也能預見到一旦史達林把這一百五十萬大軍用於史達林格勒和頓河側翼，將會出現怎樣的局面，我十分清楚地向希特勒指出這一點。但是結果卻是解除了我陸軍參謀總長的職務。」哈爾德曾談起，大約在這個時候他在烏克蘭「十分偶然地」看到一本書，書上寫的是，俄國內戰時期史達林在頓河河曲與史達林格勒之間的地區擊敗鄧尼金（Anton Denikin）將軍的事情。他說，當年的局面與一九四二年的局面頗爲相似，史達林「巧妙地」利用了鄧尼金在頓河沿岸地區的防禦弱點，「『察里津』（Tsaritsyn）城的名字由此改成了『史達林格勒』」。

這事發生於九月二十四日。早在九月九日，哈爾德聽凱特爾說，握有高加索方面軍隊最高指揮權的李斯特陸軍元帥已被革職，他便料到下一個該輪到他下臺了。凱特爾還告訴他，元首認爲他「在精神上已不能勝任他所擔任職務」。關於這個問題，希特勒在哈爾德二十四日向他辭行時向他做了詳細的解釋：

> 你我的神經都太緊張了。我有一半是爲了你的緣故。我看不值得再這樣拖下去了。我們現在需要的是國家社會主義的熱情，而不是專業的能力。在你這樣的舊式軍官身上，我得不到這樣的熱情。19

哈爾德事後評論道：「這種話簡直不像是一個負責的統帥說的，而像是一個政治狂人說的。」

哈爾德就這樣下了臺。他並不是沒有缺點。和前任參謀總長貝克將軍一樣，他的思想常常混亂，缺乏行動的毅力。雖然他有時也反對希特勒的做法，儘管不起作用，但是仍然和第二次世界大戰時德國其他的陸軍高級將領一樣，還是同希特勒合作，並且在一個長時期內助長了他的瘋狂侵略和征服。不過他總算還保持著某些文明時代的德性。他是第三帝國陸軍的最後一個舊派參謀總長。

哈爾德的去職不僅對陸軍方面，而且對研究第三帝國的歷史學家來說也是一個損失，因爲他的寶貴的日記到一九四二年九月二十四日就終止了。他後來遭到逮捕，與著名的人物許士尼格、沙赫特等一同被關在達豪集中營裡。一九四五年四月二十八日，他在南提羅爾的下多夫（Niederdorf）爲美國軍隊救出。從那時起至筆者寫本書時爲止，他與美國陸軍合作，從事第二次世界大戰軍事歷史的多項研究工作。前已說過，他曾慷慨地回答筆者所提出的問題並提供了一些線索。

繼他之後任參謀總長的是蔡茨勒將軍。他比哈爾德年輕，是屬於另一類的軍官，曾在西線的倫德施泰特手下當過參謀長。陸軍參謀總長一職曾有一度，特別在第一次世界大戰期間，在德國陸軍中職位最高、權力最大。現在蔡茨勒在任這個職務時，卻比元首的一個聽差好不了多少。他一直做到一九四四年七月發生謀刺希特勒的事件爲止。

最高統帥部的作戰局局長、忠實而狂熱地忠於元首的約德爾將軍，這時也失去了希特勒的寵愛。他曾反對撤銷李斯特陸軍元帥和哈爾德將軍的職務。他對這兩個人的維護，使希特勒氣得有好幾個月不願同約德爾握手，也不願同他或參謀人員一同進餐。一九四三年一月底，希特勒正想撤銷約德爾的職務，由包路斯將軍接任，但是爲時已經太晚。我們下面即將看到，這時包路斯已不再能爲他效勞了。

調換一個參謀總長並不能改變德國陸軍的處境。這時分兵兩路進攻史達林格勒和高加索的德軍，受到蘇軍的頑強抵抗，阻滯不前。十月份一個月中，史達林格勒一直進行著激烈的巷戰。德軍逐屋戰鬥，雖獲得一些進展，但損失十分驚人。因爲經歷過現代戰爭的人都知道，大城市中的斷垣殘壁，十分有利於頑強而持久的防守。俄國人充分利用這些障礙物，拼命爭奪每一寸焦土廢墟。儘管哈爾德及其繼任者警告過希特勒：德國進攻史達林格勒的部隊已疲憊不堪，但是最高統帥仍然硬要他們繼續前進。一批又一批新的師投入戰鬥，但轉眼間就在這人間地獄中化爲齏粉。

進攻史達林格勒本來只是達到目的的一個手段，但是現在卻成爲目的本身了。當德國部隊已到達史達林格勒城郊南北兩面的窩瓦河西岸，切斷了窩瓦河的交通時，這個目的實際上已經達到了。但現在對希特勒來說，能否佔領史達林格勒已成了一個關係到個人威信的問題。有一次，蔡茨勒居然鼓足勇氣向元首提出一個建議：由於沿頓河一帶漫長的北翼戰線情況危險，應將第六軍團從史達林格勒撤退到頓河河曲一帶。希特勒聽了勃然大怒，厲聲說道：「德國士兵到了哪裡，就要守在哪裡！」

雖然情況困難，損失慘重，第六軍團司令包路斯將軍卻於十月二十五日打電報向希特勒報告：他估計至遲可於十一月十日完全佔領史達林格勒。希特勒聽到這項保證興奮極了，第二天便發下命令：第六軍團和正在史達林格勒南面作戰的第四裝甲軍團應準備於史達林格勒攻陷之後，立即沿窩瓦河向南北兩面繼續向前挺進。

希特勒並不是不知道頓河側翼戰線所受到的威脅。最高統帥部大事日記的記載表明，這種威脅曾引起過希特勒的相當不安。但是問題在於：他沒有充分意識到這種威脅的嚴重性，結果是沒有設法去應付這種威脅。他深信局勢已在他掌握之中，於是在十月的最後一天，他和最高統帥部人員及陸軍參謀總部撤出了在烏克蘭維尼察的大本營，回到臘斯登堡的「狼穴」。他確實相信，如果蘇聯果眞會發動什麼冬季攻勢的話，也只能在中路和北路戰線發動。那樣他在東普魯士的大本營可以更好地進行指揮。

他一回到臘斯登堡，壞消息便從另一條戰線也是更遙遠的戰線傳來了。隆美爾陸軍元帥的非洲軍遇到了困難。

第一個打擊：阿拉曼之役和英美軍隊的登陸

八月三十一日，在交戰雙方都稱之為「沙漠之狐」的隆美爾，在阿拉曼重新發動進攻，企圖包圍英國第八軍團，進逼亞歷山大港和尼羅河。從地中海邊到蓋塔拉低地（Qattara Depression）之間約四十英里長的沙漠戰線上，在酷熱天氣中進行了一場惡戰。但是隆美爾沒有達到目的，九月三日，他中止戰鬥，轉攻為守。在埃及的英軍好不容易得到了人員、槍炮、坦克、飛機的有力增援（坦克和飛機主要來自美國）。八月十五日，還調來了兩個新司令官：一位是脾氣古怪卻頗有天才的將軍伯納德．勞．蒙哥馬利（Bernard Law Montgomery）爵士，接任了第八軍團司令；另一位將軍哈羅德．亞歷山大（Harold Alexandery）爵士，後來證明是一位出色的戰略家和有才幹的行政官，他擔任了中東總司令的職務。

隆美爾在這次挫折後不久，請病假到維也納南面山區的森梅林醫治鼻疾和肝腫病。十月二十四日下午，他在那裡接到希特勒打來的電話。「隆美爾，非洲的消息很不妙。情況一時好像還弄不清。看來沒有人知道施登姆（Georg Stumme）將軍的下落。你能回到非洲，重新接管那邊的工作嗎？」（隆美爾請假離職時由施登姆代理總司令。英軍發動進攻的第一天晚上，一隊英國偵察兵差一點俘虜了他。他徒步逃過沙漠，途中心臟病突發，當晚便去世了）隆美爾病雖未好，同意立即回到非洲[20]。

蒙哥馬利於十月二十三日下午九點四十分發動進攻。十月二十五日晚，隆美爾回到阿拉曼西面的司令部時，德軍已給打敗了。第八軍團的大炮、坦克和飛機太多了，儘管義、德軍戰線仍在固守，儘管隆美爾仍在拼命調動他那些備受打擊的各師，以抵擋來自各方的進攻，或甚至還展開反攻，但是他已意識到形勢毫無希望了。他沒有人員、坦克、汽油的後備力量。英國皇家空軍這時終於完全掌握了制空權，無情地轟炸德軍的人員、裝甲車輛和剩下來的軍需物資。

十一月二日，蒙哥馬利的步兵和裝甲部隊突破了戰線的南部，開始壓倒守衛這一防線的義大利師。這天晚上，隆美爾向設在二千英里以外的東普魯士希特勒大本營發去一封無線電報，報告說他再也守不住了，打算乘目前為時尚不算晚，向西撤退到四十英里之外的富卡（Fûka）陣地。

第二天，當他已開始這樣行動時，最高統帥打來了一份很長的無線電報。

致隆美爾陸軍元帥：

我與德國人民懷著信心，相信你的領導能力和在你領導之下德、義部隊的英勇精神。我們注視著在埃及進行的英勇防禦戰。在你現在所處的形勢下，只有堅守陣地，絕不後退一步，把每一隻步槍、每一個士兵投入戰鬥，捨此別無考慮……。你可向你的部下指明，不是勝利就是死亡，別無其他道路。

阿道夫．希特勒[21]

如果服從這項愚蠢的命令，義、德軍隊將立即遭到殲滅。拜爾萊因將軍說，隆美爾接到這項命令時，頭一遭在非洲感到不知怎麼辦才好。經過一番內心鬥爭，他決定服從最高統帥的決定，而不理會實際指揮德國非洲軍的里特．馮．托馬（Ritter von Thoma）將軍的反對。托馬將軍曾經表示，不管怎麼樣，他也要撤退。第二天即十一月四日，托馬將軍對拜爾萊因說：「希特勒的這項命令是空前荒謬的，我再也不能執行這種命令了。」說過這話之後，他穿起一身乾淨的制服，掛上勳章和軍階領章，站在他那輛正燃燒著的坦克旁邊，直到一隊英國軍隊前來接受他的投降。當天晚上，蒙哥馬利在他的司令部餐廳裡與托馬共進晚餐。隆美爾後來在日記中寫道：「我終於強迫自己接受這個決定。因爲我經常要求部下無條件服從，所以我希望自己也能接受這個原則。」後來，他才明白這是不對的。他後來的日記表明了這一點。

隆美爾一面勉強地下了一道停止退卻的命令，一面派專人乘飛機回國向希特勒說明：除非同意他立即撤退，否則全軍將要覆沒。但是事態的發展已使得這次旅行成爲多餘的了。十一月四日晚，隆美爾冒著因違抗命令而被送上軍事法庭的危險，決定保全他的殘兵敗卒，撤退到富卡。但是能撤出來的，也只是裝甲部隊和摩托化部隊的殘部。步兵（其中大部分是義大利部隊）只得拋在後頭聽任他們投降，事實上多半已經投降了。阿拉曼一役，隆美爾全軍九萬六千人中，傷亡和被俘者達五萬九千人，其中德軍三萬四千人。十一月五日，元首來了一份簡略的回電：「我同意將部隊撤到富卡陣地。」但是富卡陣地早已被蒙哥馬利的坦克越過了。隆美爾率領他的非洲軍殘部在十五天中一氣潰退了七百英里，一直撤到班加西以西，但是到了那裡還是沒有駐足喘息的機會。殘部中有義大利部隊兩萬五千人，德國部隊一萬人，六十輛坦克。

這是希特勒末日的開始，也是他的敵人迄今爲止贏得的最有決定性的一場戰役。下面還有一場比這更具有決定性的戰役即將在俄國南部冰雪覆蓋的草原上開始。但是在它爆發以前，希特勒還將從北非聽到更壞的消息，這個消息決定了軸心力量在世界這一地區的命運。

早在十一月三日，元首大本營在接到隆美爾慘敗的初步報告時，便得悉發現有盟軍艦隊在直布羅陀集結。最高統帥部中誰也猜不透這批艦隊的動向如何。希特勒認爲只不過是駛往馬爾他又一批由眾多艦隻護送的船隊而已。這是很有趣味的事情，因爲半個多月以前，即十月十五日，最高統帥部的參謀人員就曾討論過幾份關於「盎格魯—撒克遜」即將在西非登陸的報告。情報顯然來自羅馬。因爲在一個星期之前，即十月九日，齊亞諾在與軍事情報機關的領導人會談以後，在日記中就寫道：「『盎格魯—撒克遜』正準備在北非大舉登陸」。這個消息使齊亞諾大爲沮喪；他預見到這次登陸將不可避免地導致盟軍對義大利本土進行直接的進攻。事實證明這個預見是正確的。

希特勒最初聽到這個情報，並沒有予以十分重視，因爲這時他正在操心俄國人並未停止他們的拼死抵抗，根本沒有心思考慮別的問題。十月十五日在最高統帥部的一次會議上，約德爾建議准許維琪法國增援北非，以便使法國人能夠擊退英美的登陸部隊。據最高統帥部的大事日記所載，元首沒有同意這個建議，認爲這可能引起義大利人的不滿，義大利人嫉妒會增強法國力量的任何措施。直到十一月三日爲止，德國最高統帥部中似乎再沒有人提起這件事。但是在那一天，儘管在直布羅陀西班牙一邊的德國情報人員已經報告，說有大批英美艦隊集結，希特勒由於正在忙著爲在阿拉曼的隆美爾打氣，對於在他看來只是又一批開往馬爾他護航隊的小事，並沒有關心。

十一月五日，最高統帥部接到報告：一支英國海軍部隊正從直布羅陀向東開出。但是一直到十一月七日早晨，美英部隊在北非開始登陸的十二個小時之前，希特勒才稍微考慮來自直布羅陀的最新情報。這天上午他在東普魯士的大本營又接到報告：英國駐在直布羅陀的海軍部隊正與從大西洋調來的大批運輸船隻和軍艦會合，向東駛往地中海。參謀人員和元首進行了長時間的討論。這一切意味著什麼？這一大批海軍艦隻的目標何在？希特勒說，他現在傾向於這樣的看法，即西方盟國可能試圖用四五個師的兵力大規模登陸的黎波里或班加西，以便從後方打擊隆美爾。最高統帥部的海軍聯絡官西奧多·克朗克（Theodor Krancke）海軍上將宣布說，敵軍部隊最多不過兩師人，就算兩師人吧，也必須採取行動對付。希特勒要求地中海方面的空軍立即加強力量，但是得到的回答卻是：「目前」不可能辦到。根據最高統帥部大事日記來判斷，這天早晨希特勒只辦了一件事情，那就是通知西線總司令倫德施泰特準備執行「安東計畫」（Anton），準備佔領法國至今尚未被德國控制的地區。

希特勒沒有把這個預兆不妙的消息或隆美爾的困難處境放在心上——如果英美在他的後方登陸的話，隆美爾將成爲甕中之鱉。希特勒也沒有把最近從俄國前線傳來的一個情報放在心上，這個情報警告說，俄軍即將在史達林格勒從德國第六軍團的背後頓河沿岸發動反攻。十一月七日午飯以後，希特勒乘車到慕尼黑去了，因爲第二天早晨，國社黨的老黨員將要在慕尼黑舉行一年一度慶祝啤酒館政變的紀念集會，希特勒預定要在會上發表演說！（我從繳獲到的希特勒記事日曆中獲悉，慶祝會已從當初舉行政變的老酒館貝格勃勞凱勒遷移到慕尼黑一家更爲富麗堂皇的啤酒館羅文勃勞凱勒〔Loewenbräukeller〕。讀者想必記得，一九三九年十一月八日晚上，一顆定時炸彈把貝格勃勞凱勒啤酒店炸毀了，但恰巧沒有炸死元首）。

正如哈爾德所說，在戰爭期間這一危急的關頭，希特勒作爲政客的本性壓倒了他作爲軍人的本性。他把在東普魯士的最高統帥部臨時交由一個名叫布特拉－布蘭登菲爾斯（Horst Freiherr Treusch von Buttlar-Brandenfels）的上校負責。最高統帥部的負責軍官凱特爾元帥和約德爾將軍與希特勒一同去參加啤酒館慶祝活動了。希特勒曾經堅持要親自過問在遼闊戰線上的師、團以至營的行動，以指揮戰事。但正當希特勒的納粹大廈開始傾陷的關頭，他卻爲了一樁並不重要的政治事務，到遠離戰線數千英里的地方做這一次旅行。這種做法實在是奇特和瘋狂。希特勒開始變了，他開始腐朽衰退了。正如戈林早已如此一樣。戈林一度強大的空軍在日趨衰微，但是他卻日益迷戀他的珠寶和玩具火車，根本沒有時間來考慮這一場曠日持久、日趨艱苦的戰爭種種不愉快的現實問題。

艾森豪將軍統率的英美部隊於一九四二年十一月八日午夜一點三十分在摩洛哥和阿爾及利亞的海灘登陸。早晨五點三十分，里賓特洛甫從慕尼黑打長途電話到羅馬，把這個消息告訴了齊亞諾。齊亞諾在日記中寫道：

> 他頗爲緊張不安，問我們準備如何應付。說老實話，我冷不防被他的電話叫醒，睏得沒法給他一個十分滿意的回答。

這位義大利外交大臣從德國大使館打聽到，使館人員都「給這個意外的消息眞的嚇壞了」。希特勒從東普魯士開出的專車直到下午三點四十分才抵達慕尼黑。他接到的關於盟軍在西北非洲登陸的最初報告是頗爲樂觀的[22]。報告說，法軍在各地奮勇頑抗，並在阿爾及利亞的阿爾及爾（Algiers）和奧蘭（Oran）擊退了試圖登陸的敵軍。在阿爾及利亞，親德的達爾朗海軍上將得到維琪政權的批准，正在組織抵抗。希特勒的最初反應是很混亂的，他下令立即加強克里特島的守軍——克里特島離開新的戰場十分遙遠——他解釋說，採取這項措施的重要性並不亞於向非洲運送增援部隊。他命令祕密警察把魏剛將軍和季勞德將軍帶到維琪那裡軟禁起來（季勞德將軍曾被關在德國戰俘營裡，後來逃出，定居於法國南方。十一月五日，他由一艘英國潛水艇帶到直布羅陀，趕在英美軍隊登陸北非前不久與艾森豪在阿爾及爾舉行了會談）。他要求倫德施泰特元帥準備執行安東計畫，但在他給予新的指示之前，不要越過在法國的分界線。他要求齊亞諾和現任維琪法國總理賴伐爾第二天來慕尼黑見他（齊亞諾在十一月九日的日記中寫道：「夜間，里賓特洛甫打電話來，要墨索里尼或我盡速去慕尼黑。賴伐爾也要到那兒去。我叫醒墨索里尼。他不怎麼想走，特別是因爲他身體不大舒服，這才決定由我去。」）。

希特勒在這二十四小時之中，一直沉湎於這種想法：力求與法國結成聯盟，使它參加對英美的戰爭，同時在眼前，盡力加強貝當政府反對盟軍在北非登陸的決心。十一月八日星期日早晨，貝當與美國斷絕了外交關係；這位高齡的法國元帥對美國代辦發表聲明，表示法國部隊將抵抗英美的入侵。貝當的這些行動，大概助長了希特勒的上述想法。最高統帥部在那個星期日的大事日記強調說，希特勒一心想達成「與法國的全面合作」。這天晚上，德國駐維琪代表克魯格．馮．尼達（Krug von Nidda）向貝當提出一項建議，要求德法結成緊密的聯盟[23]。

但是第二天，元首在向老黨員講話（他在這次講話中宣稱史達林格勒「牢牢掌握在德國手中」）以後，又改變了主意。他告訴齊亞諾，他毫不幻想法國會有什麼作戰的念頭，他已決定「全面佔領法國，登陸科西嘉島，在突尼西亞建立一個橋頭堡」。賴伐爾乘汽車於十一月十日抵達慕尼黑後，希特勒就告訴他這個決定，雖然沒有告訴他執行的時間。這個法國賣國賊連忙答應說服貝當接受元首的要求，但建議德國方面可先按計畫行事，無需等待那位衰老昏聵的老元帥同意。這當然正中希特勒的下懷。齊亞諾在日記中描寫這個在戰後以叛國罪被處決的維琪總理：

賴伐爾打著白領結，穿著法國農村中產階級服裝，在大廳中許許多多身著制服的人中間特別顯眼。他極力用親切的語調談他這次旅行的情況，說他在車上睡得很久。但沒有人理睬他這些話。希特勒對他保持了冷淡的有禮態度……。

這個可憐蟲想也沒有想到德國人將把怎樣的既成事實擺到他的面前。當賴伐爾在隔壁房間裡抽著香煙和各式各樣的人交談時，德國方面正在發出命令佔領法國——關於即將採取的行動，一句話也沒有對他講。里賓特洛甫告訴我，要到第二天早晨八點鐘才會通知賴伐爾：由於夜間接到的情報，希特勒迫不得已著手全部佔領法國[24]。

希特勒完全違反停戰協定，決意佔領法國非佔領區。他在十一月十日下午八點半發出命令，並於第二天早晨執行。除了貝當表示無效的抗議以外，未發生任何事件。義大利人佔領了科西嘉島。在艾森豪的部隊來得及趕到之前，德國飛機開始空運部隊，佔領法屬突尼西亞。

這種希特勒式的欺騙行爲還有一樁，而且是更典型的一樁。十一月十三日，元首向貝當保證，德國和義大利都不會佔領土倫的海軍基地。停戰以後，法國艦隊便被凍結在那裡。十一月二十五日，最高統帥部的大事日記記載說，希特勒已經決定盡速執行「利拉計畫」（Lila），佔領土倫並奪取法國艦隊。二十七日早晨，德軍進攻土倫軍港，但法國水兵進行了抵抗，使得艦上人員能夠按照德·拉波德海軍上將的命令把這些艦隻鑿沉。法國的艦隊因此沒有落到在地中海迫切需要它的軸心國手中。但盟國也沒有得到這批艦隊，它們對盟國來說也是極有價值。平心而論，希特勒懷疑法國艦隊可能駛往阿爾及利亞參加盟軍，這也不是沒有道理。雖然達爾朗海軍上將叛國投敵，並且極端仇恨英國，但艾森豪在他到阿爾及爾探望生病的兒子的時候，迫使他擔任北非法軍總司令。這不僅是因爲達爾朗是唯一能夠促使法國陸海軍停止抵抗英美登陸的法國軍官；而且還因爲希望他能使突尼西亞駐軍司令阻止德國在那裡登陸，並勸誘停泊在土倫的法國艦隊衝到北非來。儘管達爾朗做了努力，艾森豪的希望並未能實現。達爾朗曾命令德．拉波德（Jean de Laborde）海軍上將把艦隊從土倫開到北非來，但得到一個簡明扼要卻粗俗不堪的答覆：「放屁！」（見《貝當審判錄》〔*Procès de M. Pétain*〕）

希特勒趕在艾森豪之前拿下了突尼西亞，但這卻是一個值得懷疑的勝利。在他的堅持之下，爲了守住這個橋頭堡，共投入了約二十五萬德國和義大利軍隊。如果在幾個月前，元首把這批部隊和坦克的五分之一用於增援隆美爾，這頭「沙漠之狐」現在很可能已越過尼羅河，英美在西北非的登陸就不可能發生，地中海也不會無可挽回地落到盟國手中，從而使軸心國的腹部還能得到保護。但是如今的事實卻是：希特勒在這年冬天迫不及待地送到突尼西亞來的每一個士兵、每一輛坦克、每一門大炮以及非洲軍的殘部，到春末就要完全損失，德國部隊被押進戰俘營的人數，比在史達林格勒被俘的還要多。據艾森豪將軍說，軸心部隊被俘人數總共爲二十四萬人，其中德軍十二萬五千萬人，餘爲義大利部隊。這還只是一九四三年五月五日到十二日最後一週戰役中投降的人數（見《歐洲十字軍》〔*Crusade in Europe*〕頁一五六）。現在我們必須回過頭來談談史達林格勒戰役了。

在史達林格勒的慘敗

十一月十九日黎明，俄國軍隊在大風雪中向頓河展開了猛烈反攻。幾小時以後，消息傳到貝希特斯加登，這時希特勒和最高統帥部的主要將領們正在阿爾卑斯山上的勝地流連忘返。最高統帥部雖然也曾料到蘇軍可能在頓河地區發動進攻，但並不認爲有什麼大了不起，非得要希特勒於十一月八日晚在慕尼黑向他的老黨員同志發表了他出名的啤酒館演說之後，同他的主要軍事顧問凱特爾和約德爾趕回東普魯士大本營不可。因此，他們仍然在上薩爾斯堡享受山間的清新空氣。

留在臘斯登堡的新任陸軍參謀總長蔡茨勒將軍打來的加急電話，突然打斷了他們的寧靜生活。蔡茨勒得到了最高統帥部的大事日記中所稱的「緊急消息」。進攻開始的最初幾小時中，佔壓倒優勢的一支俄國裝甲部隊，在史達林格勒西北的頓河沿岸，在賽拉菲莫維奇（Serafimovich）和克列茨卡亞（Kletskaya）之間，全面突破羅馬尼亞第三軍團的陣線。在這個被圍城市史達林格勒的南面，另一支強大的蘇聯部隊正在猛攻德國第四裝甲軍團和羅馬尼亞第四軍團，眼看就要突破他們的陣線了。

只要看一看地圖，便可明顯看出俄國的目標所在。蔡茨勒對此更是一清二楚，因爲他從陸軍情報部門獲悉，敵人爲了達到這個目標，在史達林格勒南面集中了十三個軍團、幾千輛坦克。俄國人顯然正以大量兵力從南北兩面夾擊，企圖切斷史達林格勒德軍的退路，逼迫德國第六軍團不是倉皇向西退卻，就是束手就擒。蔡茨勒後來爭辯說，他一看到這種形勢，便建議希特勒同意第六軍團從史達林格勒撤退到頓河河曲一帶，恢復被突破了的陣線。這麼一個建議竟惹得元首大發了一頓脾氣。

「我決不離開窩瓦河！我決不從窩瓦河後退！」他大聲叫喊。事情就這樣定了。他一時發瘋做出的這個決定，很快就帶來了災難。他親自下令第六軍團堅守史達林格勒周圍陣地[25]。

希特勒及其隨行人員於十一月二十二日回到大本營。這天已是蘇軍發動進攻的第四天，前方傳來的消息很壞。南北兩面的蘇軍已在史達林格勒西面四十英里頓河河曲上的喀拉嗤（Kalach）會師。當晚，第六軍團司令包路斯將軍發來一份無線電報，證實他的部隊已被包圍。希特勒立即回電，指示包路斯把他的司令部遷入城內，形成一個「刺蝟防守」點（hedgehog defense），部隊解圍前的補給將由空運解決。

但是這話等於白說。現在在史達林格勒被切斷退路的德軍共達二十個師，還有羅馬尼亞兩個師。按照包路斯來電要求，每天空運的軍需物資至少須七百五十噸。德國空軍缺少足夠的運輸機，遠不能滿足這種要求。即使有足夠的運輸機，在這樣風雪交加的天氣中，在蘇聯戰鬥機已佔空中優勢的地區，也並不能全都完成任務。雖然如此，戈林仍對希特勒保證，空軍可以擔負這項工作。可是始終沒有開始這樣做。

爲第六軍團解圍是比空投更爲切實可行和有希望的辦法。十一月二十五日，希特勒把最有天才的戰地指揮官曼施坦因元帥從列寧格勒前線調回來，委派他擔任新建的頓河集團軍司令。他的任務是從史達林格勒西南向前推進，爲第六軍團解圍。

但是元首現在對這位新任司令官的要求，簡直是辦不到的。曼施坦因竭力向他解釋，唯一的成功的機會在於第六軍團從史達林格勒向西突圍，另一方面曼施坦因自己的部隊以第四裝甲軍團爲前鋒，向東北進攻，夾擊處於這兩支德軍之間的俄軍。但是希特勒仍然不同意從窩瓦河撤退。第六軍團必須留在史達林格勒，而曼施坦因必須殺開一條血路，打到史達林格勒。

正如曼施坦因跟最高統帥爭辯時所說，這種做法是行不通的。俄國人的力量太強了。儘管如此，曼施坦因還是不得不懷著沉重的心情，於十二月十二日發動了進攻。這次進攻稱作「冬風計畫」（Operation Winter Gale），倒是名副其實，因爲這時俄國的嚴冬寒風已猛襲南部草原，積雪成堆，氣溫降到零下。反攻起初頗爲得手。霍斯將軍所率的第四裝甲軍團，沿科切爾尼科夫斯基（Kotelnikovski）到史達林格勒的鐵路線兩旁，向東北推進到離史達林格勒約有七十五英里的地方。到十二月十九日，該軍離史達林格勒南郊已不到四十英里。二十一日，離城已不到三十英里。夜晚時分，被圍的第六軍團部隊已能看到在大雪覆蓋草原的那一邊，來救他們的援兵所發的信號彈了。

據德國將領們後來所做的證詞，第六軍團這時如果從史達林格勒向第四裝甲軍團的前進陣地突圍，可以說肯定會獲得成功。可是希特勒又一次禁止第六軍團突圍。十二月二十一日，由於蔡茨勒的堅持，領袖總算同意包路斯的部隊突圍，但條件是他們也能同時守住史達林格勒。參謀總長說，這種愚蠢的想法差不多把他氣瘋了。

「第二天晚上，」蔡茨勒後來說：「我請求希特勒批准突圍。我指出，這肯定是我們解救包路斯二十萬大軍的最後機會了。」

希特勒一點也不肯讓步。我把我們這個所謂堡壘的內部情況告訴他。士兵們饑餓沮喪，對最高統帥部失去信心，傷員得不到適當照顧而奄奄一息，還有成千人在凍死。但這也沒有效果。對我所說的這些話，同對我過去所提的其他論點一樣，他仍然無動於衷。

霍斯將軍在正面和兩翼遭到俄國人日益堅強的抵抗，再也無力越過這最後三十英里，打到史達林格勒。他認爲，如果第六軍團突圍，他還是能夠同它會師，然後兩支部隊便可以一起撤退到科切爾尼科夫斯基。這至少能挽救二十萬德軍的生命。這在一兩天內——十二月二十一日至二十三日——進行，也許能獲得成功，但如果再晚的話，便無濟於事了。因爲紅軍這時已在更北面的地方開始進攻，威脅著曼施坦因整個頓河集團軍的左翼，這是霍斯所不知道的。十二月二十二日夜間，曼施坦因打電話給霍斯，要他準備按照即將頒發的完全不同的新命令行事。第二天，新命令發下來了，要求霍斯應即停止向史達林格勒推進，並派遣他所率的三個裝甲師中的一個師到北面的頓河前線，他自己則率其餘部隊就地死守（曼施坦因陸軍元帥在他的戰後回憶錄中寫道，十二月十九日，他確曾違背希特勒的命令，下令第六軍團開始從史達林格勒向西南突圍，與第四裝甲軍團會師。他現在已把這個指令的全文公之於世。但是指令中有些保留。包路斯當時仍然受希特勒不得突圍的命令之支配，他看到這樣的指令，一定弄得不知所從。曼施坦因說：「這是我們解救第六軍團的唯一機會。」，見曼施坦因：《失去的勝利》〔*Lost Victories*〕，頁三三六至三四一，頁五六二至五六三）。

爲史達林格勒解圍的努力失敗了。

曼施坦因之所以給霍斯發來這項新命令，是因爲他在十二月十七日得到一個緊急的消息。這天早晨，一支蘇聯軍隊在頓河上游地區的博古恰爾（Boguchar）突破了義大利第八軍團的防線，入晚，已打開一道二十七英里寬的缺口。三天以後，缺口擴大到九十英里，義大利部隊倉皇潰逃。南邊的羅馬尼亞第三軍團，在十一月十九日蘇軍發動攻勢的第一天就已挨了嚴重打擊，現在正在瓦解。因此無怪乎曼施坦因必須調出霍斯一部分裝甲部隊來協助堵住這個缺口。於是一連串的連鎖反應發生了。

不僅頓河方面的部隊向後撤退，已經進到離史達林格勒這樣近的霍斯部隊也後撤了。這些撤退又轉過來使高加索方面的德軍受到威脅。一旦俄國人打到亞速海附近的羅斯托夫，高加索方面的德軍將被切斷。聖誕節後一兩天，蔡茨勒向希特勒指出：「如果你再不下令立即撤出高加索，我們就要碰到第二個史達林格勒了。」最高統帥這才勉強於十二月二十九日給克萊斯特的A集團軍下了必要的指示。A集團軍系由第一裝甲軍團和第十七軍團組成，它們沒有完成任務拿下盛產石油的格羅茲尼油田。現在這支部隊也在目標在望時開始大踏步後撤了。

德軍在俄國受到的挫折和德、義軍隊在北非受到的挫折，促使墨索里尼轉起念頭來。希特勒曾經邀請他於十二月中旬到薩爾斯堡會談。當時墨索里尼正患胃病，飲食受到嚴格限制。他接受了邀請，但對齊亞諾說，要去的話得有一個條件，即讓他單獨進餐，「因爲他不願意讓一幫狼吞虎嚥的德國人看到他不得不只吃大米和牛奶」。

墨索里尼認爲，現在已經到了這樣的時候：可以勸說希特勒爲了避免在東線繼續受到損失，與史達林達成某種妥協，集中軸心國家的力量用於防衛北非殘餘地區、巴爾幹和西歐。他對齊亞諾說：「一九四三年將是英美發揮力量的一年。」希特勒由於離不開東線的大本營，不能同墨索里尼會晤，因此齊亞諾便代表墨索里尼經過長途跋涉，於十二月十八日到達臘斯登堡來，把墨索里尼的建議轉達給希特勒。希特勒對這些建議嗤之以鼻。他向義大利外交大臣保證，他可以向北非派出增援部隊而毫不削弱俄國前線的力量，他說北非是一定要守住的。儘管希特勒做出這些信心十足的保證，齊亞諾卻發現德國大本營中的士氣十分低沉。

氣氛是沉重的。除了消息不妙，潮濕不堪的森林中淒涼景象和集體住在兵營中的沉悶生活……俄國前線被突破的消息給人們帶來滿腹憂愁，誰也不想對我隱瞞這種情緒。有人公然企圖把失敗歸罪於我們。

這時，頓河一帶的義大利第八軍團殘部正在四散逃命。齊亞諾的一個隨員向最高統帥部一名軍官問道，義大利部隊是否遭到了重大損失，回答是：「根本沒有損失，他們都拔腿溜了。」

高加索和頓河地區的德國部隊，如果不說是在拔腿溜的話，也可說是在盡快脫身以免被切斷。一九四三年新年以後，他們天天後撤，越撤離史達林格勒越遠。現在是俄軍消滅史達林格勒的德軍的時候了。但是他們首先給第六軍團已處絕境的士兵一個保全生命的機會[26]。

一九四三年一月八日早晨，三名紅軍青年軍官帶著一面白旗，進入史達林格勒北部的德軍防線，把蘇軍頓河前線司令羅科索夫斯基（Konstantin Rokossovski）將軍發下的最後通牒送交包路斯將軍。最後通牒提醒包路斯，他的部隊已被切斷，解圍無望，空中接濟也不能保持了，然後說道：

你軍已陷入絕境。你們饑寒交迫、疾病叢生。俄羅斯的寒冬還只剛剛開始。嚴霜、寒流、暴風雪還在後頭。你的士兵缺少冬衣，衛生條件又差到極點……你們的處境已一無希望，繼續抵抗下去實在毫無意義。

有鑒於此，並爲了避免無謂的流血犧牲，茲建議你們接受下列投降條件……。

這些條件是體面的。所有被俘人員一概發給「標準的口糧」。傷員和凍傷人員將得到醫治。所有被俘人員可以保留他們的軍階領章、勳章和個人財物。通牒要求包路斯於二十四小時之內答覆。

他立即將最後通牒的全文以電報發給希特勒，並要求准予便宜行事。最高統帥立即駁回了他的請求。要求投降的期滿之後，又過了二十四小時，即一月十日早晨，俄國以五千門大炮狂轟猛炸，展開了史達林格勒戰役的最後階段。

這一仗打得激烈而殘酷。在瓦礫成堆、遍地冰凍的城內廢墟上，雙方都以令人難以置信的英勇，不顧一切地進行戰鬥。但是戰鬥並沒有持續多久。六天之中，德軍的袋形陣地已縮小了一半，只剩下十五英里長、九英里寬的一塊地方。一月二十四日，陣地又給一劈爲二，最後一條小型的臨時跑道也失去了。過去，飛機還運來些供應品（特別是治療傷病員的藥品），並運走了二萬九千名傷病員，現在再也不能降落了。

俄國方面再給他們這些勇敢的敵人一次投降的機會。一月二十四日，蘇聯的使者帶著一份新的建議來到德軍陣地。包路斯又一次感到左右爲難：是向瘋狂的元首盡服從的天責，還是盡責挽救殘部使之免於滅亡，實在拿不定主意。他又向希特勒請示。他於二十四日去電：

> 部隊彈盡糧絕……已無法進行有效的指揮……傷員一萬八千人，無衣無食也無藥品繃帶……繼續抵抗下去已無意義。崩潰在所難免。部隊請求立即允予投降，以挽救殘部生命。

希特勒的答覆至今保存著：

不許投降。第六軍團必須死守陣地，直至最後一兵一卒一槍一彈。他們的英勇堅持對建立一條防線和拯救西方世界將是永誌難忘的貢獻。

西方世界！不久以前，第六軍團的官兵剛剛在法國和法蘭德斯對這個世界動過干戈。這對他們說來，眞是啞巴吃黃連。繼續抵抗不僅無意義、無用處，而且是辦不到的事。一九四三年一月底，這一場史詩性的戰役已近尾聲，像一支點完了的蠟燭，就要劈啪幾聲油乾火滅了。一月二十八日，這一支曾經顯赫一時的軍隊其殘兵餘卒被分割在三小塊袋形陣地之中，包路斯將軍的司令部在南面的一塊，設在當初生意鼎盛、如今已成一片廢墟的「萬有」（Univermag）百貨公司的地下室裡。據一個目擊者說，總司令坐在黑暗角落裡的行軍床上，樣子萬分頹喪。

向他們祝賀的無線電報開始如雪片湧來，包路斯和他的部下根本沒有心情欣賞這些。戈林曾在陽光充足的義大利消磨了大半個冬天，手上擺弄著珠寶，身上穿著皮大衣，到處大搖大擺。現在，在一月二十八日，他也打了一個電報來：

第六軍團的英勇奮戰將名垂青史，後世子孫將會驕傲地談起蘭吉馬克（Langemarck）戰役的大膽、阿爾卡薩爾（Alcázar）戰役的頑強、納爾維克戰役的勇敢和史達林格勒戰役的自我犧牲精神。

一九四三年一月三十日是納粹黨執政十周年，當晚，這位腦滿腸肥的帝國元帥在無線電裡大吹大擂。第六軍團的將士們在這最後的一晚聽了，也絲毫不感到歡欣鼓舞。

千年之後，德國人將懷著敬畏心情談起這次戰役（史達林格勒戰役）。他們將會記得，德國之所以取得最後勝利雖有種種原因，但是起決定性作用的是這一仗……將來人們將會這樣談起窩瓦河上的英雄戰役：你們到德國來的時候，別忘了說一聲，你們已經看到我們長眠在史達林格勒。為了德國的更大光榮和榮譽，我們的領袖要求我們必須這樣做。

第六軍團的光榮和可怕的痛苦現在都快要結束了。一月三十日，包路斯電告希特勒：「最後崩潰不出二十四小時之內。」

最高統帥得到這個信息，趕忙對史達林格勒那些死在眼前的軍官們封官晉爵，顯然希望這種恩典能加強他們光榮殉職的決心。希特勒對約德爾說：「在德軍歷史上，從來沒有一個陸軍元帥是被生俘的。」隨即給包路斯發去一份電報，授予他令人羨慕的元帥節杖。一百一十七名軍官也各升一級。這眞是骷髏賣俏的把戲。

結局本身已經沒有什麼精彩場面了。一月三十一日晚，包路斯向總部發出最後一份電報。

第六軍團忠實於自己的誓言並認識到自己所負的極為重大的使命，為了元首和祖國，已堅守自己的崗位，打到最後一兵一卒一槍一彈。

下午七點四十五分，第六軍團司令部的發報員自己決定發出了最後一份電報：「俄國人已到了我們地下室的門口。他們正在搗毀器材。」最後寫上「CL」——這是國際無線電碼，表示「本臺停止發報」。

在第六軍團司令部並沒有發生最後一分鐘的戰鬥。包路斯和他的參謀部並沒有堅持到最後一兵一卒。總司令地下室黑黝黝的洞口，有一名俄國下級軍官率領一班士兵來探頭伸腦窺看。俄國人叫裡面的人投降，第六軍團的參謀長亞瑟·施密特（Arthur Schmidt）將軍接受了要求。包路斯癱軟無力地坐在行軍床上。施密特問他：「請問陸軍元帥，還有什麼話要說嗎？」——包路斯連吭一聲的力氣都沒有了。

北面的一個德軍袋形陣地中是二個裝甲師和四個步兵師的全部殘兵餘卒，堅守在一座拖拉機工廠的廢墟中。二月一日夜間，部隊接到希特勒總部發來的一份電報：

德國人民期望你們與守衛南面堡壘的部隊一樣，履行你們的職責。你們繼續多堅持一天、多堅持一小時，都有利於建立一條新的戰線。

二月二日快到中午時分，這支部隊投降了。投降之前給最高統帥發去一份電報：

……已對佔壓倒優勢的敵人戰到最後一人。德國萬歲！

冰雪滿地、血肉模糊如屠場似的戰地，終於沉寂下來了。二月二日下午二點四十六分，一架德國偵察機在城市高空飛過，發回電報說：「史達林格勒已無戰鬥跡象。」

這時，九萬一千名德軍（其中包括二十四名將軍），正在冰雪途中一步一拐地走向寒冷淒涼的西伯利亞戰俘營。這批戰俘都是饑腸轆轆，身患凍傷，大部分還負了彈傷，人人迷茫頹喪。他們抓緊了裹在頭上滿是血污的毛毯，以抵禦零下二十四度的嚴寒。兩個月以前，這一支遠征部隊共有二十八萬五千人，現在除了二萬名左右羅馬尼亞部隊和二萬九千名傷員已空運回國外，殘存的就盡在於此了。其餘人員已全部戰死。而在這年冬天正向戰俘營艱苦行軍的這九萬一千人中，也只有五千人有幸能回到祖國（根據西德政府一九五八年發表的數字。許多戰俘由於次年春天傷寒流行而病死）。

這時，希特勒在東普魯士暖氣燒得熱乎乎的大本營裡，正在責罵進攻史達林格勒的將領們不懂得如何和何時殺身成仁。其實，該對這次巨大災難負責的正是希特勒自己的固執和愚蠢。

二月一日，希特勒和他的將領們在最高統帥部舉行會議。會議的記錄尚在，它有助於我們瞭解這位德國獨裁者在他一生中的最困難時刻，也是他的軍隊和國家的最困難時刻，所顯示出來的性格：

> 他們已經在那兒投降了——正正式式、完完全全地投降了。他們本來應該團結一致，負隅頑抗，然後用最後一粒子彈自盡……那個人（包路斯）應該舉槍自戕，正像歷來的司令官眼看大局已去便拔劍自刎一樣……甚至瓦魯斯（Varus，羅馬帝國奧古斯都王朝的將軍，在條頓堡森林之戰中被日耳曼人圍攻）還對他的奴隸下命令說：「現在殺死我吧！」

希特勒越說越對包路斯的貪生怕死感到恨之入骨：

你們應該想像得到：他將被帶到莫斯科——還可以想像到那裡的陷阱。在那裡，任何文件他都會簽字。你們看吧，他會寫自白書，發表聲明。他們將從精神墮落的斜坡上一步步往下走，直到深淵的最底層……你們看吧，不出一個星期，賽德列茲（Walther von Seydlitz-Kurzbach）、施密特甚至包路斯就要上電臺廣播（希特勒這個預言說中了，只是時間上有些出入。次年七月，包路斯和賽德列茲做了所謂「自由德國全國委員會」的領導人，果然在莫斯科電臺發表廣播講話，呼籲德國陸軍除掉希特勒）。……他們將被送到留布蘭卡（Luiblanka），在那裡將被老鼠啃掉。一個人怎會這樣貪生怕死？我實在弄不明白……。

生命是什麼？生命就是民族。個人總是要死的。在個人生命之外，還有民族。任何人如果不是因爲他的職責使他還離不開這個痛苦的現世，他怎麼能害怕使自己從苦難中解脫出來的這一死亡瞬間？不能！

許多人不得不犧牲自己的生命，而現在卻有這樣一個人，在最後時刻玷污了許許多多人的英名。他本該以一死而擺脫一切痛苦，升入永生不朽和民族長存的天國，但他卻偏愛去莫斯科！

就我個人說，使我最傷心的是，竟然提拔他這樣的人當陸軍元帥。我本來是想以此滿足他的最後欲望。在這次戰爭中，我將不再任命陸軍元帥了。小雞還沒孵出來，就不該先數有多少個。

希特勒和蔡茨勒將軍接著就如何向德國人民公布投降消息，簡單地交換了意見。二月三日，即包路斯等投降後的第三天，最高統帥部發布一項特別公報[27]：

> 史達林格勒戰役已經結束。第六軍團在包路斯陸軍元帥的卓越領導下，忠實地履行了他們打到最後一息的誓言，被優勢的敵人和不利於我軍的條件所壓倒。

德國廣播電臺在宣讀這項公報時，先放送低沉的鼓聲，宣讀之後放送了貝多芬第五交響樂的第二樂章。希特勒宣布全國致哀四天。四天之內各地劇院、電影院和一切娛樂場所停止營業。

德國歷史學家瓦爾特・戈立茨（Walter Görlitz）在他所寫的關於參謀總部的一本歷史書中認爲，史達林格勒戰役「是第二個耶拿（一八〇六年拿破崙在耶拿戰役中打敗過普魯士軍隊），肯定是德國軍隊所曾遭到的最大一次失敗」[28]。

還不僅如此。史達林格勒戰役與阿拉曼戰役、英美在北非登陸合在一起，標誌著第二次世界大戰到了偉大的轉折點。納粹德國的征服達到高潮時，曾席捲大半個歐洲，打到離亞洲不遠的窩瓦河，在非洲也幾乎打到尼羅河，現在退潮已經開始，而且一退就再也不能回漲了。納粹進行大規模閃電攻勢，以成千上萬的坦克和飛機打得敵人膽戰心驚、潰不成軍的時刻，現在也已告終了。當然，德軍在局部地區還會拼死的進攻，例如一九四三年春在哈爾科夫（Kharkov）、一九四四年聖誕節前後在亞爾丁森林。但這些進攻也只是以後兩年（也是最後兩年）德軍拼命進行防禦戰的一部分。希特勒手中已失去了主動權，而且一失而不能再得了。現在他的敵人已奪走了主動權，而且緊緊地掌握住了主動權。這種主動權不只是在地面，而且還在空中。一九四二年五月三十日晚間，英國第一次以一千架飛機轟炸科隆，隨後又在這多事的夏天對其他城市進行了更多同樣規模的轟炸。德國一般居民也開始和在史達林格勒、阿拉曼的德國士兵一樣，嘗到了戰爭的恐怖。而在此以前，只有他們的軍隊把這種恐怖加在別國人民的頭上。

納粹的可怕的大迷夢，終於在冰天雪地的史達林格勒，在酷熱如焚的北非沙漠破滅了。包路斯和隆美爾的失敗不僅決定了第三帝國的滅亡命運，希特勒和他黨衛隊劊子手們宣稱的「新秩序」也因此走向滅亡。他們一直忙於在佔領區內建立的荒誕不經、令人毛骨悚然的新秩序。在本書最後一章寫到第三帝國覆亡之前，我們最好先來看看這種新秩序——它的理論和它的野蠻實踐——是什麼樣子。歐洲這個古老而文明的大陸像做了一場噩夢一般，經歷了新秩序的恐怖之後，好不容易才逃脫倖免。對親身經歷過這種新秩序或者在新秩序結束之前已遭屠殺的善良歐洲人來說，這是第三帝國歷史中最黑暗的時刻，也是本書最黑暗的一個章節。

注釋

第十八章

1 俄國答覆的全文，見《德國外交政策文件彙編》（*Documents on German Foreign Policy*），第八卷，頁四。納粹－蘇聯這些照會來往有一部分載《納粹－蘇聯關係》（*Nazi-Soviet Relation*），但《德國外交政策文件彙編》所收較為全面。

2 同前，頁三三至三四。

3 莫洛托夫的賀電，同前，頁三四。他關於軍事行動的保證，頁三五。

4 舒倫堡九月十日的電報，同前，頁四四至四五。

5 同前，頁六〇至六一。

6 同前，頁六八至七〇。

7 同前，頁七六至七七。

8 同前，頁七九至八〇。

9 舒倫堡的電報，頁九二。

10 同前，頁一〇三。

11 同前，頁一〇五。

12 同前，頁一二三至一二四。
13 同前，頁一三〇。
14 兩封電報，同前，頁一四七至一四八。
15 同前，頁一六二。
16 同前，附錄一。
17 條約全文，包括祕密議定書、公開宣言、莫洛托夫和里賓特洛甫交換的兩封信，同前，頁一六四至一六八。

第十九章

1 富勒少將：《第二次世界大戰》（J. F. C. Fuller, *The Second World War*），頁五五。引自《頭一個二十五年》（*The First Quarter*），頁三四三。
2 第三號指令全文，見《德國外交政策文件彙編》，第八卷，頁四一。
3 納米爾：《納粹時代》（Lewis Namier, *In the Nazi Era*），頁四五九至四六〇。他在該書中引述了條約的法文文本。
4 哈爾德在一九四八年九月八至九日在紐倫堡關於「政府各部案件」審訊中爲被告們提出的證詞，見《主要戰犯的審訊》，第十二卷，頁一〇八六。
5 約德爾一九四六年六月四日在紐倫堡爲自己辯護時所提出的證詞，見《主要戰犯的審訊》，第十五卷，頁三五〇。
6 凱特爾一九四六年四月四日在紐倫堡爲自己辯護時所提出的證詞，同前，第十卷，頁五一九。
7 邱吉爾：《第二次世界大戰回憶錄：風雲緊急》（*The Second World War: The Gathering Storm*），頁四七八。
8 《海軍事務元首會議記錄》（*Fuehrer Conferences on Naval Affairs*），一九三九年，頁一六至一七。
9 威茲薩克關於他同寇克談話的報告，見《德國外交政策文件彙編》，第八卷，頁三至四。另見他在紐倫堡所做的關於他同雷德爾談話的證詞，載《主要戰犯的審訊》，第十四卷，頁二七八。

10 同前，第三十五卷，頁五二七至五二九（紐倫堡文件〔Nuremberg Document〕804-D）。這項文件中收有雷德爾關於這次談話的報告，也有美國海軍武官給華盛頓方面的電報。

11 鄧尼茨在紐倫堡的供詞，見《納粹的陰謀與侵略》，第七卷，頁一一四至一一五（紐倫堡文件638-D）。

12 同前，頁一五六至一五八。

13 雷德爾在紐倫堡的證詞，見《主要戰犯的審訊》，第十四卷，頁七八；威茲薩克在紐倫堡的證詞，同前，頁二七七、二七九、二九三；漢斯·弗里茨徹（Hans Fritzsche，宣傳部的一位高級官員，後來在審訊中宣告無罪）在紐倫堡的證詞，同前，第十七卷，頁一九一，二三四至二三五。《人民觀察家報》（*Völkischer Beobachter*）的文章載《納粹的陰謀與侵略》（*Nazi Conspiracy and Aggression*），第五卷，頁一〇〇八（紐倫堡文件3260-PS）。戈培爾的廣播，見《柏林日記》（*Berlin Diary*），頁二三八。

14 施密特關於這次談話的報告，見《德國外交政策文件彙編》，第八卷，頁一四〇至一四五。

15 布勞希契在紐倫堡的證詞，見《主要戰犯的審訊》，第二十卷，頁五七三。最高統帥部作戰日記的一條批註證實了這段引語。

16 《齊亞諾日記》，頁一五四至一五五。另見《齊亞諾外交文件集》（*Ciano’s Diplomatic Papers*），頁三〇九至三一六。

17 《德國外交政策文件彙編》，第八卷，頁二四。

18 同前，頁一九七至一九八。

19 《德國外交政策文件彙編》，第七卷，頁四一四。

20 希特勒的備忘錄，見《納粹的陰謀與侵略》，第七卷，頁八〇〇至八一四（紐倫堡文件L-52）；第六號指令，見《納粹的陰謀與侵略》，第六卷，頁八八〇至八八一（紐倫堡文件C-62）。

21 全文載《主要戰犯的審訊》（*Trial of the Major War Criminals*），第十卷，頁八六四至八七二（紐倫堡文件NOKW-3433）。

22 這個密謀見施拉布倫道夫：《他們幾乎殺死了希特勒》（Fabian von Schlabrendorff, *They Almost Killed Hitler*），頁

二五；另見吉斯維烏斯：《至死方休》（Hans Gisevius, *To the Biiter End*），頁四三一。

23 惠勒—班奈特在《權力的報應》（Wheeler-Bennett, *The Nemesis of Power*）頁四九一注中指出德國方面的來源。另見哈塞爾：《哈塞爾日記，一九三八至一九四四》（Ulrich von Hassell, *The von Hassell Diaries, 1938-1944*〕和托馬斯：〈思想和境遇〉（Georg Thomas, Gedanken und Ereignisse），載一九四六年十二月號《瑞士月刊》（*Schweizerische Monatshefte*）。

24 哈爾德在一九四六年二月二十六日在紐倫堡受審時的答覆，見《納粹的陰謀與侵略》，附件B，頁一五六四至一五七五。

25 羅茨費爾斯：《希特勒的德國國內反對派》（Hans Rothfels, *The German Opposition to Hitler*）。

26 載《納粹的陰謀與侵略》，第六卷，頁八九三至九〇五（紐倫堡文件C-72）。

27 貝勞—許汪特（Vico von Bülow-Schwante）在紐倫堡軍事法庭審理政府各部案件時就戈德勒的信和他本人私下謁見利奧波德國王情況做了證。見英文譯文，載頁九八〇七至九八一一。《德國外交政策文件彙編》，第八卷，頁三八四注中也曾提到。他警告柏林方面的電報，載《德國外交政策文件彙編》，第八卷，頁三八六。

28 文洛綁架案，眾說紛紜，參見潘恩．貝斯特：《文洛事件》（S. Payne Best, *The Venlo Incident*）；施倫堡：《迷宮》（Walter Schellenberg, *The Labyrinth*）；惠勒—班奈特《權力的報應》。荷蘭官方的記述載在荷蘭政府向德國提出的抗議照會中，見《德國外交政策文件彙編》，第八卷，頁三九五至三九六。此外紐倫堡政府各部案件審訊時也透露了一些材料，見《主要戰犯的審訊》，第十二卷。

29 見《主要戰犯的審訊》，第十二卷，頁一二〇六至一二〇八，另見《德國外交政策文件彙編》，第八卷，頁三九五至三九六。

30 關於炸彈謀刺案的各種記述，參見貝斯特：《文洛事件》；施倫堡：《迷宮》；惠勒—班奈特：《權力的報應》；萊特林格：《黨衛隊》（Gerald Reitlinger, *The S. S.*）；拙著《柏林日記》；吉斯維烏斯：《至死方休》。紐倫堡審訊時也有一些材料，當時我做了筆記，用在這裡。但是我在《納粹的陰謀與侵略》和《主要戰犯的審訊》各卷中都沒有找到這些材料。

31 逐字逐句的記錄，載《納粹的陰謀與侵略》，第三卷，頁五七二至五八〇；另載《德國外交政策文件彙編》，第八卷，頁四三九至四四六（紐倫堡文件789-PS）。

32 哈爾德十一月二十三日的日記和他後來添加的腳注。布勞希契在紐倫堡的證詞，見《主要戰犯的審訊》，第二十卷，頁五七五。

33 哈爾德在紐倫堡提審時的答話，見《納粹的陰謀與侵略》，附件B，頁一五六九至一五七〇。另見托馬斯：〈思想與境遇〉，載一九四六年十二月號《瑞士月刊》。

34 哈塞爾：《哈塞爾日記》，頁九三至九四，一七二。

35 同前，頁七九，七四。

36 根據卡納里斯海軍上將的日記，見《納粹的陰謀與侵略》，第五卷，頁七六九（紐倫堡文件3047-PS）。

37 《納粹的陰謀與侵略》，第六卷，頁九七至一〇一（紐倫堡文件3363-PS）。

38 《主要戰犯的審訊》，第一卷，頁二九七。

39 同前，第七卷，頁四六八至四六九。

40 同前，第二十九卷，頁四四七至四四八。

41 《納粹的陰謀與侵略》，第四卷，頁八九一（紐倫堡文件2233-C-PS）。

42 同前，頁八九一至八九二。

43 同前，頁五五三至五五四。

44 《德國外交政策文件彙編》，第八卷，頁六八三注。

45 全文，同前，頁六〇四至六〇九。

46 同前，頁三九四。

47 同前，頁二一一三。

48 同前，頁四九〇。

49 同前，頁一〇八二（紐倫堡文件2353-PS）。

50《納粹的陰謀與侵略》，第四卷，頁一〇八二。

51《德國外交政策文件彙編》，第八卷，頁五三七。

52 同前，分別見頁五九一，七五三。

53 一九四〇年二月十一日貿易條約全文和交貨數字，見同前頁七六二至七六四。

54《納粹的陰謀與侵略》，第四卷，頁一〇八一至一〇八二（紐倫堡文件2353-PS）。

55《德國外交政策文件彙編》，第八卷，頁八一四至八一七（施努爾一九四〇年二月二十六日的備忘錄）。

56《納粹的陰謀與侵略》，第三卷，頁六二〇（紐倫堡文件864-PS）。

57 蘭格斯道夫動人的信載在《海軍事務元首會議記錄》一九三九年頁六二。關於此一戰役及其後果的其他材料，見頁五九至六二。

58 關於此次強行降落，我利用了一些德國的原始材料：德國駐布魯塞爾的大使和空軍武官給柏林方面的報告（見《德國外交政策文件彙編》，第八卷）以及約德爾的日記。比利時人所搶救出來的德國西線進攻的計畫原文載《納粹的陰謀與侵略》，第八卷，頁四二三至四二八（紐倫堡文件TC-59-A）。卡爾·巴爾茲在《當天空燃燒的時候》（Karl Bartz, *Als der Himmel brannte*）中記述了這一事件。邱吉爾的評述，見《第二次世界大戰回憶錄：風雲緊急》，頁五五六至五五七。他關於強行降落的日期卻是錯誤的。

第二十章

1《納粹的陰謀與侵略》，第四卷，頁一〇四（紐倫堡文件1546-PS）；第六卷，頁八九一至八九二（紐倫堡文件C-66）。

2 同前，第六卷，頁九二八（紐倫堡文件C-122），頁九七八（紐倫堡文件C-170）。

3 同前，頁八九二（紐倫堡文件C-166）；《海軍事務元首會議記錄》，一九三九年，頁二七。

4 邱吉爾：《第二次世界大戰回憶錄：風雲緊急》，頁五七一至五七三。

5 《海軍事務元首會議記錄》，一九三九年，頁五一。

6 羅森堡備忘錄，載《納粹的陰謀與侵略》，第六卷，頁八八五至八八七（紐倫堡文件C-64）。另載《海軍事務元首會議記錄》，一九三九年，頁五三至五五。

7 《海軍事務元首會議記錄》，一九三九年，頁五五至五七。

8 同前，頁五七至五八。

9 《德國外交政策文件彙編》，第八卷，頁五一五，五四六至五四七。

10 約德爾的日記，十二月十二至十三日——這個日期顯然有誤。哈爾德的日記記的是十二月十四日。

11 羅森堡備忘錄，見《納粹的陰謀與侵略》，第三卷，頁二二至二五（紐倫堡文件004-PS）。

12 《德國外交政策文件彙編》，第八卷，頁六六三至六六六。

13 指令全文，見《納粹的陰謀與侵略》，第六卷，頁八八三（紐倫堡文件C-63）。

14 在紐倫堡提訊法爾肯霍斯特（Nikolaus von Falkenhorst）的記錄，見《納粹的陰謀與侵略》，附件B，頁一五三四至一五四七。

15 指令全文，見《納粹的陰謀與侵略》，第六卷，頁一〇〇三至一〇〇五；另見《德國外交政策文件彙編》，第八卷，頁八三一至八三三。

16 約德爾日記，一九四〇年三月十至十四日。

17 《德國外交政策文件彙編》，第三卷，頁九一〇至九一三。

18 同前，頁一七九至一八一，四七〇至四七一。

19 同前，頁八九至九一。

20 希特勒指令文，見同前，頁八一七至八一九。

21 施密特博士所記的桑納爾·威爾斯（Sumner Welles）同希特勒、戈林和里賓特洛甫會談記錄載《德國外交政策文件彙編》，第八卷；另見威茲薩克關於他同威爾斯會談的兩份報告。這個美國使節也會見過沙赫特博士，而在這以前希特勒曾召見了這個失寵的銀行家並指示他應採取什麼態度。見哈塞爾：《哈塞爾日記》，頁一一二。威爾斯自己關於他在柏林會談的記述載《決定的時刻》（*The Time for Decision*）。

22 《德國外交政策文件彙編》，第八卷，頁八六五至八六六。

23 《德國外交政策文件彙編》，第八卷，頁六五二至六五六，頁六八三至六八四。

24 希特勒一九四〇年三月八日致墨索里尼信，見同前，頁八七一至八八〇。

25 施密特的會議記錄，見同前，頁八八二至八九三，八九八至九〇九；齊亞諾的意見見《齊亞諾外交文件集》，頁三三九至三五九。關於他們對會議的個人評論可見保羅·施密特：《希特勒的譯員》（Paul Schmidt, *Hitler's Interpreter*），頁一七〇至一七一，以及《齊亞諾日記》。里賓特洛甫向希特勒報告會見情況的兩份電報，載《德國外交政策文件彙編》，第八卷。

26 威爾斯：《決定的時刻》，頁一三八。

27 《齊亞諾日記》，頁二二〇。

28 施密特博士會議的速記記錄已譯成普通文字，見《德國外交政策文件彙編》，第九卷，頁一至一六。

29 哈塞爾：《哈塞爾日記》，頁一一六至一一八，這是本書敘述情況的根據。

30 艾倫·杜勒斯：《德國的地下運動》（Allen Dulles, *Germany's Underground*），五九頁。

31 夏伊勒：《斯堪地納維亞的挑戰》（*The Challenge of Scandinavia*），頁二二三至二二五。

32 邱吉爾：《第二次世界大戰回憶錄：風雲緊急》，頁五七九。英國的「R—4計畫」見德爾里：《挪威戰役》（T. K. Derry, *The Campaign in Norway*），這本書是英國官方敘述挪威戰役。

33 指令全文，見《德國外交政策文件彙編》，第九卷，頁六六至六八。

34 全文，同前，頁六八至七三。

35 全文，見《納粹的陰謀與侵略》，第六卷，頁九一四至九一五（紐倫堡文件C-115）。

36 《主要戰犯的審訊》，第十四卷，頁九九，一九四。

37 全文，《納粹的陰謀與侵略》，第八卷，頁四一〇至四一四（紐倫堡文件TC-55）。另見《德國外交政策文件彙編》，第九卷，頁八八至九三。

38 倫特—芬克（Cecil von Renthe-Fink）發自哥本哈根的電報，《德國外交政策文件彙編》，第九卷，頁一〇二至一〇三；伯勞耶（Curt Bräuer）發自奧斯陸的電報，同前，頁一〇二。

39 丹麥人所說的關於德軍佔領哥本哈根時的情況，根據拙著《斯堪地納維亞的挑戰》和包奇·奧澤編輯的《佔領時期的丹麥》（Børge Outze, *Denmark during the Occupation*）。陶羅中校（Lt. Col. Th. Thaulow）的貢獻是特別有價值的。他是禁衛軍的軍官，當時與國王在一起。

40 引自德國陸軍祕密檔案。載《納粹的陰謀與侵略》，第六卷，頁二九九至三〇八（紐倫堡文件3596-PS）。

41 引自挪威國家檔案；載拙著《斯堪地納維亞的挑戰》，頁三八。《德國外交政策文件彙編》，第九卷，頁一二四。

42 同前，頁一二九。

43 同前，頁一八六。

44 邱吉爾：《第二次世界大戰回憶錄：風雲緊急》，頁六〇一。

第二十一章

1 《比利時——官方的情況報告一九三九至一九四〇年》（*Belgium-The Official Account of What Happened, 1939-1940*），頁二七至二九。

2 《納粹的陰謀與侵略》，第四卷，頁一〇三七（紐倫堡文件2329-PS）。

3 同前，第六卷，頁八八〇（紐倫堡文件C-62）。

4 杜勒斯：《德國的地下運動》，頁五八至六一。杜勒斯說，沙斯上校在戰後曾親自向他證實這種說法。

5 關於德國人制定的西線進攻計畫，有大量材料。我取材於下列文件：哈爾德和約德爾的日記；哈爾德的小冊子：《統帥希特勒》（*Hitler als Feldherr*），一九四九年慕尼黑出版（英譯本於一九五〇年在倫敦出版）；最高統帥部作戰日記的選錄，這份日記載《納粹的陰謀與侵略》和《主要戰犯的審訊》；希特勒和最高統帥部的各項指令，載紐倫堡文件和《德國外交政策文件彙編》第八卷和第九卷；曼施坦因：《失去的勝利》；戈立茨：《德國參謀總部史》（Walter Görlitz, *History of the German General Staff*）和《第二次世界大戰》（*Der Zweite Weltkrieg*）；雅可布遜：《西線戰役的文件，一九三九至一九四〇》（Hans-Adolf Jacobsen, *Dokumente zur Vorgeschichte, 1939-*一九四〇）；古德里安：《裝甲部隊領導人》（Heinz Guderian, *Panzer Leader*）；布魯門特里特：《倫德施泰特》（Güenther Blumentrit, *Von Rundstedt*）；利德爾·哈特：《德國將領談話錄》（Lidell Hart, *The German Generals Talk*）；收集在紐倫堡文件最高統帥部文件叢刊中的大量德國材料，這些材料是在次要審訊中整理出來的。英國方面的計畫見邱吉爾回憶錄的前兩卷；艾利斯：《在法國和法蘭德斯的戰爭》（Major L. F. Ellis, *The War in France and Flanders*），這是一本英國官方的敘述；富勒：《第二次世界大戰》；德拉波爾：《六星期的戰爭》（Theodore Draper, *The Six Weeks War*）；全面情況介紹以特爾福德·泰勒的《征服的進軍》（Telford Taylor, *The March of Conquest*）一書爲最好，該書是根據一切可以得到的德國材料寫成的。

6 邱吉爾：《他們最美好的時刻》（*Their Finest Hour*），頁四二至四三。

7 《德國外交政策文件彙編》，第九卷，頁三四三至三四四。

8 戈林和凱塞林在紐倫堡受審時都被詢問到轟炸鹿特丹的情況。見《主要戰犯的審訊》，第九卷，頁一七五至一七七，頁二一三至二一八，頁三三八至三四〇。

9 《主要戰犯的審訊》，第三十六卷，頁六五六。

10 邱吉爾：《他們最美好的時刻》，頁四〇。

11 詳細情況見梅爾齊爾：《艾伯特運河和艾本・艾美爾要塞》（Walther Melzer, *Albert Kanal und Eben-Emael*）；魯道夫・維哲希（Rudolf Witzig）一九五四年五月在《戰訊》（*Wehrkunde*）上所寫的〈艾本・艾美爾要塞的佔領〉（Die Einnahme von Eben-Emael）一文（維哲希中尉指揮這一戰鬥，但由於他的滑翔機出了事故，溫齊爾〔Sgt. Wenzel〕中士指揮其他手下完成任務，快要完成任務時維哲希才趕到）；凡・奧佛爾斯特拉坦將軍：《從艾伯特一世到利奧波爾德三世》（Gen. van Overstraeten, *Albert I-Leopold III*）；《比利時——官方的情況報告》。特爾福德・泰勒：《征服的進軍》對此有很出色的概述，見該書頁二一〇至二一四。

12 邱吉爾：《他們最美好的時刻》，頁四六至四七。

13 希特勒，一九四〇年五月十八日致墨索里尼信件，載《德國外交政策文件彙編》，第九卷，頁三七四至三七五。

14 引自國王自己關於這次會議的敘述以及皮埃洛特（Hubert Pierlot）首相的敘述。載官方的《比利時報告》，附錄頁六九至七五，保羅・雷諾（Paul Reynaud）也曾援引過，他是當時的法國總理，見他的《鬥爭最前線》（*In the Thick of the Fight*）一書，頁四二〇至四二六。

15 高特勳爵的函電，倫敦《官報》（*Gazette*）的附件，一九一四年倫敦出版。

16 魏剛：《應召服役》（Maxime Weygand, *Rappelé au service*），頁一二五至一二六。

17 邱吉爾：《他們最美好的時刻》，頁七六。

18 利德爾・哈特：《德國將領談話錄》，頁一一四至一一五（平裝本）。

19 《齊亞諾日記》，頁二六五至二六六。

20 特爾福德・泰勒：《征服的進軍》，頁二九七。

21 全文，威廉二世的電報和希特勒覆電全文，均見《德國外交政策文件彙編》，第九卷，頁五九八。

22 希特勒和墨索里尼一九四〇年五至六月間來往信件全文見《德國外交政策文件彙編》，第九卷。

23 《齊亞諾日記》，頁二六七。

24 《德國外交政策文件彙編》，第九卷，頁六〇八至六一一。

25 《齊亞諾日記》，頁二六六。

26 同前。

27 在德國檔案局發現的會議記錄副本是未經簽字的，但施密特博士證實那是他自己起草的。他當時擔任翻譯工作，因此他比任何人做這件事情都要適當。這些文件載《德國外交政策文件彙編》，第九卷，其中有：六月二十一日談判，頁六四三至六五二；六月二十一日晚上亨茨格將軍與魏剛將軍（在波爾多）電話會談記錄，是由奉命偷聽這次談話的施密特記錄並整理出來的，頁六五二至六五四；六月二十二日上午十時亨茨格將軍與魏剛將軍的副官波爾格特（Bourget）上校的電話談話記錄，頁六六四至六七一；法德停戰協定全文，頁六七一至六七六；關於貢比涅談判期間法國所提出的和德國所答覆的問題的備忘錄，頁六七六至六七九。希特勒曾經指示，這項文件雖然不是協定的一部分，但「對德國方面有約束力」。德國人在這節臥車裡安置了竊聽器，把車上所講的每一句話都記錄下來。當它們在德國的通訊車中記錄下來的時候，我曾親耳聽到過當時會議的部分情況。就我所知，它們從來沒有公布過，錄音和記錄也許從來沒有被發現。我自己的筆記除了富有戲劇性的閉幕會議外，都是非常零碎的。

28 邱吉爾：《他們最美好的時刻》，頁一七七。

29 《德國外交政策文件彙編》，第十卷，頁四九至五〇。

30 同前，第九卷，頁五五〇至五五一。

31 同前，第九卷，頁五五八至五五九，頁五八五。

32 同前，第十卷，頁一二五至一二六。

33 同前，頁三九至四〇。

34 同前，頁二九八。

35 同前，頁四二四，四三五。

36 邱吉爾：《他們最美好的時刻》，頁二五九至二六〇。

37 同前，頁二六一至二六二。

38 《德國外交政策文件彙編》，第十卷，頁八二。

39 由凱特爾簽署的最高統帥部指令，見《海軍事務元首會議記錄》，一九四〇年，頁六一至六二。

40 《齊亞諾日記》，頁二七四。

41 《海軍事務元首會議記錄》，一九四〇年，頁六二至六六。

42 希特勒一九四〇年七月十三日致墨索里尼的信，見《德國外交政策文件彙編》，第十卷，頁二〇九至二一一。

43 第十六號指令全文，見《納粹的陰謀與侵略》，第三卷，頁三九九至四〇三（紐倫堡文件442-PS）。另見《德國外交政策文件彙編》，第十卷，頁二二六至二二九。

44 《齊亞諾日記》，頁二七七至二七八（七月十九日，二十二日）。

45 邱吉爾：《他們最美好的時刻》，頁二六一。

46 《德國外交政策文件彙編》，第十卷，頁七九至八〇。

47 同前，頁一四八。

第二十二章

1 海軍參謀部作戰日記，一九四〇年六月十八日。羅納德．惠特萊：《海獅計畫》（Ronald Wheatley, *Operation Sea Lion*）頁一六中加以引用。作者是英國方面負責編纂官方戰爭史的人之一。他不受限制地參看了繳獲的德國海陸空三軍的檔案和外交檔案。直到寫該書時，聯合保管這些文件的英國或美國當局都還未給予任何非官方美國作者以這樣一種特權。因此，要初步瞭解海獅計畫的德國機密材料，惠特萊的書是非常有幫助的。

2 海軍總司令部記錄。見惠特萊著上引書，頁二六。

3 海軍參謀部作戰日記，一九三九年十一月十五日。惠特萊著上引書，頁四至七。

4 惠特萊著上引書，頁七至一三。

5 《海軍事務元首會議記錄》，頁五一（一九四〇年五月二十一日）；海軍參謀部作戰日記，同一日期，惠特萊著上引書，頁一五。

6 全文，見《主要戰犯的審訊》，第二十八卷，頁三〇一至三〇三（紐倫堡文件1776-PS）。不太好的英文譯文載《納粹的陰謀與侵略》，附件A，頁四〇四至四〇六。

7 英國陸軍部情報評論，一九四五年十一月。許爾曼（Milton Shulman）引用過，見所著上引書，頁四九至五〇。

8 利德爾．哈特：《德國將領談話錄》，頁一二九。

9 摘自惠特萊引用的陸軍總司令部文件，見《海獅計畫》，頁四〇，一五二至一五五，一五八。在後來的六個星期中，這個計畫曾不斷改變。

10 雷德爾—布勞希契會談，見海軍參謀部作戰日記，七月十七日，惠特萊著上引書，頁四〇注。

11 哈爾德日記，七月二十二日；《海軍事務元首會議記錄》，頁七一至七三（七月二十一日）。

12 海軍參謀部作戰日記，七月三十日，和備忘錄，七月二十九日。惠特萊：《海獅計畫》，頁四五至四六。

13 《海軍事務元首會議記錄》，一九四〇年八月一日。這是雷德爾的會議祕密報告。哈爾德在七月三十一日的長篇日記中提供了他自己的報告。

14 《德國外交政策文件彙編》，第十卷，頁三九〇至三九一。另見紐倫堡文件443-PS，這個文件在《納粹的陰謀與侵略》或《主要戰犯的審訊》中都沒有刊載。

15 《海軍事務元首會議記錄》，頁八一至八二（一九四〇年八月一日）。

16 同前，頁七三至七五。

17 引自約德爾和最高統帥部文件。惠特萊：《海獅計畫》，頁六八。

18 《海軍事務元首會議記錄》，頁八二至八三（八月十三日）。

19 兩項指令，同前，頁八一至八二（八月十六日）。

20 同前，頁八五至八六。惠特萊：《海獅計畫》，頁一六一至一六二，提供了引自德國軍事記錄八月旅程的細節。

21 引自陸軍總司令部檔案中布勞希契的指示全文。惠特萊：《海獅計畫》，頁一七四至一八二。

22 《海軍事務元首會議記錄》，一九四〇年，頁八八。

23 同前，頁九一至九七。

24 同日的哈爾德日記；阿斯曼：《決定德國命運的年代》（Kurt Assmann, *Deutsche Schicksalsjahre*），頁一八九至一九〇；最高統帥部作戰日記，惠特萊的《海獅計畫》中加以援引，頁八二。

25 雷德爾的報告，《海軍事務元首會議記錄》，一九四〇年，頁九八至一〇一。哈爾德日記，九月十四日。

26 《海軍事務元首會議記錄》，一九四〇年，頁一〇〇至一〇一。

27 海軍參謀部作戰日記，九月十七日。惠特萊：《海獅計畫》，頁八八。

28 同前書，九月十八日，惠特萊援引。

29 《海軍事務元首會議記錄》，一九四〇年，頁一〇一。

30 《齊亞諾日記》，頁二九八。

31 《海軍事務元首會議記錄》，一九四〇年，頁一〇三。

32 赫斯勒中校著《空戰史學習筆記，第十一卷，進攻英國的空戰，一九四〇至一九四一年》（Lt. Col. Von Hesler, *Vorstudien zur Luftkriegsgeschichte, Heft 11, Der Luftkrieg gegen England, 1940-1*），惠特萊援引，頁五九。二週到四週的估計是哈爾德提出的，他記於七月十一日的日記中。

33 阿道夫·格蘭德：《最初一個和最後一個》（Adolf Galland, *The First and the Last*），頁二六。另見格蘭德的提審記錄，威爾莫特在《爭奪歐洲的鬥爭》（Chest Wilmot, *The Struggle for Europe*）頁四四中援引過。

34 關於戈林在這次會議上發出的指令，空軍參謀本部的記錄見惠特萊：《海獅計畫》，頁七三。

35 《齊亞諾日記》，頁二九〇。

36 見奧布里恩：《民防》（T. H. O'Brien, *Civil Defence*）。這是英國官方第二次世界大戰史中的一卷，由巴特勒（J. R. M. Butler）教授編輯，皇家出版局（H. M. Stationery）出版。

37 戈林同空軍首腦舉行的會議的記錄，九月十六日。惠特萊援引，頁八七。
38 邱吉爾：《他們最美好的時刻》，頁二七九。
39 彼得．弗萊明：《海獅計畫》（Peter Fleming, *Operation Sea Lion*），頁二九三。這是一部出色的書，但是弗萊明不能看到保密文件，雖然他說他獲准在惠特萊的著作出版之前不久花了一兩個小時把它翻閱了一遍。
40 《德國外交政策文件彙編》，第十卷。
41 施倫堡：《迷宮》（*The Labyrinth*），第二章。
42 《紐約時報》，一九五七年八月一日。

第二十三章

1 《德國外交政策文件彙編》，第九卷，頁一〇八。
2 同前，頁二九四，三一六。
3 同前，頁五九九至六〇〇。
4 同前，第十卷，頁三至四。
5 邱吉爾：《他們最美好的時刻》，頁一三五，一三六（他給史達林的信件全文）。
6 《德國外交政策文件彙編》，第十卷，頁二〇七至二〇八。
7 《我的奮鬥》，頁六五四。
8 約德爾講話，一九四三年十一月七日。《納粹的陰謀與侵略》，第一卷，頁七九五（紐倫堡文件L-172）。
9 華里蒙特的畫押供詞，一九四五年十一月二十一日，《納粹的陰謀與侵略》，第五卷，頁七四一；對華里蒙特的提審記錄，一九四五年十月十二日，同前，附件B，頁一六三五至一六三七。
10 哈爾德日記，一九四〇年七月二十二日。他記錄了布勞希契告訴他前一天在柏林同希特勒舉行會談的情況。

11 哈爾德日記，一九四〇年七月三日。

12 《納粹的陰謀與侵略》，第四卷，頁一〇八三（紐倫堡文件2353-PS）。

13 最高統帥部作戰局的作戰日記，一九四〇年八月二十六日。引自《德國外交政策文件彙編》，第十卷，頁五四九至五五〇。

14 見華里蒙特的兩份供狀，《納粹的陰謀與侵略》，第五卷，頁七四〇至七四一（紐倫堡文件3031，2-PS），和對他的提審記錄，同前，附件B，一五三六。一九四〇年九月六日的約德爾指令載第三卷，頁八四九至八五〇（紐倫堡文件1229-PS）。

15 一九四〇年十一月十二日的指令，《納粹的陰謀與侵略》，第三卷，頁四〇三至四〇七。有關俄國的一部分在頁四〇六。

16 最高統帥部的作戰日記，八月二十八日。在《德國外交政策文件彙編》，第十卷，頁五六六至五六七注中援引。

17 《齊亞諾日記》，頁二八九。

18 《納粹的陰謀與侵略》，第六卷，頁八七三（紐倫堡文件C-53）。

19 《納粹—蘇聯關係》（*Nazi-Soviet Relation*），頁一七八至一八一。

20 德國備忘錄，同前，頁一八一至一八三；九月二十一日的蘇聯備忘錄，同前，頁一九〇至一九四。

21 同前，頁一八八至一八九。

22 同前，頁一九五至一九六。

23 同前，頁一九七至一九九。

24 同前，頁二〇一至二〇三。

25 同前，頁二〇六至二〇七。

26 里賓特洛甫致史達林的信，一九四〇年十月十三日，同前，頁二〇七至二一三。

27 里賓特洛甫的憤怒的電報全文，同前，頁二一四。

28 史達林的覆電全文，同前，頁二一六。

29 同前，頁二一七。

30 關於一九四〇年十一月十二至十三日莫洛托夫同里賓特洛甫和希特勒會談的報告，同前，頁二一七至二五四。

31 施密特：《希特勒的譯員》，頁二一二。

32 同前，頁二一四。

33 舒倫堡的電報，一九四〇年十一月二十六日，《納粹—蘇聯關係》，頁二五八至二五九。

34 《海軍事務元首會議記錄》，一九四一年，頁一三；哈爾德日記，一九四一年一月十六日。

35 哈爾德日記，一九四〇年十二月五日；《納粹的陰謀與侵略》，第四卷，頁三七四至三七五（紐倫堡文件1799-PS）。後者是以約德爾爲領導人的最高統帥部作戰局作戰日記的部分譯文。

36 德文全文載《主要戰犯的審訊》，第二十六卷，頁四七至五二；簡短的英文譯文載《納粹的陰謀與侵略》，第三卷，頁四〇七至四〇九（紐倫堡文件446-PS）。

37 哈爾德：《統帥希特勒》，頁二二。

38 《海軍事務元首會議記錄》，一九四〇年，頁一三五至一三六（一九四〇年十二月二十七日的會議）。

39 同前，頁九一至九七，頁一〇四至一〇八（一九四〇年九月六日和二十六日的會議）。雷德爾簽署了這兩個報告。

40 《德國外交政策文件彙編》，第九卷，頁六二〇至六二一。

41 施密特：《希特勒的譯員》，頁一九六。這位譯員相當完全地敘述了會談情況。在美國國務院的《西班牙政府和軸心》（*The Spanish Government and the Axis*）一書中的德文記錄是零星的。當時也在場的埃里希·科爾特（Erich Kordt）在他沒有發表的報告中做了較爲詳細的敘述，前面曾提到過這個報告。

42 《齊亞諾外交文件集》，頁四〇二。

43 施密特：《希特勒的譯員》，頁一九七。

44 蒙都瓦協定（*Montoire Agreement*）的全文在繳獲的德國外交部的文件中，但是在寫本書時，美國國務院還沒有發表。

可是威廉·蘭格爾在《我們的維琪賭博》（William L. Langer, *Our Vichy Gamble*）頁九四至九五中從國務院向他提供的德國文件中援引了這一文件。

45 《齊亞諾日記》，頁三〇〇。

46 里賓特洛甫在紐倫堡受審時以及施密特在他的書中（頁二〇〇）追述了這些話。

47 施密特：《希特勒的譯員》，頁二〇〇。

48 哈爾德日記，一九四〇年十一月四日；約德爾十一月四日對施尼溫海軍上將提出的報告，見《海軍事務元首會議記錄》，一九四〇年，頁一一二至一一七；一九四〇年十一月十二日，第十八號指令，見《納粹的陰謀與侵略》，第三卷，頁四〇三至四〇七（紐倫堡文件444-PS）。

49 《海軍事務元首會議記錄》，一九四〇年，頁一二五。

50 同前，頁一二四。

51 《西班牙政府和軸心》，頁二八至三三。

52 雷德爾的報告載《海軍事務元首會議記錄》中，一九四一年，頁八至一三；直到一九四一年一月十六日爲止哈爾德並未在他的日記中記錄兩天會議的情況。

53 第二十號指令全文，見《納粹的陰謀與侵略》，第四卷，頁一〇一至一〇三（紐倫堡文件1541-PS）。

54 第二十二號指令的全文和說明代號的補充命令，見《納粹的陰謀與侵略》，第三卷，頁四一三至四一五（紐倫堡文件448-PS）。

55 《納粹的陰謀與侵略》，第六卷，頁九三九至九四六（紐倫堡文件C-134）。

56 哈爾德：《統帥希特勒》，頁二十二至二十四。

57 《納粹的陰謀與侵略》，第三卷，頁六二六至六三三（紐倫堡文件872-PS）。

58 外交部提供的德國方面，一九四一年二月二十一日爲止的數字，《納粹—蘇聯關係》，頁二七五。

59 德國方面的會議記錄，《納粹的陰謀與侵略》，第四卷，頁二七二至二七五（紐倫堡文件1746-PS）。

60《納粹的陰謀與侵略》，第一卷，頁七八三（紐倫堡文件1450-PS）。

61 第二十五號指令的部分文稿，見《納粹的陰謀與侵略》，第六卷，頁九三八至九三九（紐倫堡文件C-127）。

62 最高統帥部的會議記錄，《納粹的陰謀與侵略》，第四卷，頁二七五至二七八（紐倫堡文件1746-PS，第二部分）。

63 約德爾供詞，見《主要戰犯的審訊》，第十五卷，頁三八七。他的「初步」作戰計畫，《納粹的陰謀與侵略》，第四卷，頁二七八至二七九（紐倫堡文件1746-PS，第五部分）。

64 全文，希特勒致墨索里尼的信，一九四一年三月二十八日，見《納粹的陰謀與侵略》，第四卷，頁四七五至四七七（紐倫堡文件1835-PS）。

65 細節見指令全文，載《納粹的陰謀與侵略》，第三卷，頁八三八至八三九（紐倫堡文件1195-PS）。

66 邱吉爾：《偉大的聯盟》（*The Grand Alliance*），頁二三五。

67 摘自俄國方面的德國海軍總司令部的檔案：五月三十日和六月六日，《納粹的陰謀與侵略》，第六卷，頁九九八至一〇〇〇（紐倫堡文件C-170）。

68《海軍事務元首會議記錄》，一九四一年，頁五〇至五二。

69《主要戰犯的審訊》，第七卷，頁二五五至二五六。

70《納粹的陰謀與侵略》，第六卷，頁九九六（紐倫堡文件C-170）。

71 許爾曼援引，見所著上引書，頁六五。

72 極機密指令，一九四一年，四月三十日，《納粹的陰謀與侵略》，第三卷，頁六三三至六三四（紐倫堡文件873-PS）。

73 哈爾德在紐倫堡的供狀，一九四五年十一月二十二日，《納粹的陰謀與侵略》，第八卷，頁六四五至六四六。

74《主要戰犯的審訊》，第二十卷，頁六〇九。

75 布勞希契在紐倫堡的供詞，《主要戰犯的審訊》，第二十卷，頁五八一至五八二，五九三。

76 凱特爾命令全文，一九四一年七月二十三日，《納粹的陰謀與侵略》，第六卷，頁八七六（紐倫堡文件C-52）；七月二十七日命令，同前，頁八七五至八七六（紐倫堡文件C-51）。

77 軍事法庭指令全文，《納粹的陰謀與侵略》，第三卷，頁六三七至六三九（紐倫堡文件886-PS）。在《納粹的陰謀與侵略》，第六卷，頁八七二至八七五（紐倫堡文件C-50）中提供了略微不同的文本，這個文本是在南方集團軍的記錄中找到的，日期晚了一天，即五月十四日。

78 指令全文，日期也是一九四一年五月十三日，《納粹的陰謀與侵略》，第三卷，頁四〇九至四一三（紐倫堡文件447-PS）。

79 羅森堡的指示全文，見《納粹的陰謀與侵略》，第三卷，頁六九〇至六九三（紐倫堡文件1029，1030-PS）。

80 全文，見《納粹的陰謀與侵略》，第三卷，頁七一六至七一七（紐倫堡文件1058-PS）。

81 指令全文，見《納粹的陰謀與侵略》，第七卷，頁三〇〇（紐倫堡文件EC-126）。

82 會議備忘錄，見《納粹的陰謀與侵略》，第五卷，頁三七八（紐倫堡文件2718-PS）。

83 施密特：《希特勒的譯員》，頁二三三。

84 凱特爾提審記錄，《納粹的陰謀與侵略》，附件B，頁一二七一至一二七三。

85 漢米爾頓公爵的個人報告，《納粹的陰謀與侵略》，第八卷，頁三八至四〇（紐倫堡文件M-116）。

86 寇克派特里克在五月十三日、十四日、十五日同赫斯會談的報告，《納粹的陰謀與侵略》，第八卷，頁四〇至四六（紐倫堡文件M-117，118，119）。

87 邱吉爾：《偉大的聯盟》，頁五四。

88 《主要戰犯的審訊》，第十卷，頁七。

89 同前，頁七四。

90 道格拉斯．凱萊：《紐倫堡的二十二號牢房》（Douglas M. Kelley, *Cells in Nuremberg*），頁二三至二四。

91 《納粹—蘇聯關係》，頁三二四。

92 同前，頁三二六。

93 同前，頁三二五。
94 同前，頁三一八。
95 同前，頁三四〇至三四一。
96 同前，頁三一六至三一八。
97 同前，頁三二八。
98 同前，頁三三八。
99 舒倫堡的電報，五月七日、十二日，同前，頁三三五至三三九。
100 同前，頁三三四。
101 《納粹—蘇聯關係》，頁三三四至三三五。
102 桑納爾．威爾斯：《決定的時刻》，頁一七〇至一七一。
103 邱吉爾：《偉大的聯盟》，頁三五六至三六一。
104 《納粹—蘇聯關係》，頁三三〇。
105 《納粹的陰謀與侵略》，第六卷，頁九九七（紐倫堡文件C-170）。
106 《納粹—蘇聯關係》，頁三四四。
107 同前，頁三四五至三四六。
108 同前，頁三四六。
109 全文，《納粹的陰謀與侵略》，第六卷，頁八五二至八六七（紐倫堡文件C-39）。
110 就我所知，這次會議的記錄從來沒有出現過，但是哈爾德一九四一年六月十日在日記中敘述了這個記錄，凱特爾在紐倫堡受審時談到了它。《主要戰犯的審訊》，第十卷，頁五三一至五三二。海軍作戰日記也簡短地提到了它。
111 《納粹—蘇聯關係》，頁三五五至三五六。
112 同前，頁三四七至三四九。

113 施密特關於這次會議的正式報告，同前，頁三五六至三五七，另見他的上引書，頁二三四至二三五。

114 希特勒致墨索里尼的信，一九四一年六月二十一日，《納粹—蘇聯關係》，頁三四九至三五三。

115 《齊亞諾日記》，頁三六九，三七二。

116 同前，頁三七二。

第二十四章

1 《納粹的陰謀與侵略》，第六卷，頁九〇五至九〇六（紐倫堡文件C-74）。德文全文，《主要戰犯的審訊》，第三十四卷，頁二九八至三〇二。

2 哈爾德報告（油印稿，紐倫堡）。

3 《納粹的陰謀與侵略》，第六卷，頁九二九（紐倫堡文件C-123）。

4 同前，頁九三一（紐倫堡文件C-124）。

5 布魯門特里特將軍在《致命的決定》（*The Fatal Decisions*）一書中的文章，該書由弗萊登（Seymour Freidin）和理查森（William Richardson），頁五七。

6 利德爾．哈特：《德國將領談話錄》，頁一四七。

7 同前，頁一四五。

8 哈爾德報告。

9 古德里安：《裝甲部隊的領導人》，頁一五九至一六二。本章和以後幾章所提到的頁數是白蘭丁（Ballentine）出版社平裝本中的頁數。

10 布魯門特里特文章，載上引書，頁六六。

11 倫德施泰特提審記錄，一九四五年。由許爾曼援引，見所著上引書，頁六八至六九。

12 古德里安著上引書，頁一八九至一九○。
13 同前，頁一九二。
14 同前，頁一九四。
15 同前，頁一九一。
16 同前，頁一九九。
17 戈立茨：《德國參謀總部史》，頁四○三。
18 《戈培爾日記》，頁一三五至一三六。
19 《希特勒祕密談話錄》（*Hitler's Secret Converstions*），頁一五三。
20 哈爾德：《統帥希特勒》，頁四五。
21 《納粹的陰謀與侵略》，第四卷，頁六○○（紐倫堡文件1961-PS）。
22 布魯門特里特文章，見上引書，頁七八至七九。
23 利德爾．哈特：《德國將領談話錄》，頁一五八。

第二十五章

1 《德國外交政策文件彙編》，第八卷，頁九○五至九○六。
2 《納粹的陰謀與侵略》，第四卷，頁四六九至四七五（紐倫堡文件1834-PS）。
3 全文，《納粹的陰謀與侵略》，第六卷，頁九○六至九○八（紐倫堡文件C-75）。
4 雷德爾的會議報告，《海軍事務元首會議記錄》，一九四一年，頁三七。另載《納粹的陰謀與侵略》，第六卷，頁九六六至九六七（紐倫堡文件C-152）。
5 這些文件與後來的談話，包括與希特勒的兩次談話，一起發表於《納粹－蘇聯關係》頁二八一至三一六。

6 施密特：《希特勒的譯員》，頁二三四。

7 《海軍事務元首會議記錄》，一九四一年，頁四七至四八。

8 紐倫堡文件NG-3437，文件集第八卷B，《威茲薩克案件》（*Weizsäcker Case*）。特萊福斯（H. L. Trefousse）援引，見《德國與美國的中立，一九三九至一九四一年》（*Germany and American Neutrality, 1939-1941*），頁一二四及注。

9 電報全文，《納粹的陰謀與侵略》，第六卷，頁五六四至五六五（紐倫堡文件2896-PS）。

10 同前，頁五六六（紐倫堡文件2897-PS）。

11 《海軍事務元首會議記錄》，一九四一年，頁一〇四。

12 《納粹的陰謀與侵略》，第六卷，頁五四五至五四六（紐倫堡文件3733-PS）。

13 一九四〇年十月二十九日福肯施坦因備忘錄，《納粹的陰謀與侵略》，第三卷，頁二八九（紐倫堡文件376-PS）。

14 《海軍事務元首會議記錄》，一九四一年，頁五七。

15 同前，頁九四。

16 同前，附錄一（雷德爾致元首報告，一九四一年二月四日）。

17 同前，頁三二（一九四一年三月十八日）。

18 同前，頁四七（一九四一年四月二十日）。

19 同前，一九四一年五月二十二日。

20 同前，頁八八至九〇（一九四一年六月二十一日）。

21 《納粹的陰謀與侵略》，第五卷，頁五六五（紐倫堡文件2896-PS）。

22 德國海軍作戰日記，《主要戰犯的審訊》，紐倫堡文件第三十四卷，頁三六四（紐倫堡文件C-118）。部分英文譯本有許多地方譯錯，見《納粹的陰謀與侵略》，第六卷，頁九一六。

23 《海軍事務元首會議記錄》，一九四一年九月十七日，頁一〇八至一一〇。

24 同前，一九四一年十一月十三日。

25 《納粹的陰謀與侵略》，附件B，頁一二〇〇（在紐倫堡提審里賓特洛甫記錄，一九四五年九月十日）。

26 紐倫堡文件NG-4422E，文件集第九卷，《威茲薩克案件》，特萊福斯援引，見《德國與美國的中立，一九三九至一九四一年》，頁一〇二。

27 同前，一九四一年五月間里賓特洛甫和奧特之間許多電報，以及東京「遠東審判」中奧特的口供，特萊福斯援引，見上引書，頁一〇三。

28 外務省次官天羽是八月二十九日告訴他的，外相豐田海軍上將是八月三十日告訴他的。日本方面關於這兩次會議的記錄載《納粹的陰謀與侵略》，第六卷，頁五四六至五五一（紐倫堡文件3733-PS）。

29 《赫爾回憶錄》（*The Memoirs of Cordell Hull*），頁一〇三四。一九四一年十月十六日豐田致野村的電報文稿載《珍珠港襲擊，珍珠港襲擊事件聯合調查委員會的審問錄》（*Pearl Harbor Attack, Hearings before the Joint Committee on the Investigation of the Pearl Harbor Attack*），第十二卷，頁七一至七二。

30 赫爾著上引書，頁一〇六二至一〇六三。

31 《遠東審判》（*Far Eastern Trial*），文件4070和4070B。特萊福斯援引，見《德國與美國的中立，一九三九至一九四一年》，頁一四〇至一四一。

32 《赫爾回憶錄》，頁一〇五六，一〇七四。

33 截獲到的大島發往東京的電報，一九四一年十一月二十九日，《納粹的陰謀與侵略》，第七卷，頁一六〇至一六三（紐倫堡文件D-656）。

34 《珍珠港襲擊》，第十二卷，頁二〇四。截獲到的東京電報載《納粹的陰謀與侵略》，第六卷，頁三〇八至三一〇（紐倫堡文件3598-PS）。

35 《納粹的陰謀與侵略》，第五卷，頁五五六至五五七（紐倫堡文件2898-PS）。

36 《納粹的陰謀與侵略》，頁三〇九（紐倫堡文件3598-PS）。

37 電報全文，同前，頁三一二至三一三（紐倫堡文件3600-PS）。

38 施密特：《希特勒的譯員》，頁二三六至二三七。

39 《主要戰犯的審訊》，第十卷，頁二九七。

40 截獲到的大島發往東京的電報，一九四一年十二月八日，《納粹的陰謀與侵略》，第七卷，頁一六三（紐倫堡文件D-167）。

41 紐倫堡文件NG-4424，一九四一年十二月九日，文件集第九卷，《威茲薩克案件》。

42 這裡我合併了在紐倫堡法庭上對質時里賓特洛甫的供詞（載《主要戰犯的審訊》，第十卷，頁二九七至二九八）和他在審判前提審時的聲明（載《納粹的陰謀與侵略》，附件B，頁一一九九至一二〇〇）。

43 《希特勒祕密談話錄》，頁三九六。

44 《納粹的陰謀與侵略》，第五卷，頁六〇三（紐倫堡文件2932-PS）。

45 施密特：《希特勒的譯員》，頁二三七。

46 希特勒講話的部分譯文載普倫吉所編的《希特勒言論集》（Gordon W. Prange, ed., *Hitler's Words*），頁九七，三六七至三七七。

47 英文譯本載《納粹的陰謀與侵略》，第八卷，頁四三二至四三三（紐倫堡文件TC-62）。

48 《海軍事務元首會議記錄》，一九四一年，頁一二八至一三〇（十二月十二日）。

第二十六章

1 《主要戰犯的審訊》，第二十卷，頁六二五。

2 哈塞爾：《哈塞爾日記》，頁二〇八。

3 同前，頁二〇九。

4 施拉勃倫道夫：《他們幾乎殺死了希特勒》，頁三六。

5 哈塞爾：《哈塞爾日記》，頁二四三。

6 一九四〇年一至二月間起草的第一個草案全文，見哈塞爾著上引書，頁三六八至六七二；第二個草案，一九四一年底定稿，見惠勒—班奈特：《權力的報應》，附錄A，頁七〇五至七一五。

7 哈塞爾著上引書，頁二四七至二四八。

8 同前，頁二四七。

9 華盛頓陸軍部一九五五年出版的《德軍在俄國的戰役——計畫和行動，一九四〇至一九四二年》（*The German Campaign in Russia-Planning and Operations, 1940-42*, Washington: Department of the Army），頁一二〇。這項研究工作主要依靠繳獲的德國陸軍記錄和專題論文，由德國將領提供給美國陸軍歷史科（Historical division of the U.S. Army）。這些文件到筆者寫本書時尚未爲美國歷史學者普遍利用。但是我必須指出，在我準備寫本章及以後幾章時，美國陸軍部軍事歷史處處長辦公室（The Office of the Chief of Military History）對於我閱讀德國文件材料提供了很大的幫助。

10 《主要戰犯的審訊》，第七卷，頁二六〇（包路斯在紐倫堡的證詞）。希特勒的話是在一九四二年六月一日，即進攻開始前不到一個月時講的。

11 《齊亞諾日記》，頁四四二至四四三。

12 同前，頁四七八至四七九。

13 同前，頁四〇三至四〇四。

14 《海軍事務元首會議記錄》，一九四二年，頁四七（六月十五日在伯格霍夫的一次會議）。另見頁四二一。

15 哈爾德：《統帥希特勒》，頁五〇至五一。

16 《海軍事務元首會議記錄》，一九四二年，頁五三（八月十六日在希特勒大本營的一次會議）。

17 哈爾德著上引書，頁五〇。

18 同前，頁五二。

19 這裡所引用的希特勒和哈爾德的話載哈爾德的日記和書，另引自海因茲・施羅特所著《史達林格勒》（Heinz Schröter, *Stalingrad*），頁五三。

20 拜爾萊因將軍引自隆美爾的文件，見弗萊登和理查森編：《致命的決定》，頁一一〇。

21 拜爾萊因引用了這項命令，同前，頁一二〇。

22 本章所述希特勒最高統帥部會議的這個文件及其他許多文件的來源是出自所謂最高統帥部日記，在一九四三年春天以前是由赫爾莫特・格雷納（Helmuth Greiner）博士記的，從那以後直到戰爭結束是由施拉姆（Percy Ernst Schramm）博士記的。日記原稿已於一九四五年五月初在約德爾的副手溫特（Winter）將軍的命令下銷毀了。戰後，格雷納把他保存的那一部分札記和草稿重新整理出來，最後交給在華盛頓的陸軍部軍事歷史處。這個材料有一部分已刊載在格雷納的《國防軍的最高領導，一九三九至一九四三年》（*Die Oberste Wehrmachtfuehrung, 1939-1943*）一書中。

23 《貝當審訊錄》（*Procés du M. Pétain*）巴黎，一九四五版，頁二〇二——賴伐爾的證詞。

24 《齊亞諾日記》，頁五四一至五四二。

25 這一節材料，引自弗萊登所編的《致命的決定》，書中刊載蔡茨勒將軍關於史達林格勒的文章。其他來源有：最高統帥部作戰日記（見注22），哈爾德的書和施羅特的《史達林格勒》。施羅特是德國第六軍團隨軍記者，有機會看到最高統帥部各項軍事命令、作戰指令的記錄，用無線電、打字電報機發出的電報、附有記號的地圖以及在史達林格勒許多人員的私人文件。他在第六軍團投降前脫身出來，被指派撰寫第六軍團在史達林格勒時的官方歷史書，所根據的材料是最高統帥部當時所擁有的文件。戈培爾博士禁止出版這本書。施羅特在戰後找回他的原稿，繼續研究這次戰役，重寫了這本書。

26 《齊亞諾日記》，頁五五六。墨索里尼的建議載頁五五五至五五六，同時在德國方面，最高統帥部的十二月十九日的作戰日記也予以證實。

27 菲利克斯・吉爾伯特：《希特勒指揮他的戰爭》（Felix Gilbert, *Hitler Directs His War*），頁一七至二二。這本書是根據希特勒在最高統帥部召開的軍事會議的速記記錄編成的。不幸的是，這些記錄只找到很零碎的一部分。

28 戈立茨：《德國參謀總部史》，頁四三一。

左岸|歷史141

第三帝國興亡史（The Rise and Fall of the Third Reich）

卷三：希戰爭初期的勝利和轉折點
（Book 4. War: Early Victories and the Turning Point）

作　　者　威廉・夏伊勒（William L. Shirer）
譯　　者　董樂山、鄭開椿、李天爵、李奈西、周家駿、沈蘇儒、陳廷佑、趙師傳、程祁昌
總　編　輯　黃秀如
責任編輯　許越智
封面設計　鄭宇斌
電腦排版　宸遠彩藝

社　　長　郭重興
發行人暨出版總監　曾大福
出　　版　左岸文化／遠足文化事業股份有限公司
發　　行　遠足文化事業有限公司
231新北市新店區民權路108-4號8樓
電　　話　02-2218-1417
傳　　眞　02-8667-1065
客服專線　0800-221-029
E-Mail　service@sinobooks.com.tw
左岸文化網站　http://blog.roodo.com/rivegauche
法律顧問　華洋國際專利商標事務所　蘇文生 律師
印　　刷　成陽印刷股份有限公司
初　　版　2010年07月
初版八刷　2020年08月

定　　價　450元
ISBN　978-986-6723-40-7

國家圖書館出版品預行編目資料

第三帝國興亡史,
卷三，戰爭初期的勝利與轉折點

威廉·夏伊勒(William L. Shirer)著 ; 董樂山等譯.
-- 初版. -- 臺北縣新店市 :
左岸文化出版 : 遠足文化發行, 2010.07
面 ; 公分. -- (左岸歷史 ; 141)
譯自 : The rise and fall of the Third Reich
ISBN 978-986-6723-40-7(平裝)

1. 德國史 2. 希特勒時代

743.257 99009059